Vocabulary Classified 托福词汇

词以类记

■ 张红岩 编著

·北京·

图书在版编目(CIP)数据

TOEFL iBT词汇：托福词汇 / 张红岩编著. —北京：群言出版社，2017（2019.5重印）
（词以类记）
ISBN 978-7-5193-0271-9

Ⅰ. ①T… Ⅱ. ①张… Ⅲ. ①TOEFL—词汇—自学参考资料 Ⅳ. ①H313.1

中国版本图书馆CIP数据核字（2017）第043352号

责任编辑：张　茜
封面设计：大愚设计 + 李　韬

出版发行：群言出版社
地　　址：北京市东城区东厂胡同北巷1号（100006）
网　　址：www.qypublish.com（官网书城）
电子信箱：dywh@xdf.cn　qunyancbs@126.com
联系电话：010-62418641　65267783　65263836
经　　销：全国新华书店

印　　刷：三河市良远印务有限公司
版　　次：2017年9月第1版　2019年5月第6次印刷
开　　本：710mm×1000mm　1/ 16
印　　张：26.5
字　　数：595 千字
书　　号：ISBN 978-7-5193-0271-9
定　　价：45.00元

作者自介

自幼随父母拓荒于大兴安岭，长于辽西重镇兴城。求学乃率性而为，先后修习英语、计算机和工商管理三门工具，常自嘲毫无专业，唯钟爱教育之故，末了乃获北大教育经济与管理专业博士学位。

二十四岁起，尝以五年青春韶华，挥洒新东方讲坛，弟子逾二十万，1999 年受洪哥重托编著新东方第一本托福词汇书《TOEFL 词汇精选》，一发不可收拾，及至“词以类记”系列出版已将留学考试词汇书集齐，蒙众多学子抬爱，销量逾百万。

而立之年留学法国，亲历全球顶级 MBA 教育，并以十分钟英文演讲赢得七成选票，当选法国巴黎高商（HEC）MBA 学生会主席，两年间每日与外夷舌枪唇剑，斗智斗勇，磨练跨文化沟通之剑。历经海归创业，公司并购，攻读博士，于 2013 年起在北大任教至今。

铅华洗尽，本心依旧，万般皆下，唯有著书，笔耕不辍，惟愿君益！

前言 Preface

“人生短暂，关键处能有几步！”对国人来说，留学是一个人生命中最为重要的大事之一，因其确实改变了很多人的人生轨迹。在祖国日益向强国转变的今天，拥有留学经历或海外工作经验的海归们在各行各业发挥着重要作用。

留学不适合所有人，但适合所有真正想留学的人。这么讲的意思有主观的一面也有客观的一面。主观讲，世界那么大，为什么我不能出去看看？突破地域对我们身心的限制，本身就是生命中最原始的一个命题，是全球化时代我们的视野得以开阔、生命得以扩张的必经之路。客观地说，结合你目前的学术预备、经济情况、安全关注等等问题，世界那么大，你确实都能够找到一个最适合你的留学目的地。一旦心生执念，不留学反而需要足够的理由。

至于本书能帮你什么，请允许我从个人故事说起：在巴黎高商（HEC）留学期间，我所在的班级里有 200 多名来自 42 个国家的中高层经理人，70%课程用英语授课，班上中国学生的TOEFL和GMAT分数虽然都很高，但课上主动发言者却很少，小组讨论“礼让三先”，小组报告最多写初稿，留待“Native Speaker”完善。类似情况，在欧美课堂中极其常见。入学不久后，有一次我与一位同学在课后讨论老师讲到的内容，他勾勒出了一个版本让我无比惊讶，我真以为我们不是在上同一堂课，不难推断他的词汇基础不好、听不懂而靠“脑补”的情形常常发生，甚至对作业的理解都有偏差，很好奇他当年是怎么拿到托福高分的。

导致这种情况主要有两个原因：一是我国大学阶段英语教育对学生学术性听力技能、实际口语交流和写作技能培养的匮乏造成了多数学生的英语实际应用能力较差；二是词汇基础不够扎实。对于基础性词汇，不仅仅在阅读中看到时要认识，还要在听到时就能明白，要说要写信手拈来，这种词汇才是自己的，我们把这种词汇叫做积极词汇。说到这里，需要郑重叮嘱考生：你从这本书中学到的词汇，不会过多、不会无用，TOEFL 考了高分之后也不会像高考时那样丢书，你未来在课堂上和老外辩论，在小组中慷慨陈词，在谈判中有理有据，在工作中高效沟通，全都倚仗今日的努力，你一生中不会有第二次这么专注、这么持续背单词的经历。如果未来你的工作离不开英语，那么或早或晚，你都需要把托福词汇变为你的积极词汇。对于现在备考托福该如何做，现总结以下几条：

1、词汇学习需要兼顾听力、口语、阅读、写作多方面需求

听力部分大段的学术讲座，综合写作中先读、再听、最后写的流程，都要求我们在学习词汇时，不仅要培养看到一个词就能够理解的能力，还要注重培养听到这些词就能马上反应出其意义的能力。很多词要在阅读中仔细体会其所应用的情境，熟悉了这些情境，才有可能在口语和写作中应用出来。尝试用多听、多说、多体会的方式把它们变为积极词汇。因此，词汇书的配套音频、配套的在线课程都显得尤为重要。

2、熟悉和爱上本书的分类记忆词汇方法

听力中的段子和阅读中的文章都具有明确的学科属性，在整个备考期间，你都可以根据学习材料的学科属性来实现“即学即用”。而在传统的按照字母顺序排列或随机组合次序排列的词汇书中，要实现这一点非常困难。这不是一个简单的编排问题，而是一个方法论的问题。实现按学科分类编排词汇需要投入相当多的时间和精力，因为在充分利用软件技术的同时，还需要人工将词汇精准分类、梳理和编撰，用时、用心远超其他词汇书。**需要提一下的是，本次再版将学科和意群的顺序按照近几年的考试频率做了调整，大家按编排顺序从前到后学习即可，先学重要的、常考的。**

前言 Preface

3、 将“词以类记”的思维进行到底

“词以类记”中使用的编排方法是适合成年人短期记忆大量词汇的重要方法。分类记忆单词不仅非常契合 iBT 考试的需要，还有助于快速、系统地记忆词汇。成年人记忆单词时的逻辑和分类意识是非常强的，有意识地利用这些特点来记忆单词是提高效率的关键。我曾经对词汇量较大的部分学生做过调查，结果表明，这些学习者都是把词汇成串记忆或关联记忆的，他们大脑中词汇的存储方式绝对不是点状的，而是网络化的。其中按学科分类和按意群分类是最主要的关联记忆方式。在以往的 TOEFL 授课中，学生在课上几乎要花 30%~50% 的时间去记录成组的单词，“词以类记”系列彻底解决了这个问题。

4、题海战术的最后价值

2009 年作为 ETS 遴选出的中国专家，我曾有幸赴美参与 ETS 新考试制定的闭门会议。我收获了一个对所有人都有价值的信息：ETS 选用每一道题都必须经过很多次测试和筛选，获得一道正式考题是一件很不容易的事，因此重考几率高就很容易理解了，甚至一道题目衍生几个变体也是非常常见的。本书附录中总结了托福考试纸考以及 iBT 初期曾经考过的比较经典的 TOEFL 词汇题，总计 400 道，强烈建议一定要系统做一遍，这部分题目在考试中的命中率很高。

5、在线课堂对词汇的终极作用

相信大家常有这样的经历：那些记忆最深刻的词汇往往是老师在课上重点强调过的，自己靠毅力、努力背单词貌似已经不是新生代的学习场景。理想的学习情况是能够听到作者把书中词汇亲自讲一遍。为满足这样的需求，2017 年红岩老师尝试将“十大学科”、

“核心词”、“写作高分词”等最重要的词汇做成了在线课程，本次改版也是得益于这次在线课程的制作，请大家关注“红岩英语”微信公众号获得相关信息。

本书采用分学科、分意群的编排和记忆方法，与听力、阅读、写作三部分高度契合，是获得 TOEFL iBT 高分的重要手段。

本书对词汇的取舍、词义的选择建立于作者在新东方讲坛高强度授课中培养出的对 TOEFL 近 20 年来 400 多篇阅读文章的透彻把握之上，这些教学经验使作者敏感地体验到 TOEFL 核心词汇及其词义在近些年的逐步演化、词汇考核方法的变化和词汇考核重心的转移。对词汇进行精选不仅需要非常熟悉目前的 TOEFL 考试，还需要深入研究大多数学习者目前词汇的掌握状况。

本书有些例句摘选自《美国最佳例句词典》，这些例句能够提供独立的小语境，从而帮助学习者深刻理解词义和用法。这就使单词学习成为一个相对独立的过程，避免了因为直接摘录 TOEFL 阅读文章的句子而让学习者在真题演习中产生“似曾相识”之感，进而影响了自我评测的客观性。

本书的编写过程，不仅受益于过去二十年对 TOEFL 的大规模教学与研究的经验，也包含众多网友、以往的学生的智力贡献，在此表示深深感谢；感谢许寻、孙艳丽两位对本书的初稿编辑工作做出的重要贡献，感谢杨晶和尹玉珺在本书新版编辑中付出的智慧和努力；感谢新东方大愚文化传播有限公司长期的支持和厚爱，这个做事一丝不苟的团队为英语图书出版事业树立了一个典范。

作为一个从事英语教学与研究的教育者和一个已经完成了留学生涯的过来人，我可以很负责任地告诉本书的学习者：本书所记载的词汇将会是你留学生涯中应用最广

前言 Preface

泛的词汇，它们会出现在你要读到的课本中、你要参加的课堂讨论中，以及你要完成的毕业论文中。TOEFL 词汇不同于应试技巧，后者在你的留学生活中不再有效；它也不同于 GRE 词汇，只在你今生今世考 GRE 时用得到。坦白地说，你在踏上留学征程前再也不会有机会这么认真地吸纳比 TOEFL 词汇更有用的词汇了。同时，TOEFL iBT 考试的合理学习周期也决定了你只能采用背单词的方式迅速达到其词汇量的要求。明确了 TOEFL 词汇的意义和学习方法，你现在唯一需要做的就是：20~30 天，学完此书中的词汇！

欢迎大家通过我的微信公众号进行学习中的互动，愿本书成为你留学准备过程中的亲密战友，在留学过程中不断参详的老友！

“红岩英语”微信公众号

张红岩

于北大燕园

利用本书记忆 TOEFL 词汇的方法

学习过程中请把握一些基本原则：

1. 少量多次：正常情况是一天学习一课核心词汇，这比较符合认知习惯，不可贪多；假如一天背单词的时间是两个小时，最好分成几次实现，如果能利用各种可能的时间记忆，效果更好。

2. 主次分明：初记时每个单词都应仔细看一遍，即使是较熟悉的词汇也可能在 TOEFL 中考到它不常见的用法。在此基础上，标记出每课中较生疏的词汇，以便复习时重点记忆。

3. 学而时习：开始背新一课前应复习以前背过的词汇，用卡片盖住本书右半部分，只看左面词汇做词义回想。如有以下情况则更需要花时间参照相关部分复习：阅读中或做题时遇见了曾背过的词汇，却忘了什么意思；一些比较接近的词汇经常在头脑中纠缠不清；背新单词时联想到了其他词汇，却一时想不起来具体的拼写。

4. 联想记忆：同义词联想的思维模式是 MBA 考试要求的，每学一个新词，都要尽量想想是否学过它的同义词，它的同义词是哪些，切忌懒惰；将同类词汇一起记忆，比如背到“捕食者”(predator) 时，你也应该联想到“被捕食者”(prey)。本书正是按照这种记忆规则来安排单词的顺序，因此只要认真遵循本书提供的记忆规律，必能事半功倍。

5. 背与练结合：单词背到一定阶段，就应做一些附录中的精选词汇题，作为阶段成果检验，即便做得很差，也可以激励你。

6. 研习词根、词缀：记忆一定数量的词根、词缀不仅可以加深理解记忆，还可以培养大家根据词根、词缀推测词义的能力。只要花时间研读，就会有所收获。

7. 结合听力资料记忆：以往的学习者反映，结合配套听力资料背单词可以实现最佳的记忆效果。其方法为：每天背完既定的单词后，利用一切空闲时间，比如在公交车上、睡前进行复习，听的时候要快速回想单词的汉语意思，努力做到在听到汉语朗读前或同时想起该单词的含义。

本书体例说明

本书共收录约4150个核心词汇（**包含150个新增词汇**），是TOEFL历次考试中的高频词汇，是理解TOEFL文章和解决TOEFL iBT听力长文章的必备基础。

1. 单词选择：收录历次TOEFL考试的重要词汇。对于不影响理解的偏难词汇，不予收录，以减轻考生不必要的负担。本书适合已掌握高中英语词汇的考生。

2. 音标选用：普遍使用*Oxford Learner's Dictionaries*（牛津官方在线词典）中的美式音标，如"process"英音音标[ˈprəʊses]，而我们使用的是美音音标[ˈprɑːses]。出现一词多音的情况，则分别列出，如：alternate *n.* [ˈɔːltərnət] alternate *v.* [ˈɔːltərneɪt]。

3. 汉语释义：每个单词都列出它在TOEFL考试中常考到的词义和词性。

4. 同义词：TOEFL阅读中考核词汇是以同义词替换的方式进行的，因此本书对于文章中可能以词汇题方式考核到的词汇均列出了同义词。这些同义词中有一部分是TOEFL考试考过的，还有一部分是扩充的。对于那些没有给出同义词的词汇，多数情况下只需要大家识记，今后在文章中见到时认识就可以了。

5. 例句：含多个词义的重要词汇一般都配有一个或多个例句。仔细体会词汇在例句中的用法，对于阅读和写作均有益处。本书选用的例句一部分来源于国外的优秀辞典，一部分来自作者的教学笔记。**本次改版新增550个例句。**

6. 单词分类：开创性地将单词按照学科和意群分类，符合人类逻辑性和分类性记忆的特点，可帮助考生快速、系统地记忆单词。**本次改版基于对近些年TOEFL考试的研究，按照考试频率和重要性重新调整了学科和意群的先后顺序。**

7. 返记菜单：**本次改版在每页底部新增返记菜单，考生可在学习完当页所有单词后，及时巩固和复习。**

8. 页面版式：**本次改版对版式做了改进：1）将主词条加粗，并整体铺底纹；2）将例句中主词条加粗，重点更突出，更利于阅读和学习，也更加美观。**

9. 图书开本：**本书开本由原来的32开（145mm×210mm）改为16开（168mm×230mm），页面空间更大，阅读体验更舒服。**

按学科分类

按意群分类

按学科分类

按意群分类

心理

行为

Contents

品质

状态

现实

Contents

属性

语言

事物

按学科分类
Subjects
TOEFL
iBT

音 频

Word List 1

生 物
Biology

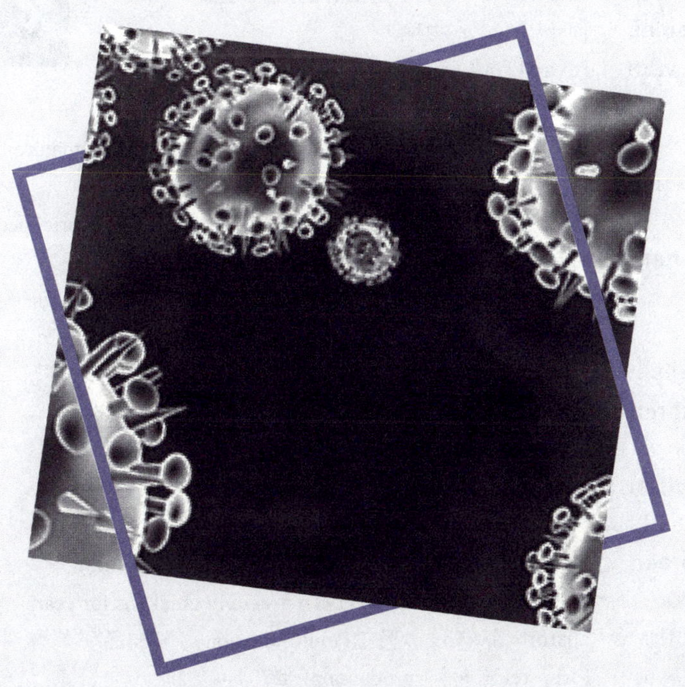

生物学（biology）恰如其名，是研究生物（bio=life）的学问（logy=knowledge），是研究生命及生物体的自然学科。生物学的涵盖范围非常广泛，可分为众多子学科，如生物化学、生理、进化理论、生态学等。生物学的两大重要分支——植物学和动物学，因其重要性已经列为单独学科词表：List 3（动物学）和 List 12（植物学）。TOEFL 考试会涉及物种起源（the origin of species），对生命的形成进行探讨。达尔文的进化论（Theory of Evolution）常被提到，但没有像在 GRE 文章中那样受到有力的挑战，只需知道生物为了适应周边的生态环境（ecological environment），不断地进行繁衍（reproduction）和淘汰，进行自然选择（natural selection），适者生存，不适应则灭绝（extinction）。

parasite [ˈpærəsaɪt] *n.* 寄生虫；寄生植物
【记】para(旁边)+site(坐)→坐在旁边的→寄生虫

parasitic [ˌpærəˈsɪtɪk] *adj.* 寄生的

mimicry [ˈmɪmɪkri] *n.* 模仿；拟态(camouflage)
【记】mimic(模仿)+ry
【例】The stick caterpillar's vivid ***mimicry*** enlarged its chances of survival.

symbiosis [ˌsɪmbaɪˈoʊsɪs] *n.* 共生(现象)，合作(或互利、互依)关系

symbiotic [ˌsɪmbaɪˈɑːtɪk] *adj.* 共生的

creature [ˈkriːtʃər] *n.* 生物

organism [ˈɔːrgənɪzəm] *n.* 生物，有机物
【记】organ(器官)+ism

strain [streɪn] *n.* (动物、昆虫等的)种；血统

species [ˈspiːʃiːz] *n.* 物种

vital [ˈvaɪtl] *adj.* 活的，活体的

ripe [raɪp] *adj.* 成熟的(mature, ready)
【例】We describe plants as "***ripe***", and animals as "mature".

evolve [iˈvɑːlv] *v.* (使)进化；(使)发展(develop, grow)
【例】Modern turtles ***evolved*** from a very large, prehistoric species of turtle.

evolutionary [ˌiːvəˈluːʃəneri] *adj.* 进化的
【例】But how do you come up with the architecture for this ***evolutionary*** prototype?

Darwinism [ˈdɑːrwɪnɪzəm] *n.* 达尔文学说，进化论

extinct [ɪkˈstɪŋkt] *adj.* 灭绝的
【记】ex+tinct(促使)→促使出去→灭绝

extinction [ɪkˈstɪŋkʃn] *n.* 灭绝
【例】What caused the ***extinction*** of dinosaurs?

breed [briːd] *vt.* 养育，繁殖(raise) *n.* 品种(species, strain)
【例】The housewife has been ***breeding*** chickens for years.

reproduction [ˌriːprəˈdʌkʃn] *n.* 繁殖(multiplication)；复制品
【记】re(重新)+production(生产)→复制
【例】Don't get yourself cheated. The vase is only a ***reproduction***.

proliferate [prəˈlɪfəreɪt] *v.* 繁衍(multiply, increase)
【记】pro(前)+lifer(后代)+ate→增殖，激增
【例】Autumn is the best season for crab to ***proliferate***.

propagate [ˈprɑːpəgeɪt] *vt.* 繁殖(multiply, proliferate)；传播
【例】Missionaries went far afield to ***propagate*** their faith.

subsist [səbˈsɪst] *vi.* 生存(live, survive)
【例】The poor farmer's family ***subsisted*** on potatoes.

□ parasite □ parasitic □ mimicry □ symbiosis □ symbiotic □ creature
□ organism □ strain □ species □ vital □ ripe □ evolve
□ evolutionary □ Darwinism □ extinct □ extinction □ breed □ reproduction
□ proliferate □ propagate □ subsist

exist [ɪɡˈzɪst] *vi.* 生存(survive)

【例】We wish our love will ***exist*** forever.

posterity [pɑːˈsterəti] *n.* 后代(offspring, descendant)

【记】post(后)+erity

【例】A photographer recorded the scene on video for ***posterity***.

fermentation [ˌfɜːrmenˈteɪʃn] *n.* 发酵

【记】ferm=ferv(热)+entation→热而发酵

【例】During ***fermentation***, yeast emits a distinctive smell.

respiration [ˌrespəˈreɪʃn] *n.* 呼吸(breathing)

【记】re(反复)+spir(呼吸)+ation

【例】His ***respiration*** grew fainter throughout the day.

stodgy [ˈstɑːdʒi] *adj.* 难消化的

【例】drowsiness induced by a ***stodgy*** meal

secrete [sɪˈkriːt] *vt.* 分泌(discharge, release)

【例】The stomach begins to ***secrete*** a certain type of enzyme when food reaches it.

secretion [sɪˈkriːʃn] *n.* 分泌(物)

assimilate [əˈsɪməleɪt] *vt.* 吸收(absorb, integrate, incorporate)

【记】as+simil(相同)+ate→使相同→同化，吸收

【例】I have not quite ***assimilated*** the new rules so I sometimes violate them by mistake.

immune [ɪˈmjuːn] *adj.* 免除的；免疫的(unaffected, unsusceptible)

【记】im(没有)+mune(责任)→没有责任→免除的

【例】I had the mumps when I was six, so now I am ***immune***.

immunity [ɪˈmjuːnəti] *n.* 免疫性

metabolism [məˈtæbəlɪzəm] *n.* 新陈代谢

【记】meta(变化)+bolism→产生变化→新陈代谢

【例】Lazy people with slow ***metabolism*** tend to gain weight.

morphology [mɔːrˈfɑːlədʒi] *n.* 形态学

microscope [ˈmaɪkrəskoʊp] *n.* 显微镜

calorie [ˈkæləri] *n.* 卡路里

carbohydrate [ˌkɑːrboʊˈhaɪdreɪt] *n.* 碳水化合物，糖类

glucose [ˈɡluːkoʊs] *n.* 葡萄糖

protein [ˈproʊtiːn] *n.* 蛋白质 *adj.* 蛋白质的

organ [ˈɔːrɡən] *n.* 器官

bacteria [bækˈtɪriə] *n.* [微]细菌

【例】***Bacteria*** will not breed in alcohol.

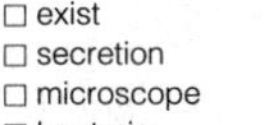

□ exist □ posterity □ fermentation □ respiration □ stodgy □ secrete
□ secretion □ assimilate □ immune □ immunity □ metabolism □ morphology
□ microscope □ calorie □ carbohydrate □ glucose □ protein □ organ
□ bacteria

vaccine [vækˈsiːn] *n.* 疫苗

【例】Scientists are working on new methods of ***vaccine*** production but nothing will be ready in time for this pandemic.

fungus [ˈfʌŋgəs] *n.* 真菌，霉菌；菌类

【例】The ***fungus*** is no longer alive.

membrane [ˈmembreɪn] *n.* 膜；薄膜；羊皮纸

【例】If the ***membrane*** is strong enough, at some point it may not burst.

viability [ˌvaɪəˈbɪləti] *n.* 生存能力，发育能力；可行性

【例】However, its ***viability*** and effectiveness still have to be established.

Ordinary people merely think how they shall spend their time; a man of talent tries to use it.

普通人只想到如何度过时间，有才能的人设法利用时间。

——德国哲学家 叔本华(Arthur Schopenhauer, German philosopher)

Word List 2

艺术

Arts

与今天的社会一样，艺术类话题颇受重视，TOEFL 考试中会涉及绘画（painting）、雕塑（sculpture）、音乐和舞蹈编排（music and choreography），摄影与动作片（photography and motion picture）、舞台表演（stage art），乃至行为艺术（performance art）。西方艺术史常有涉及，考生可以问一下自己，知道西方历史上极为重要的文艺复兴运动（Renaissance）吗？还有，西方艺术发展有哪些不同阶段，又形成了哪些不同的流派？因为很快你就可能听到或看到各种相关的术语，如：现实主义（Realism）、浪漫主义（Romanticism）、印象派（Impressionism）、达达学派（Dadaism）、新艺术运动（Newal Movement）等等，这些你都清楚吗？

picturesque [ˌpɪktʃəˈresk] *adj.* 如画般的，生动的(vivid)
【记】picture(图画)+sque
【例】City dwellers would sometimes long for a ***picturesque*** and serene rural life.

vivid [ˈvɪvɪd] *adj.* 生动的(lively, active)
【例】David's ***vivid*** description seems to bring the students to the real battle field.

sculpture [ˈskʌlptʃər] *n.* 雕塑品(carving, engraving)
【例】***Sculpture*** is the art of shaping solid materials.

statue [ˈstætʃuː] *n.* 雕像

draw [drɔː] *v.* 画

gallery [ˈɡæləri] *n.* 画廊

portrait [ˈpɔːrtrət] *n.* 肖像，画像；描写
【例】The artist has reproduced your features very well in this ***portrait***.

impressionism [ɪmˈpreʃənɪzəm] *n.* 印象派

portray [pɔːrˈtreɪ] *vt.* 绘制(delineate, depict)
【例】His work ***portrays*** the beautiful view of his hometown.

mold [moʊld] *vt.* 塑造(shape)
【例】The sculptor ***molded*** the clay into a flowerpot.

embroider [ɪmˈbrɔɪdər] *vt.* 绣花
【记】em+broider(刺绣)
【例】Susan ***embroidered*** the edges of all her pillowcases.

tragedy [ˈtrædʒədi] *n.* 悲剧

opera [ˈɑːprə] *n.* 歌剧
【记】通过创作(operate)而来

enact [ɪˈnækt] *vt.* 扮演(impersonate)
【记】en+act(扮演)
【例】Children like to ***enact*** the part of the parent.

pose [poʊz] *vt.* 构成；(使)摆好姿势(frame, constitute)
【例】The forced marriage from his parents ***posed*** a big distress in his entire life.

rehearse [rɪˈhɜːrs] *vt.* 预演，排练(prepare, try out)
【例】***Rehearse*** yourself before you take a real test.

prelude [ˈpreljuːd] *n.* 序幕(preface)
【记】pre(先)+lude(玩，演奏)→先演奏→序曲
【例】For him, reading was a necessary ***prelude*** to sleep.

□ picturesque □ vivid □ sculpture □ statue □ draw □ gallery
□ portrait □ impressionism □ portray □ mold □ embroider □ tragedy
□ opera □ enact □ pose □ rehearse □ prelude

character [ˈkærəktər] *n.* 角色

【例】That actress plays my favorite ***character*** on a television show.

role [roʊl] *n.* 角色(part)

design [dɪˈzaɪn] *n.* 设计，图案 *v.* 设计(pattern)

【记】de+sign(标出)→设计

【例】Everyone agreed that Jane had made a great ***design*** for the building.

profile [ˈproʊfaɪl] *n.* 外形，轮廓(outline, contour, sketch)

【记】pro(前)+file(线条)→前面的线条→轮廓

renaissance [ˈrenəsɑːns] *n.* 文艺复兴

【记】re(重新)+naiss(出生)+ance→新生

conjure [ˈkʌndʒər] *vt.* 用魔术做成(或变出)

【例】I don't know how I'll ***conjure*** up the money, but I'll pay rent tomorrow.

aesthetic [esˈθetɪk] *adj.* 审美的，美学的(artistic)

【记】a+esthe(感觉)+tic→对美有感觉的→美学的

【例】I added an ***aesthetic*** touch to the living room with silk flowers.

romantic [roʊˈmæntɪk] *adj.* 传奇式的，浪漫的

mythology [mɪˈθɑːlədʒi] *n.* 神话；神话学；神话集

【例】In Greek ***mythology***, the god Zeus took the form of a swan to seduce Leda.

arcade [ɑːrˈkeɪd] *n.* 拱廊

【例】The short, squat man staggers out from the ***arcade***, propping himself against the wall.

pottery [ˈpɑːtəri] *n.* 陶器

【例】The chief handicrafts of this country are ***pottery*** and wood carving.

virtuoso [ˌvɜːrtʃuˈoʊsoʊ] *n.* 艺术品鉴赏家；古董收藏家；艺术大师

【例】The term literally refers to art ***virtuoso*** Picasso in Chinese and is pronounced similar to "close and locked" in Chinese.

fresco [ˈfreskoʊ] *n.* 壁画

【例】The medium of ***fresco*** makes great demands on a painter's technical skill.

baroque [bəˈroʊk] *adj.* 巴洛克式的；结构复杂的，形式怪样的 *n.* 巴洛克风格；巴洛克艺术

【例】The ***baroque*** church of San Leonardo is worth a quick look.

Dadaism [ˈdɑːdɑːɪzəm] *n.* 达达派，达达主义(崇尚虚无的艺术派别)

□ character □ role □ design □ profile □ renaissance □ conjure
□ aesthetic □ romantic □ mythology □ arcade □ pottery □ virtuoso
□ fresco □ baroque □ Dadaism

Word List 3

动 物

Animals

TOEFL 动物类阅读文章涉猎的动物名称有一定范围，通常局限于一些属于脊椎门（vertebrate）的动物名，所以高中试验课上看到的草履虫之类的无脊椎动物（invertebrate）是很难有机会露脸的。如果按食性分，动物可以分为草食动物（herbivorous），肉食动物（carnivorous）和杂食动物（omnivorous）。如果按类别分，则考得较多的是哺乳动物（mammal），爬行动物（Reptile），如蜥蜴（lizard），变色蜥蜴（chameleon）；两栖类动物（amphibian）没有代表动物专门考核，但作为一大类，同学们也要对该类单词表示基本的尊重。北美常见的啮齿目动物（rodent）是海狸（beaver）和河狸，TOEFL 文章主要讲它们在小溪里造水坝（dam）的丰功伟绩，以及人们对它们终生功过的褒贬不一。还有黑猩猩（chimpanzee）和树懒（sloth），TOEFL 文章主要讲述它由于懒惰而不注重个人卫生（personal hygiene），以至于寄生虫（parasite）可以在其毛发间自由生长。值得一提的是树獭的懒散表现派生出一个形容词：slothful，其含义可想而知——懒散的。鸟类也是常考的对象，主要考查鸟类的迁徙（migration），鸟类飞行的诀窍，鸟类寻找方向的本领等等。

gregarious	[grɪˈgeriəs] *adj.* 群居的
	【记】greg(群体)+arious→爱群体的
	【例】My ***gregarious*** sister makes friends wherever she goes.
swarm	[swɔːrm] *n.* (蜜蜂、蚂蚁等)群(throng, crowd, horde)
	【例】a ***swarm*** of locusts
flock	[flɑːk] *n.* 羊群，(禽、畜等的)群
herd	[hɜːrd] *n.* 兽群，牧群
mammal	[ˈmæml] *n.* 哺乳动物
	【记】mamma(乳)+l
carnivore	[ˈkɑːrnɪvɔːr] *n.* 食肉动物
carnivorous	[kɑːrˈnɪvərəs] *adj.* 食肉类的
appetite	[ˈæpɪtaɪt] *n.* 食欲
herbivorous	[hɜːrˈbɪvərəs] *adj.* 食草的
omnivorous	[ɑːmˈnɪvərəs] *adj.* 杂食的，什么都吃的
predator	[ˈpredətər] *n.* 掠夺者，食肉动物
predatory	[ˈpredətɔːri] *adj.* 掠夺的，食肉的
	【例】The point seems particularly clear for the young of ***predatory*** animals.
prey	[preɪ] *n.* 被掠食者，牺牲者
poikilotherm	[pɔɪˈkɪləˌθɜːrm] *n.* 变温动物，冷血动物
rodent	[ˈroʊdnt] *n.* 啮齿动物
scavenger	[ˈskævɪndʒər] *n.* 清道夫，食腐动物
microbe	[ˈmaɪkroʊb] *n.* 微生物，细菌
reptile	[ˈreptaɪl] *n.* 爬行动物
homotherm	[ˈhoʊməθɜːrm] *n.* 恒温动物
primate	[ˈpraɪmeɪt] *n.* 灵长类的动物
primates	[ˈpraɪmeɪts] *n.* 灵长类
mollusk	[ˈmɑːləsk] *n.* 软体动物
coelenterate	[sɪˈlentərət] *n.* 腔肠动物
vertebrate	[ˈvɜːrtibrət] *n.* 脊椎动物
invertebrate	[ɪnˈvɜːrtibrət] *n.* 无脊椎动物
finch	[fɪntʃ] *n.* 鸣禽
	【记】fin(尾翅)+ch
	【例】This kind of birdseed is perfect for all kinds of ***finches***.
fowl	[faʊl] *n.* 鸡；家禽(chicken; poultry)
monster	[ˈmɑːnstər] *n.* 怪物，巨兽(demon)
hordes	[hɔːrdz] *n.* 昆虫群
insect	[ˈɪnsekt] *n.* 昆虫

☐ gregarious ☐ swarm ☐ flock ☐ herd ☐ mammal ☐ carnivore
☐ carnivorous ☐ appetite ☐ herbivorous ☐ omnivorous ☐ predator ☐ predatory
☐ prey ☐ poikilotherm ☐ rodent ☐ scavenger ☐ microbe ☐ reptile
☐ homotherm ☐ primate ☐ primates ☐ mollusk ☐ coelenterate ☐ vertebrate
☐ invertebrate ☐ finch ☐ fowl ☐ monster ☐ hordes ☐ insect

worm [wɜːrm] *n.* 虫，蠕虫

beast [biːst] *n.* 兽，畜牲

aquatic [əˈkwætɪk] *adj.* 水的，水上的，水生的，水栖的

amphibian [æmˈfɪbiən] *adj.* 两栖类的；水陆两用的

migrate [ˈmaɪgreɪt] *vi.* (鸟类的)迁徙

【例】Some birds ***migrate*** to find warmer weather.

graze [greɪz] *v.* 放牧

【例】This field will ***graze*** 30 heads of cattle.

gasp [gæsp] *v.* 气喘，喘息(breathe, gulp)

【例】The terrible scene made me ***gasp***.

peck [pek] *v.* 啄，啄起(bite, nibble)

【例】Woodpeckers ***pecked*** wood for a pest.

trot [trɑːt] *vi./n.* (马)小跑，慢跑(jog)

【例】The horses ***trotted*** along the road.

dormant [ˈdɔːrmənt] *adj.* 休眠的(inactive)

【记】dorm(睡眠)+ant

【例】The ***dormant*** volcano has not erupted for two hundred years.

offspring [ˈɔːfsprɪŋ] *n.* 子孙，后代(descendant)

spawn [spɔːn] *n./v.* 产卵(generate, produce)

【例】Many sea fishes ***spawn*** in rivers.

pregnant [ˈpregnənt] *adj.* 怀孕的，孕育的

hatch [hætʃ] *v.* 孵出，孵(卵)(incubate, breed, emerge from the egg)

【例】Don't count your chickens before they are ***hatched***.

breed [briːd] *v.* (使)繁殖；教养，抚养

【例】Many animals ***breed*** in the spring.

domesticate [dəˈmestɪkeɪt] *vt.* 驯养，教化(tame)

【例】No one has ever been able to ***domesticate*** the African elephant.

fertilize [ˈfɜːrtəlaɪz] *vt.* 使受精

regeneration [rɪˌdʒenəˈreɪʃn] *n.* 再生，重建

reproduce [ˌriːprəˈdjuːs] *v.* 繁殖，再生

【例】Birds ***reproduce*** by laying eggs.

squeak [skwiːk] *vi.* (老鼠或物体)吱吱

【例】Rats ***squeak*** while flies buzz. It is quite a house.

chirp [tʃɜːrp] *vi.* 喳喳(虫和鸟的叫声)

【例】The injured bird did not move or ***chirp***.

hibernate [ˈhaɪbərneɪt] *vi.* 冬眠

【例】Polar bears can ***hibernate*** for a long time.

☐ worm ☐ beast ☐ aquatic ☐ amphibian ☐ migrate ☐ graze
☐ gasp ☐ peck ☐ trot ☐ dormant ☐ offspring ☐ spawn
☐ pregnant ☐ hatch ☐ breed ☐ domesticate ☐ fertilize ☐ regeneration
☐ reproduce ☐ squeak ☐ chirp ☐ hibernate

camouflage [ˈkæməflɑːʒ] *v./n.* 伪装

【例】They ***camouflaged*** their hatred with professions of friendship.

extinction [ɪkˈstɪŋkʃn] *n.* 灭绝

【例】The animals were ruthlessly hunted to the verge of ***extinction***.

monogamous [məˈnɑːgəməs] *adj.* 单配的，一雌一雄的

polyandrous [ˌpɑːliˈændrəs] *adj.* 一雌多雄(配合)的

nest [nest] *n.* 巢，窝

niche [niːʃ] *n.* 小生态环境

pest [pest] *n.* 有害物

habitat [ˈhæbɪtæt] *n.* (动植物的)生活环境，产地，栖息地，居留地，自生地，聚集处

【例】Many species are in peril of extinction because of our destruction of their natural ***habitat***.

rhinoceros [raɪˈnɑːsərəs] *n.* 犀牛

chimpanzee [ˌtʃɪmpænˈziː] *n.* 非洲的小人猿，黑猩猩

baboon [bæˈbuːn] *n.* 狒狒

gorilla [gəˈrɪlə] *n.* 大猩猩

lizard [ˈlɪzərd] *n.* 蜥蜴

moth [mɔːθ] *n.* 蛾，蛀虫

canary [kəˈneri] *n.* 金丝雀；淡黄色

caterpillar [ˈkætərpɪlər] *n.* 毛虫

dinosaur [ˈdaɪnəsɔːr] *n.* 恐龙

chameleon [kəˈmiːliən] *n.* 变色龙

larva [ˈlɑːrvə] *n.* 幼虫

bat [bæt] *n.* 蝙蝠；球棒

family [ˈfæməli] *n.* 科

class [klæs] *n.* 纲

suborder [sʌbˈɔːrdər] *n.* 亚目

order [ˈɔːrdər] *n.* 目

genus [ˈdʒiːnəs] *n.* 种，类

antenna [ænˈtenə] *n.* 触须

tentacle [ˈtentəkl] *n.* (动物)触须、触角，(植物)腺毛

【例】Each ***tentacle*** is about two millimeters long.

spleen [spliːn] *n.* 脾脏

hide [haɪd] *n.* 兽皮(skin)

spine [spaɪn] *n.* 脊骨(backbone)

□ camouflage □ extinction □ monogamous □ polyandrous □ nest □ niche
□ pest □ habitat □ rhinoceros □ chimpanzee □ baboon □ gorilla
□ lizard □ moth □ canary □ caterpillar □ dinosaur □ chameleon
□ larva □ bat □ family □ class □ suborder □ order
□ genus □ antenna □ tentacle □ spleen □ hide □ spine

spineless	[ˈspaɪnləs] *adj.* 无脊椎的
toe	[toʊ] *n.* 脚趾
bill	[bɪl] *n.* 鸟嘴
beak	[biːk] *n.* 鸟嘴，喙
fuzzy	[ˈfʌzi] *adj.* 有绒毛的，绒毛状的(frizzy, downy)
hump	[hʌmp] *n.* 驼峰
scale	[skeɪl] *n.* 鳞片
	【例】Please remove any excess ***scales*** from the fish skin.
wing	[wɪŋ] *n.* 翅，翅膀，翼
fluffy	[ˈflʌfi] *adj.* 绒毛的
	【记】fluff(绒毛)＋y
	【例】Newly hatched chickens are like ***fluffy*** balls.
carnal	[ˈkɑːrnl] *adj.* 肉体的(corporeal)
	【记】carn(肉)＋al
nervous	[ˈnɜːrvəs] *adj.* 神经的
	【记】nerv(神经)＋ous
	【例】The number of ***nervous*** disorders was rising in the region.
fat	[fæt] *n.* 脂肪，肥肉
grease	[griːs] *n.* 动物脂，脂肪
greasy	[ˈgriːsi] *adj.* 多脂的；油脂的(oily)
	【例】To keep you fit, keep away from ***greasy*** food.
turtle	[ˈtɜːrtl] *n.* 海龟
beaver	[ˈbiːvər] *n.* 海狸(毛皮)
jellyfish	[ˈdʒelifɪʃ] *n.* 水母
	【记】jelly(胶冻，果冻)＋fish(鱼)
starfish	[ˈstɑːrfɪʃ] *n.* 海星
whale	[weɪl] *n.* 鲸
porpoise	[ˈpɔːrpəs] *n.* 海豚，小鲸
dolphin	[ˈdɑːlfɪn] *n.* 海豚
prawn	[prɔːn] *n.* 对虾，明虾，大虾
shrimp	[ʃrɪmp] *n.* 小虾
lobster	[ˈlɑːbstər] *n.* 龙虾
sponge	[spʌndʒ] *n.* 海绵，海绵体，海绵状物
plankton	[ˈplæŋktən] *n.* 浮游生物
oyster	[ˈɔɪstər] *n.* 牡蛎，蚝
clam	[klæm] *n.* 蛤
coral	[ˈkɔːrəl] *n.* 珊瑚，珊瑚虫
crab	[kræb] *n.* 螃蟹，类似螃蟹的动物

☐ spineless ☐ toe ☐ bill ☐ beak ☐ fuzzy ☐ hump
☐ scale ☐ wing ☐ fluffy ☐ carnal ☐ nervous ☐ fat
☐ grease ☐ greasy ☐ turtle ☐ beaver ☐ jellyfish ☐ starfish
☐ whale ☐ porpoise ☐ dolphin ☐ prawn ☐ shrimp ☐ lobster
☐ sponge ☐ plankton ☐ oyster ☐ clam ☐ coral ☐ crab

conch [kɑːntʃ] *n.* 贝壳；海螺壳

【例】In *Lord of the Flies*, the book's characters overcome a similar problem by instituting a rule that whoever has a designated ***conch*** shell gets their turn to talk.

squirrel [ˈskwɜːrəl] *n.* 松鼠

【例】It was moving fast like a ***squirrel***, but it was as loud as a bear.

Every day I remind myself that my inner and outer life are based on the labors of other men, living and dead, and that I must exert myself in order to give in the same measure as I have received and am still receiving.

每天我都提醒着自己：我的精神生活和物质生活都是以别人的劳动为基础的，我必须尽力以同样的分量来报偿我所获得的和至今仍在接受着的东西。

——美国科学家 爱因斯坦(Albert Einstein, American scientist)

Word List 4

地理
Geography

这是一个经久不衰的常考学科，“上知天文，下知地理”是每个TOEFL考生的基本素质。请问地理学（Geography）是研究什么的，你知晓吗？它和地质学（Geology）有什么区别，你知道吗？有人说地表十米以下基本都算地质学研究对象，以上的部分都是地理学研究的内容，你觉得有道理吗，有一些特例吗？对这个学科的词汇进行研究，笔者的建议是拿一个地球仪或者一幅世界地图，对着它，你若能够用英文描述清楚上面所有出现的各种地形、地貌、行政划分，如经线、纬线、赤道、回归线、各大洲、各大洋、岛屿、半岛、海峡等，那么恭喜你，你达标了！

insular [ˈɪnsələr] *adj.* 海岛的
【记】insul(岛)+ar

island [ˈaɪlənd] *n.* 岛，岛屿，岛状物(孤立状态的物)，安全岛
【例】coral ***island*** *n.* 珊瑚岛；continental ***island*** 陆边岛

peninsula [pəˈnɪnsələ] *n.* 半岛
【记】比较insular(海岛的)

islet [ˈaɪlət] *n.* 小岛

marine [məˈriːn] *adj.* 海的(marine, oceanic)；海上的；近海的
【记】mari(海)+ine
【例】Human beings are natural enemies of some ***marine*** mammals.

maritime [ˈmærɪtaɪm] *adj.* 海的(marine, oceanic)；海上的；近海的
【记】mari(海)+time

moist [mɔɪst] *adj.* 湿润的，多雨的(damp, humid)

ledge [ledʒ] *n.* 暗礁
【记】联想“l”加edge(边)

oasis [oʊˈeɪsɪs] *n.* (沙漠中的)绿洲
【例】The travellers were saved when they finally found an ***oasis***.

tide [taɪd] *n.* 潮汐

ebb [eb] *vi.* 退潮
【例】The water washed up on the shore, then slowly ***ebbed*** away.

continent [ˈkɑːntɪnənt] *n.* 大陆

terrestrial [təˈrestriəl] *adj.* 领土的
【例】***terrestrial*** heat 地热；***terrestrial*** magnetism 地磁，地磁学

outskirt [ˈaʊtskɜːrt] *n.* 外边，郊区(surrounding)

region [ˈriːdʒən] *n.* 地区，领域(zone, area, field, domain)

endemic [enˈdemɪk] *adj.* 地方的(native)
【例】This disease is ***endemic*** to the southerners, and will not spread in the cold north.

cosmopolitan [ˌkɑːzməˈpɑːlɪtən] *adj.* 全世界的(global)
【记】cosm(宇宙)+opolitan
【例】The farmer was unused to the ***cosmopolitan*** ways of life in a large city.

subterrane [ˌsʌbtəˈreɪn] *n.* 地下(underground)

subterranean [ˌsʌbtəˈreɪniən] *adj.* 地下的

cavern [ˈkævərn] *n.* 大山洞，大洞穴
【记】比较cave(洞)
【例】Inside the ***cavern*** were the remnants of an ancient fire.

☐ insular ☐ island ☐ peninsula ☐ islet ☐ marine ☐ maritime
☐ moist ☐ ledge ☐ oasis ☐ tide ☐ ebb ☐ continent
☐ terrestrial ☐ outskirt ☐ region ☐ endemic ☐ cosmopolitan ☐ subterrane
☐ subterranean ☐ cavern

flaw [flɔː] *n.* 裂隙；缺点，瑕疵

【例】The ***flaw*** in your theory is that you didn't account for gravity.

cleft [kleft] *n.* 裂缝(crevice)

crevice [ˈkrevɪs] *n.* 裂缝，破口(rift, slit)

【例】The rain came in through a ***crevice*** in the cabin wall.

gap [gæp] *n.* 裂口(opening)

【例】Generation ***gap*** lies between parents and children.

zone [zoʊn] *n.* 带(region, area)

【例】time ***zone*** 时区

equator [ɪˈkweɪtər] *n.* 赤道

【例】It is warmer near the ***equator***.

longitude [ˈlɑːndʒətjuːd] *n.* 经度

【记】long(长)+itude→经度

altitude [ˈæltɪtjuːd] *n.* (尤指海拔)高度，高处(海拔甚高的地方)

latitude [ˈlætɪtjuːd] *n.* 纬度

【记】lati(阔)+tude→纬度

meridian [məˈrɪdiən] *n.* 子午线，正午

subsidiary [səbˈsidiəri] *n.* 支流(branch)

【记】sub(下面)+sidi(坐)+ary→坐在下面辅助的

【例】He followed the ***subsidiary*** to trace its origin.

Antarctic [ænˈtɑːrktɪk] *adj.* 南极的，南极地带的

Antarctica [ænˈtɑːrktɪkə] *n.* 南极洲

Arctic [ˈɑːrktɪk] *adj.* 北极的，北极区的 *n.* 北极，北极圈

coastland [ˈkoʊstlænd] *n.* 沿海岸地区

hemisphere [ˈhemɪsfɪr] *n.* 半球

contour [ˈkɑːntʊr] *n.* 轮廓；海岸线(outline, profile)

【记】tour(旅行)

【例】The artist accentuated the model's ***contours***.

geography [dʒiˈɑːgrəfi] *n.* 地理学，地理

horizon [həˈraɪzn] *n.* 地平线

lowland [ˈloʊlənd] *n.* 低地，苏格兰低地 *adj.* 低地的

plain [plein] *n.* 平原，草原

strait [streɪt] *n.* 地峡，海峡

channel [ˈtʃænl] *n.* 海峡，水道，沟

valley [ˈvæli] *n.* (山)谷，流域

volcano [vɑːlˈkeɪnoʊ] *n.* 火山

plateau [plæˈtoʊ] *n.* 高原

【记】plat(平)+eau

□ flaw □ cleft □ crevice □ gap □ zone □ equator
□ longitude □ altitude □ latitude □ meridian □ subsidiary □ Antarctic
□ Antarctica □ Arctic □ coastland □ hemisphere □ contour □ geography
□ horizon □ lowland □ plain □ strait □ channel □ valley
□ volcano □ plateau

basin [ˈbeɪsn] *n.* 盆地

【例】The Amazon ***basin*** covers a vast amount of land.

navigation [ˌnævɪˈgeɪʃn] *n.* 航海

ranges [reɪndʒɪz] *n.* 范围；山脉

salinity [səˈlɪnəti] *n.* 盐分，盐度

sediment [ˈsedɪmənt] *n.* 沉淀物，沉积

elevation [ˌelɪˈveɪʃn] *n.* 高地，正面图，海拔

formation [fɔːrˈmeɪʃn] *n.* 形成，构成

geothermy [ˌdʒiːoʊˈθɜːrmɪ] *n.* 地热

terrain [təˈreɪn] *n.* 地形

topography [təˈpɑːgrəfi] *n.* 地形学

tropical [ˈtrɑːpɪkl] *adj.* 热带的

tropics [ˈtrɑːpɪks] *n.* (地球的)回归线，热带

temperate [ˈtempərət] *adj.* (气候)温和的

【例】***temperate*** latitudes 温带地区；中纬度

cistern [ˈsɪstərn] *n.* 水箱；水池；贮水器

【例】Water no longer flowed in the mains, but he estimated that the contents of the roof ***cistern*** would last him a week or more.

lagoon [ləˈguːn] *n.* 泻湖；环礁湖；咸水湖

【例】Venice and its ***lagoon*** joined the World Heritage List in 1987.

canal [kəˈnæl] *n.* 运河；水道

【例】The ***canal*** is blocked.

A man is not old as long as he is seeking something. A man is not old until regrets take the place of dreams.

只要一个人还有所追求，他就没有老。直到后悔取代了梦想，一个人才算老。

——美国演员 巴里穆尔(J. Barrymore, American actor)

□ basin □ navigation □ ranges □ salinity □ sediment □ elevation
□ formation □ geothermy □ terrain □ topography □ tropical □ tropics
□ temperate □ cistern □ lagoon □ canal

Word List 5

天 文

Astronomy

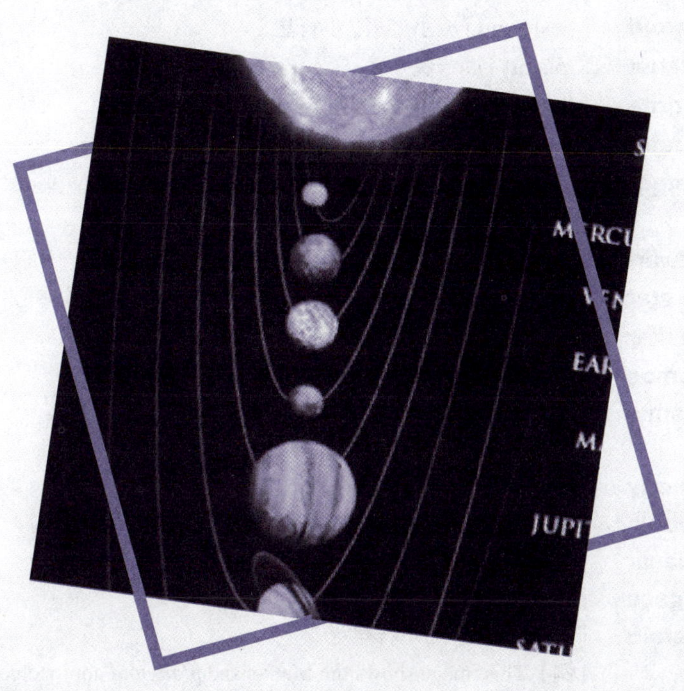

美国大学八十年代校园爱情片曾很流行这样一句话："Consider the darkness of outer space...（想象一下外太空的无边黑暗吧……）"，这是"party"中男生试图用"深邃的思维"吸引女生的经典搭讪用语，盖因为天文学一直被人们认为是深奥且令人敬畏的学科。在 TOEFL 考试中，天文学内容一直很受追捧，实际上如果了解一定的学科背景知识并熟悉相应的专业词汇就会视之为"A piece of cake（小菜一碟）"。须知有关宇宙的起源和终结的深奥讨论不是 TOEFL 文章的主题，更适宜出现在 GRE 文章中。基本天文学（Astronomy）现象、各种天体（Celestial Body）以及人类如何探索天文才是中心主题。从人类一直关注的日月星辰，到特殊现象如流星、彗星，从太阳系的年龄探索到行星年龄的界定，天文学一直保持着很高的出镜率。

celestial [sə'lestʃl] *adj.* 天上的，天体的；神圣的(astronomical, heavenly)

【记】celes(天)＋tial

【例】The book showed a map of the ***celestial*** realms.

universe ['juːnɪvɜːrs] *n.* 宇宙(cosmos)

universal [ˌjuːnɪ'vɜːrsl] *adj.* 宇宙的；通用的，普遍的

【例】The desire to look attractive is ***universal***.

orbit ['ɔːrbɪt] *n.* 轨道(track, path)

【例】Our planet is in ***orbit*** around the Sun.

comet ['kɑːmət] *n.* 彗星

galaxy ['gæləksi] *n.* 星系；银河

constellation [ˌkɑːnstə'leɪʃn] *n.* 星座

【记】con＋stell(星星)＋ation

asteroid ['æstərɔɪd] *n.* 小游星，小行星

planet ['plænɪt] *n.* 行星

chondrite ['kɑːndraɪt] *n.* 球粒状陨石

cluster ['klʌstər] *n.* 星团

meteor ['miːtiər] *n.* 流星；大气现象

【例】***meteor*** shower 流星雨

dwarf [dwɔːrf] *n.* 白矮星

star [stɑːr] *n.* 星，恒星

stellar ['stelər] *adj.* 恒星的

cosmos ['kɑːzmoʊs] 宇宙

cosmic ['kɑːzmɪk] *adj.* 宇宙的

【例】***cosmic*** radiation 宇宙辐射；***cosmic*** rays 宇宙射线

cosmology [kɑːz'mɑːlədʒi] *n.* 宇宙哲学，宇宙论

nebula ['nebjələ] *n.* 星云，云翳

quasar ['kweɪzɑːr] *n.* 恒星状球体，类星体

space [speɪs] *n.* 空间

planetoid ['plænətɔɪd] *n.* 小行星

【例】This image shows the Mars-sized ***planetoid*** approaching proto-Earth.

intergalactic [ˌɪntərgə'læktɪk] *adj.* 银河间的

interplanetary [ˌɪntər'plænəteri] *adj.* 行星间的，太阳系内的

interstellar [ˌɪntər'stelər] *adj.* 星际的

corona [kə'roʊnə] *n.* 日冕

chromosphere ['kroʊməˌsfɪr] *n.* (恒星尤指太阳的)色球(层)

solar ['soʊlər] *adj.* 太阳的

【例】***solar*** system 太阳系；***solar*** corona 日冕；***solar*** eclipse 日食；***solar*** radiation 太阳辐射

☐ celestial ☐ universe ☐ universal ☐ orbit ☐ comet ☐ galaxy
☐ constellation ☐ asteroid ☐ planet ☐ chondrite ☐ cluster ☐ meteor
☐ dwarf ☐ star ☐ stellar ☐ cosmos ☐ cosmic ☐ cosmology
☐ nebula ☐ quasar ☐ space ☐ planetoid ☐ intergalactic ☐ interplanetary
☐ interstellar ☐ corona ☐ chromosphere ☐ solar

photosphere [ˈfoʊtoʊˌsfɪr] *n.* 光球（指用肉眼可看到的太阳强烈发光部分，是厚度为几百公里的一个壳层）

pseudoscience [ˌsjuːdoʊˈsaɪəns] *n.* 假科学，伪科学

astronomy [əˈstrɑːnəmi] *n.* 天文学

【记】astro(星星)＋nomy(学科)→研究星星的学科

astronomical [ˌæstrəˈnɑːmɪkl] *adj.* 天文学的；庞大到无法估计的

【例】***astronomical*** observatory 天文台

astrology [əˈstrɑːlədʒi] *n.* 占星术，占星学（以观测天象来预卜人间事务的一种方术）

astrophysics [ˌæstroʊˈfɪzɪks] *n.* 天体物理学

Jupiter [ˈdʒuːpɪtər] *n.* 木星

lunar [ˈluːnər] *adj.* 月的，月亮的

Mars [mɑːrz] *n.* 火星；战神

mercury [ˈmɜːrkjəri] *n.* 水银，汞；水星

Earth [ɜːrθ] *n.* 地球

Uranus [ˈjʊrənəs] *n.* 天王星

Venus [ˈviːnəs] *n.* 金星

Pluto [ˈpluːtoʊ] *n.* 冥王星；阴间之神

Neptune [ˈneptjuːn] *n.* 海王星

Saturn [ˈsætɜːrn] *n.* 土星

emission [iˈmɪʃn] *n.* (光、热等的)散发，发射，喷射

【例】This deviates from the popular concept of “low carbon life”—to reduce the ***emission*** of carbon, especially carbon dioxide, to protect our environment and realize sustainable development.

infinite [ˈɪnfɪnət] *adj.* 无穷的，无限的，无数的，极大的

【例】I know this world is ruled by ***infinite*** intelligence.

interferometer [ˌɪnˈtɜːrfɪˈrɑːmɪtər] *n.* 干涉仪

radiation [ˌreɪdiˈeɪʃn] *n.* 发散，辐射；放射物

【例】They suffer from health problems and fear the long-term effects of ***radiation***.

revolve [rɪˈvɑːlv] *v.* (使)旋转

【例】The satellite *revolves* around the Earth once every hundred minutes.

land [lænd] *vt.* 着陆，降落

【例】The plane finally *landed* itself safely on the ground.

spaceship [speɪsʃɪp] *n.* 太空船(space shuttle)

spacecraft [ˈspeɪskræft] *n.* 太空船

telescope [ˈtelɪskoʊp] *n.* 望远镜

☐ photosphere ☐ pseudoscience ☐ astronomy ☐ astronomical ☐ astrology ☐ astrophysics
☐ Jupiter ☐ lunar ☐ Mars ☐ mercury ☐ Earth ☐ Uranus
☐ Venus ☐ Pluto ☐ Neptune ☐ Saturn ☐ emission ☐ infinite
☐ interferometer ☐ radiation ☐ revolve ☐ land ☐ spaceship ☐ spacecraft
☐ telescope

holism [ˈhoʊlɪzəm] *n.* 整体论

【例】***Holism*** is the concept that the whole has a reality independent and greater than the sum of its parts.

supernova [ˌsjuːpər ˈnoʊvə] *n.* 超新星

【例】At least one ***supernova*** occurs per decade in our galaxy.

If you would go up high, then use your own legs! Do not let yourselves carried aloft; do not seat yourselves on other people's backs and heads.

如果你想要走到高处，就要使用自己的两条腿！不要让别人把你抬到高处；不要坐在别人的背上和头上。

——德国哲学家 尼采(*F. W. Nietzsche, German philosopher*)

音频

Word List 6

社会
Sociology

社会学（Sociology）研究社会行为或者社会本身，包括社会这一结构的起源和发展、社会结构、社会组织。社会学研究的范围十分广泛，因为人类活动的所有领域都是在社会结构、个体机构的影响下塑造而成，所以经济学、政治学、人类学、心理学等众多学科都可以通过社会学进行交叉研究。TOEFL 中众多热门话题都与社会发展史相关，从探讨社群（social community）、社会发展（social development）、工业化（industrialization）和城市化（urbanization），到婚姻（marriage）和家庭事务（household affairs），都会在 TOEFL 中成为你的老友。

urban [ˈɜːrbən] *adj.* 城市的(municipal, metropolitan)

rustic [ˈrʌstɪk] *adj.* 乡村的(rural, unsophisticated)

【记】rust(乡村)+ic

【例】We hoped the fresh air and ***rustic*** atmosphere would help him adjust.

community [kəˈmjuːnəti] *n.* 社区；社会；公社

【记】commune(公共的)+ity→公共状态→社会，社区

【例】There are seven churches in our ***community***.

metropolitan [ˌmetrəˈpɑːlɪtən] *adj.* 首都的，主要都市的，大城市的

exotic [ɪɡˈzɑːtɪk] *adj.* 外来的；有异国风情的(unusual, foreign)

【记】exo(外面)+tic→外来的

【例】Susan and Bill love to eat spicy and ***exotic*** food.

conventional [kənˈvenʃənl] *adj.* 传统的，习俗的(traditional, customary)

【例】Mary thought marriage and family was too ***conventional*** so she joined the army.

convention [kənˈvenʃn] *n.* 传统

【例】Chinese people have the ***convention*** of shaking hands.

patriarchal [ˌpeɪtriˈɑːrkl] *adj.* 家长的，族长的

institutionalize [ˌɪnstɪˈtjuːʃənəlaɪz] *v.* 使制度化或习俗化

【例】One question that is raised is how to ***institutionalize*** our scholarship disciplines.

clan [klæn] *n.* 部落，氏族，宗族，党派

status [ˈsteɪtəs] *n.* 地位(position, rank)

【例】The ***status*** of colonial women had been well studied.

taboo [təˈbuː] *n./vt.* 禁忌；禁止(ban, prohibition)

【例】Four-letter words are ***taboo*** words to these ladies.

ethics [ˈeθɪks] *n.* 伦理学

【记】eth=ethn(种族)+ics→种族规范→伦理学

genteel [dʒenˈtiːl] *adj.* 上流社会的(well-bred, courteous)

【记】比较gentle(温柔)

【例】It was a place to which ***genteel*** families came in search of health and quiet.

marital [ˈmærɪtl] *adj.* 婚姻的(wedded, conjugal)

【记】比较marriage(结婚)

polygamous [pəˈlɪɡəməs] *adj.* 一夫多妻的，一妻多夫的

household [ˈhaʊshoʊld] *n.* 一家人，家庭，家族

□ urban □ rustic □ community □ metropolitan □ exotic □ conventional
□ convention □ patriarchal □ institutionalize □ clan □ status □ taboo
□ ethics □ genteel □ marital □ polygamous □ household

Word List 7

历史与考古

History & Archaeology

历史学（History）是人类对自己的历史材料进行筛选和组合的知识形式，考古学（Archaeology）是根据古代人类进行各种活动遗留下来的实物，以研究人类古代社会历史的一门科学。考古学和历史学既相互联系，又相互区别，它们是各自独立的学科，彼此不存在附属关系。在中国，有相当一段时间考古学曾经是归于历史学之下的二级学科，现在虽然并列为一级学科了，但是由于在TOEFL考试中这两者的学科背景与词汇基本上是水乳相融的，我们这里就一并学习了。这类文章研究人类历史上某段具体的历史，或者探讨某些少数族裔的文化特征，以及人们使用哪些技术去研究历史遗迹。总之，这类题材存量大，很容易被选入考试题库中，但是这些主题并不难，尽管满怀信心地去经历就是了，不过在那之前，先把本章词汇过一遍吧。

archeology [ˌɑːrki'ɑːlədʒi] *n.* 考古学

invaluable [ɪn'væljuəbl] *adj.* 无价的(valuable, precious)

【记】invaluable=valuable(有价值的)；比较valueless(无价值的)

【例】I was able to gain ***invaluable*** experience over that year.

unearth [ʌn'ɜːrθ] *vt.* 发掘，发现(uncover, exhume)

【记】un+earth(土地)→弄开土→挖掘

【例】A recent excavation ***unearthed*** a pottery of Ming dynasty.

scoop [skuːp] *vt.* 汲取；挖掘(dig, pick)

【例】He used his bare hands to ***scoop*** up water from the river.

exhume [ɪg'zjuːm] *vt.* 掘出(excavate, dig)

【记】ex(出)+hume(土)→出土→掘出

【例】The coroner ***exhumed*** the body in order to perform tests regarding the cause of death.

excavate ['ekskəveɪt] *vt.* 挖掘(dig, delve)

【记】 ex+cav(洞)+ate→挖出洞→挖掘

【例】They ***excavated*** a huge hole for the foundation of the building.

excavation [ˌekskə'veɪʃn] *n.* 挖掘，发掘；挖掘成的洞；出土文物

Neolithic [ˌniːə'lɪθɪk] *adj.* 新石器时代的

Mesolithic [ˌmiːzə'lɪθɪk] *n.* 中石器时代（旧石器时代与新石器时代之间的时代）

Paleolithic [ˌpælɪə'lɪθɪk] *adj.* 旧石器时代的

origin ['ɔːrɪdʒɪn] *n.* 起源，由来

chronological [ˌkrɑːnə'lɑːdʒɪkl] *adj.* 按年代顺序的

【例】This article describes events in a ***chronological*** order.

archaic [ɑːr'keɪɪk] *adj.* 古的(old)

【记】arch(古)+aic

【例】The ***archaic*** ship was just like the ones used centuries earlier.

ascend [ə'send] *v.* 追溯

【例】His ancestors ***ascend*** to the 15th century.

originate [ə'rɪdʒɪneɪt] *vi.* 发源于(initiate, start)

【例】The compass ***originated*** from China.

primitive ['prɪmətɪv] *adj.* 原始的，最初的(crude, original, primordial)

【例】***Primitive*** humans needed to be able to react like this to escape from dangerous animals.

remnant ['remnənt] *n.* 残余；遗迹(remains, leftover, vestige)

【例】No ***remnants*** of the settlement of Roanoke, Virginia were found by the next group of colonists.

□ archeology □ invaluable □ unearth □ scoop □ exhume □ excavate
□ excavation □ Neolithic □ Mesolithic □ Paleolithic □ origin □ chronological
□ archaic □ ascend □ originate □ primitive □ remnant

porcelain	[ˈpɔːrsəlɪn] *n.* 瓷器(china)
antique	[æn ˈtiːk] *n.* 古物，古董
antiquity	[æn ˈtɪkwəti] *n.* 古代，古老，古代的遗物 【例】The museum contains the remains of Chinese ***antiquity***.
skull	[skʌl] *n.* 头脑；头骨
artifact	[ˈɑːrtɪfækt] *n.* 人造物品
pharaoh	[ˈferoʊ] *n.* 法老；暴君 【例】He was doing battle here with a human foe, the Egyptian ***pharaoh*** and his army.
tunnel	[ˈtʌnl] *n.* 隧道；坑道；洞穴通道 【例】The ***tunnel*** was excavated through solid rock.
manuscript	[ˈmænjuskrɪpt] *n.* 手稿；原稿 【例】He always checked the ***manuscript*** over carefully before passing it to the typist.

When an end is lawful and obligatory, the indispensable means to it are also lawful and obligatory.

如果一个目的是正当而必须做的，则达到这个目的的必要手段也是正当而必须采取的。

——美国政治家 林肯(Abraham Lincoln, American statesman)

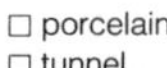

□ porcelain □ antique □ antiquity □ skull □ artifact □ pharaoh
□ tunnel □ manuscript

Word List 8

地 质
Geology

地质学（Geology）研究地球的物质组成、内部构造、外部特征、各层圈之间的相互作用和演变历史，简言之是研究地球及其演变的一门自然科学。这个貌似很宽泛的学科需要从下面的理论中开始：板块构造学说（Plate Tectonics）和大陆漂移学说（Continental Drift）。建议你先在Wikipedia英文版网站上仔细研究下，同时尝试把中学地理中有关地球的构造先“英化“一遍。笔者这里先起个头：我们居住的星球，从外向内在结构上依次划分为：地壳(crust)、地幔(mantle)、地核(core)，英文都该怎么说？板块之间的边界（boundaries）有两种，分别是什么？海中山脊（mid-ocean ridge）和潜沉区(subduction zone)。

pit	[pɪt] *n.* 坑，地坑(hole)；煤矿
borehole	[ˈbɔːrhoʊl] *n.* 钻孔
quartz	[kwɔːrts] *n.* 石英
marble	[ˈmɑːrbl] *n.* 大理石
gem	[dʒem] *n.* 宝石(jewel, precious stone)
fieldstone	[fiːldstoʊn] *n.*(建筑用的)散石，大卵石
emerald	[ˈemərəld] *n.* 祖母绿，翡翠，绿宝石
wiikite	[ˈviːkaɪt] 杂铌矿
granite	[ˈɡrænɪt] *n.* 花岗岩
lead	[liːd] *n.* 铅
limestone	[ˈlaɪmstoʊn] *n.* 石灰石
lava	[ˈlɑːvə] *n.* 熔岩，火山岩
ruby	[ˈruːbi] *n.* 红宝石
bonanza	[bəˈnænzə] *n.* 富矿带；带来好运之事；幸运
	【例】Winning the lottery was a ***bonanza*** for the Browns.
mineral	[ˈmɪnərəl] *n.* 矿物，矿石
ore	[ɔːr] *n.* 矿石
vein	[veɪn] *n.* 静脉，血管(blood vessel)；矿脉
sediment	[ˈsedɪmənt] *n.* 沉淀物
	【记】sedi=sit(坐)+ment→沉下去的东西→沉淀物
fossil	[ˈfɑːsl] *n.* 化石
petrify	[ˈpetrɪfaɪ] *vt.* 变为化石
	【记】petr(石头)+ify
	【例】I was totally ***petrified*** with fear.
geology	[dʒiˈɑːlədʒi] *n.* 地质学，地质概况
aluminum	[ˌæljəˈmɪniəm]/[əˈluːmɪnəm] *n.* 铝
core	[kɔːr] *n.* 果核，中心，核心；地核
crater	[ˈkreɪtər] *n.* 弹坑
diamond	[ˈdaɪəmənd] *n.* 钻石，菱形
glacial	[ˈɡleɪʃl] *adj.* 冰的，冰状的；冰河的，冰河时代的
	【例】***glacial*** drift 冰碛；***glacial*** epoch 冰川时期
glacier	[ˈɡleɪʃər] *n.* 冰河，冰川
iceberg	[ˈaɪsbɜːrɡ] *n.* 冰山
	【记】ice(冰)+berg(山)
plate	[pleɪt] *n.* 板块；盘子；金属板
tremor	[ˈtremər] *n.* 震动，颤动
earthquake	[ˈɜːrθkweɪk] *n.* 地震

□ pit □ borehole □ quartz □ marble □ gem □ fieldstone □ emerald
□ wiikite □ granite □ lead □ limestone □ lava □ ruby □ bonanza
□ mineral □ ore □ vein □ sediment □ fossil □ petrify □ geology
□ aluminum □ core □ crater □ diamond □ glacial □ glacier □ iceberg
□ plate □ tremor □ earthquake

seism [ˈsaɪzəm] *n.* 地震

seismic [ˈsaɪzmɪk] *adj.* 地震的

【例】***seismic*** wave 地震波，海震波，海啸波

seismology [saɪzˈmɑːlədʒi] *n.* 地震学

magnitude [ˈmæɡnɪtuːd] *n.* 震级

cataclysm [ˈkætəklɪzəm] *n.* 地震，灾难，大洪水

stratum [ˈstreɪtəm] *n.* 地层

mantle [ˈmæntl] *n.* 地幔

lithogenous [lɪˈθɔdʒɪnəs] *a.* 岩成的

lithosphere [ˈlɪθəsfɪr] *n.* 岩石圈

layer [ˈler] *n.* 层，阶层

asthenosphere [æsˈθiːnəsfɪr] *n.* 软流圈

crust [krʌst] *n.* 地壳；硬外皮(shell)

fault [fɔːlt] *n.* 断层

【例】***fault*** plane 断层面；***fault*** zone 断层

magma [ˈmæɡmə] *n.* (有机物或矿物的)稀糊，岩浆

squirt [skwɜːrt] *v.* 喷出(spurt)

【例】Norman cut open his pie and ***squirted*** tomato sauce into it.

erupt [ɪˈrʌpt] *vi.* 爆发(explode, burst out)

【例】We feared that the volcano would ***erupt*** again.

eruption [ɪˈrʌpʃn] *n.* 爆发；火山灰

outburst [ˈaʊtbɜːrst] *n.* (火山，感情等)爆发，喷出(surge, explosion)

volcanic [vɑːlˈkænɪk] *adj.* 火山的，像火山的

【例】***volcanic*** island 火山；***volcanic*** ash 火山灰；***volcanic*** dust 火山尘

thermal [ˈθɜːrml] *adj.* 热的；热量的；保热的

【例】They planed to go to a ***thermal*** spring the next day for a break.

tundra [ˈtʌndrə] *n.* [生态]苔原；[地理]冻原；冻土地带

【例】These plains are predominantly steppe to the south and heavily forested to the north, with ***tundra*** along the northern coast.

advent [ˈædvent] *n.* 到来；出现

【例】With the ***advent*** of Internet technologies, the community can be global.

□ seism	□ seismic	□ seismology	□ magnitude	□ cataclysm	□ stratum
□ mantle	□ lithogenous	□ lithosphere	□ layer	□ asthenosphere	□ crust
□ fault	□ magma	□ squirt	□ erupt	□ eruption	□ outburst
□ volcanic	□ thermal	□ tundra	□ advent		

Word List 9

经 济
Economy

经济学（Economy）注定是与考试、留学生活密不可分的。在国外读MBA期间，同学们常常分不清宏观经济学（Macroeconomics）和微观经济学（Microeconomics）有什么不同，除了发音的细微差别，这两个概念内涵上的差异貌似西方同学都清楚，你呢？通货膨胀（inflation）和通货紧缩（deflation）分别是由什么原因造成的，会给物价和生活带来怎样的影响？美联储加息会对经济带来怎样的影响？好像西方同学天生就懂这些一样，中国学生应该加强对经济的敏感度。再来个微观的问题，假设你在美国开立了银行账户，你的网银密码遗忘了，重置时需要通过电话验证身份，对方可能会问你，“How many accounts do you have”，这一个问题就曾经难倒很多英雄汉，我们通常会说我在你们银行就一个账户啊。如果你这样回答，对不起，你答错了，为什么？你如果真开立了账户，就会发现美国的银行会给你开设有活期账户（current account）和储蓄账户（saving account），如果你申请了信用卡还有信用账户（credit account），那么你说你有几个账户呢？

toll [toʊl] *n.* 费(fee, charge)

precious [ˈpreʃəs] *adj.* 宝贵的，珍贵的(valuable)

【例】After four months in foreign parts, every hour at home was ***precious***.

prosperous [ˈprɑːspərəs] *adj.* 繁荣的(thriving, flourishing)

【例】If we succeed, our future will be more ***prosperous*** and more peaceful than our past.

prosperity [prɑːˈsperəti] *n.* 繁荣(well-being)

【例】The ***prosperity*** of the society promises a rapid economic growth.

rich [rɪtʃ] *adj.* 肥沃的(fertile)

rare [rer] *adj.* 稀罕的，珍贵的(scarce, uncommon)

asset [ˈæset] *n.* 财产，财富(possessions, property)

【例】The President's greatest ***asset*** was his reputation for honesty.

fortune [ˈfɔːtʃuːn] *n.* 财富(wealth)

opulence [ˈɑːpjələns] *n.* 财富；富裕(wealth; affluence)

【记】opul(财富)＋ence

【例】The ***opulence*** of the robber barons could only be exceeded by their brutality.

finance [ˈfaɪnæns] *n.* 财政 *vt.* 资助(sponsor, subsidize)

【记】比较fiance(未婚夫)；fiancee(未婚妻)

【例】Joe ***financed*** his girlfriend to study abroad, but she never came back.

economic [ˌiːkəˈnɑːmɪk] *adj.* 经济的

【例】The newspaper featured an article about the nation's ***economic*** future.

indigent [ˈɪndɪdʒənt] *adj.* 贫穷的(needy, poor)

【记】indi(内部)＋gent(缺乏)

【例】She cared for her parents and other needy relatives, turning her residence into the Home for ***Indigent*** and Aged people.

depression [dɪˈpreʃn] *n.* 萧条(recession)

【例】Many people lost their fortune during the Great ***Depression***.

penury [ˈpenjəri] *n.* 贫穷(destitution)

【记】 penur(缺少)＋y

【例】He was brought up in ***penury***, without education.

bidding [ˈbɪdɪŋ] *n.* 投标

【例】The ***bidding*** was higher than expected.

drawback [ˈdrɔːbæk] *n.* 退款

exponent [ɪkˈspoʊnənt] *n.* 指数(index, indicator)

【记】另一个意思是"支持者"，比较opponent(反对者)

□ toll □ precious □ prosperous □ prosperity □ rich □ rare
□ asset □ fortune □ opulence □ finance □ economic □ indigent
□ depression □ penury □ bidding □ drawback □ exponent

lease [liːs] *n./v.* 出租(lend, loan)

【记】联想"l"加ease(安心的)

【例】The owner ***leased*** his spare houses to make a fortune.

redress [rɪˈdres] *n.* 补偿(remedy)

【例】They are continuing their legal battle to seek some ***redress*** from the government.

compensation [ˌkɑːmpenˈseɪʃn] *n.* 补偿，赔偿

【例】Max received his ***compensation*** in stock rather than cash.

deficit [ˈdefɪsɪt] *n.* 赤字

【记】de(坏)+fic(做)+it

【例】The government tried to avoid a budget ***deficit***.

levy [ˈlevi] *n.* 课税 *v.* 征收(collect, charge)

【例】The Empire ***levied*** heavy taxes upon its colonies.

ration [ˈræʃn] *n.* 定量，配给量(share, allowance) *v.* 配给，分发(allocate, share)

rebate [ˈriːbeɪt] *n.* 返回款；折扣(refund, repayment)

【记】比较debate(争论)

【例】The government uses tax ***rebate*** as a way to attract investment.

merchandise [ˈmɜːrtʃəndaɪs] *n.* 商品(commodities, goods)

【记】比较merchant(商人)

commerce [ˈkɑːmɜːrs] *n.* 商业

【记】注意和commence(开始)的区别

【例】***Commerce*** flourished between the two friendly countries.

enterprise [ˈentərpraɪz] *n.* 事业，企业

【例】The new ***enterprise*** will require additional staff and equipment.

currency [ˈkɜːrənsi] *n.* 通货；通用；市价(money, exchange)

【例】We exchanged our ***currency*** at a bank in the airport.

inventory [ˈɪnvəntɔːri] *n.* 物品清单；库存品

quota [ˈkwoʊtə] *n.* 限额，定额(portion, share)

tariff [ˈtærɪf] *n.* 关税，关税表

inflation [ɪnˈfleɪʃn] *n.* 通货膨胀

【例】We are battling against ***inflation*** and unemployment.

deal [diːl] *v.* 交易(handle)

【例】Do you ***deal*** with Smith, the butcher?

cause [kɔːz] *n.* 事业(career)

【例】The boy took pride in being a successor in the revolutionary ***cause***.

consume [kənˈsuːm] *vt.* 消费，消耗(spend)

【记】con+sum(结束)+e→全部结束→用光

【例】Americans ***consume*** a huge amount of sugar each year.

☐ lease ☐ redress ☐ compensation ☐ deficit ☐ levy ☐ ration
☐ rebate ☐ merchandise ☐ commerce ☐ enterprise ☐ currency ☐ inventory
☐ quota ☐ tariff ☐ inflation ☐ deal ☐ cause ☐ consume

disburse [dɪsˈbɜːrs] *vt.* 支付，支出；分配(distribute)
【记】dis+burse(钱包)
【例】On payday, the manager ***disburses*** our pay.

acting [ˈæktɪŋ] *adj.* 代理的(substitutive)
【记】act(行动)+ing→代替执行的→代理的
【例】The new ***acting*** president has a reputation of being someone who is independent.

inertia [ɪˈnɜːrʃə] *n.* 惯性，惯量

discount [ˈdɪskaʊnt] *n./vt.* (打)折扣(reduction)
【例】Mary gets an employee ***discount*** at the department store.

audit [ˈɔːdɪt] *n./vt.* 审查；查账(censor)
【例】The ***audit*** of the man's estate revealed unpaid taxes.

shipment [ˈʃɪpmənt] *n.* 装船，出货

surplus [ˈsɜːrpləs] *n.* 过剩，剩余(物资) *adj.* 过剩的(extra, excess)
【记】比较plus(加)
【例】The farmer's ***surplus*** grain was stored in silos.

residue [ˈrezɪduː] *n.* 残余(remains, leftover, remnant)

account [əˈkaʊnt] *n.* 户头；账目
【例】I have an ***account*** with the Midland Bank.

bankruptcy [ˈbæŋkrʌptsi] *n.* 破产
【记】bank(银行)+rupt(断)+cy
【例】Sue couldn't pay her debts, so she declared ***bankruptcy***.

savings [ˈseɪvɪŋz] *n.* 储蓄

collateral [kəˈlætərəl] *n.* 抵押品
【例】The Smiths used valuable jewelry as ***collateral*** for their loan.

bill [bɪl] *n.* 钞票；账单

check [tʃek] *n.* 支票

coin [kɔɪn] *n.* 铸币

depreciate [dɪˈpriːʃieɪt] *v.* 贬值
【记】de(坏)+preci(价值)+ate
【例】The currency of this country has ***depreciated*** against another foreign currency.

merge [mɜːrdʒ] *v.* 合并(combine, amalgamate)
【例】The two companies are going to ***merge*** by the end of the year.

reimburse [ˌriːɪmˈbɜːrs] *vt.* 偿还(pay back, refund)
【记】re(重新)+im=in(进入)+burse(钱包)→偿还
【例】You should ***reimburse*** the taxi fee those strangers paid to get you to hospital.

garner [ˈɡɑːrnər] *vt.* 储存(store)
【例】People began to ***garner*** food to prepare for the war.

□ disburse □ acting □ inertia □ discount □ audit □ shipment
□ surplus □ residue □ account □ bankruptcy □ savings □ collateral
□ bill □ check □ coin □ depreciate □ merge □ reimburse
□ garner

underestimate [ˌʌndərˈestɪmeɪt] *vt.* 低估(undervalue)
【例】The width of the nation has long been ***underestimated*** before the recent investigation.

exchange [ɪksˈtʃeɪndʒ] *vt.* 兑换；交换(barter)
【例】They ***exchange*** their labor for housing.

assess [əˈses] *vt.* 估计(estimate, evaluate)
【例】It took a while to ***assess*** the damage from the tornado.

consolidate [kənˈsɑːlɪdeɪt] *vt.* 合并(merge)
【记】con+solid(固体的，结实的)+ate
【例】The two schools were ***consolidated*** to reduce costs.

loan [loʊn] *n.* 贷款 *vt.* 借(lend)
【例】Many colleges provide ***loans*** to students.

refund [ˈriːfʌnd] *vt.* 退还，偿还(repay, pay back)
【记】re(重新)+fund(钱)→重新还回钱→退还
【例】I will ***refund*** you the full of your fare.

utility [juːˈtɪləti] *n.* 效用(function, usefulness)
【例】Since ***utility*** is subjective to each individual, it cannot be measured or even compared across persons.

selection [sɪˈlekʃn] *n.* 选择(choice)
【记】select(选择)+ion

option [ˈɑːpʃn] *n.* 选择，取舍(choice, alternative)

economics [ˌiːkəˈnɑːmɪks] *n.* 经济(学)
【例】A committee was formed to study the ***economics*** of closing some military bases.

output [ˈaʊtpʊt] *n.* 产量，输出量(turnout, yield)
【记】来自put out(生产)

goods [gʊdz] *n.* 货物(merchandise, commodity)

opportunity [ˌɑːpərˈtuːnəti] *n.* 机会(chance)
【例】***Opportunities*** favor those with prepared minds.

benefit [ˈbenɪfɪt] *n.* 利益(profit, interest)
【例】Volunteer work ***benefits*** society.

contract [ˈkɑːntrækt] *n.* 契约(agreement)

lottery [ˈlɑːtəri] *n.* 奖券；抽奖
【例】"Marriage is just a ***lottery***. Don't believe in love." said the old man.

transaction [trænˈzækʃn] *n.* 交易(business, trade, deal)
【记】trans(交换)+action(活动)→交易
【例】They ***derived*** a benefit from that transaction.

budget [ˈbʌdʒɪt] *n.* 预算 *v.* 做预算
【例】The department's ***budget*** did not include money for electricity. We've budgeted $1,000 for advertising.

□ underestimate □ exchange □ assess □ consolidate □ loan □ refund
□ utility □ selection □ option □ economics □ output □ goods
□ opportunity □ benefit □ contract □ lottery □ transaction □ budget

patronage [ˈpætrənɪdʒ] *n.* 赞助，资助
【记】patron(赞助人)+age
【例】In the wake of this failure, will the WTO remain useful enough to the big powers to retain their support and ***patronage***?

choose [tʃuːz] *vt.* 选择(select, pick)
【例】You can ***choose*** the classes you want to take.

choice [tʃɔɪs] *n.* 选择(selection)

barter [ˈbɑːrtər] *n./vt.* 易货(trade, exchange)
【例】Before currency came into use, people used the ***barter*** system, exchanging goods directly for goods.

purchase [ˈpɜːrtʃəs] *n./vt.* 购买(buy)
【例】He gave his son some money for the ***purchase*** of his school books.

deposit [dɪˈpɑːzɪt] *v.* 放置，存款(place, lay) *n.* 押金
【记】比较draw(取款)
【例】Tom ***deposited*** his luggage in the hotel.

commission [kəˈmɪʃn] *n.* 佣金
【例】Our agents in other areas usually get a 3-5% ***commission***.

ransom [ˈrænsəm] *n.* 赔偿金(payment, redemption)

toll [toʊl] *v.* 鸣(钟)(ring, strike)
【例】For whom does the bell ***toll***?

charge [tʃɑːrdʒ] *n.* 费用 *v.* 收费
【例】There is no ***charge*** for window-shopping.

bond [bɑːnd] *n.* 公债
【例】An inverse relationship exists between the price of a ***bond*** and the interest rate.

custom [ˈkʌstəm] *n.* 进口税

bonus [ˈbəunəs] *n.* 红利；奖金(award, gift)
【例】At the end of the year, the employees all received cash ***bonuses***.

interest [ˈɪntrəst] *n.* 利息

means [miːnz] *n.* 钱(money)
【例】You ought to live within your ***means***.

debt [det] *n.* 债务(liability)
【例】Bill is working very hard to get out of ***debt***.

fund [fʌnd] *n.* 资金，基金(money) *vt.* 投资

revenue [ˈrevənjuː] *n.* 收入 (income, returns, earnings)
【例】She welcomed debate, particularly on the issues of ***revenue*** and advertising.

□ patronage □ choose □ choice □ barter □ purchase □ deposit
□ commission □ ransom □ toll □ charge □ bond □ custom
□ bonus □ interest □ means □ debt □ fund □ revenue

Word List 10

环境与能源

Environment & Energy

环境与能源（Environment & Energy）问题一直是ETS关注的一个焦点，如果你能够用英文介绍下各类环境污染产生的原因，比如雾霾怎样产生、臭氧层为什么被破坏，并能够分析其原因，给出解决问题的建议，基本上这类主题或听或读就没问题了。常见主题如：新能源指的是哪些能源？何为可再生能源？何为不可再生能源？生态环境目前遭到哪些破坏，要怎样保护才行？这些主题还有可能在写作中出现，所以本章词汇要求听、说、读、写都过关才行。

noxious [ˈnɑːkʃəs] *adj.* 有害的；有毒的(poisonous, toxic)

【记】nox(毒)+ious

【例】It was difficult to drive past this place because of the ***noxious*** smell and the unpleasant view.

pollute [pəˈluːt] *vt.* 污染(contaminate, defile)

【例】Rivers in the neighbourhood were ***polluted*** by the chemical wastes from the factories.

pollutant [pəˈluːtənt] *n.* 污染物质

pollution [pəˈluːʃən] *n.* 污染，玷污

【例】air ***pollution*** 空气污染；noise ***pollution*** 噪音污染；soil ***pollution*** 土壤污染；water ***pollution*** 水质污染

contaminate [kənˈtæmɪneɪt] *vt.* 污染(defile, pollute)

【例】The Department of Resources notified the town council that the water supply was ***contaminated***.

waste [weɪst] *n.* 废物

【例】solid ***waste*** 固体废物

sewage [ˈsjuːɪdʒ] *n.* 下水道，污水

fume [fjuːm] *n.* (浓烈或难闻的)烟，气体

habitat [ˈhæbɪtæt] *n.* (动、植物的)生活环境，居留地(home, environment)

【例】The polar region is the ***habitat*** of polar bears.

balance [ˈbæləns] *n./v.* 平衡(equilibrium)

【例】I lost my ***balance*** and fell.

ecosystem [ˈiːkoʊsɪstəm] *n.* 生态系统

fauna [ˈfɔːnə] *n.* 动物群，动物区系

decibel [ˈdesɪbel] *n.* 分贝

ozonosphere [oʊˈzoʊnəsfɪr] *n.* 臭氧层

surge [sɜːrdʒ] *n.* 大浪，波涛；汹涌澎湃；激增

【例】Specialists see various reasons for the recent ***surge*** in inflation.

□ noxious □ pollute □ pollutant □ pollution □ contaminate □ waste
□ sewage □ fume □ habitat □ balance □ ecosystem □ fauna
□ decibel □ ozonosphere □ surge

Word List 11

化 学

Chemistry

hackneyed [ˈhæknid] *adj.* 陈腐的(mouldy, stale)

【记】参考hack(陈腐的), Internet用语hacker(黑客)

【例】The old professor's ***hackneyed*** style of coaching arouses complaints among students.

caustic [ˈkɔːstɪk] *adj.* 腐蚀性的(abrasive, corrosive)

【例】Remember that this is ***caustic***; use gloves or a spoon.

erosion [ɪˈroʊʒn] *n.* 腐蚀

【例】***Erosion*** of the soil made the farmer's land less valuable.

erode [ɪˈroʊd] *vt.* 蚀，腐蚀(corrode, wear away)

【例】A constant stream of water ***eroded*** the rock mountain.

stale [steɪl] *adj.* 陈腐的(smelly, musty, flat)

【例】The ***stale*** bread was dry and hard.

rot [rɑːt] *v.* 腐烂(perish, decay)

【例】The body of the dead wolf began to ***rot***.

rotten [ˈrɑːtn] *adj.* 腐烂的(decaying, decomposed)

【例】The ***rotten*** fruit smelled horrible.

decay [dɪˈkeɪ] *v.* (使)腐败(rot, decompose)

【例】Sugar can cause tooth to ***decay***.

corrode [kəˈroʊd] *v.* 腐蚀(erode, eat away)

【记】比较erode(腐蚀)

【例】Battery acid ***corroded*** the inside of the camera.

decomposition [ˌdiːkɑːmpəˈzɪʃn] *n.* 分解，腐烂

rust [rʌst] *v.* 生锈，氧化(oxidize) *n.* 铁锈

【例】An iron plow would get ***rusted*** under wet weather. /If you leave your metal tools outside in the rain, they will *rust*.

silica [ˈsɪlɪkə] *n.* 硅土

crystal [ˈkrɪstl] *n.* 水晶，晶体

【例】Salt ***crystals*** can be found in every home.

gasoline [ˈgæsəliːn] *n.* 汽油

methane [ˈmeθeɪn] *n.* 甲烷，沼气

hydrocarbon [ˌhaɪdrəˈkɑːrbən] *n.* 碳氢化合物

petroleum [pəˈtroʊliəm] *n.* 石油

【例】***petroleum*** products 石油产品，成品油

plastic [ˈplæstɪk] *n.* 塑胶，可塑体，塑料制品

intermediary [ˌɪntərˈmiːdieri] *n.* 媒介物；居间者(mediator)

【记】inter(中间)+medi(中间)+ary→媒介物

【例】I always play ***intermediary*** when my sisters quarrel with each other.

□ hackneyed □ caustic □ erosion □ erode □ stale □ rot
□ rotten □ decay □ corrode □ decomposition □ rust □ silica
□ crystal □ gasoline □ methane □ hydrocarbon □ petroleum □ plastic
□ intermediary

catalysis [kəˈtæləsɪs] *n.* 催化作用

catalyst [ˈkætəlɪst] *n.* 催化剂

adhesive [ədˈhiːsɪv] *n.* 粘合剂 *adj.* 胶粘；粘着性的

scorch [skɔːrtʃ] *vt.* 使褪色(discolor)

【例】Do not leave the iron on that delicate fabric or the heat will ***scorch it***.

bleach [bliːtʃ] *vt.* 去色，漂白(blanch, whiten) *n.* 漂白剂

【例】You can remove some stains from white shirts with a little ***bleach***.

tint [tɪnt] *vt.* 上色，染色 *n.* 上色，色彩(tinge; hue)

【例】At dawn, the sky ***tints*** with green and pink.

dye [daɪ] *n.* 颜料 *v.* 染色(pigment)

【例】I asked the hairdresser to ***dye*** my hair blond.

chemistry [ˈkemɪstri] *n.* 化学

biochemistry [ˌbaɪoʊˈkemɪstri] *n.* 生物化学

【记】bio(生物)+chemistry(化学)

hydronic [haɪˈdrɑːnɪk] *adj.* 液体循环加热(或冷却)的

alchemy [ˈælkəmi] *n.* 炼金术，魔力

artificial [ˌɑːrtɪˈfɪʃl] *adj.* 人造的，假的，非原产地的

ion [ˈaɪən] *n.* 离子

molecule [ˈmɑːlɪkjuːl] *n.* 分子；些微

solubility [ˌsɑːljuˈbɪləti] *n.* 溶度，溶性，溶解性；可解决性，可解释性

solution [səˈluːʃn] *n.* 解答，解决办法，溶解，溶液

solvent [ˈsɑːlvənt] *adj.* 溶解的，有溶解力的；有偿付能力的 *n.* 溶媒，溶剂

【例】Alcohol is a ***solvent***.

dissolve [dɪˈzɑːlv] *v.* 溶解；解散

【例】Water ***dissolves*** salt as heat *dissolves* ice.

element [ˈelɪmənt] *n.* 元素

【例】Water is made of the ***elements***: oxygen and hydrogen.

impurity [ɪmˈpjʊrəti] *n.* 杂质

【例】In order to test the telescope for ***impurity*** and scratches, we will reverse it and view the bright sky.

blend [blend] *v./n.* 混合(combine, mix)

【例】The room's decoration was a good ***blend*** of traditional and modern pieces.

compound [ˈkɑːmpaʊnd] *n.* 混合物，化合物

【例】Water is a ***compound*** containing the elements hydrogen and oxygen.

substance [ˈsʌbstəns] *n.* 物质；实质

【例】Any ***substance*** is made of atom. Whether it is solid, liquid or gas.

□ catalysis	□ catalyst	□ adhesive	□ scorch	□ bleach	□ tint
□ dye	□ chemistry	□ biochemistry	□ hydronic	□ alchemy	□ artificial
□ ion	□ molecule	□ solubility	□ solution	□ solvent	□ dissolve
□ element	□ impurity	□ blend	□ compound	□ substance	

particle [ˈpɑːrtɪkl] *n.* 颗粒，微粒

【记】比较article(文章)

explosive [ɪkˈsploʊsɪv] *adj.* 爆炸的 *n.* 炸药

【例】The ***explosive*** mixture in a rocket consists of both a fuel and a supply of oxygen.

blast [blæst] *n.* 爆破

【例】The leaves were lifted into the air by a sudden ***blast*** of wind.

explode [ɪkˈsploʊd] *v.* (使)爆炸(blast)

【例】The red balloon ***exploded*** when I popped it with a pin.

burning [ˈbɜːrnɪŋ] *adj.* 燃烧的

kindle [ˈkɪndl] *vt.* 燃起(ignite, inflame)

【记】比较candle(蜡烛)

【例】Her cruelty ***kindled*** hatred in my heart.

sear [sɪr] *vt.* 烧灼

【例】The hot iron ***seared*** the trousers.

ignite [ɪgˈnaɪt] *vt.* 使燃烧(inflame, kindle)

【例】A smoldering cigarette ***ignited*** the newspapers.

action [ˈækʃn] *n.* 作用

combination [ˌkɑːmbɪˈneɪʃn] *n.* 化合；组合

【例】The safe ***combination*** of the two chemicals required a complicated chemical process.

neutralize [ˈnjuːtrəlaɪz] *v.* 中和(counteract)

【例】Alkalis ***neutralize*** acids.

polymerization [ˌpɑːlimərəˈzeɪʃn] *n.* 聚合

functional [ˈfʌŋkʃənl] *adj.* 起作用的(useful)

【例】My bike is not luxurious, but still ***functional***.

synthetic [sɪnˈθetɪk] *adj.* 综合的；合成的(artificial, man-made)

【例】***Boots*** made from synthetic materials can usually be washed in a machine.

carbon [ˈkɑːrbən] *n.* 碳

copper [ˈkɑːpər] *n.* 铜

lead [liːd] *n.* 铅

Mercury [ˈmɜːrkjəri] *n.* 水星；[罗马神话]墨丘利神(众神的信使)

nickel [ˈnɪkl] *n.* 镍，镍币

platinum [ˈplætɪnəm] *n.* 白金，铂

silver [ˈsɪlvər] *n.* 银，银子

sodium [ˈsoʊdiəm] *n.* 钠

□ particle □ explosive □ blast □ explode □ burning □ kindle
□ sear □ ignite □ action □ combination □ neutralize □ polymerization
□ functional □ synthetic □ carbon □ copper □ lead □ Mercury
□ nickel □ platinum □ silver □ sodium

tin [tɪn] *n.* 锡，马口铁

zinc [zɪŋk] *n.* 锌

calcium [ˈkælsiəm] *n.* 钙(元素符号Ca)

helium [ˈhiːliəm] *n.* 氦(化学元素，符号为He)

silicon [ˈsɪlɪkən] *n.* 硅，硅元素

ammonia [əˈmoʊniə] *n.* 氨，氨水

sulfur [ˈsʌlfər] *n.* 硫磺，硫黄

iodine [ˈaɪədaɪn] *n.* 碘，碘酒

oxygen [ˈɑːksɪdʒən] *n.* 氧气

【记】oxy(氧)＋gen; 如 oxyacid(含氧酸), oxyhydrogen(氧氢混合气)

【例】***Oxygen*** and Nitrogen constitute the main part of the air.

pigment [ˈpɪgmənt] *n.* [物][生化]色素；颜料

【例】The Romans used natural ***pigments*** on their fabrics and walls.

nitrogen [ˈnaɪtrədʒən] *n.* [化学]氮

【例】The plant requires ***nitrogen*** in order to make proteins.

If you put out your hands, you are a laborer; if you put out your hands and mind, you are a craftsperson; if you put out your hands, mind, heart and soul, you are an artist.

如果你用双手工作，你是一个劳力；如果你用双手和头脑工作，你是一个工匠；如果你用双手和头脑工作，并且全身心投入，你就是一个艺术家。

——美国电影 American Heart and Soul

□ tin □ zinc □ calcium □ helium □ silicon □ ammonia
□ sulfur □ iodine □ oxygen □ pigment □ nitrogen

音 频

Word List 12

植 物

Plants

shrub [ʃrʌb] *n.* 灌木丛(bush)

laurel [ˈlɔːrəl] *n.* 月桂树；桂冠，殊荣

prairie [ˈpreri] *n.* 大草原，牧场，<美方>林间小空地

sequoia [sɪˈkwɔɪə] *n.* 美洲杉

herb [ɜːrb] *n.* 药草，香草

plant [plænt] *n.* 植物，庄稼

fern [fɜːrn] *n.* 蕨类植物

orchid [ˈɔːrkɪd] *n.* 兰，兰花；淡紫色

rosette [roʊˈzet] *n.* 玫瑰形饰物，圆花饰

germinate [ˈdʒɜːrmɪneɪt] *v.* 发芽(sprout)

【记】germ(幼芽)+inate→发芽

【例】After the seeds ***germinated***, I transplanted them to a larger pot.

sprout [spraʊt] *v.* 萌芽，长出(bud, burgeon, germinate)

【例】The plants ***sprouted*** from the ground a week after I planted them.

timber [ˈtɪmbər] *n.* 木材，木料(lumber, wood)

【记】比较timbre(音色)

cluster [ˈklʌstər] *n.* 丛，束(bunch) *v.* 丛生；聚集(concentrate)

【例】A ***cluster*** of strawberries grew in the field.

bunch [bʌntʃ] *n.* 串，束

bark [bɑːrk] *n.* 树皮

twig [twɪg] *n.* 小树枝(small branch)

【记】比较wig(假发)

【例】There is the bird, sitting on a ***twig*** halfway up the tree.

bough [baʊ] *n.* 大树枝，主枝

branch [bræntʃ] *n.* 枝，分枝

stem [stem] *n.* 茎，干；词干

stalk [stɔːk] *n.* 茎，柄，梗，秆

trunk [trʌŋk] *n.* 干线；树干

leafstalk [ˈliːfstɔːk] *n.* 叶柄

leaflet [ˈliːflət] *n.* 小叶；传单

bud [bʌd] *n.* 芽 *v.* 发芽

【例】The trees ***budded*** in early April.

flower [ˈflaʊər] *n.* 花，开花的植物

foliage [ˈfoʊliɪdʒ] *n.* 树叶；植物

petal [ˈpetl] *n.* 花瓣

cell [sel] *n.* 单元；细胞

□ shrub	□ laurel	□ prairie	□ sequoia	□ herb	□ plant
□ fern	□ orchid	□ rosette	□ germinate	□ sprout	□ timber
□ cluster	□ bunch	□ bark	□ twig	□ bough	□ branch
□ stem	□ stalk	□ trunk	□ leafstalk	□ leaflet	□ bud
□ flower	□ foliage	□ petal	□ cell		

tissue [ˈtɪʃuː] *n.* 组织

【例】The ***tissues*** of the body constitute the organ.

husk [hʌsk] *n.*（果类或谷物的）外壳[常用pl.]，皮

pollen [ˈpɑːlən] *n.* 花粉 *vt.* 传授花粉给…

root [ruːt] *n.* 根，根部

log [lɑːg] *n.* 圆木（wood, timber）

【例】If you roll my ***log***, I will roll yours. We help each other.

flora [ˈflɔːrə] *n.* 植物界

【记】flor（花草）+a→植物界

botany [ˈbɑːtəni] *n.* 植物学

【记】botan（草）+y→植物学

【例】Mary liked plants so much that she decided to study ***botany*** at the university.

botanical [bəˈtænɪkl] *adj.* 植物学的 *n.* 植物性药材

crossbreed [ˈkrɔːsˌbriːd] *n.* 杂种 *v.* 异种交配，培育杂种，（使）杂交

necrosis [neˈkroʊsɪs] *n.* 坏疽，骨疽

peel [piːl] *v.* 剥，削，剥落

【例】Her sunburned skin began to ***peel***.

photosynthesis [ˌfoʊtoʊˈsɪnθəsɪs] *n.* 光合作用

pollinate [ˈpɑːləneɪt] *vt.* 对…授粉

【例】Many crops require bees to ***pollinate*** them.

pollination [ˌpɑːləˈneɪʃn] *n.* 授粉

seeds [siːdz] *n.* 雏形；种子形

shell [ʃel] *vt.* 去壳；脱落

【例】The chef was ***shelling*** oysters.

shoot [ʃuːt] *vi.* 发出，发芽

【例】Rose bushes ***shoot*** again after being cut back.

starch [stɑːrtʃ] *n.* 淀粉

vitamin [ˈvaɪtəmɪn] *n.* 维他命，维生素

luxuriant [lʌgˈʒʊriənt] *adj.* 多产的，繁茂的

【记】luxur（丰富）+iant→多产的

【例】There were two very large oak trees in front of our house with wide spreading branches and ***luxuriant*** foliage.

spore [spɔːr] *n.* 孢子

【例】The techniques currently used to clean spacecraft only detect heat-resistant and ***spore***-forming bacteria.

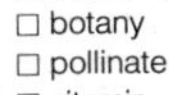

□ tissue □ husk □ pollen □ root □ log □ flora
□ botany □ botanical □ crossbreed □ necrosis □ peel □ photosynthesis
□ pollinate □ pollination □ seeds □ shell □ shoot □ starch
□ vitamin □ luxuriant □ spore

音频

Word List 13

人类

Anthropology

juvenile [ˈdʒuːvənaɪl] *adj.* 青少年的(adolescent, young)
【记】juven(年青)+ile
【例】The clerk directed Jane and her mother to the ***juvenile*** clothing section of the store.

adult [ˈædʌlt] *n.* 成人 *adj.* 成人的，成熟的(mature)

human [ˈhjuːmən] *adj.* 人类的，人性的
【例】Being angry at something that is unfair is very ***human***.

anthropology [ˌænθrəˈpɑːlədʒi] *n.* 人类学

tribe [traɪb] *n.* 部落，部族

ethnic [ˈeθnɪk] *adj.* 种族的(racial, national)
【记】ethn(种族)+ic
【例】The chef prepared many ***ethnic*** dishes.

ethnology [eθˈnɑːlədʒi] *n.* 人种学，人类文化学

minority [maɪˈnɔːrəti] *n.* 少数；少数民族
【记】minor(小，少)+ity→少的状态→少数

descent [dɪˈsent] *n.* 血统(ancestry)
【例】All the contributors were of African ***descent***.

hybrid [ˈhaɪbrɪd] *n.* 杂种；混血儿

intelligence [ɪnˈtelɪdʒəns] *n.* 智力
【记】intel(中间)+lig(选择)+ence→从中选出好的智力

intellectual [ˌɪntəˈlektʃuəl] *adj.* 智力的
【记】intellect(智力)+ual
【例】Newton was an ***intellectual*** giant.

aboriginal [ˌæbəˈrɪdʒənl] *n.* 土著 *adj.* 土著的，原来的(native)
【记】ab+original(原版的，原来的)

ancestor [ˈænsestər] *n.* 祖先，祖宗

forerunner [ˈfɔːrʌnər] *n.* 先驱，祖先(ancestor, predecessor)
【记】fore(前)+runner(奔跑者)→先驱

hominid [ˈhɑːmɪnɪd] *n.* 原始人类

cranial [ˈkreɪniəl] *adj.* 头盖的，头盖形的

nomadic [noʊˈmædɪk] *adj.* 游牧的；流浪的；游动的
【例】Humans have always migrated and travelled, without necessarily living ***nomadic*** lives.

catalog [ˈkætəlɔːg] *n.* [图情][计]目录；登记
【例】Biology itself was nothing more than a vast exercise in ***catalog*** and description.

□ juvenile □ adult □ human □ anthropology □ tribe □ ethnic
□ ethnology □ minority □ descent □ hybrid □ intelligence □ intellectual
□ aboriginal □ ancestor □ forerunner □ hominid □ cranial □ nomadic
□ catalog

Word List 14

自 然

Nature

natural	[ˈnætʃrəl] *adj.* 自然的
scenic	[ˈsiːnɪk] *adj.* 风景优美的(picturesque)
	【例】This is an extremely ***scenic*** part of America.
scenery	[ˈsiːnəri] *n.* 景色
spectacle	[ˈspektəkl] *n.* 奇观，景象(sight, scene)
	【例】It was a ***spectacle*** not to be missed.
shade	[ʃeɪd] *n.* 荫
jungle	[ˈdʒʌŋɡl] *n.* 丛林
meadow	[ˈmedoʊ] *n.* 草地，牧场
lawn	[lɔːn] *n.* 草地，草坪，草场
summit	[ˈsʌmɪt] *n.* 山顶(peak, top, apex)
	【例】The climbers placed their country's flag at the mountain's ***summit***.
gorge	[ɡɔːrdʒ] *n.* 峡谷(ravine, canyon)
	【例】I stood on the edge of the cliff and threw a rock into the ***gorge***.
puddle	[ˈpʌdl] *n.* 小水洼
	【例】The road was shiny with ***puddles***, but the rain was at an end.
creek	[kriːk] *n.* 小湾；小溪(brook)
canyon	[ˈkænjən] *n.* <美>峡谷，溪谷
spring	[sprɪŋ] *n.* 泉水
trickle	[ˈtrɪkl] *vi.* 滴，淌 *n.* 滴；细流(dribble, drip)
	【例】The water ***trickled*** over the edge of the basin.
crystal	[ˈkrɪstl] *adj.* 清澈的 *n.* 水晶；结晶
	【例】Salt ***crystals*** can be found in every home.
limpid	[ˈlɪmpɪd] *adj.* 清澈的(transparent, clear)
	【例】***limpid*** blue eyes

□ natural □ scenic □ scenery □ spectacle □ shade □ jungle
□ meadow □ lawn □ summit □ gorge □ puddle □ creek
□ canyon □ spring □ trickle □ crystal □ limpid

Word List 15

农 业

Agriculture

prolific [prə'lɪfɪk] *adj.* 多产的(productive)

【例】The ***prolific*** author published over 80 novels.

rich [rɪtʃ] *adj.* 富有的(wealthy)

fertile ['fɜːrtl] *adj.* 肥沃的；多产的(fruitful; rich)

【记】fert=fer(带来)＋ile→能带来粮食→肥沃的

【例】Anything grows in this ***fertile*** ground.

harvest ['hɑːrvɪst] *n./v.* 收获(glean, gather)

【例】It's already autumn, a time to ***harvest***.

agriculture ['ægrɪkʌltʃər] *n.* 农业，农艺，农学

agricultural [ˌægrɪ'kʌltʃərəl] *adj.* 农业的，农艺的

aquaculture ['ækwəkʌltʃər] *n.* 水产业

arable ['ærəbl] *adj.* 适于耕种的(farmable, fruitful)

【记】ara(耕种)＋ble

indigenous [ɪn'dɪdʒənəs] *adj.* 土产的，当地的

【记】indi(内部)＋gen(产生)＋ous→内部产生→土产的

【例】The ***indigenous*** people of the area know which plants are safe to eat and which are poisonous.

fertilizer ['fɜːrtəlaɪzər] *n.* 肥料

【记】来自fertilize(施肥)

husbandry ['hʌzbəndri] *n.* 耕种；管理(farming management)

【记】husband(丈夫)＋ry→丈夫负责→耕种

【例】He studied animal ***husbandry*** in college.

graze [greɪz] *v.* 吃草(feed)

【例】This field will ***graze*** 30 head of cattle.

cultivate ['kʌltɪveɪt] *vt.* 耕种；培养(till; foster, train)

【记】cult(培养)＋ivate

【例】The botanist ***cultivated*** tropical flowers.

cultivation [ˌkʌltɪ'veɪʃn] *n.* 耕种；培养

【例】Max's natural skills at painting only needed ***cultivation***.

manure [mə'nʊr] *vt.* 施肥(fertilizer, dung)

【例】The farmers ***manured*** the fields in the spring.

horticulture ['hɔːrtɪkʌltʃər] *n.* 园艺

hydroponics [ˌhaɪdrə'pɑːnɪks] *n.* 水耕法，水栽培

insecticide [ɪn'sektɪsaɪd] *n.* 杀虫剂

irrigate ['ɪrɪgeɪt] *vt.* 灌溉，修水利

【例】They ***irrigated*** the land in order to increase the productivity.

pesticide ['pestɪsaɪd] *n.* 杀虫剂

□ prolific	□ rich	□ fertile	□ harvest	□ agriculture	□ agricultural
□ aquaculture	□ arable	□ indigenous	□ fertilizer	□ husbandry	□ graze
□ cultivate	□ cultivation	□ manure	□ horticulture	□ hydroponics	□ insecticide
□ irrigate	□ pesticide				

ridge [rɪdʒ] *v.* 起皱，成脊状延伸，翻土作垄

【例】The land ***ridges*** toward the south.

silt [sɪlt] *n.* 淤泥，残渣，煤粉，泥沙

tractor [ˈtræktər] *n.* 拖拉机

squash [skwɑːʃ] *n.* 南瓜

cotton [ˈkɑːtn] *n.* 棉花，棉线

garlic [ˈɡɑːrlɪk] *n.* 大蒜，蒜头

eggplant [ˈeɡplænt] *n.* 茄子

fodder [ˈfɑːdər] *n.* 饲料，草料

hay [heɪ] *n.* 干草

haystack [ˈheɪstæk] *n.* 干草堆

vegetable [ˈvedʒtəbl] *n.* 蔬菜，植物 *adj.* 蔬菜的，植物的

weed [wiːd] *n.* 野草，杂草 *v.* 除草，铲除

【例】Often ***weeding*** the garden will do good to the flowers.

sorghum [ˈsɔːrɡəm] *n.* 高粱属的植物

livestock [ˈlaɪvstɑːk] *n.* 家畜，牲畜

【例】The heavy rains and flooding killed scores of ***livestock***.

poultry [ˈpoʊltri] *n.* 家禽

buffalo [ˈbʌfəloʊ] *n.*（印度、非洲等的）水牛

cattle [ˈkætl] *n.* 牛，家养牲畜

fowl [faʊl] *n.* 家禽，禽，禽肉

sow [soʊ] *v.* 播种，散布，使密布 [saʊ] *n.* 大母猪

【例】As you ***sow***, so will you reap.

conservatory [kənˈsɜːrvətɔːri] *n.* 温室（greenhouse）

【例】Like flowers in the ***conservatory***, children are very fragile.

barn [bɑːrn] *n.* 谷仓；畜棚，畜舍

cowshed [ˈkaʊʃed] *n.* 牛棚，牛舍

granary [ˈɡrænəri] *n.* 谷仓

greenhouse [ˈɡriːnhaʊs] *n.* 温室，花房

seedbed [ˈsiːdbed] *n.* 苗床

sheepfold [ˈʃiːpfoʊld] *n.* 羊圈

orchard [ˈɔːrtʃərd] *n.* 果园，果园里的全部果树

pasture [ˈpæstʃər] *n.* 牧地，草原，牧场

【例】The cows are out now, grazing in the ***pasture***.

pigpen [ˈpɪɡpen] *n.* 猪舍，猪舍似的地方

pigsty [ˈpɪɡstaɪ] *n.* 猪舍，脏房子

□ ridge	□ silt	□ tractor	□ squash	□ cotton	□ garlic
□ eggplant	□ fodder	□ hay	□ haystack	□ vegetable	□ weed
□ sorghum	□ livestock	□ poultry	□ buffalo	□ cattle	□ fowl
□ sow	□ conservatory	□ barn	□ cowshed	□ granary	□ greenhouse
□ seedbed	□ sheepfold	□ orchard	□ pasture	□ pigpen	□ pigsty

plantation [plænˈteɪʃn] *n.* 耕地，种植园，大农场；森林，人造林
【例】They also own about 40 hectares of coffee ***plantation***.

ranch [ræntʃ] *n.* 大农场 *v.* 经营牧场

trough [ˈtrɔːf] *n.* 槽，水槽，饲料槽；木钵

plow [plaʊ] *v.* [农机]犁；耕地；破浪前进；开路
【例】He teamed one horse and one cow to ***plow***.

Jovons saw the kettle boil and cried out with the delighted voice of a child; Marshal too had seen the kettle boil and sat down silently to build an engine.
杰文斯看见壶开了，高兴得像孩子似地叫了起来；马歇尔也看见壶开了，却悄悄地坐下来造了一部蒸气机。
——英国经济学家 凯恩斯(John Maynard Keynes, British economist)

Word List 16

语 言

Linguistics

implicit [ɪm ˈplɪsɪt] *adj.* 含蓄的

【记】im(进入)+plic(重叠)+it→重叠状态→含蓄的

【例】They gave an ***implicit*** warning to the foreign army not to continue or repeat the military actions they began a week ago.

concise [kən ˈsaɪs] *adj.* 简明的(succinct, terse)

【记】con+cise(切)→切掉多余的→简明的

【例】The winner of the award gave a short and ***concise*** acceptance speech.

succinct [sək ˈsɪŋkt] *adj.* 简明的，简洁的(terse, concise)

【例】The book gives an admirably ***succinct*** account of the technology and its history.

fluent [ˈfluːənt] *adj.* 流利的，流畅的(fluid, smooth)

【记】flu(流动)+ent→流利的

【例】Before you go travelling in America, make sure you speak ***fluent*** English.

cogent [ˈkoʊdʒənt] *adj.* 强有力的；有说服力的(convincing; compelling)

【例】The defense attorney's ***cogent*** argument was persuasive.

persuasive [pər ˈsweɪsɪv] *adj.* 有说服力的

【记】动词persuade(说服)

【例】The ***persuasive*** saleswoman sold me a used car.

character [ˈkærəktər] *n.* 文字

【例】I wish this book was written in bigger ***characters***.

glossary [ˈglɑːsəri] *n.* 词汇表

【记】gloss(舌头，语言)+ary→词汇表

dialect [ˈdaɪəlekt] *n.* 方言，土语(vernacular, jargon)

【记】dia+lect(说)→方言

【例】John's Southern ***dialect is*** hard for me to understand.

clause [klɔːz] *n.* 分句

【例】The sentence had too many ***clauses*** in it.

linguistics [lɪŋ ˈgwɪstɪks] *n.* 语言学

【记】lingu(语言)+istics(学科后缀)→语言学

phonetics [fə ˈnetɪks] *n.* 语音学

【记】phone(声音)+tics→语音学

tense [tens] *n.* 时态

version [ˈvɜːrʒn] *n.* 说法；版本(description, account)

【例】Some former hostages contradicted the official ***version*** of events.

genre [ˈʒɑːnrə] *n.* 体裁；风格(style; manner)

【记】通常指文学等类型

□ implicit □ concise □ succinct □ fluent □ cogent □ persuasive
□ character □ glossary □ dialect □ clause □ linguistics □ phonetics
□ tense □ version □ genre

【例】His six String Quartets is the most important works in the ***genre*** since Beethoven's.

tag [tæg] *n.* 附加语；标签（label, tab）

slogan [ˈsloʊɡən] *n.* 口号；标语（motto）

【例】Each candidate needs a clever ***slogan*** to attract the attention of the voters.

lyric [ˈlɪrɪk] *n.* 歌词

verse [vɜːrs] *n.* 诗，韵文

fiction [ˈfɪkʃn] *n.* 小说

【记】fict(做)+ion→做出的故事→小说

byword [ˈbaɪwɜːrd] *n.* 谚语（adage）

fable [ˈfeɪbl] *n.* 寓言，传说（allegory）

【例】Many ***fables*** were first told by an old Greek story-teller named Aesop.

term [tɜːrm] *n.* 术语（expression）

【例】Knowing more technical ***terms*** gives a translator more advantages.

maxim [ˈmæksɪm] *n.* 格言，箴言（proverb, motto）

【记】比较maximum(最大值)；minimum(最小值)

satire [ˈsætaɪər] *n.* 讽刺文学

【例】The political ***satire*** was censored by the government.

farce [fɑːrs] *n.* 闹剧

adage [ˈædɪdʒ] *n.* 格言，谚语（proverb）

【例】Isn't there an old ***adage*** that a stitch in time saves nine?

synopsis [sɪˈnɑːpsɪs] *n.* 大纲，梗概（outline, summary）

【例】The history professor gave a ***synopsis*** of the events leading to World War I.

compile [kəmˈpaɪl] *vt.* 收集；编纂（collect, put together）

【记】com+pile(堆)→有序地堆→编

【例】The scientists ***compiled*** a great amount of data to help develop their theory.

entitle [ɪnˈtaɪtl] *vt.* 题目为，取名为

【例】My favorite poem is ***entitled*** "Summer Rain".

emend [iˈmend] *vt.* 修订（amend, improve）

【记】e+mend(修补)→修订

【例】John had spent a whole day ***emending*** a faulty text.

paraphrase [ˈpærəfreɪz] *vt.* 意译；改写（rewrite）

【记】para(旁边)+phrase(词句)→在旁边用不同的词写→改写

【例】Would you please ***paraphrase*** the speech in colloquial English?

□ tag □ slogan □ lyric □ verse □ fiction □ byword
□ fable □ term □ maxim □ satire □ farce □ adage
□ synopsis □ compile □ entitle □ emend □ paraphrase

adapt [əˈdæpt] *v.* 改编(revise, amend)

【例】The author is going to ***adapt*** his stories for television.

adaptable [əˈdæptəbl] *adj.* 可修改的(flexible, pliant)

adaptation [ˌædæpˈteɪʃn] *n.* 改写；修改

【例】The movie was an ***adaptation*** of a classic novel.

excerpt [ˈeksɜːrpt] *n.* 摘录(selection, extract)

【例】The actor auditioned by performing an ***excerpt*** from the play.

abstract [æbˈstrækt] *vt.* 摘要，提炼

【记】abs＋tract(拉)→从原文中拉出来→摘要

abstraction [æbˈstrækʃn] *n.* 摘要

【例】By looking at what happened in many similar cases, we were able to create an ***abstraction*** that also covered other instances.

abridge [əˈbrɪdʒ] *vt.* 缩短，删节(shorten, condense, abbreviate)

【记】a＋bridge→桥使路程变短→弄短→删节

【例】The rights of citizens must not be ***abridged***.

coin [kɔɪn] *vt.* 创造(create, fashion, invent)

【例】The advertising company ***coined*** a new word to name the new product.

The man who has made up his mind to win will never say "impossible".
凡是决心取得胜利的人是从来不说"不可能的"。
——法国皇帝 拿破仑(Bonaparte Napoleon, French emperor)

□ adapt □ adaptable □ adaptation □ excerpt □ abstract □ abstraction
□ abridge □ coin

Word List 17

教育

Education

didactic [daɪˈdæktɪk] *adj.* 教诲的，说教的(instructive)

【例】He started to know the real meaning of life from a ***didactic*** speech given by a celebrity.

sermon [ˈsɜːrmən] *n.* 说教(speech)

initiate [ɪˈnɪʃieɪt] *vt.* 启蒙，使初步了解；传授

【例】He ***initiated*** her into the study of other cultures.

instill [ɪnˈstɪl] *vt.* 灌输(infuse, impart)

【记】in(进入)+still(滴)→灌输

【例】Courtesy must be ***instilled*** in childhood.

instruct [ɪnˈstrʌkt] *vt.* 教

【例】She ***instructed*** me in the use of the telephone.

enlighten [ɪnˈlaɪtn] *vt.* 启发，开导；启蒙(edify, illuminate)

【记】en+light(光)+en

【例】The speaker ***enlightened*** the students about the dangers of drinking.

edify [ˈedɪfaɪ] *vt.* 陶冶，教化(enlighten, teach)

【例】A trip to the art museum ***edified*** the tourists and helped them understand the local culture better.

lead [liːd] *vt.* 引导

【例】The path ***led*** them to a cave.

direct [dəˈrekt] *vt.* 引导(instruct)

【例】The receptionist's job is to ***direct*** people to the correct office.

conduct [kənˈdʌkt] *vt.* 引导(lead)

【例】The students are ***conducted*** to do the experiment.

curriculum [kəˈrɪkjələm] *n.* 课程

discipline [ˈdɪsəplɪn] *n.* 学科

□ didactic □ sermon □ initiate □ instill □ instruct □ enlighten
□ edify □ lead □ direct □ conduct □ curriculum □ discipline

Word List 18

物 理

Physics

compatible [kəm'pætəbl] *adj.* 兼容的(harmonious, congruous)
【例】Is this software ***compatible*** with my computer?

boundary ['baʊndri] *n.* 边界(border, limit)
【例】A fence marked the ***boundary*** of the woods.

boundless ['baʊndləs] *adj.* 无限的(vast, limitless)

endless ['endləs] *adj.* 无止境的(everlasting)
【例】The long and boring drive seemed ***endless***.

cohesive [koʊ'hiːsɪv] *adj.* 有凝聚力的
【例】Groups that are more ***cohesive*** are more likely to survive in interactions with other groups.

horizontal [ˌhɔːrə'zɑːntl] *adj.* 水平的

bulk [bʌlk] *n.* 容积
【例】The ***bulk*** of this oil tank is about 500 tons.

brim [brɪm] *n.* (杯、碗的)边(margin, edge, rim)
【例】A bird perched on the ***brim*** of the flowerpot.

edge [edʒ] *n.* 边(rim, margin)
【例】John is at the ***edge*** of death.

rim [rɪm] *n.* 边缘(edge, border)
【例】The horse finally came to a halt on the very ***rim*** of the cliff.

brink [brɪŋk] *n.* 边缘(margin, edge, rim)
【例】A fence was built along the ***brink*** of the cliff to prevent accidents.

constituent [kən'stɪtʃuənt] *n.* 成分(component)
【例】Caffeine is the active ***constituent*** of drinks such as tea and coffee.

dimension [daɪ'menʃn] *n.* 尺度；(数)维(size, proportion)
【例】He drew a house in three-***dimension***.

elasticity [ˌiːlæ'stɪsəti] *n.* 弹性
【例】Daily facial exercises help to retain the skin's ***elasticity***.

cohesion [koʊ'hiːʒn] *n.* 附着(力)，结合，凝聚力
【例】Since Bob's paper had no ***cohesion*** and merely listed facts, he received a failing grade.

pressure ['preʃər] *n.* 压力
【记】press(压)+ure
【例】He feels the ***pressure*** soon after he takes up the job.

gravity ['grævəti] *n.* 引力
【记】grav(重)+ity

impetus ['ɪmpɪtəs] *n.* 推动力(urge, momentum)
【记】im(进入)+pet(追求)+us→追求力→推动力
【例】His longing for another kind of life is a major ***impetus*** for his hard working.

□ compatible □ boundary □ boundless □ endless □ cohesive □ horizontal
□ bulk □ brim □ edge □ rim □ brink □ constituent
□ dimension □ elasticity □ cohesion □ pressure □ gravity □ impetus

release [rɪˈliːs] *n./vt.* 释放(give off, discharge, dismiss, emit)

【例】Thousands of balloons were ***released*** at the opening ceremony.

decelerate [ˌdiːˈseləreɪt] *v.* (使)减速(decrease the speed of)

【记】反义词 accelerate (加速)

【例】Many countries are seeking measures to ***decelerate*** the arms buildup.

precipitate [prɪˈsɪpɪteɪt] *v.* 向下投掷

【记】pre(提前)+cipit(落下)+ate→降下

【例】The finest bridge of the city broke and ***precipitated*** five travelers into the river below.

expedite [ˈekspədaɪt] *vt.* 加速(speed up, hasten)

【记】ex+ped(脚)+ite→脚跨出去→加速

【例】The person I talked to on the phone promised to ***expedite*** the shipment of the book I ordered.

quiver [ˈkwɪvər] *vt.* 振动，颤抖(shiver, tremble)

【例】The dog ***quivered*** in the rain.

jar [dʒɑːr] *vt.* 震动

【例】Her announcement really ***jarred*** me. I was shocked!

vibration [vaɪˈbreɪʃn] *n.* 震动

【例】This critical step activates the ***vibration*** of your desire.

discharge [dɪsˈtʃɑːrdʒ] *v.* 释放(let out, release, liberate)

【例】The patient was ***discharged*** from the hospital after complete recovery.

shrink [ʃrɪŋk] *vi.* 收缩(contract, compress, dwindle)

【例】Because my shirt had ***shrunk***, I gave it to my younger cousin.

diffuse [dɪˈfjuːs] *vt.* 传播，扩散(scatter, spread)

【记】di(分开)+fuse(流)→分流→散播

【例】The winds ***diffused*** the smoke throughout the neighborhood.

emit [iˈmɪt] *vt.* 发出，放射(discharge, give off)

【例】All the cars that ***emit*** poisonous gas have been called back.

transpire [trænˈspaɪər] *vt.* 发散；排出(exhale, send out)

【例】It was ***transpired*** that the king was already dead.

constitute [ˈkɑːnstətjuːt] *vt.* 构成，组成(form, compose, make up)

【例】Not telling the whole truth ***constitutes*** lying.

eject [iˈdʒekt] *vt.* 喷出；逐出(emit; ejaculate)

【记】e(出)+ject(扔)→扔出→喷出

【例】The machine ***ejected*** finished parts faster than we could count them.

radiate [ˈreɪdieɪt] *vt.* 射出(emit, give off)

【例】Heat ***radiated*** from the stove.

□ release □ decelerate □ precipitate □ expedite □ quiver □ jar
□ vibration □ discharge □ shrink □ diffuse □ emit □ transpire
□ constitute □ eject □ radiate

molecule [ˈmɑːlɪkjuːl] *n.* 分子
【记】mole（"摩尔"）+cule（"小"的后缀）

ion [ˈaɪən] *n.* 离子

electron [ɪˈlektrɑːn] *n.* 电子

neutron [ˈnjuːtrɑːn] *n.* 中子

nucleus [ˈnjuːkliəs] *n.* 核子

proton [ˈproʊtɑːn] *n.* 质子

atom [ˈætəm] *n.* 原子
【例】An ***atom*** is made up of protons, neutrons and one or more electrons.

nuclear [ˈnjuːkliər] *adj.* 原子的

physics [ˈfɪzɪks] *n.* 物理学

fusion [ˈfjuːʒn] *n.* 熔合

thermometer [θərˈmɑːmɪtər] *n.* 温度计
【记】thermo（热）+meter

temperature [ˈtemprətʃər] *n.* 温度

thaw [θɔː] *v.*（使）溶化，（使）融解（melt, defrost）
【例】Last week it was so warm that the frozen pond ***thawed***.

centigrade [ˈsentɪgreɪd] *adj.* 摄氏的
【记】centi（百）+grade（级，度）
【例】***Centigrade*** scale is used in most countries except the United States.

clot [klɑːt] *n./v.*（使）凝块（gelatinize, congeal）
【例】Blood had begun to ***clot*** around the gaping wound.

sublimate [ˈsʌblɪmeɪt] *vt.* 使升华（elevate, refine）
【记】sublime（崇高的）+ate
【例】Water are ***sublimated*** from the gaseous to the solid state without becoming a liquid.

distillation [ˌdɪstɪˈleɪʃn] *n.* 蒸馏
【记】de+still（水滴）+ation
【例】***Distillation*** is used to produce very pure water.

chaos [ˈkeɪɑːs] *n.* 混乱（disorder）
【例】***Chaos*** broke out when the fire alarm went off.

clutter [ˈklʌtər] *n.* 混乱 *vt.* 使混乱（litter, disarray）
【例】My office is filled with useless ***clutter***.

equilibrium [ˌiːkwɪˈlɪbriəm] *n.* 平衡状态（balance）
【例】The gymnast has perfect ***equilibrium***.

density [ˈdensəti] *n.* 密度
【例】The population ***density*** is very high in Hong Kong, China.

□ molecule □ ion □ electron □ neutron □ nucleus □ proton
□ atom □ nuclear □ physics □ fusion □ thermometer □ temperature
□ thaw □ centigrade □ clot □ sublimate □ distillation □ chaos
□ clutter □ equilibrium □ density

liquid [ˈlɪkwɪd] *n.* 液体

【例】The three phases of matter are solid, ***liquid*** and gas.

dilute [daɪˈluːt] *vt.* 稀释；冲淡(thin, weaken)

【记】di(分开)＋lute(冲)→冲开→冲淡

【例】As the ice melted, it ***diluted*** my drink.

dehydrate [diːˈhaɪdreɪt] *vt.* (使)脱水(dry)

【记】de(去除) ＋ hydrate(水合物)

【例】Her body had ***dehydrated*** dangerously with the heat.

declivity [dɪˈklɪvəti] *n.* 下倾的斜面

【记】de＋cliv(倾斜)＋ity

foam [foʊm] *n.* 泡沫(bubble, froth)

ventilation [ˌventɪˈleɪʃn] *n.* 通风(airing, air circulation)

【例】If humidity is not within the set point, turn on external ***ventilation***.

evaporate [ɪˈvæpəreɪt] *v.* 蒸发(vaporize)

【记】e＋vapor(蒸汽)＋ate

【例】The rubbing alcohol ***evaporated*** as soon as the nurse dabbed it on the patient's arm.

evaporation [ɪˌvæpəˈreɪʃn] *n.* 蒸发(作用)

thermodynamics [ˌθɜːrmoʊdaɪˈnæmɪks] *n.* 热力学

friction [ˈfrɪkʃn] *n.* 摩擦

【例】The wheel has been expired due to ***friction***.

attrition [əˈtrɪʃn] *n.* 磨损(wear and tear)

【例】The long war of ***attrition*** exhausted the strength of both countries.

chafe [tʃeɪf] *vt.* 擦热(rub, scrape)

【例】Coarse fabric will ***chafe*** your skin.

resonance [ˈrezənəns] *n.* 回声，反响

【记】re(反复)＋son(声音)＋ance→回声

【例】The opera singer's voice has very good ***resonance***.

echo [ˈekoʊ] *n.* 回声，回音，回波

ultrasonics [ˌʌltrəˈsɑːnɪks] *n.* 超音波学

sonar [ˈsoʊnɑːr] *n.* 声呐，声波定位仪

acoustic [əˈkuːstɪk] *adj.* 音响的

【例】This gave it excellent thermal and ***acoustic*** properties, but the suitability of the product for a large-scale commercial project was questioned.

band [bænd] *n.* 波段(stripe)

charge [tʃɑːrdʒ] *n.* 电荷 *v.* 充电(fill, replenish)

electricity [ɪˌlek'trɪsəti] *n.* 电流，电，电学
【例】static ***electricity*** 静电

electromagnet [ɪˌlektroʊ'mægnɪt] *n.* 电磁石

electromagnetism [ɪˌlektroʊ'mægnɪtɪzəm] *n.* 电磁，电磁学

electronic [ɪˌlek'trɑːnɪk] *adj.* 电子的
【例】***electronic*** component 电子元件

electronics [ɪˌlek'trɑːnɪks] *n.* 电子学

amplifier ['æmplɪfaɪər] *n.* [电工] 扩音器，放大器

battery ['bætri] *n.* 电池
【例】dry ***battery*** 干电池

chip [tʃɪp] *n.* 芯片

conductor [kən'dʌktər] *n.* 导体

insulator ['ɪnsəleɪtər] *n.* 绝缘体，绝热器

magnet ['mægnət] *n.* 磁体，磁铁

magnetism ['mægnətɪzəm] *n.* 磁，磁力；吸引力；磁学

semiconductor [ˌsemikən'dʌktər] *n.* 半导体

transistor [træn'zɪstər] *n.* 晶体管

ultraviolet [ˌʌltrə'vaɪələt] *adj.* 紫外线的，紫外的 *n.* 紫外线辐射

microwave ['maɪkrəweɪv] *n.* 微波（波长为1毫米至30厘米的高频电磁波）

mechanics [mə'kænɪks] *n.* 〈用作单数〉机械学、力学；〈用作复数〉技巧，结构

gravitation [ˌɡrævɪ'teɪʃn] *n.* 地心吸力，引力作用

oscillation [ˌɑːsɪ'leɪʃn] *n.* 摆动，振动

statics ['stætɪks] *n.* 静力学

relativity [ˌrelə'tɪvəti] *n.* 相对性，相关性，相对论

velocity [və'lɑːsəti] *n.* 速度，速率
【例】It can see the distance, bearing, heading, ***velocity***, and energy level of other robots.

dynamics [daɪ'næmɪks] *n.* 动力学

force [fɔːrs] *n.* 力

current ['kɜːrənt] *n.* （液体、气体的）流
【例】direct ***current*** 直流电；alternating ***current*** 交流电

accelerate [ək'seləreɪt] *vt.* 加速 *vi.* 增速，进行(expedite, speed)
【记】ac＋celer(速度)＋ate→加速
【例】The car ***accelerated*** as it went downhill.

acceleration [əkˌselə'reɪʃn] *n.* 加速度

transparent [træns'pærənt] *adj.* 透明的(clear, limpid)
【例】The sunset shined through the ***transparent*** glass.

- □ electricity □ electromagnet □ electromagnetism □ electronic □ electronics □ amplifier
- □ battery □ chip □ conductor □ insulator □ magnet □ magnetism
- □ semiconductor □ transistor □ ultraviolet □ microwave □ mechanics □ gravitation
- □ oscillation □ statics □ relativity □ velocity □ dynamics □ force
- □ current □ accelerate □ acceleration □ transparent

opaque [oʊˈpeɪk] *n.* 不透明物 *adj.* 不透明的，不传热的

translucent [trænsˈluːsnt] *adj.* 半透明的，透明的

【例】The execution window can be made ***translucent*** so that the application under test can be seen behind it.

optical [ˈɑːptɪkl] *adj.* 眼的，视力的，光学的

【例】***optical*** fiber 光纤

optics [ˈɑːptɪks] *n.* 光学

ray [reɪ] *n.* 光线

【例】Gamma ***rays*** 伽马射线；infrared ***rays*** 红外线；X ***rays*** X射线

spectrum [ˈspektrəm] *n.* 光，光谱，型谱，频谱

wavelength [ˈweɪvleŋθ] *n.* 波长

magnifier [ˈmæɡnɪfaɪər] *n.* 放大镜，放大器

lens [lenz] *n.* 透镜，镜头

vortex [ˈvɔːrteks] *n.* [航][流]涡流；漩涡；(动乱、争论等的)中心；旋风

【例】It's the largest known ***vortex*** in the solar system.

buffer [ˈbʌfər] *n.* [计]缓冲区；缓冲器

【例】Keep savings as a ***buffer*** against unexpected cash needs.

fission [ˈfɪʃn] *n.* 裂变；分裂

【例】Even though the ***fission*** had stopped, coolant is still required to keep the plant safe.

The supreme happiness of life is the conviction that we are loved.

生活中最大的幸福是坚信有人爱我们。

——法国小说家 雨果(Victor Hugo, French novelist)

☐ opaque ☐ translucent ☐ optical ☐ optics ☐ ray ☐ spectrum
☐ wavelength ☐ magnifier ☐ lens ☐ vortex ☐ buffer ☐ fission

Word List 19

政 治

Politics

factious [ˈfækʃəs] *adj.* 党派的(tribal)
【记】faction(党派)的形容词
【例】These meetings ought not to be sanctuaries for ***factious*** and flagitious fellows.

partisan [ˈpɑːrtəzn] *adj.* 党派的，派系感强的
【例】Her ***partisan*** speech angered the opposing party.

board [bɔːrd] *n.* 委员会

Senate [ˈsenət] *n.* 参议院，上院

Congress [ˈkɑːŋgrəs] *n.* (代表)大会；(美国等国的)国会，议会

diplomatic [ˌdɪpləˈmætɪk] *adj.* 外交的；有策略的(tactful)
【例】She is always ***diplomatic*** when she deals with angry students.

diplomacy [dɪˈploʊməsi] *n.* 外交；策略(tact)
【例】The clerk spoke with *diplomacy* to the angry customer.

confederate [kənˈfedərət] *n.* 同盟(partner, company)
【例】The gangster and his ***confederates*** were arrested.

league [liːg] *n.* 同盟，联盟；联合会

affiliate [əˈfɪlieɪt] *v.* 加盟，入会(associate, ally)
【例】She ***affiliates*** herself with a new law firm.

unconventional [ˌʌnkənˈvenʃənl] *adj.* 自由的，非常规的，非传统的
【例】Despite his ***unconventional*** methods, he has inspired students more than anyone else.

dictatorial [ˌdɪktəˈtɔːriəl] *adj.* 独裁的，专断的(tyrannical)
【记】dictat(说，命令)+orial→独裁的
【例】The most overwhelming experience for me was living under the ***dictatorial*** regime in that country.

domestic [dəˈmestɪk] *adj.* 国内的；家庭的
【例】The police called the fight between the husband and wife a ***domestic*** matter.

potent [ˈpoʊtnt] *adj.* 强有力的；有全权的(cogent, powerful)
【记】poten(力量)+t→强有力的
【例】His ***potent*** speech impressed all the people present.

authoritative [əˈθɔːrəteɪtɪv] *adj.* 权威性的，官方的
【例】Make sure you ask an ***authoritative*** source for directions.

influential [ˌɪnfluˈenʃl] *adj.* 有影响的；有权势的(powerful)
【例】This seems to be the most ***influential*** organization that represents the interest of this minority group in the country.

□ factious □ partisan □ board □ Senate □ Congress □ diplomatic
□ diplomacy □ confederate □ league □ affiliate □ unconventional □ dictatorial
□ domestic □ potent □ authoritative □ influential

centralized [ˈsentrəlaɪzd] *adj.* 集中的，中央集权的

authority [əˈθɔːrəti] *n.* 权威

【例】The teacher gave her assistant the ***authority*** to grade papers.

privilege [ˈprɪvəlɪdʒ] *n.* 特权(prerogative)

【记】privi(个人)+lege(法律)→个人的法律→特权

【例】The government has issued a decree abolishing special ***privileges*** for government officials.

democracy [dɪˈmɑːkrəsi] *n.* 民主

【记】demo(人民)+cracy(统治)→人民统治的→民主

【例】People must participate in their government if a ***democracy*** is to work.

petition [pəˈtɪʃn] *n.* 请愿 *vt.* 向…请愿

【记】pet(寻求)+ition→请愿

【例】We recently presented the government with a ***petition*** signed by 4,500 people.

domain [doʊˈmeɪn] *n.* 领土，领域(field, region)

territory [ˈterətɔːri] *n.* 领土；版图；地域

nationality [ˌnæʃəˈnæləti] *n.* 国籍

【记】nation(国家)+ality→国籍

kingdom [ˈkɪŋdəm] *n.* 王国(realm)

【记】king(国王)+dom(地域)→国王统治的地域→王国

realm [relm] *n.* 王国；领域(field, domain)

regimen [ˈredʒɪmən] *n.* 政权

【记】regi(统治)+men(人)→政权

sovereignty [ˈsɑːvrənti] *n.* 主权

【例】The superpower often trampled on the independence and ***sovereignty*** of other countries.

autonomy [ɔːˈtɑːnəmi] *n.* 自治权(independence)

【记】auto(自己)+nomy(统治)→自己统治→自治权

【例】The nation's ***autonomy*** was compromised by the treaty.

commission [kəˈmɪʃn] *n.* 委员会

【例】The president appointed a ***commission*** to study poverty.

committee [kəˈmɪti] *n.* 委员会，委员

【例】The ***committee*** planned the club's budget for next year.

election [ɪˈlekʃn] *n.* 选举

【记】elect(选择)+ion→选举

【例】How many people voted in the last ***election***?

□ centralized □ authority □ privilege □ democracy □ petition □ domain
□ territory □ nationality □ kingdom □ realm □ regimen □ sovereignty
□ autonomy □ commission □ committee □ election

ballot [ˈbælət] *n.* 选票(vote, poll)

ideology [ˌaɪdiˈɑːlədʒi] *n.* 意识形态

【记】ideo(意识)+ology(学科)→意识形态

【例】These questions have nothing to do with party or ***ideology***.

parade [pəˈreɪd] *n.* 游行(procession, march)

【例】She was dressed up for the Easter ***parade***.

govern [ˈɡʌvərn] *v.* 决定；支配；控制(determine; control)

【例】The evil dictator ***governed*** unfairly.

confer [kənˈfɜːr] *v.* 协商

【记】con(共同)+fer→共同带来观点→协商

【例】I ***conferred*** with my friends about what we should eat for dinner.

entitle [ɪnˈtaɪtl] *vt.* 给…权利

【例】Every citizen is ***entitled*** to equal protection under the law.

exploit [ɪkˈsplɔɪt] *vt.* 剥削；开发(explore)

【记】ex+ploit(重叠)→从重叠中拿出→开发

【例】The company ***exploited*** the workers by falsely promising them pay raises.

maneuver [məˈnuːvər] *vt.* 调遣 *n.* 策略(move, step, tactic)

【记】man(手)+euver(劳动)→用手劳动→操纵

【例】At the last moment, the basketball player made a clever ***maneuver*** that allowed a goal to be made.

reform [rɪˈfɔːrm] *vt./n.* 改革，革新(regenerate)

【记】re(再次)+form(形状)→再改形→改革

【例】The ***reform*** and open policy has brought us Chinese people a rich and colourful life.

inspect [ɪnˈspekt] *vt.* 检查(examine, survey)；视察

【记】in(内)+spect(看)→看里面→检查

【例】The general ***inspected*** the troops.

emigrate [ˈemɪɡreɪt] *v.* 移民

【记】e(出)+migr(移)+ate→移出→移民

【例】Mary ***emigrated*** from Germany to France during World War I.

immigrate [ˈɪmɪɡreɪt] *vt.* 移居入境

【记】im(进)+migr(移)+ate→移进

【例】Britain ***immigrated*** many colonists to the New World.

exile [ˈeksaɪl] *vt.* 流放(banish, deport) *n.* 放逐

【例】The king was ***exiled*** when his expire was taken over.

enslave [ɪnˈsleɪv] *vt.* 奴役

【记】en+slave(奴隶)→奴役

【例】The addict was ***enslaved*** by drugs.

□ ballot □ ideology □ parade □ govern □ confer □ entitle
□ exploit □ maneuver □ reform □ inspect □ emigrate □ immigrate
□ exile □ enslave

hustle [ˈhʌsl] *vt.* 驱赶(hurry, hasten)
【例】To make more money, the restaurant owner ***hustled*** customers in and out quickly.

impel [ɪmˈpel] *vt.* 驱使(compel, urge)
【记】im(进入)+pel(推动)→驱使
【例】He was ***impelled*** by a strong passion to save the diseased boy.

oust [aʊst] *vt.* 驱逐(dismiss, throw out)
【例】He was ***ousted*** from his position as chairman.

banish [ˈbænɪʃ] *vt.* 驱逐出境(exile, expel)
【例】The naughty child was ***banished*** to his room until dinner.

deport [dɪˈpɔːrt] *vt.* 驱逐出境，放逐

enable [ɪˈneɪbl] *vt.* 使能够(make possible, allow, help)
【例】An unexpected inheritance ***enabled*** me to buy a house.

reign [reɪn] *vt.* 统治(govern, rule)
【例】The old king has been ***reigning*** the nation for 30 years.

dominate [ˈdɑːmɪneɪt] *vt.* 统治，支配，控制(control)
【记】domin(统治)+ate→统治
【例】The older brother ***dominated*** his younger siblings.

abdicate [ˈæbdɪkeɪt] *vt.* 放弃权力(abandon)
【记】ab+dic(说话，命令)+ate→不再命令→放弃权力
【例】King Edward ***abdicated*** in 1936.

administer [ədˈmɪnɪstər] *vt.* 管理(govern, supervise)
【记】ad+minister(部长)→做部长→管理
【例】The personnel director ***administers*** the attendance policy.

administration [ədˌmɪnɪˈstreɪʃn] *n.* 行政(management)
【记】administer(执行)+ation
【例】Lisa is involved in ***administration*** at the company she works for.

institute [ˈɪnstɪtjuːt] *vt.* 建立(establish, set up, start)
【例】The village ***instituted*** a welfare system on their own.

amendment [əˈmendmənt] *n.* 改善，改正

colonize [ˈkɑːlənaɪz] *vt.* 拓殖，殖民
【例】Many parts of this country were ***colonized***.

check [tʃek] *n./v.* 检查(examine; inspect)
【例】Raising interest rate is commonly used as a tool to ***check*** inflation.

monarchy [ˈmɑːnərki] *n.* 君主政体，君主政治，君主国

republican [rɪˈpʌblɪkən] *adj.* 共和国的，共和政体的，共和主义的，有关共和的

anarchism [ˈænərkɪzəm] *n.* 无政府主义

□ hustle □ impel □ oust □ banish □ deport □ enable
□ reign □ dominate □ abdicate □ administer □ administration □ institute
□ amendment □ colonize □ check □ monarchy □ republican □ anarchism

doctrine [ˈdɑːktrɪn] *n.* 主义（principle）

immigrant [ˈɪmɪɡrənt] *adj.*（从外国）移来的，移民的，移居的

municipal [mjuːˈnɪsɪpl] *adj.* 市政的，市立的；地方性的，地方自治的

strike [straɪk] *n.* 罢工（work stoppage）

【例】In this country, going on ***strike*** was frequently utilised by the union in fighting for the workers' interest, which struck the nation's economy heavily.

scandal [ˈskændl] *n.* 丑闻（disgrace, defamation）

【例】The president's ***scandal*** was soon publicized and exaggerated.

vote [voʊt] *n.* 投票，选票

welfare [ˈwelfer] *n.* 福利；安宁，幸福

bureaucracy [bjʊˈrɑːkrəsi] *n.* 官僚主义；官僚机构；官僚政治

【例】People usually complain about too much ***bureaucracy***.

parliament [ˈpɑːrləmənt] *n.* 议会，国会

【例】The Bangladesh ***Parliament*** today approved the policy, but it has not yet become law.

designation [ˌdezɪɡˈneɪʃn] *n.* 指定；名称；指示；选派

【例】A wild and scenic river ***designation*** is no guarantee that a river will remain truly wild.

Victory won't come to me unless I go to it.

胜利是不会向我走来的，我必须自己走向胜利。

——美国女诗人 穆尔（M. Moore, American poetess）

□ doctrine □ immigrant □ municipal □ strike □ scandal □ vote
□ welfare □ bureaucracy □ parliament □ designation

Word List 20

音 乐

Music

euphonious [juːˈfoʊniəs] *adj.* 悦耳的(sweet)
【记】eu(好)+phon(声音)+ious→悦耳的
【例】Her praise is surely a ***euphonious*** song to me.

harsh [hɑːrʃ] *adj.* 刺耳的(hoarse, unpleasant)
【例】The *harsh* words by Tom annoyed Mike.

jazz [dʒæz] *n.* 爵士乐

movement [ˈmuːvmənt] *n.* 乐章

note [noʊt] *n.* 音符

score [skɔːr] *n.* 乐谱

instrument [ˈɪnstrəmənt] *n.* 乐器
【例】Flute, piano and violin are all musical ***instruments***.

lyric [ˈlɪrɪk] *n.* 抒情诗

conservatory [kənˈsɜːrvətɔːri] *n.* 音乐学校
【例】Twenty students were accepted to the music ***conservatory*** this year.

episode [ˈepɪsoʊd] *n.* 插曲(interlude)；一段情节
【例】The long lecture I got from my boss was one ***episode*** that I did not want to undergo a second time. / The ***episode*** of this film sounds good.

orchestra [ˈɔːrkɪstrə] *n.* 管弦乐队(band, ensemble)

chorus [ˈkɔːrəs] *n.* 合唱团(choir, ensemble)
【例】A ***chorus*** accompanied the orchestra.

concert [ˈkɑːnsərt] *n.* 音乐会
【例】The pianist will give a ***concert*** at the high school.

band [bænd] *n.* 乐队

record [ˈrekərd] *n.* 档案，唱片 [rɪˈkɔːrd] *v.* 记录，录音(register)
【例】The famous singer is expecting to release his second ***record***. / The book ***recorded*** Diana's life honestly.

percussion [pərˈkʌʃn] *n.* 打击乐器；震荡
【记】per(全部)+cuss(震动)+ion→震荡

string [strɪŋ] *n.* 弦乐

wind [wɪnd] *n.* 管乐

☐ euphonious ☐ harsh ☐ jazz ☐ movement ☐ note ☐ score
☐ instrument ☐ lyric ☐ conservatory ☐ episode ☐ orchestra ☐ chorus
☐ concert ☐ band ☐ record ☐ percussion ☐ string ☐ wind

Word List 21

人物

People

场景：新东方课堂（人数约 800）

REDROCK：在 TOEFL 人物文章中，讲得最多的是什么人？

众生齐答："女人！"

我必须承认他们是正确的，在讲述人物的文章中，有一个特殊的现象是：在曾经考过的 30 多个人物中，只有两位男性——发明电灯的 Edison 和发明润滑器的 McCoy。

TOEFL 阅读中出现的女性无论从事何种职业，她们在有生之年大多被认为是性情孤僻 (eccentric)、性格独特（unique）、多愁善感（sentimental）等等。而到离世之后（posthumously）却获得了人们普遍的认可 (acclaimed)，她们很快与杰出（preeminent）为伍，变得家喻户晓（household），每次讲到这里我都替她们深深遗憾，如果 Emily Dickinson 们能活到现在该多好啊！她们不仅能看到自己的抒情诗（lyrics）终被列为经典馆藏起来，而且她们也会看到 ETS 关注的大多是她们平生不愿意上"对话"节目的那一部分，而不是她们的艺术或文学成就。很显然，ETS 没有歧视她们。在研究美国女权主义（feminism）起源的一篇文章中，数位杰出而不知名的女性被一一列出，这是何等的荣耀啊！

counsel [ˈkaʊnsl] *n.* 律师

【例】He requires the guiding hand of ***counsel*** at every step in the proceedings against him.

crew [kruː] *n.* 船员

【例】The ***crew*** rowed the boat up and down the river.

aviator [ˈeɪvieɪtər] *n.* 飞行家(pilot)

【例】The navy ***aviator*** had been trained for many years.

playwright [ˈpleɪraɪt] *n.* 剧作家

【记】play(戏剧)+wright(作家)

operator [ˈɑːpəreɪtər] *n.* 接线员

clergy [ˈklɜːrdʒi] *n.* 神职人员

【例】Bill and his wife are both members of the ***clergy***.

auditor [ˈɔːdɪtər] *n.* 审计员；旁听者

【记】audi(听)+or

athlete [ˈæθliːt] *n.* 运动员

satirist [ˈsætərɪst] *n.* 讽刺作家

sculptor [ˈskʌlptər] *n.* 雕刻家

mathematician [ˌmæθəməˈtɪʃn] *n.* 数学家

astronaut [ˈæstrənɔːt] *n.* 太空人，宇航员

astronomer [əˈstrɑːnəmər] *n.* 天文学家

spaceman [ˈspeɪsmæn] *n.* 太空船上的飞行员，宇宙人

botanist [ˈbɑːtənɪst] *n.* 植物学家

choreographer [ˌkɔːriˈɑːgrəfər] *n.* 舞蹈设计师

scout [skaut] *n.* 侦察员；童子军

【例】He is a responsible ***scout*** with keen observation.

geographer [dʒiˈɑːgrəfər] *n.* 地理学者

geologist [dʒiˈɑːlədʒɪst] *n.* 地质学者

educator [ˈedʒukeɪtər] *n.* 教育家

faculty [ˈfæklti] *n.* 全体教员

【例】That will be discussed in the next ***faculty*** meeting.

treasurer [ˈtreʒərər] *n.* 司库，财务员，出纳员

archeologist [ˌɑːrkiˈɑːlədʒɪst] *n.* 考古学家

paleoanthropologist [ˌpeɪlioʊˌænθrəˈpɑːlədʒɪst] *n.* 古人类学家

pilot [ˈpaɪlət] *n.* 飞行员，领航员，引水员

meteorologist [ˌmiːtiəˈrɑːlədʒɪst] *n.* 气象学者

anthropologist [ˌænθrəˈpɑːlədʒɪst] *n.* 人类学者，人类学家

artist [ˈɑːrtɪst] *n.* 艺术家，画家

□ counsel □ crew □ aviator □ playwright □ operator □ clergy
□ auditor □ athlete □ satirist □ sculptor □ mathematician □ astronaut
□ astronomer □ spaceman □ botanist □ choreographer □ scout □ geographer
□ geologist □ educator □ faculty □ treasurer □ archeologist □ paleoanthropologist
□ pilot □ meteorologist □ anthropologist □ artist

imagist [ˈɪmidʒɪst] *n.* 意象派诗人

inventor [ɪnˈventər] *n.* 发明家

mechanic [məˈkænɪk] *n.* 技工，机修工，机械师

biographer [baɪˈɑːgrəfər] *n.* 传记作者

censor [ˈsensər] *n.* 检查员 *vt.* 检查

【例】The dictator ***censored*** news of the war.

physician [fɪˈzɪʃn] *n.* 医师(doctor)

hermit [ˈhɜːrmɪt] *n.* 隐居者

【例】The ***hermit*** lived in a tiny cottage in the woods.

recluse [ˈrekluːs] *n.* 隐士(hermit)

【记】re(重新)＋cluse(close关闭)→隐居

ecologist [iˈkɑːlədʒɪst] *n.* 生态学者

critic [ˈkrɪtɪk] *n.* 批评家，评论家；吹毛求疵者

philanthropist [fɪˈlænθrəpɪst] *n.* 慈善家

attorney [əˈtɜːrni] *n.* 代理人，辩护律师(lawyer)

【例】Bob hired an ***attorney*** to get a patent for his invention.

congressman [ˈkɑːŋgrəsmən] *n.* 国会议员

【例】Five ***congressmen*** spoke in favor of the amendment.

connoisseur [ˌkɑːnəˈsɜːr] *n.* 鉴赏家，行家

【记】con＋nois(知道)＋seur→懂行的人

【例】The art ***connoisseur*** thought the exhibit was distasteful.

entrepreneur [ˌɑːntrəprəˈnɜːr] *n.* 企业家；主办人

principal [ˈprɪnsəpl] *n.* 校长(head, headmaster)

staff [stæf] *n.* 全体人员或职员

commander [kəˈmændər] *n.* 司令官，指挥员

【例】The soldiers stood at attention while their ***commander*** inspected them.

commentator [ˈkɑːmənteɪtər] *n.* 注释者，评论家

【例】The sports ***commentator*** had his own radio program.

attendant [əˈtendənt] *n.* 侍者，护理人员(waiter)

【例】The queen's ***attendants*** went everywhere with her.

trapper [ˈtræpər] *n.* 设陷阱捕兽者

orator [ˈɔːrətər] *n.* 演讲者(speaker)

idiot [ˈɪdiət] *n.* 白痴，傻子

【记】idio(个人)＋t→特殊的个人→白痴

☐ imagist ☐ inventor ☐ mechanic ☐ biographer ☐ censor ☐ physician
☐ hermit ☐ recluse ☐ ecologist ☐ critic ☐ philanthropist ☐ attorney
☐ congressman ☐ connoisseur ☐ entrepreneur ☐ principal ☐ staff ☐ commander
☐ commentator ☐ attendant ☐ trapper ☐ orator ☐ idiot

idiocy [ˈɪdiəsi] *n.* 白痴

【记】来自idiot

moron [ˈmɔːrɑːn] *n.* 低能儿，白痴(idiot)

【记】moro(笨)+n

illiterate [ɪˈlɪtərət] *n.* 文盲(uneducated)

【记】il(不)+literate(识字的)

【例】I could go to the judge and tell him that Hanna was ***illiterate***.

proxy [ˈprɑːksi] *n.* 代理人(deputy)

【例】I'm acting as a ***proxy*** for the president while he's on vacation.

deputy [ˈdepjuti] *n.* 代理人(representative)

【例】The head of the company could not be there in person, so he sent his ***deputy***.

proprietor [prəˈpraɪətər] *n.* 所有者，经营者

consumer [kənˈsjuːmər] *n.* 顾客，消费者(customer)

employer [ɪmˈplɔɪər] *n.* 雇用者，雇主

【例】I asked my ***employer*** for a raise.

employee [ɪmˈplɔɪiː] *n.* 雇员

【例】The factory ***employees*** must arrive by 7:30 a.m..

debtor [ˈdetər] *n.* 债务人

【例】I don't borrow money because my parents told me never to be a ***debtor***.

arbitrator [ˈɑːrbɪtreɪtər] *n.* 仲裁者(mediator, arbiter)

【例】The disputing parties agreed to accept the decision of the ***arbitrator***.

superintendent [ˌsjuːpərɪnˈtendənt] *n.* 主管，负责人，指挥者(supervisor, manager)

【记】super(上面)+intendent(监督)

【例】He became ***superintendent*** of the bank's East African branches.

apprentice [əˈprentɪs] *n.* 学徒(disciple)

tenant [ˈtenənt] *n.* 租户，房客(occupant, inhabitant)

miser [ˈmaɪzər] *n.* 守财奴，吝啬鬼

donor [ˈdoʊnər] *n.* 捐助者(contributor)

【例】The hospital asked for blood ***donors***.

personnel [ˌpɜːrsəˈnel] *n.* 人员，职员

【记】person(人)+nel

【例】There was very little renewal of ***personnel*** in higher education of this country.

□ idiocy □ moron □ illiterate □ proxy □ deputy □ proprietor
□ consumer □ employer □ employee □ debtor □ arbitrator □ superintendent
□ apprentice □ tenant □ miser □ donor □ personnel

benefactor [ˈbenɪfæktər] *n.* 恩人，捐助人
【记】bene(好)+fact(做)+or→做好事的人
【例】The generous ***benefactor*** remained anonymous.

mortal [ˈmɔːrtl] *n.* 凡人(human)
【记】mort(死)+al
【例】All ***mortals***, however outstanding, are to die one day.

company [ˈkʌmpəni] *n.* 伙伴
【例】You would not have been robbed if you had taken me as your ***company***.

audience [ˈɔːdiəns] *n.* 观众(spectator)
【例】The ***audience*** loved the opera and gave it a standing ovation.

recipient [rɪˈsɪpiənt] *n.* 接受者(receiver, payee)
【例】I felt glad that I was now a giver of pleasure, not merely a passive ***recipient***.

resident [ˈrezɪdənt] *n.* 居民(inhabitant, occupant)
【例】A ***resident*** said, "I think we should write it down on paper or tell our family members."

inhabitant [ɪnˈhæbɪtənt] *n.* 居民，住户(resident, occupant)
【记】inhabit+ant

bachelor [ˈbætʃələr] *n.* 单身汉(unmarried man)；学士

idol [ˈaɪdl] *n.* 偶像

novice [ˈnɑːvɪs] *n.* 新信徒；生手(beginner, tyro, layman)
【记】nov(新)+ice(表示人)
【例】In fact, in the world of complex software, everyone is effectively a ***novice***.

believer [bɪˈliːvər] *n.* 信徒(faithful)
【记】来自believe(相信)
【例】The faithful ***believers*** always go to church.

cult [kʌlt] *n.* 崇拜者
【例】The ***cult*** leader believed he was the son of God.

fanatic [fəˈnætɪk] *n.* 盲信者；狂热分子
【记】fan(迷)+atic→着迷的人→盲信者
【例】I am not a religious ***fanatic*** but I am a Christian.

adherent [ədˈhɪrənt] *n.* 信奉者(supporter)
【记】adhere(粘着)+ent→坚持的人
【例】The political party's loyal ***adherents*** contributed a lot of money.

faithful [ˈfeɪθfl] *n.* 信徒
【记】faith(忠诚)+ful
【例】In Amish tribe, the ***faithful*** are not allowed to own auto-mobiles.

□ benefactor	□ mortal	□ company	□ audience	□ recipient	□ resident
□ inhabitant	□ bachelor	□ idol	□ novice	□ believer	□ cult
□ fanatic	□ adherent	□ faithful			

disciple [dɪˈsaɪpl] *n.* 门徒(apprentice)
【例】Jesus had twelve ***disciples***.

champion [ˈtʃæmpiən] *n.* 冠军
【例】Liu Xiang is the famous athlete who won the 28th Athen Olympic Games men's 110m hurdles ***champion***.

assassin [əˈsæsn] *n.* 刺客
【例】The spy was a trained ***assassin***.

bandit [ˈbændɪt] *n.* 强盗(robber, pirate)
【例】The ***bandit*** tried to hide from the sheriff.

burglar [ˈbɜːrglər] *n.* 夜盗，窃贼
【例】Bill thought he heard a ***burglar*** downstairs, but it was just a dog.

barbarian [bɑːrˈberiən] *n.* 野蛮人
【记】barbar(愚昧)＋ian(人)
【例】Bob's manners are worse than a ***barbarian's***.

exile [ˈeksaɪl] *n.* 被流放者
【例】The king was ***exiled*** when his empire was taken over.

rebel [ˈrebl] *n.* 背叛者(traitor)
【例】He is the perfect recruit for fascist movements: a ***rebel*** not a revolutionary, contemptuous yet envious of the rich and involved with them.

addict [ˈædɪkt] *n.* 沉溺于…者(indulger, surrender)
【例】John is an ***addict*** when it comes to cigarettes.

egoist [ˈiːgoʊɪst] *n.* 自我主义者
【记】ego(我)＋ist

eyewitness [ˈaɪwɪtnəs] *n.* 目击者(spectator)
【记】eye(眼睛)＋witness(证人)
【例】An ***eyewitness*** to the crime testified against the suspect.

spectator [ˈspekteɪtər] *n.* 旁观者；观众(viewer, audience)
【记】sepct(看)＋ator(人)
【例】The role of a work is to communicate its message to the ***spectator***.

spouse [spaʊs] *n.* 配偶(partner, mate)

couple [ˈkʌpl] *n.* 一对(夫妇)(pair)

beneficiary [ˌbenɪˈfɪʃieri] *n.* 受益者
【例】The museum was the ***beneficiary*** of Mary's generosity.

inferior [ɪnˈfɪriər] *n.* 下级，晚辈
【记】infer(低)＋ior；比较superior(上级)
【例】You can't talk like you are God even if he is your ***inferior***.

zealot [ˈzelət] *n.* 热心者(fanatic, bigot)

□ disciple □ champion □ assassin □ bandit □ burglar □ barbarian
□ exile □ rebel □ addict □ egoist □ eyewitness □ spectator
□ spouse □ couple □ beneficiary □ inferior □ zealot

precursor [priːˈkɜːrsər] *n.* 先驱

【例】Viewed as a ***precursor*** to a wider open data movement, it could be as important as any we have seen in the web era.

avant-garde [ˈævaːˈgaːrd] *n.* 先锋派，前卫

alumni [əˈlʌmnaɪ] *n.* 男毕业生，男校友

skeptic [ˈskeptɪk] *n.* 怀疑者

malcontent [ˌmælkənˈtent] *n.* 不平者，不满者

【记】mal(坏)+content(满意的)

【例】Unfortunately, a band of ***malcontents***, mainly half-educated radicals, seized power.

foe [foʊ] *n.* 敌人(enemy, adversary)

opponent [əˈpoʊnənt] *n.* 敌人；对手(enemy; rival)

rival [ˈraɪvl] *n.* 对手 *v.* 竞争

【例】Edison is a genius who can't be ***rivaled*** by ordinary mortals though advancedly educated.

celebrity [səˈlebrəti] *n.* 名人(person of note)

【例】The unknown actress became a ***celebrity*** when her first film was released.

figurehead [ˈfɪgjərhed] *n.* 名义领袖

【记】figuar(形象)+head(头，首领)

【例】The president will be little more than a ***figurehead***.

veteran [ˈvetərən] *n.* 老兵，老手(ex-serviceman, old soldier)

traitor [ˈtreɪtər] *n.* 叛徒，卖国贼(betrayer)

advocate [ˈædvəkeɪt] *n.* 辩护者；拥护者

【记】ad+voc(说)+ate

【例】She is an ***advocate*** of equal pay for men and women.

feminist [ˈfemənɪst] *n.* 男女平等主义者，女权扩张论者

humanitarian [hjuːˌmænɪˈteriən] *n.* 人道主义者

throng [θrɔːŋ] *n.* 群众(crowd, swarm)

【例】The noisy ***throng*** of teenagers jammed the hall to hear the rock concert.

civilian [səˈvɪliən] *n.* 平民 *adj.* 平民的

【例】The ***civilians*** watched the soldiers marching in the parade.

monarch [ˈmaːnərk] *n.* 君主，最高统治者

【记】mon(单个)+arch(统治者)→君主

conservative [kənˈsɜːrvətɪv] *n.* 保守的人 *adj.* 保守的

【例】A ***conservative*** estimate of the cost to repair the car is ＄100.

□ precursor □ avant-garde □ alumni □ skeptic □ malcontent □ foe
□ opponent □ rival □ celebrity □ figurehead □ veteran □ traitor
□ advocate □ feminist □ humanitarian □ throng □ civilian □ monarch
□ conservative

envoy [ˈenvɔɪ] *n.* 使者，公使

【例】The ***envoy*** traveled regularly to foreign countries.

aristocrat [əˈrɪstəkræt] *n.* 贵族(blue blood)

【记】aristo(最好)＋crat(统治者)

gentry [ˈdʒentri] *n.* 贵族

autocrat [ˈɔːtəkræt] *n.* 独裁者(dictator)

【记】auto(自己)＋crat(统治者)→独裁者

【例】The ***autocrat*** ruled the country unjustly.

delegate [ˈdelɪgət] *n.* 代表(deputy, representative)

【记】de(加强)＋leg(法律)＋ate→加强法律之人→代表

【例】The Canadian ***delegate*** offered no reply.

democrat [ˈdeməkræt] *n.* 民主党人

independent [ˌɪndɪˈpendənt] *n.* 中立派，无党派者

candidate [ˈkændɪdət] *n.* 候选人

【例】The reporter asked the ***candidate*** some tough questions.

priest [priːst] *n.* 牧师；神父；教士

【例】He is the high ***priest*** here and he teaches me about the Lord.

inhabitant [ɪnˈhæbɪtənt] *n.* 居民；居住者

【例】In virtual reality, the outside world and all its ***inhabitant*** effectively ceases to exist.

occupation [ˌɑːkjuˈpeɪʃn] *n.* 职业；占有(期)；消遣

【例】I suppose I was looking for an ***occupation*** which was going to be an adventure.

And gladly would learn, and gladly teach.

勤于学习的人才能乐于施教。

——英国诗人 乔叟(Chaucer, British poet)

□ envoy □ aristocrat □ gentry □ autocrat □ delegate □ democrat
□ independent □ candidate □ priest □ inhabitant □ occupation

Word List 22

气 象

Meteorology

balmy [ˈbɑːmi] *adj.* 温和的(refreshing, mild, temperate, moderate)

【记】balm(香气)+y

【例】A ***balmy*** breeze was blowing across the beautiful lake.

humid [ˈhjuːmɪd] *adj.* 潮湿的(damp, moist)

【例】The ***humid*** weather made everyone sticky and uncomfortable.

humidity [hjuːˈmɪdəti] *n.* 潮湿(moisture)

【记】humid(湿)+ity→潮湿

damp [dæmp] *adj.* 潮湿的，有湿气的(wet, moist)

【例】Tony wiped the counter with a *damp* rag.

dank [dæŋk] *adj.* 阴湿的(damp, clammy)

【例】Our cellar is ***dank*** and dark.

moisture [ˈmɔɪstʃər] *n.* 潮湿，湿气

saturate [ˈsætʃəreɪt] *v.* 使饱和，浸透，使充满

【例】Don't forget to ***saturate*** the meat in the mixture of oil and herbs.

drought [draʊt] *n.* 干旱(aridity, dry period, prolonged lack of rain)

【例】The lawns turned brown and the trees lost their leaves during the ***drought***.

arid [ˈærɪd] *adj.* 干旱的(barren, infertile, dry)

【例】The desert is an ***arid*** place.

chilly [ˈtʃɪli] *adj.* 寒冷的

【例】It is a bit ***chilly*** outside today.

chill [tʃɪl] *n.* 寒冷 *vt.* 使变冷

【例】A freezing draft gave everyone in the room a ***chill***.

frigid [ˈfrɪdʒɪd] *adj.* 严寒的(icy, freezing)；冷淡的

【记】frig(寒冷)+id

【例】The Eskimos are used to ***frigid*** weather.

serene [səˈriːn] *adj.* 晴朗的

【例】In the countryside people can enjoy ***serene*** skies and clean air.

tepid [ˈtepɪd] *adj.* 微温的(lukewarm, warm)

【例】The coffee that was hot fifteen minutes ago is now ***tepid***.

gale [geɪl] *n.* 大风(storm, tempest)

hurricane [ˈhɜːrəkən] *n.* 飓风

【记】twister 龙卷风，tornado 龙卷风

atmosphere [ˈætməsfɪr] *n.* 气氛；大气层

【例】The Smith's favorite restaurant has a friendly, relaxed ***atmosphere***.

climate [ˈklaɪmət] *n.* 气候，气氛(weather, atmosphere)

【例】The ***climate*** in this part of the country is very mild.

□ balmy	□ humid	□ humidity	□ damp	□ dank	□ moisture
□ saturate	□ drought	□ arid	□ chilly	□ chill	□ frigid
□ serene	□ tepid	□ gale	□ hurricane	□ atmosphere	□ climate

barometer [bəˈrɑːmɪtər] *n.* 气压计(indicator)
【记】baro(压力)+meter
【例】A ***barometer*** is useful in predicting the weather.

breeze [briːz] *n.* 微风

blast [blæst] *n.* 一阵(风)(gust, blow)
【例】The leaves were lifted into the air by a sudden ***blast*** of wind.

whirlwind [ˈwɜːrlwɪnd] *n.* 旋风

typhoon [taɪˈfuːn] *n.* 台风

tornado [tɔːrˈneɪdoʊ] *n.* 旋风，龙卷风，大雷雨

meteorology [ˌmiːtiəˈrɑːlədʒi] *n.* 气象学，气象状态

troposphere [ˈtroʊpəsfɪr] *n.* 对流层

funnel [ˈfʌnl] *n.* 漏斗云

smog [smɑːg] *n.* 烟雾

fog [fɔːg] *n.* 雾，烟雾，尘雾
【记】比较frog(青蛙)

precipitate [prɪˈsɪpɪteɪt] *v.* 凝结(形成雨、雪)
【记】pre(提前)+cipit(落下)+ate→降下
【例】It's supposed to ***precipitate*** today, so bring an umbrella.

precipitation [prɪˌsɪpɪˈteɪʃn] *n.* 降水
【例】With no signs of any ***precipitation***, the prospect of the harvest looks bleak.

drizzle [ˈdrɪzl] *v.* 下细雨(rain, sprinkle)
【例】Today it ***drizzled*** and was cold.

blizzard [ˈblɪzərd] *n.* 大风雪

dew [djuː] *n.* 露，露水般的东西

downpour [ˈdaʊnpɔːr] *n.* 倾盆大雨
【例】We were having a picnic, when suddenly there came a ***downpour***, which was rather a fly in the ointment.

droplet [ˈdrɑːplət] *n.* 小滴

frost [frɔːst] *n.* 霜，霜冻，严寒 *v.* 结霜
【例】The cold has ***frosted*** the windows.

vapor [ˈveɪpər] *n.* 水汽，水蒸气

tempest [ˈtempɪst] *n.* 暴风雨

shower [ˈʃaʊər] *n.* 阵雨；淋浴

hail [heɪl] *n.* 冰雹

condense [kənˈdens] *v.* (使)浓缩，精简
【例】Steam ***condenses*** to water when it touches a cold surface.

crystal [ˈkrɪstl] *adj.* 结晶状的

□ barometer □ breeze □ blast □ whirlwind □ typhoon □ tornado
□ meteorology □ troposphere □ funnel □ smog □ fog □ precipitate
□ precipitation □ drizzle □ blizzard □ dew □ downpour □ droplet
□ frost □ vapor □ tempest □ shower □ hail □ condense
□ crystal

Word List 23

法 律

Law

penal [ˈpiːnl] *adj.* 受刑罚的，刑事的

【记】pen(惩罚)+al

illicit [ɪˈlɪsɪt] *adj.* 违法的(unlawful, illegal)

【例】Your friend is harming someone else or doing something ***illicit***.

unruly [ʌnˈruːli] *adj.* 不守法的(disorderly)

【记】un(不)+rul(e)(法)+y

illegitimate [ˌɪləˈdʒɪtəmət] *adj.* 非法的；私生的(illegal)

【记】il(不)+legitim(合法)+ate→不合法的

【例】A special commission tried to reduce the number of ***illegitimate*** births in the country.

default [dɪˈfɔːlt] *n.* 不履行责任(nonfulfilment)，缺乏 *v.* 不履行；拖欠

【记】de(犯)+fault(错误)→拖(债)

【例】The credit card business is down, and more borrowers are ***defaulting*** on loans.

violate [ˈvaɪəleɪt] *v.* 违犯，违背，侵犯(break, offend)

【例】These findings appear to ***violate*** the laws of physics.

violation [ˌvaɪəˈleɪʃn] *n.* 违犯

【例】If you get one more traffic ***violation***, your driver's license will be revoked.

infringe [ɪnˈfrɪndʒ] *v.* 侵犯(encroach, intrude)；违反

【例】Your book ***infringes*** on my copy right.

bound [baʊnd] *adj.* 负有义务的

【例】The employees are not ***bound*** to keep working at the factory after work.

compulsory [kəmˈpʌlsəri] *adj.* 义务的；必修的(obligatory, mandatory, required)

【记】com+puls(推，冲)+ory

【例】The use of seat belts is ***compulsory*** in many states; failure to wear them may result in fines.

oblige [əˈblaɪdʒ] *vt.* 强迫(force)

【例】I was ***obliged*** to finish the work by the end of this week.

obligatory [əˈblɪɡətɔːri] *adj.* 义务的；必须的(compulsory, necessary)

【记】oblig(强迫)+atory→必须的

【例】Wearing seat belts while driving is ***obligatory*** in most states.

responsible [rɪˈspɑːnsəbl] *adj.* 有责任的

domineering [ˌdɑːməˈnɪrɪŋ] *adj.* 专权的(tyrannical, dictatorial)

【记】domin(统治)+eering→统治者的→盛气凌人的

【例】The ***domineering*** father made every decision in his children's lives.

☐ penal ☐ illicit ☐ unruly ☐ illegitimate ☐ default ☐ violate
☐ violation ☐ infringe ☐ bound ☐ compulsory ☐ oblige ☐ obligatory
☐ responsible ☐ domineering

mandatory [ˈmændətɔːri] *adj.* 命令的；强制的(obligatory, compulsory)
【例】Many colleges have ***mandatory*** foreign language requirement.

licensed [ˈlaɪsnst] *adj.* 被许可的(permissive)
【记】licen(允许)+sed

heirship [ˈerʃɪp] *n.* 继承权

jurisdiction [ˌdʒʊrɪsˈdɪkʃn] *n.* 司法权
【记】juris(法律)+dict(说，命令)+ion→法律上命令→司法权

arbitration [ˌɑːrbɪˈtreɪʃn] *n.* 调停，仲裁
【记】arbi(判断，裁决)+tration→进行裁决
【例】The matter was sent into ***arbitration*** to avoid the costs of a court trial.

fine [faɪn] *n.* 罚金
【例】The ***fine*** for overtime parking is outrageously high.

confiscate [ˈkɑːnfɪskeɪt] *vt.* 没收，充公(seize)
【记】con+fisc(钱，财)+ate
【例】The police ***confiscated*** the stolen goods.

convict [kənˈvɪkt] *vt.* 判罪；证明(penalize; prove)
【记】con+vict(征服)→(征服)罪犯→判罪
【例】The defendant was ***convicted*** of murder.

verdict [ˈvɜːrdɪkt] *n.* 判决(decision, judgment)
【例】Two of the judges disagreed with the ***verdict***.

judgment [ˈdʒʌdʒmənt] *n.* 判决
【记】judg(判断)+ment

indemnity [ɪnˈdemnəti] *n.* 赔偿
【记】in(不)+demn(损坏)+ity→使不再坏→赔偿
【例】Marine insurance contracts are ***indemnity*** contracts and require the parties to exercise the utmost good faith.

imprisonment [ɪmˈprɪznmənt] *n.* 监禁

invalidate [ɪnˈvælɪdeɪt] *vt.* 使作废(nullify)
【例】The making of false statements could result in the ***invalidation*** of the contract.

captivity [kæpˈtɪvəti] *n.* 囚禁，拘留
【例】Zoo animals are kept in ***captivity***.

trial [ˈtraɪəl] *n.* 审判(hearing, inquisition)
【例】The scandal put the president on ***trial***.

detain [dɪˈteɪn] *vt.* 拘留；阻止
【记】de+tain(拿，抓)→拘留
【例】Please do not ***detain*** me; I am in a hurry.

□ mandatory □ licensed □ heirship □ jurisdiction □ arbitration □ fine
□ confiscate □ convict □ verdict □ judgment □ indemnity □ imprisonment
□ invalidate □ captivity □ trial □ detain

extenuate [ɪkˈstenjueɪt] *vt.* 使(罪过等)显得轻微(diminish, lessen)

【记】ex＋tenu(细薄)＋ate→使轻微

【例】"Your money cannot help to ***extenuate*** your crime," said the judge.

saddle [ˈsædl] *vt.* 使负担(burden, load)

【例】The landowner ***saddled*** his tenants with heavy taxes.

court [kɔːrt] *n.* 法庭(bar)

【例】I have to go to ***court*** today to give evidence in a trial.

bar [bɑːr] *n.* 法院(court)

authorize [ˈɔːθəraɪz] *vt.* 授权(empower, permit)

【例】A visa ***authorizes*** a person to enter and leave a country.

empower [ɪmˈpaʊər] *vt.* 授权；使能够

【记】em＋power(权力)→获得权力

【例】The owner ***empowered*** Jane to hire new employees for the store.

plea [pliː] *n.* 恳求(appeal)

oath [oʊθ] *n.* 誓言；誓约；宣誓(oath, pledge, promise)

pledge [pledʒ] *n.* 誓言 *vt.* 使发誓(promise, vow)

【例】At this moment, in this election, we must ***pledge*** once more to march into the future.

plaintiff [ˈpleɪntɪf] *n.* 原告

【记】plain(哀诉)＋tiff

plead [pliːd] *v.* 抗辩；恳求(argue, protest; beg)

【例】"Let me out, please." The prisoner ***pleaded*** to the jail keeper, but in vain.

flee [fliː] *v.* 逃跑，逃离(escape)

【例】When the rain began, we ***fled*** for cover.

defend [dɪˈfend] *vt.* 辩护

【例】Mary ***defended*** her actions when she was accused of cheating.

proscribe [proʊˈskraɪb] *vt.* 禁止(ban, forbid, forestall)

【记】pro(前)＋scribe(写)→写在前面→禁止

【例】The sale of opium is ***proscribed*** by law.

forbid [fərˈbɪd] *vt.* 禁止(prohibit, prevent)

【记】for(前)＋bid(出价)→预先出价→阻止(别人)

【例】Chewing gum in class was ***forbidden***.

abstinence [ˈæbstɪnəns] *n.* 禁戒；节制

【例】The ultimate goal is for them to separate—***abstinence*** before marriage, you know.

□ extenuate □ saddle □ court □ bar □ authorize □ empower
□ plea □ oath □ pledge □ plaintiff □ plead □ flee
□ defend □ proscribe □ forbid □ abstinence

abstain [əbˈsteɪn] *vi.* 戒绝
【记】abs(不)+tain(拿住)→不拿住→放弃
【例】Because my cholesterol is high, my doctor told me to ***abstain*** from eating fat.

ban [bæn] *n.* 禁令 *vt.* 禁止(prohibit, forbid)
【例】The principal announced a ***ban*** on guns at the school.

veto [ˈviːtoʊ] *n.* 否决，否决权(rejection) *vt.* 否决，禁止(negate)
【记】比较vote(投票)
【例】As a member of the management board, I have the right to ***veto***.

revise [rɪˈvaɪz] *vt.* 修订(amend, emend, edit)
【记】re(再)+vise(看)→重新审查
【例】The student ***revised*** his paper carefully, following the professor's suggestions.

verify [ˈverɪfaɪ] *vt.* 验证(confirm, substantiate)
【例】Your signature here will ***verify*** that you understand the terms of the agreement.

deserve [dɪˈzɜːrv] *vt.* 应得
【例】After six years in college, I think I ***deserve*** a good job.

stipulate [ˈstɪpjuleɪt] *vt.* 约定，规定(set, specify)
【例】The workers' contract ***stipulated*** that they couldn't smoke on the job.

testify [ˈtestɪfaɪ] *vt.* 证明，证实；作证(give evidence, verify)
【例】Her tears ***testified*** her grief.

testimony [ˈtestɪmoʊni] *n.* 证言(evidence, affirmation)

justify [ˈdʒʌstɪfaɪ] *vt.* 证明…是正当的(defend, vindicate)
【记】just(公正的)+ify
【例】How can you ***justify*** what you did yesterday?

substantiate [səbˈstænʃieɪt] *vt.* 证实(corroborate, verify)
【例】Evidences ***substantiated*** that he was the murderer.

confirm [kənˈfɜːrm] *vt.* 证实，确认(substantiate, verify)
【记】con+firm(坚实的)
【例】Please ***confirm*** our reservations at the restaurant.

affirm [əˈfɜːrm] *vt.* 证实(assert)
【记】af(一再)+firm(肯定)→断言
【例】He was ***affirmed*** as a candidate.

assure [əˈʃʊr] *vt.* 使确信，向…保证(guarantee, pledge)
【记】as+sure(确信)
【例】The doctor ***assured*** the patient that everything would be all right.

evidence [ˈevɪdəns] *n.* 证据；证人
【例】I think we all know what lawyers can do with ***evidence***.

☐ abstain ☐ ban ☐ veto ☐ revise ☐ verify ☐ deserve
☐ stipulate ☐ testify ☐ testimony ☐ justify ☐ substantiate ☐ confirm
☐ affirm ☐ assure ☐ evidence

follow [ˈfɑːloʊ] *v.* 跟随，遵循(abide by, obey)

【例】If you disregard the doctor's orders, a relapse will ***follow***.

observe [əbˈzɜːrv] *vt.* 遵守(follow)

【记】TOEFL常考词义为"遵守"

【例】All participants of the contest have to ***observe*** the rules.

observance [əbˈzɜːrvəns] *n.* 遵守

abide [əˈbaɪd] *vi.* 遵守(adhere, observe)

【记】abide by(遵守)

【例】He will ***abide*** by his promise if he gives it.

accuse [əˈkjuːz] *vt.* 控告；归咎(charge)

【例】I ***accused*** John of hitting my dog.

accusation [ˌækjuˈzeɪʃn] *n.* 控告

【例】Anne objected to the untrue ***accusations***.

complaint [kəmˈpleɪnt] *n.* 控告；诉苦，抱怨

【例】The boss had a ***complaint*** about Bill's tardiness.

impeach [ɪmˈpiːtʃ] *vt.* 弹劾；控告(accuse)

【记】im(进入)＋peach(告发)

【例】The Congress has the right to ***impeach*** a president.

indictment [ɪnˈdaɪtmənt] *n.* 起诉(charge, accusation)

【记】in＋dict(言，说)＋ment→说出缘由→起诉

【例】The greatest value of this book is the account of the ***indictment*** of the vice president.

incriminate [ɪnˈkrɪmɪneɪt] *vt.* 控告(accuse)；使负罪

【记】in(进入)＋crimin(罪行)＋ate→使负罪

【例】He was ***incriminated*** of murder.

prosecute [ˈprɑːsɪkjuːt] *v.* 起诉；检举(accuse, charge)

【例】Trespassers will be *prosecuted*.

denounce [dɪˈnaʊns] *vt.* 告发

【记】de(坏)＋nounce(讲话)→讲坏话→告发

【例】Jane loudly ***denounces*** anyone who litters.

lawsuit [ˈlɔːsjuːt] *n.* 诉讼

【记】law(法律)＋suit(诉讼)

query [ˈkwɪri] *n.* 质问，问题 *v.* 询问(inquiry)

【例】He couldn't bear his wife's daily ***queries*** about where he had been and he demanded a divorce.

interrogate [ɪnˈterəgeɪt] *vt.* 审问；询问

【记】inter(中间)＋rog(问)＋ate→审问

【例】The police ***interrogated*** Sally about the robbery.

□ follow □ observe □ observance □ abide □ accuse □ accusation
□ complaint □ impeach □ indictment □ incriminate □ prosecute □ denounce
□ lawsuit □ query □ interrogate

impunity [ɪmˈpjuːnəti] *n.* 免罚(let-off)

【记】im(不)+pun(罚)+ity

【例】You can not do this with ***impunity***.

exempt [ɪɡˈzempt] *vt.* 免除(prevent, immune) *adj.* 被免除的(excused)

【例】The teacher ***exempted*** the smartest students from taking the quiz.

condone [kənˈdoʊn] *vt.* 宽恕，赦免(forgive, pardon)

【例】"I will not ***condone*** cheating," the teacher said.

liberate [ˈlɪbəreɪt] *vt.* 释放(discharge, release)

【记】liber(自由)+ate→使…自由，解放

【例】I ***liberated*** the rabbit from its cage.

remit [ˈriːmɪt] *vt.* 赦免

【记】re(再)+mit(送)→再送出去→汇款

【例】"***Remit*** my sins," he prayed.

release [rɪˈliːs] *n.* 释放，让渡，豁免

【例】He was ***released*** from custody the next day.

absolve [əbˈzɑːlv] *vt.* 赦免；解除(责任等)(free, emancipate)

【记】ab+solve(解决)→解除责任→赦免

【例】The dying man asked the priest to ***absolve*** him of his sins. / Mary was ***absolved*** from further responsibility on the project.

acquit [əˈkwɪt] *vt.* 宣告无罪(exonerate, vindicate)

【记】ac+quit(免除)→开释

【例】The court ***acquitted*** Max of all charges.

abolish [əˈbɑːlɪʃ] *vt.* 废除，取消(abandon, annul, terminate)

【记】abolis(消失)+h→废除

【例】If I were the king, I would ***abolish*** taxes.

term [tɜːrm] *n.* 条款

【例】the ***terms*** of the peace agreement

clause [klɔːz] *n.* 条款

【例】He has a ***clause*** in his contract which entitles him to a percentage of the profits.

bill [bɪl] *n.* 法案

【例】The proposed ***bill*** would limit government officials' terms.

constitution [ˌkɑːnstəˈtjuːʃn] *n.* 宪法

decree [dɪˈkriː] *n.* 法令，规定(regulation, order) *v.* 颁布

【例】No one dared ignore the owner's firm ***decree***.

legislate [ˈledʒɪsleɪt] *vi.* 立法(make law)

【记】legis(法律)+late(放)→放出法律→立法

【例】It is impossible to ***legislate*** for every contingency.

legislation [ˌledʒɪsˈleɪʃn] *n.* 立法，法律的制定(或通过)

□ impunity □ exempt □ condone □ liberate □ remit □ release
□ absolve □ acquit □ abolish □ term □ clause □ bill
□ constitution □ decree □ legislate □ legislation

legalize [ˈliːɡəlaɪz] *vt.* 合法化，法律认可(authorize, legitimate)
【例】Some countries have ***legalized*** bitcon and some other alternative currencies.

prescribe [prɪˈskraɪb] *v.* 指示，规定(dictate)
【例】The law ***prescribes*** what shall be done.

set [set] *vt.* 规定
【例】The boss ***set*** the first day of each month as the rest day.

credential [krəˈdenʃl] *n.* 凭证(reference, certificate)
【记】cred(相信)+ential
【例】But in fact, career-academy students go on to earn a postsecondary ***credential*** at the same rate as other high-school students.

standard [ˈstændərd] *n.* 标准，规格(criteria) *adj.* 标准的(regular)

enact [ɪˈnækt] *vt.* 制定(法律)(impersonate)
【记】en+act(扮演)
【例】Congress ***enacted*** the new crime bill.

We often hear of people breaking down from overwork, but in nine cases out of ten they are really suffering from worry or anxiety.
我们常常听人说，人们因工作过度而垮下来，但是实际上十有八九是因为饱受担忧或焦虑的折磨。

——英国银行家 卢伯克. J. (John Lubbock, British banker)

Word List 24

军 事

Military

confidential [ˌkɑːnfɪˈdenʃl] *adj.* 机密的
【记】confident＋ial→相信的人才知道→机密的
【例】That matter is so ***confidential*** that it must not be discussed outside this office.

clandestine [klænˈdestɪn] *adj.* 秘密的(secret, covert)
【记】分割记忆clan(宗派)＋destine(注定)
【例】Some angry peasants had a ***clandestine*** plan to overthrow the leader.

cipher [ˈsaɪfər] *n.* 暗号；密码(code)
【记】比较记忆decipher(解码)
【例】Spies intercepted the ***cipher*** but could not decode it.

dissimulate [dɪˈsɪmjuleɪt] *vt.* 假装，掩饰(disguise, dissemble)
【记】比较simulate(模仿)
【例】The soldiers ***dissimulated*** themselves by wearing white garments in the snow.

disarm [dɪsˈɑːrm] *vt.* 缴械；消除(敌意)
【记】dis(不再)＋arm=army(军队)
【例】The security guard ***disarmed*** the robber.

disarming [dɪsˈɑːrmɪŋ] *adj.* 消除敌意的(relieving, soothing)
【例】The spy's ***disarming*** nature earned other people's trust.

scout [skaʊt] *v.* 侦察
【例】She ***scouts*** for a professional basketball team.

fort [fɔːrt] *n.* 要塞，堡垒

fortress [ˈfɔːrtrəs] *n.* 堡垒，要塞
【例】Soldiers attacked the enemy's ***fortress***.

hatchet [ˈhætʃɪt] *n.* 短柄斧

dagger [ˈdægər] *n.* 短剑
【例】The nobleman wore an ornate ***dagger*** at his hip.

armor [ˈɑːrmər] *n.* 装甲，武器
【例】A turtle has a soft body, but it also has the ***armor*** of a hard shell to protect it.

corps [kɔːrz] *n.* 军团，兵团
【例】Susan worked for the Peace ***Corps*** for two years in Central America.

armament [ˈɑːrməmənt] *n.* 兵力，军力(arms, munitions)
【记】arma(军队)＋ment
【例】***Armament*** is thought to be a protection against aggression.

enlist [ɪnˈlɪst] *vt.* 征召，招募(enroll)
【记】en＋list(列入名单)
【例】I ***enlisted*** Mary and Bill to help decorate the party room.

□ confidential □ clandestine □ cipher □ dissimulate □ disarm □ disarming
□ scout □ fort □ fortress □ hatchet □ dagger □ armor
□ corps □ armament □ enlist

recruit [rɪˈkruːt] *vt.* 征兵，征募(enlist, enroll)

【例】He was ***recruited*** into the army.

array [əˈreɪ] *n.* 队列，排列(order, display)

【例】The colorful ***array*** of candy made the children's eyes bulge.

squad [skwɑːd] *n.* 小队；班

raid [reɪd] *n./v.* 袭击(attack, foray)

【例】Air ***raids*** involved in the war destroyed many families.

charge [tʃɑːrdʒ] *v.* 猛攻(attack)

【例】Our soldiers ***charged*** the enemy.

encroach [ɪnˈkroʊtʃ] *vi.* 蚕食，侵占(intrude, trespass)

【记】比较crochet(钩)

【例】The reporter ***encroached*** on my privacy.

despoil [dɪˈspɔɪl] *vt.* 夺取

【例】The region is ***despoiled*** of its scenic beauty by unchecked development.

invade [ɪnˈveɪd] *vt.* 侵入，侵略，侵犯(intrude, agress)

【例】Before they could attack they needed to decide upon the plan about how they could ***invade*** the country.

assault [əˈsɔːlt] *vt.* 袭击 *n.* 攻击(attack, assail)

【例】Mike very unwisely ***assaulted*** a police officer.

exterminate [ɪkˈstɜːrmɪneɪt] *vt.* 消灭(eradicate, eliminate)

【记】ex+termin(范围)+ate→清除出范围→消灭

【例】The landlord ***exterminated*** the rats in the cellar.

extinguish [ɪkˈstɪŋɡwɪʃ] *vt.* 消灭(exterminate)

【例】John ***extinguished*** the campfire with water.

absorb [əbˈzɔːrb] *vt.* 并吞

【记】ab+sorb(吸)

【例】City schools were ***absorbed*** into the countywide school district.

onset [ˈɑːnset] *n.* 攻击(attack)

【记】来自set on(攻击)

【例】The ***onset*** of arthritis stopped the old lady from doing needlework.

repulse [rɪˈpʌls] *vt.* 击退(repel)

【记】re(反)+pulse(推)→排斥

【例】Tom ***repulsed*** the attacker by punching him in the stomach.

expedition [ˌekspəˈdɪʃn] *n.* 远征(exploration)

【记】ex+ped(脚)+ition→脚出动→远征

【例】The explorers started on a year-long ***expedition*** down the Nile.

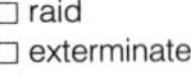
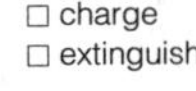

□ recruit □ array □ squad □ raid □ charge □ encroach
□ despoil □ invade □ assault □ exterminate □ extinguish □ absorb
□ onset □ repulse □ expedition

siege [siːdʒ] *n./vt.* 围困，围攻(besiege, encircle)

【例】During the enemy's ***siege***, no one could leave or enter the city.

envelop [ɪnˈveləp] *vt.* 包围(besiege, enclose)

【例】Accompanying the darkness, a stillness ***envelops*** the city.

beset [bɪˈset] *vt.* 包围(besiege, surround)

【例】The small town was ***beset*** by enemy troops.

besiege [bɪˈsiːdʒ] *vt.* 围(enclose)

【记】be+siege(围攻)

【例】The speaker was ***besieged*** with questions.

morale [məˈræl] *n.* 民心；士气

【记】比较moral(道德)

【例】With no food and water, the soldiers are in low ***morale***.

mandate [ˈmændeɪt] *n.* 命令；要求(command)

【记】mand(命令)+ate

【例】The president and his supporters are almost certain to read this vote as a ***mandate*** for continued economic reform.

tactics [ˈtæktɪks] *n.* 战术

【记】tact(机智)+ics

naval [ˈneɪvl] *adj.* 海军的

【记】比较navy(海军)

military [ˈmɪləteri] *adj.* 军事的，军用的

Trouble is only opportunity in work clothes.

困难只是穿上工作服的机遇。

——美国实业家 凯泽(H.J. Kaiser, American businessman)

□ siege □ envelop □ beset □ besiege □ morale □ mandate
□ tactics □ naval □ military

Word List 25

医 学
Medicine

医学的起源更是不堪回首，原本是一些炼丹术士（alchemist）为了获得长生不老的灵药（elixir）逐渐积累了医学知识，当年他们连“萃取”这种试验都做过，当然，现代科学已经证明他们当年用以炼丹的物质（matter）是铅（lead）的某种化合物，是有毒的（poisonous），会引起铅中毒（lead poisoning）。基于此，炼丹术（alchemy）也成了伪科学（pseudo-science）的代名词。

早期医学发展缓慢的原因：

1. 本身特性，系统性差（not systematic）；
2. 炼丹术（alchemy）发展的秘传性（esoteric nature），限制了早期医学知识的传播。

contagious [kən'teɪdʒəs] *adj.* 传染的(catching, infectious)
【记】con＋tag(接触)＋ious
【例】Cancer is not ***contagious***, so you shouldn't be afraid to touch someone with cancer.

catching ['kætʃɪŋ] *adj.* 传染的(contagious, infectious)；迷人的
【记】catch(抓)＋ing→心被抓住→迷人的
【例】Mary is quite ***catching*** on campus.

infect [ɪn'fekt] *vt.* 传染，感染(spread, affect)
【记】in(进入)＋fect(做)→做进去→传染进去
【例】The new disease will be sure to ***infect*** the population.

infectious [ɪn'fekʃəs] *adj.* 传染的，感染性的(contagious)
【记】infect(传染)＋ious
【例】A smile is ***infectious***. Be a positive person and share your smile with others.

contract ['kɑːntrækt] *vt.* 感染(infect)
【例】She ***contracted*** a serious illness.

acute [ə'kjuːt] *adj.* 急性的
【例】Severe ***Acute*** Respiratory Syndrome (SARS) is taking it toll on China's tour industry.

feverish ['fiːvərɪʃ] *adj.* 发烧的
【记】fever(发烧)＋ish
【例】Your forehead feels very hot. Are you ***feverish***?

invalid [ɪn'vælɪd] *adj.* 有病的

morbid ['mɔːrbɪd] *adj.* 病态的，不健康的(sick, diseased)
【记】morb(病)＋id→疾病的
【例】The patient has a ***morbid*** imagination that made his illness worse.

numb [nʌm] *adj.* 麻木的(senseless, dead)

unconscious [ʌn'kɑːnʃəs] *adj.* 失去知觉的；不察觉的
【例】She was ***unconscious*** but her heart was still beating.

fragile ['frædʒl] *adj.* 体质弱的
【记】frag(碎)＋ile→易碎的
【例】He's feeling a bit ***fragile*** after last night's party.

susceptible [sə'septəbl] *adj.* 易受感染的(vulnerable, exposed)
【记】sus(下面)＋cept(接受)＋ible→接受的→受感染的
【例】Infants and the elderly are more ***susceptible*** to illness than other people.

malady ['mælədi] *n.* 疾病
【记】mal(坏)＋ady→坏的东西→疾病

□ contagious □ catching □ infect □ infectious □ contract □ acute
□ feverish □ invalid □ morbid □ numb □ unconscious □ fragile
□ susceptible □ malady

corpse [kɔːrps] *n.* 尸体

【例】The mortician dressed and made up the ***corpse***.

gash [gæʃ] *n.* 深的切口

【记】比较gush(喷涌而出)

【例】The doctor stitched up the ***gash*** on Anne's arm.

symptom [ˈsɪmptəm] *n.* 症状，征候，征兆(sign, indication)

【例】One ***symptom*** of the disease is a high fever.

fracture [ˈfræktʃər] *n./v.* 骨折(crack)

【记】fract(碎裂)+ure→断的状态→骨折

【例】A doctor can reduce a ***fracture*** or dislocation.

bleed [bliːd] *v.* 流血

【例】Your cut will ***bleed*** if you pick the scab.

tingle [ˈtɪŋgl] *vi.* 刺痛

【例】The uncertainty of national events made his blood ***tingle***.

recur [rɪˈkɜːr] *vi.* 复发，重来(repeat, return)

【例】Really scared by SARS, the world was frightened at the news that it was ***recurring*** that spring.

relapse [rɪˈlæps] *vi.* 复发；回复(recur)

【记】re(重新)+lapse(错误)→再犯错误→复发

【例】Her disease ***relapsed*** once she returned to her home.

bruise [bruːz] *vt.* 打伤 *n.* 瘀伤

【例】Mary got a ***bruise*** where she bumped against the table.

fester [ˈfestər] *vt.* 使化脓(decay)

【例】It's lucky that the wound did not ***fester***.

intoxicate [ɪnˈtɑːksɪkeɪt] *vt.* 使中毒

【记】in(进入)+toxic(毒)+ate→进入毒→使中毒

【例】He was ***intoxicated*** by many awards he received and ceased his step toward the peak of his career.

survive [sərˈvaɪv] *vt.* 幸免于… *vi.* 活下来(outlive, remain)

【例】Those who ***survived*** rebuilt the city.

diagnose [ˌdaɪəgˈnoʊs] *vt.* 诊断，分析(analyze)

【例】A pathologist ***diagnosed*** the fatal virus.

diagnosis [ˌdaɪəgˈnoʊsɪs] *n.* 诊断

【记】dia(穿过)+gnos(知道)+is→穿过(身体)知道→诊断

inject [ɪnˈdʒekt] *vt.* 注射；注入(infuse)

【记】in(进)+ject(扔)→扔进去→注射

【例】The dog fell on the ground after being ***injected***.

□ corpse □ gash □ symptom □ fracture □ bleed □ tingle
□ recur □ relapse □ bruise □ fester □ intoxicate □ survive
□ diagnose □ diagnosis □ inject

heal [hiːl] *v.* 治愈，(使)和解 *n.* 痊愈(cure, recover)

【例】The wound soon ***healed*** under the care of the nurse.

remedy [ˈremədi] *n.* 治疗法，药物 *vt.* 治疗(cure, rectify)

【例】The doctor tried all means to ***remedy*** the beloved man.

treatment [ˈtriːtmənt] *n.* 治疗

【例】The pain worked off because he received timely ***treatment***.

prescription [prɪˈskrɪpʃn] *n.* 药方

dissect [dɪˈsekt] *vt.* 解剖

【记】dis＋sect(部分)→去除部分→解剖

【例】Bill ***dissected*** a small shark in anatomy class.

sterile [ˈsterəl] *adj.* 消过毒的(sanitary)

clinic [ˈklɪnɪk] *n.* 门诊所

anatomy [əˈnætəmi] *n.* 剖析；解剖学

healthful [ˈhelθfl] *adj.* 有益健康的(wholesome)

condition [kənˈdɪʃn] *n.* 健康情形(circumstance)

【例】My shoes are in bad ***condition*** and need to be replaced.

hygiene [ˈhaɪdʒiːn] *n.* 卫生(sanitation)

【例】The dentist instructed his patients on dental ***hygiene***.

sanitation [ˌsænɪˈteɪʃn] *n.* 卫生；卫生设施

【例】We have programs for clean water and ***sanitation***.

physical [ˈfɪzɪkl] *adj.* 身体的；物质的

sustenance [ˈsʌstənəns] *n.* 营养物

【例】For ***sustenance***, the vegetarian ate fruits, nuts, and vegetables.

malnourished [ˌmælˈnɜːrɪʃt] *adj.* 营养失调的，营养不良的

nutrition [njuˈtrɪʃn] *n.* 营养；营养学

mental [ˈmentl] *adj.* 精神的，智力的

spiritual [ˈspɪrɪtʃuəl] *adj.* 心灵的

【例】What she wants is nothing but ***spiritual*** peace.

subject [ˈsʌbdʒɪkt] *n.* 试验对象

aerobic [eˈroʊbɪk] *adj.* 需氧的；有氧健身法的

【例】***Aerobic*** exercise gets the heart pumping and helps you to burn fat.

inoculation [ɪˌnɑːkjuˈleɪʃn] *n.* 接种；接木

【例】Because of the pandemic nature of the infection, the benefits from ***inoculation*** operate on an individual level only.

□ heal □ remedy □ treatment □ prescription □ dissect □ sterile
□ clinic □ anatomy □ healthful □ condition □ hygiene □ sanitation
□ physical □ sustenance □ malnourished □ nutrition □ mental □ spiritual
□ subject □ aerobic □ inoculation

Word List 26

宗 教

Religion

blessed [ˈblesɪd] *adj.* 受祝福的

【例】We are surely ***blessed*** because we escaped the fire.

invocation [ˌɪnvəˈkeɪʃn] *n.* 祈祷(plea, prayer)

【例】an ***invocation*** for divine guidance

pious [ˈpaɪəs] *adj.* 虔诚的(loyal, faithful)

【例】Those ***pious*** faithfuls are not allowed to take photos of themselves.

devout [dɪˈvaʊt] *adj.* 虔诚的(pious, religious)

【例】The ***devout*** worshiper attends church each week.

cult [kʌlt] *n.* 崇拜(常用于修饰另一个名词)；宗教教派

【例】The ***cult*** leader believed he was the son of God.

consecrate [ˈkɑːnsɪkreɪt] *vt.* 奉为神圣；奉献(dedicate, devote)

【记】比较sacred(神圣的)

【例】The priest ***consecrated*** the water in the baptismal basin.

creed [kriːd] *n.* 信仰，信条(belief, faith)

【例】The newspaper prints its ***creed*** on the front page every day.

doomed [duːmd] *adj.* 命定的，注定失败的

【例】The marriage was ***doomed*** from the beginning.

destine [ˈdestɪn] *vt.* 命运注定

【例】Lisa is ***destined*** for the presidency.

destiny [ˈdestəni] *n.* 命运(fate)

【例】I didn't plan for my future, instead I left it to ***destiny***.

fatalism [ˈfeɪtəlɪzəm] *n.* 宿命论

【记】fat=fate(命运)+alism→宿命论

【例】There was a certain mood of ***fatalism*** among people in that remote village.

sacred [ˈseɪkrɪd] *adj.* 上帝的；神圣的(holy, heavenly)

【例】In maternal tribes, ***sacred*** things were kept by the elderest woman.

Christian [ˈkrɪstʃən] *n.* 基督教徒 *adj.* 基督教的

【例】The ***Christian*** religion in Europe and America is divided into Protestant, Catholic, and a few other varieties.

doctrine [ˈdɑːktrɪn] *n.* 教义(dogma)

【例】How are the ***doctrines*** of the two churches different?

dogma [ˈdɔːgmə] *n.* 教义，教条(belief, view)

【例】Tom rejected the ***dogma*** of his church and joined another.

rite [raɪt] *n.* 宗教仪式(ritual, procedure, ceremony)

religion [rɪˈlɪdʒən] *n.* 宗教

deity [ˈdeɪəti] *n.* 神(god)

□ blessed □ invocation □ pious □ devout □ cult □ consecrate
□ creed □ doomed □ destine □ destiny □ fatalism □ sacred
□ Christian □ doctrine □ dogma □ rite □ religion □ deity

oracle

[ˈɔːrəkl] *n.* 神谕

【记】ora(嘴)+cle→神的嘴巴

【例】Socrates tells us that when he was told this he expressed disbelief in the ***oracle***.

atheism

[ˈeɪθiɪzəm] *n.* 无神论

【记】a(无)+the(神)+ism→无神论

【例】Anne's ***atheism*** contrasted with her friend's strong religious beliefs.

heresy

[ˈherəsi] *n.* 异端；邪说

【记】here(异)+sy→异端

immerse

[ɪˈmɜːrs] *vt.* 给…施洗礼(indulge)

【记】im(进)+merse(沉)→沉进去→沉浸→给…施洗礼

【例】I ***immersed*** myself in the hot bath and relaxed.

invoke

[ɪnˈvoʊk] *vt.* 恳求，祈求(beg, pray)

【记】in+voke(喊)→恳求

【例】I ***invoked*** their forgiveness.

enchant

[ɪnˈtʃænt] *vt.* 施魔法于(enthrall, fascinate)

【记】en+chant(歌曲)→施魔曲→施魔法于

【例】The witch ***enchanted*** the handsome knight, turning him into a frog.

preach

[priːtʃ] *vt.* 说教，布道；鼓吹(advocate, advise)

【记】联想reach(到达)

【例】He ***preached*** tolerance and peaceful coexistence.

exodus

[ˈeksədəs] *n.* 大批离去

【例】The refugees made an ***exodus*** to a safe place.

You have to believe in yourself. That's the secret of success.

人必须相信自己，这是成功的秘诀。

——美国演员 卓别林(Charles Chaplin, American actor)

□ oracle □ atheism □ heresy □ immerse □ invoke □ enchant

□ preach □ exodus

Word List 27

数 学

Mathematics

TOEFL 的数学类文章展现下列主题：

数学是人类的一项本能（instinct），假如一个小孩子出生后就被遗弃（deserted）到一个荒岛（isolated island），七八年后把他或她接回来放到小学一二年级，数学上没有任何问题啊。

这当然是一个狂野并惨无人道的假想试验，但证明了人们计数的能力是本能。

人们的计数系统是如何发展起来的呢？

人们最早先是在数羊的时候发现需要十进制（decimal system）来解决问题，用双手的十个指头来数羊当然容易理解，多了就无法计算了，某些种族估计也使用了脚趾头，就有了二十进制，再多就采用打结的方式记录，小结太多也不够用，大结就代表十，小结就代表一了。

TOEFL 文章对古代数学水平非常艳羡，总是慨叹哎呀古人真厉害啊，在没有纸张等介质（medium）的情况下就算出了圆周率，估计祖冲之老先生在天有灵，对外夷的崇拜一定感到很无聊吧。

rank [ræŋk] *v.* 排序，排行 *n.* 等级

【例】He ***ranked*** first in the class. / The railroad novel was not treated as the first-*rank* novel.

discrete [dɪˈskriːt] *adj.* 不连续的；离散的(separate)

【例】A computer can perform millions of ***discrete*** functions per second.

symmetry [ˈsɪmətri] *n.* 对称(性)，匀称(balance, harmony)

【记】sym(共同)+metry(测量)→两边测量一样→对称

【例】***Symmetry*** is very important in this discussion.

sequence [ˈsiːkwəns] *n.* 序列(procession, progression)

【记】sequ(跟随)+ence→跟随着→序列

dual [ˈdjuːəl] *adj.* 二重的；两层的(double; twofold)

【例】This stove has ***dual*** ovens, so you can bake bread and roast meat at the same time.

induction [ɪnˈdʌkʃn] *n.* 感应，感应现象；归纳

【例】Every time they have made an ***induction***, the next instance falsifies it.

inference [ˈɪnfərəns] *n.* 推论

circular [ˈsɜːrkjələr] *adj.* 循环的，圆的(circuitous, roundabout)

【记】circul(绕圈)+ar

【例】The carpenter used a special saw to cut a ***circular*** hole.

circulate [ˈsɜːrkjəleɪt] *v.* (使)循环

【例】The rumor ***circulated*** through the office.

circulation [ˌsɜːrkjəˈleɪʃn] *n.* 循环

【例】A tight ring cut off ***circulation*** to my finger.

probability [ˌprɑːbəˈbɪləti] *n.* 可能性，或然性，概率

【例】In the coffee house, they talk of the new mathematics for calculating ***probability***.

qualitative [ˈkwɑːləteɪtɪv] *adj.* 性质上的，定性的

【例】You'll need to collect ***qualitative*** information, read local papers, talk to people there, and go out and see for yourself.

dispersion [dɪˈspɜːrʃn] *n.* 离差，差量

vertical [ˈvɜːrtɪkl] *adj.* 垂直的(perpendicular, upright)

plumb [plʌm] *adj.* 垂直的(straight, vertical)

upright [ˈʌpraɪt] *adj./adv.* 垂直的(地)，笔直的(地)(vertical, upstanding)

【记】up(上)+right(正的)

【例】An empty sack cannot stand ***upright***.

cubic [ˈkjuːbɪk] *adj.* 立方体的

□ rank □ discrete □ symmetry □ sequence □ dual □ induction
□ inference □ circular □ circulate □ circulation □ probability □ qualitative
□ dispersion □ vertical □ plumb □ upright □ cubic

circuitous [sər ˈkjuːɪtəs] *adj.* 迂回的(indirect, roundabout)
【记】circuit(绕圈)+ous
【例】You could tell Mary was evading our question when she gave a ***circuitous*** response.

facet [ˈfæsɪt] *n.* 平面
【例】The stonecutter decided to improve the rough diamond by providing it with several ***facets***.

sphere [sfɪr] *n.* 球体(ball, globe)
【例】The Earth is usually represented by a ***sphere***.

loop [luːp] *n.* 圈，环，环孔(circle, ring)

triangle [ˈtraɪæŋgl] *n.* 三角形

circumference [sər ˈkʌmfərəns] *n.* 圆周
【记】circum(绕圈)+ference
【例】The ***circumference*** of the round table is five feet.

cone [koʊn] *n.* 圆锥
【例】The top of a ***cone*** comes to a sharp point.

caliber [ˈkælɪbər] *n.* 口径

diameter [daɪ ˈæmɪtər] *n.* 直径
【记】dia(对)+meter(量)→量到对面的线→直径

figure [ˈfɪgjər] *n.* 图形，形状(design, shape)

circle [ˈsɜːrkl] *n.* 圆周，圆形物；派系；循环

cube [kjuːb] *n.* 立方体，立方

column [ˈkɑːləm] *n.* 圆柱，柱状物

angle [ˈæŋgl] *n.* 角；角落

area [ˈeriə] *n.* 范围，区域；面积；地区；空地

ellipse [ɪ ˈlɪps] *n.* 椭圆，椭圆形

diagram [ˈdaɪəgræm] *n.* 图表(sketch, drawing)
【记】dia(交叉)+gram(画图)→交叉画图
【例】A good ***diagram*** helped me assemble the bike.

polygon [ˈpɑːligɑːn] *n.* 多角形，多边形

intersect [ˌɪntər ˈsekt] *vi.* 相交(cross, meet)
【记】inter(中间)+sect(切，割)→从中间相切→相交
【例】These two fences ***intersect*** at the creek.

radius [ˈreɪdiəs] *n.* 半径

rectangle [ˈrektæŋgl] *n.* 长方形，矩形

square [skwer] *n.* 正方形；平方；直角尺；广场

parallel [ˈpærəlel] *vt.* 与…平行 *adj.* 平行的
【记】para(旁边)+llel→旁边的→平行的
【例】His paintings ***parallels*** that of Qi Baishi.

□ circuitous □ facet □ sphere □ loop □ triangle □ circumference
□ cone □ caliber □ diameter □ figure □ circle □ cube
□ column □ angle □ area □ ellipse □ diagram □ polygon
□ intersect □ radius □ rectangle □ square □ parallel

deduction [dɪˈdʌkʃn] *n.* 扣除，扣除之量；推论，演绎法
【例】They state that all earnings, after the ***deduction*** of costs, should go to good causes.

degree [dɪˈgriː] *n.* 度数，度；程度

geometry [dʒiˈɑːmətri] *n.* 几何学
【记】geo(地)＋metry→测量地面→几何学

mathematics [ˌmæθəˈmætɪks] *n.* 数学

arithmetic [əˈrɪθmətɪk] *n.* 算术
【记】arithm(数学)＋etic
【例】***Arithmetic*** is a basic school subject.

statistics [stəˈtɪstɪks] *n.* 统计学；统计表

even [ˈiːvn] *adj.* 平的；偶数的
【记】比较odd(奇数)
【例】The children skated on the sidewalk's ***even*** surface.

decimal [ˈdesɪml] *adj.* 十进制的 *n.* 小数
【记】decim(十分之一)＋al
【例】The metric system is a ***decimal*** system.

ratio [ˈreɪʃioʊ] *n.* 比率(proportion, rate)
【例】The ***ratio*** of men to women is 3 to 1.

estimate [ˈestɪmeɪt] *vt.* 估计(gauge, compute)
【例】I ***estimate*** that Tom will be promoted to department manager.

calculate [ˈkælkjuleɪt] *vt.* 计算，估计(count)；计划
【例】Mary ***calculated*** her monthly expenses.

enumerate [ɪˈnuːməreɪt] *vt.* 枚举；计数(count; numerate)
【记】e(出)＋numer(数字)＋ate→按数列出→列举
【例】Sam can ***enumerate*** all the presidents of the United States.

evaluate [ɪˈvæljueɪt] *vt.* 评价，估计(estimate, assess)
【记】e＋valu(价值)＋ate
【例】The assessor ***evaluated*** the plot of land before Anne sold it.

variant [ˈveriənt] *n.* 变量(variable)
【记】vari(变化)＋ant
【例】So selection for one ***variant*** can have all sorts of seemingly unrelated effects.

variable [ˈveriəbl] *n.* 变量

abacus [ˈæbəkəs] *n.* 算盘

aggregate [ˈægrɪgət] *n.* 合计，总计；集合体
【例】The rate of growth of GNP will depend upon the rate of growth of ***aggregate*** demand.

☐ deduction ☐ degree ☐ geometry ☐ mathematics ☐ arithmetic ☐ statistics
☐ even ☐ decimal ☐ ratio ☐ estimate ☐ calculate ☐ enumerate
☐ evaluate ☐ variant ☐ variable ☐ abacus ☐ aggregate

sum [sʌm] *n.* 总数，和；金额；算术题

calculation [ˌkælkjuˈleɪʃn] *n.* 计算；考虑

calculator [ˈkælkjuleɪtər] *n.* 计算机，计算器

calculus [ˈkælkjələs] *n.* 微积分学

digit [ˈdɪdʒɪt] *n.* 阿拉伯数字；手指或足趾；一指宽(约四分之三英寸)

function [ˈfʌŋkʃn] *n.* 函数

【例】This simple ***function*** takes in any variable and displays it to the screen.

subtract [səbˈtrækt] *vt.* 减去(deduct)

【例】If you ***subtract*** 2 from 6, you get 4.

addition [əˈdɪʃn] *n.* 加法

minus [ˈmaɪnəs] *adj.* 负的；减的 *prep.* 减去 *n.* 负数

multiply [ˈmʌltɪplaɪ] *v.* 乘；增加

multiplication [ˌmʌltɪplɪˈkeɪʃn] *n.* 乘法；增加

【例】***multiplication*** table 乘法表

numeral [ˈnjuːmərəl] *n.* 数字

percentage [pərˈsentɪdʒ] *n.* 百分数，百分率，百分比

plus [plʌs] *prep.* 加上 *adj.* 正的；加的

equation [ɪˈkweɪʒn] *n.* 等式

【例】1+2=3 is a simple ***equation***.

quarter [ˈkwɔːrtər] *n.* 四分之一

【例】A ***quarter*** of a century would be 25 years.

fraction [ˈfrækʃn] *n.* 分数

【记】fract(碎裂)+ion

divide [dɪˈvaɪd] *vt.* 分割；除

【例】The woman's estate was ***divided*** among her children.

nanometer [ˈnænoʊmiːtər] *n.* [计量] 纳米(即十亿分之一米)

【例】The laser shots created ***nanometer***-sized particles in the air.

□ sum □ calculation □ calculator □ calculus □ digit □ function
□ subtract □ addition □ minus □ multiply □ multiplication □ numeral
□ percentage □ plus □ equation □ quarter □ fraction □ divide
□ nanometer

连 线 题

左列单词在右列中有一个或多个同义词，请画线连接。

（一）

	advise
	advocate
administer	banish
doctrine	burgeon
exile	bush
kingdom	deport
limpid	dogma
parade	dribble
preach	drip
shrub	germinate
sprout	govern
trickle	march
	procession
	realm
	supervise
	transparent

（二）

	cogent
adaptable	contour
concise	flexible
enact	impersonate
episode	interlude
euphonious	outline
factious	pliant
paraphrase	powerful
picturesque	register
potent	rewrite
profile	sketch
record	succinct
	sweet
	terse
	tribal
	vivid

（三）

	affect
	bubble
accelerate	diseased
charge	everlasting
diffuse	expedite
endless	fill
foam	froth
hygiene	outlive
infect	remain
morbid	replenish
sterile	sanitary
survive	sanitation
	scatter
	sick
	speed
	spread
	spread

（四）

	astronomical
attrition	camouflage
celestial	cosmos
diagram	cross
discrete	deduct
intersect	discharge
mimicry	drawing
ratio	heavenly
secrete	proportion
subtract	rate
universe	release
	separate
	sketch
	wear and tear

连线题答案

（一）

administer	govern
administer	supervise
doctrine	dogma
exile	banish
exile	deport
kingdom	realm
trickle	dribble
trickle	drip
limpid	transparent
parade	procession
parade	march
preach	advocate
preach	advise
shrub	bush
sprout	burgeon
sprout	germinate

（二）

adaptable	flexible
adaptable	pliant
concise	succinct
concise	terse
enact	impersonate
episode	interlude
euphonious	register
factious	sweet
paraphrase	rewrite
picturesque	vivid
potent	tribal
potent	cogent
profile	powerful
profile	outline
profile	contour
record	sketch

（三）

accelerate	expedite
accelerate	speed
charge	fill
charge	replenish
diffuse	scatter
diffuse	spread
endless	everlasting
foam	bubble
foam	froth
hygiene	sanitation
infect	spread
infect	affect
morbid	sick
morbid	diseased
sterile	sanitary
survive	outlive
survive	remain

（四）

attrition	wear and tear
celestial	astronomical
celestial	heavenly
diagram	sketch
diagram	drawing
discrete	separate
intersect	cross
mimicry	camouflage
ratio	proportion
ratio	rate
secrete	discharge
secrete	release
subtract	deduct
universe	cosmos

连 线 题

左列单词在右列中有一个或多个同义词，请画线连接。

（五）

addict	adolescent
bandit	deputy
exotic	foreign
aboriginal	hermit
juvenile	indulger
proxy	mature
recipient	native
recluse	payee
ripe	pirate
illiterate	ready
	receiver
	robber
	surrender
	uneducated
	unusual

（六）

clandestine	agress
consolidate	attack
discount	china
humid	covert
invade	damp
originate	foray
porcelain	initiate
prolific	intrude
raid	merge
	moist
	productive
	reduction
	secret

（七）

benefit	award
bonus	flourishing
didactic	function
dye	gift
fortune	instructive
noxious	interest
output	oxidize
prosperous	pigment
rust	poisonous
utility	thriving
	toxic
	turnout
	usefulness
	wealth
	yield

（八）

affirm	accuse
authorize	assert
credential	backbone
incriminate	certificate
licensed	criteria
offspring	descendant
query	empower
spine	flat
stale	inquiry
standard	musty
	permissive
	permit
	reference
	regular
	smelly

连线题答案

（五）

addict	indulger
addict	surrender
bandit	robber
bandit	pirate
exotic	foreign
exotic	unusual
aboriginal	native
juvenile	adolescent
proxy	deputy
recipient	receiver
recipient	payee
recluse	hermit
ripe	mature
ripe	ready
illiterate	uneducated

（六）

clandestine	covert
clandestine	secret
consolidate	merge
discount	reduction
humid	moist
humid	damp
invade	intrude
originate	initiate
porcelain	china
prolific	productive
raid	agress
raid	attack
raid	foray

（七）

benefit	interest
bonus	award
bonus	gift
didactic	instructive
dye	pigment
fortune	wealth
noxious	poisonous
noxious	toxic
output	turnout
output	yield
prosperous	thriving
prosperous	flourishing
rust	oxidize
utility	function
utility	usefulness

（八）

affirm	assert
authorize	empower
authorize	permit
credential	reference
credential	certificate
incriminate	accuse
licensed	permissive
offspring	descendant
query	inquiry
spine	backbone
stale	smelly
stale	musty
stale	flat
standard	criteria
standard	regular

填空题

请将恰当的词填入横线内。

1. Lobsters and dolphins are kinds of ______ animals.
2. A ______ is a person who has travelled widely and feels at home everywhere.
3. The thick steam in the bathroom had made the walls ______.
4. Earth on this world we lived is divided into seven ______.
5. The ______ of the Atlantic coast of America is very irregular.
6. In Tibet, the people live at a very high ______.
7. They cut a ______ from the river to bring water to the field.
8. They went a hike and over the ______ the sun was rising
9. Clouds are ______ of tiny drops of water in the sky.
10. It is reported by radio that the ______ of yesterday accounted for five deaths.
11. Coke and Pepsi and Sprite come in an ______ can.
12. The Northern ______ is the part of the world north of the equator, and the Southern Hemisphere is south of the equator.
13. The chickens ______ this morning.
14. The most effective agent in the ______ of species is the pressure of other species.
15. Darwin's theory of evolution illustrates the process of natural ______.
16. Sharks are considered as the most ferocious ______ in nature.
17. Most animals go into ______ in winter.
18. An animal capable of living both on land and in water is called ______.
19. Tigers are ______; cattle are not.
20. Attendance at the meeting is ______.
21. He behaved badly with ______ as he knew the teacher was weak.
22. They were in ______ for a week for their crime.
23. They had no strong testimony that could ______ the defendant.
24. The government has the power to gratify or change the ______ when they feel necessary.
25. This ______ dress material does not crush.
26. The liquid ______ when somebody dropped a match in it accidentally.
27. Many different kinds of junk food have ______ flavoring.
28. A ______ is made up of atoms.
29. Heat ______ the candle into a pool of wax in a few minutes.
30. ______ consists of two or more substances or elements.

填 空 题

31. Most people, especially girls wear sunglasses to prevent ultraviolet ______ from hurting their eyes.
32. The process of deforestation caused a severe land ______.
33. The Amazon ______ covers more than a billion acres of SouthAmerica.
34. In the past decade, many cultural relics have been threatened by ______.
35. Morality may be ______ into their minds.
36. Young students are advised to read ______ books to improve their mind.
37. In recent years, ______ growth in China has been soared.
38. At the airport the ______ officers searched his case.
39. It seems our little establishment has finally been deemed worthy of the bank's ______.
40. The rich man was asked to pay a high ______ for his daughter who was taken away by criminals.
41. Independent accountants should ______ the company annually to check out the questionable tax incomes.
42. According to the law, a young man should ______ when he is 18.
43. The police ______ the criminals.
44. We will never allow anybody to ______ upon China's territorial integrity and sovereignty.
45. The project was ______ with difficulties.
46. The ______ is a fake.
47. The Stone Age was divided into the old Paleolithic period and the New ______ period.
48. There is still not a clear conclusion about the ______ of human being.
49. Sometimes, unarable land can be turned into ______ land by digging new irrigation canals and wells.
50. It seems that the biggest difference between farming and animal ______ lies in their symbols—houses and tents.
51. The ______ area in this table is underestimated and must be further verified.
52. If the ______ land of Earth runs out, food production will soon be unable to meet the need of the whole population.
53. ______ refers to the art of cultivating fruits, vegetables, flowers etc.
54. The ______ flung their motor boat upon the rocks.
55. The winter ______ has killed several of our new young plants in the garden.
56. The science that deals with the phenomena of the weather and weather conditions is called ______.
57. The problem of ______ delinquency presented itself for the attention from the whole society.
58. If we say someone is ______, we mean he can express himself in a very intelligent manner.

59. The alchemists were the ______ of the scientists of today.
60. The people ______ their power to the Congress.
61. We beat our ______ at football.
62. Every four year, many ______ attempt to become the president of the United States.
63. The ______ of the hole was the mouse.
64. My friend, Crawley, has always been a ______ supporter of the Progressive Party.
65. He's ______ to a craftsman.
66. He was forced to leave his country and has been an ______ for five years.
67. She is expecting a ______ church wedding.
68. In ancient China, women had to accept the ______ marriages.
69. The immune system can develop long-term ______ to some diseases.
70. ______ is a close ecological relationship between the individuals of two (or more) different species.
71. We found more children at the circus than we could ______ .
72. The railway line runs ______ with/to the highway.
73. There are two types of integral in ______, the indefinite and the definite.
74. The sun, the stars, and the moon are ______ bodies.
75. China released the news that it would launch another spaceship as its fourth unmannned space capsule ______ the earth.
76. A practitioner of ______ is called an astrologer or, less often, an astrologist.
77. This alloy is formed by the ______ of two types of metal.
78. The pool of water on the playground ______ in the sun.
79. Some kinds of bacteria can only be visible through a powerful ______.
80. This pocket calculator needs two dry ______.
81. The force exerted by a magnetic field is known as ______.
82. The Pop is the ______ leader of many Christians.
83. Colds are ______ , and so are some eye diseases.
84. I got a cold and felt ______ all night.
85. In the interests of ______, please do not smoke in this shop.
86. The doctor wrote me a ______ for medicine for my cough.
87. Children in Africa are suffering from severe ______ because of the lack of food.
88. She ______ into unconsciousness again and was sent to the hospital.

填 空 题

89. My hometown is a ______ fishing village in the bay.
90. New York city has many art ______ among which some are world famous.
91. She plays a flute in the ______.
92. The church ______ performed very well today.
93. The election was a ______, for it was fixed.
94. Phonetics, syntactics are two branches of ______.
95. The novel and short story are different ______.
96. Britain ______ many colonists to the New World.
97. He was inclined to ______; he hated system and organization and uniformity.
98. China government has granted ______ to the national minorities.
99. You are not ______ to unemployment benfit if you have never worked.
100. ______ leaves were used by the ancient Greeks and Romans as an emblem of victory or honor.
101. Most forms of ______ processed by green plants release oxygen as a byproduct.
102. Seeds will not ______ without water.
103. ______ forests covered the hillside.
104. One can hardly forget the ______ splendours of the Roky Mountain.
105. Temples, mosques, churches and synagogues are all ______ buildings.
106. The witch lived in a palace in an ______ wood.

填空题答案

1. marine
2. cosmopolitan
3. moist
4. continents
5. contour
6. altitude
7. channel
8. horizon
9. formation
10. earthquake
11. aluminum
12. hemisphere
13. hatched
14. extinction
15. selection
16. predator
17. hibernation
18. amphibian
19. carnivores
20. mandatory
21. impunity
22. captivity
23. incriminated
24. constitution
25. synthetic
26. ignited
27. artificial
28. molecule
29. dissolved
30. Compound
31. radiation
32. erosion
33. rain forest
34. acid rain
35. instilled
36. edifying
37. economic
38. custom
39. patronage
40. ransom
41. audit
42. enlist
43. disarmed
44. encroach
45. beset
46. antique
47. neolithic
48. origin
49. arable
50. husbandry
51. cultivated
52. fertile
53. horticulture
54. hurricane
55. frost
56. meteorology
57. juvenile
58. intellectual
59. forerunners
60. delegate
61. opponents
62. candidates
63. inhabitant
64. fanatic
65. apprenticed
66. exile
67. conventional
68. polygamous
69. immunity
70. symbiosis
71. enumerate
72. parallel
73. calculus
74. celestial
75. orbits
76. astrology
77. fusion
78. evaporated
79. microscope
80. batteries
81. magnetism
82. spiritual
83. infectious
84. feverish
85. hygiene
86. prescription
87. malnutrition
88. relapsed
89. picturesque
90. galleries
91. orchestra
92. chorus
93. farce
94. linguistics
95. genres
96. immigrated
97. anarchism
98. autonomy
99. entitled
100. laurel
101. photosynthesis
102. germinate
103. Luxuriant
104. scenic
105. sacred
106. enchanted

按意群分类
Analogous
TOEFL
iBT

Word List 28

心理

Psychology

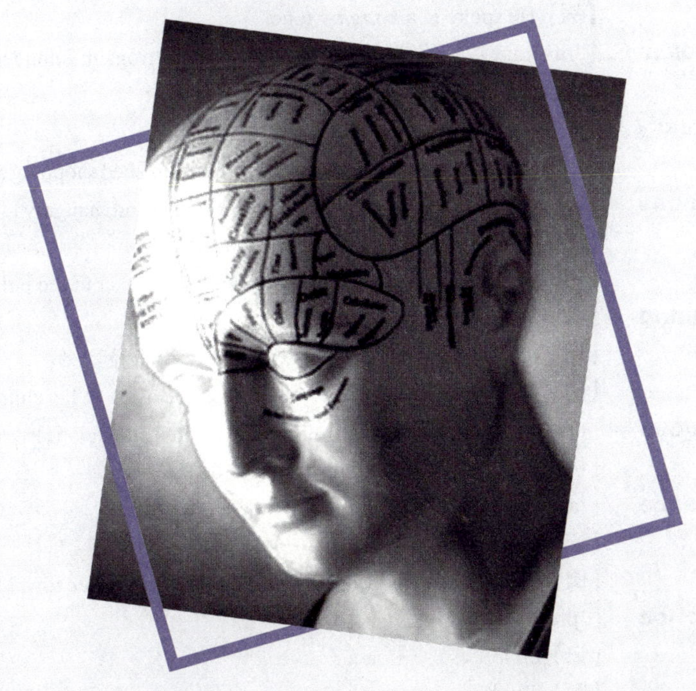

记忆小贴士：情感对应记忆法

人在特定的心理状态下对与之情绪、情感相符的事物会给予极大的关注。在悲伤的情绪下看那些表示悲伤的单词，记忆效果会比高兴时好。

傲慢

partial [ˈpɑːrʃl] *adj.* 偏袒的
【记】part(部分)+ial
【例】I might be accused of being ***partial***.

overbearing [ˌoʊvərˈberɪŋ] *adj.* 傲慢的(arrogant, haughty)，专横的
【记】over(过分)+bearing(忍受)→让别人过分忍受→傲慢的
【例】His ***overbearing*** personality—the trait I had hated the most—is what comforted me the most and got me through those difficult days.

arrogant [ˈærəgənt] *adj.* 傲慢的(haughty, disdainful)
【例】The tennis player's ***arrogant*** reaction offended the fans.

haughty [ˈhɔːti] *adj.* 傲慢的，轻蔑的(disdainful, arrogant)
【例】He spoke in a ***haughty*** tone.

insolent [ˈɪnsələnt] *adj.* 傲慢的；无礼的(haughty, arrogant; impudent)
【例】The ***insolent*** student yelled at his teacher.

fussy [ˈfʌsi] *adj.* 过分挑剔的 (finicky, fastidious)
【例】If you weren't too ***fussy***, we could have finished shopping an hour ago.

contemptuous [kənˈtemptʃuəs] *adj.* 藐视的；傲慢的(arrogant, haughty)
【记】con+tempt(轻视，鄙视)+uous
【例】The ***contemptuous*** crowd heckled the speaker at the political rally.

domineering [ˌdɑːməˈnɪrɪŋ] *adj.* 盛气凌人的
【记】domin(统治)+eering→统治者的→盛气凌人的
【例】The ***domineering*** father made every decision in his children's lives.

presumptuous [prɪˈzʌmptʃuəs] *adj.* 专横的(self-conceited, audacious)
【例】It is too ***presumptuous*** of him to do so.

arrogance [ˈærəgəns] *n.* 傲慢
【记】ar+rog(要求)+ance→一再要求→傲慢
【例】We didn't tip the waiter because of his ***arrogance*** toward us.

preference [ˈprefrəns] *n.* 偏爱
【记】prefer(喜欢)+ence
【例】The king showed ***preference*** to his eldest son.

bias [ˈbaɪəs] *n.* 偏见(prejudice, partiality)
【例】The classical music reviewer had a ***bias*** against rock music.

悲伤

doleful [ˈdoʊlfl] *adj.* 悲哀的(mournful, sorrowful)
【记】dole(悲哀)
【例】He gave me a long, ***doleful*** look.

□ partial □ overbearing □ arrogant □ haughty □ insolent □ fussy
□ contemptuous □ domineering □ presumptuous □ arrogance □ preference □ bias
□ doleful

upset [ʌpˈset] *adj.* 难过的(disturbed, distressed)

【例】Marta looked ***upset***.

trying [ˈtraɪɪŋ] *adj.* 难堪的，痛苦的(difficult, grueling)

【例】It really was a ***trying*** day for him with no water and no electricity.

sentimental [ˌsentɪˈmentl] *adj.* 伤感的，多愁善感的(emotional)

【例】Mary felt ***sentimental*** about life each autumn.

grieve [griːv] *vi.* 悲伤(sorrow)

【例】She ***grieved*** over her father's sudden death.

grieved [griːvd] *adj.* 伤心的

gloom [gluːm] *n.* 忧愁(sadness, depression)

【例】What can we do to chase her ***gloom*** away?

torturous [ˈtɔːrtʃərəs] *adj.* 痛苦的(tormenting) *v.* 折磨

【记】tort(扭)+urous→扭曲的→痛苦的

【例】The end is in sight, ***although*** he has to maintain a torturous 160 mile per day pace to hit his target.

misery [ˈmɪzəri] *n.* 痛苦，苦恼

【例】All that money brought nothing but sadness and ***misery*** and tragedy.

miserable [ˈmɪzrəbl] *adj.* 痛苦的；可怜的

distressed [dɪˈstrest] *adj.* 痛苦的

【记】dis+stress(压力，紧张)+ed

【例】I feel very alone and ***distressed*** about my problem.

pensive [ˈpensɪv] *adj.* 忧愁的，哀思的(thoughtful, contemplative)

【记】pens(挂)+ive→心思挂在脸上→忧愁的

【例】He looked suddenly somber, ***pensive***.

lament [ləˈment] *n.* 悲伤 *vt.* 痛惜(mourn, grieve over)

【记】联想lame(跛足的)加上"nt"

【例】Ken began to ***lament*** the death of his only son.

torment [ˈtɔːrment] *n.* 痛苦(anguish, agony)

[tɔːrˈment] *v.* 折磨

【例】The murderer was ***tormented*** by guilt.

deplore [dɪˈplɔːr] *vt.* 悲痛；深悔(grieve, mourn)

【例】They ***deplored*** the use of force as a solution to this problem.

overcast [ˌoʊvərˈkæst] *adj.* 阴天的，愁闷的，阴暗的(cloudy, dismal)

【例】His face is ***overcast*** with grief.

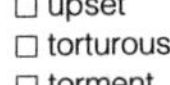
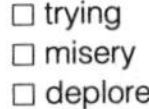
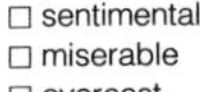
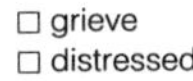
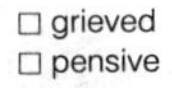
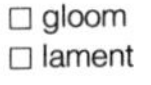

□ upset □ trying □ sentimental □ grieve □ grieved □ gloom
□ torturous □ misery □ miserable □ distressed □ pensive □ lament
□ torment □ deplore □ overcast

吃惊

inconceivable [ˌɪnkən'siːvəbl] *adj.* 不可思议的(unimaginable, unthinkable)

【记】in(不)+conceivable(可以想像的)

【例】It was ***inconceivable*** to me that Toby could have been my attacker.

uncanny [ʌn'kæni] *adj.* 不可思议的，离奇的(odd, strange)

【记】un(不)+canny(安静的，温和的)

【例】The hero, Danny, bears an ***uncanny*** resemblance to Kirk Douglas.

marvelous ['mɑːrvələs] *adj.* 不可思议的；了不起的

【例】Welcome to the ***marvelous*** world of data mapping, where every rule has an exception.

breathtaking ['breθteɪkɪŋ] *adj.* 惊人的，惊险的(stunning, exciting)

【例】The house has ***breathtaking*** views from every room.

astound [ə'staʊnd] *vt.* 使惊异(surprise, astonish)

【例】The daredevil ***astounded*** the audience with a dangerous feat.

astonish [ə'stɑːnɪʃ] *vt.* 使惊讶(amaze, astound, surprise)

【例】The magician ***astonished*** the children.

astonished [ə'stɑːnɪʃt] *adj.* 惊讶的

【例】A hush fell over the ***astonished*** crowds as the governor announced his resignation.

incredible [ɪn'kredəbl] *adj.* 难以相信的(unbelievable, improbable)

【记】in(不)+cred(相信)+ible

【例】It seemed ***incredible*** that people would still want to play football during a war.

striking ['straɪkɪŋ] *adj.* 显著的，惊人的(prominent, outstanding, impressive)

【例】His black skin and white teeth consist a ***striking*** contrast.

tremor ['tremər] *n.* 颤抖，战栗(tremble, shake)

trepidation [ˌtrepɪ'deɪʃn] *n.* 惊恐，战栗(apprehension, alarm)

【例】It was with some ***trepidation*** that I viewed the prospect of cycling across Uganda.

petrify ['petrɪfaɪ] *vt.* 使发呆(stupefy, terrify)

【记】petr(石头)+ify

【例】I was totally ***petrified*** with fear.

scare [sker] *vt.* 惊吓，使受惊(terrify)

【例】The dogs ***scared*** the thief away.

startle ['stɑːrtl] *vt.* 使大吃一惊(amaze, surprise) *n.* 吃惊

【例】The official hinted at ***startling*** new developments that would soon be made public.

□ inconceivable □ uncanny □ marvelous □ breathtaking □ astound □ astonish
□ astonished □ incredible □ striking □ tremor □ trepidation □ petrify
□ scare □ startle

stun [stʌn] *vt.* 使昏晕，使目瞪口呆(astonish, daze, amaze)
【例】He was ***stunned*** when he knew he failed the exam, which he had been prepared for months.

dismay [dɪsˈmeɪ] *vt.* 使惊愕；使沮丧(disconcert, alarm)
【例】The loss ***dismayed*** the team members, who had practiced so hard.

动 机

impetuous [ɪmˈpetʃuəs] *adj.* 冲动的(impulsive)
【例】He was young and ***impetuous***.

impulse [ˈɪmpʌls] *n.* 冲动；刺激
【记】比较pulse(脉搏，跳动)
【例】On seeing the poor little girl, he has an ***impulse*** to adopt her.

impulsive [ɪmˈpʌlsɪv] *adj.* 易冲动的

urge [ɜːrdʒ] *n.* 冲动
【例】The girl suppressed an ***urge*** to laugh.

incentive [ɪnˈsentɪv] *n.* 刺激；动机(motivation)
【例】People doubt about her ***incentive*** to marry that rich old fellow.

motivation [ˌmoʊtɪˈveɪʃn] *n.* 动机(motive, incentive)
【记】比较motive(动机)
【例】Unfortunately his salary is his only ***motivation*** for working.

objective [əbˈdʒektɪv] *n.* 目标(aim, goal)
【记】object(客观)＋ive
【例】We hope this ***objective*** will be attained.

恶 意

grim [ɡrɪm] *adj.* 不吉祥的
【例】Each day, the chance for peace became more ***grim***.

sinister [ˈsɪnɪstər] *adj.* 不祥的；邪恶的(wicked, evil)
【例】There was something ***sinister*** about him that she found disturbing.

cruel [ˈkruːəl] *adj.* 残忍的(ferocious, ruthless)
【例】The ***cruel*** ruler allowed the peasants to starve.

malevolent [məˈlevələnt] *adj.* 恶意的(malicious, spiteful)
【记】male(坏)＋vol(意念)＋ent→恶意的
【例】Unfortunately there are some ***malevolent*** people out there and it is best not to take undue risks.

malice [ˈmælɪs] *n.* 恶意(ill will, spite)

□ stun □ dismay □ impetuous □ impulse □ impulsive □ urge
□ incentive □ motivation □ objective □ grim □ sinister □ cruel
□ malevolent □ malice

malicious [məˈlɪʃəs] *adj.* 心毒的，怀恶意的(vicious, spiteful)
【例】Don't listen to those ***malicious*** rumors; he is a good man.

ferocious [fəˈroʊʃəs] *adj.* 凶猛的(fierce, savage, bestial)
【记】feroc(凶猛)+ious
【例】The ***ferocious*** winter storm buried the roads in a foot of snow.

烦 躁

gloomy [ˈɡluːmi] *adj.* 忧郁的，烦闷的
【例】The streets were filled with ***gloomy*** faces after the earthquake.

impatient [ɪmˈpeɪʃnt] *adj.* 不耐烦的
【记】im(不)+patient(耐心的)
【例】Susan is ***impatient*** and refuses to wait in line for anything.

stodgy [ˈstɑːdʒi] *adj.* 枯燥乏味的(dull, boring)
【例】The company hasn't been able to shake off its image as ***stodgy*** and old-fashioned.

boring [ˈbɔːrɪŋ] *adj.* 令人厌烦的
【例】Since it rained, the children spent a ***boring*** afternoon cleaning the basement.

bothersome [ˈbɑːðərsəm] *adj.* 令人厌烦的，令人烦恼的(irritating, annoying)
【例】Coughing is particularly ***bothersome*** at night because it disrupts sleep.

boredom [ˈbɔːrdəm] *n.* 烦恼，无聊(vexation, annoyance)
【记】bore(厌烦)+dom
【例】The exciting novel chased away Jane's ***boredom***.

tedious [ˈtiːdiəs] *adj.* 冗长乏味的，沉闷的(tiresome, boring)
【例】John's job at the factory is trivial and ***tedious***.

sicken [ˈsɪkən] *adj.* 使厌倦；使作呕
【例】The notion that art should be controlled by intellectuals ***sickened*** him.

uproar [ˈʌprɔːr] *n.* 扰乱，喧嚣(disturbance, commotion)
【记】up(上)+roar(吼叫)
【例】The announcement caused ***uproar*** in the crowd.

intrude [ɪnˈtruːd] *v.* 侵扰(encroach, infringe)
【记】in(进入)+trude(突出)→突进入→侵扰
【例】I don't mean to ***intrude***, but you have a telephone call.

chafe [tʃeɪf] *vt.* 烦扰(irritate)
【例】Coarse fabric will ***chafe*** your skin.

distract [dɪˈstrækt] *vt.* 分散(心思)，打扰(abstract, divert)
【记】dis+tract(拉)→心被拉开→分散
【例】The school students were ***distracted*** by the noise outside the class-room.

☐ malicious ☐ ferocious ☐ gloomy ☐ impatient ☐ stodgy ☐ boring
☐ bothersome ☐ boredom ☐ tedious ☐ sicken ☐ uproar ☐ intrude
☐ chafe ☐ distract

harass [hə'ræs] *vt.* 侵扰(bother)
【记】参考ass(驴子)
【例】Don't ***harass*** me; I am working.

disarrange [ˌdɪsə'reɪndʒ] *vt.* 扰乱(disturb)
【记】dis(不再)+arrange(排列)
【例】Her sudden departure has ***disarranged*** my plan.

derange [dɪ'reɪndʒ] *vt.* 扰乱
【记】de(坏)+range(排列)
【例】She is completely ***deranged***.

vex [veks] *vt.* 使烦恼(annoy, irritate)
【例】He was greatly ***vexed*** by the new and unexpected development.

reluctant [rɪ'lʌktənt] *adj.* 不情愿的，厌恶的，勉强的(unwilling, grudging)
【例】They were usually ***reluctant*** to help.

愤 怒

grouchy ['graʊtʃi] *adj.* 不悦的，愠怒的(bad-tempered, petulant)
【例】"I don't like the homework," he said in a ***grouchy*** tone of voice.

indignant [ɪn'dɪgnənt] *adj.* 愤慨的，义愤的(outraged)
【记】in(不)+dign(礼貌)+ant→不礼貌→愤慨的
【例】He was ***indignant*** that his rival was offered the job.

furious ['fjʊriəs] *adj.* 狂怒的；狂暴的(frenzied, enraged)
【例】He is ***furious*** at the way his wife has been treated.

nervous ['nɜːrvəs] *adj.* 易激动的
【记】nerv(神经)+ous

touchy ['tʌtʃi] *adj.* 易怒的；棘手的(annoyed, offended)
【例】She is very ***touchy*** about her past.

fury ['fjʊri] *n.* 勃然大怒(rage, wrath)

rage [reɪdʒ] *n.* 激怒，愤怒(fury, anger)
【例】He was red-cheeked with ***rage***.

enrage [ɪn'reɪdʒ] *vt.* 激怒(infuriate, aggravate)
【记】en+rage(暴怒)
【例】John's insolence ***enraged*** his supervisor.

outrage ['aʊtreɪdʒ] *vt.* 激怒；侵犯(anger; offend)
【记】out(出)+rage(愤怒)→出离愤怒
【例】The mayor's cruel remarks ***outraged*** the citizens.

exasperate [ɪg'zɑːspəreɪt] *vt.* 激怒(annoy, irritate)
【记】ex+asper(粗鲁)+ate→表现的粗鲁→发怒
【例】The traffic jam ***exasperated*** the motorists who were caught in it.

□ harass □ disarrange □ derange □ vex □ reluctant □ grouchy
□ indignant □ furious □ nervous □ touchy □ fury □ rage
□ enrage □ outrage □ exasperate

fret [fret] *vt.* 激怒(annoy, worry)
【例】That noise ***frets*** me.

provoke [prə'voʊk] *vt.* 激怒，煽动 (incite, stir up, cause, elicit)
【例】The bear ***provoked*** the bees by disturbing their hive.

incense [ɪn'sens] *vt.* 激怒
【记】in(进入)+cense(光)→使怒火中烧
【例】The decision to reduce the pay levels ***incensed*** the work-force.

感 觉

indefatigable [ˌɪndɪ'fætɪgəbl] *adj.* 不疲倦的(tireless, dogged)
【记】in(不)+de(表强调)+fatig(疲倦)+able
【例】His ***indefatigable*** spirit helped him to cope with his illness.

sensuous ['senʃuəs] *adj.* 感觉的，美感的
【例】Advertisements use ***sensuous*** colors to appeal to the audience.

faint [feɪnt] *adj.* 昏晕的
【例】He felt *faint* for a moment.

ravenous ['rævənəs] *adj.* 极饿的(famished, starving)
【例】Amy realized that she had eaten nothing since leaving home that morning, and she was ***ravenous***.

listless ['lɪstləs] *adj.* 倦怠的，没精打采的(sluggish, lifeless)
【记】list(渴望)+less→倦怠的
【例】I feel so ***listless***; I think I need a nap.

beat [biːt] *adj.* 疲倦的(exhausted, tired, worn out)
【例】I can't move a bit. I am ***beat***.

downhearted [ˌdaʊn'hɑːrtɪd] *adj.* 无精打采的(depressed, downcast)
【例】We were all ***downhearted*** at the death of our friend.

daze [deɪz] *n.* 昏晕 *vt.* 使发昏，茫然(dazzle, confusion)
【例】The driver recovered slowly from her ***daze*** after the accident.

intuition [ˌɪntju'ɪʃn] *n.* 直觉
【例】Her ***intuition*** was telling her that something was wrong.

starve [stɑːrv] *v.*(使)挨饿
【例】Come on, where is the food? I am ***starving***.

hunger ['hʌŋgər] *v./n.* 饥饿
【例】She ***hungers*** for his love.

famish ['fæmɪʃ] *vt.* 使挨饿
【例】When's lunch? I am ***famished***.

□ fret □ provoke □ incense □ indefatigable □ sensuous □ faint
□ ravenous □ listless □ beat □ downhearted □ daze □ intuition
□ starve □ hunger □ famish

exhaust [ɪɡˈzɔːst] *vt.* 使疲倦(use up, drain)
【记】ex+haust(拉)→(用力)拉出→疲惫
【例】The children thoroughly ***exhausted*** their mother's patience.

gorge [ɡɔːrdʒ] *vt.* 塞饱
【例】Boys ***gorged*** themselves with candy.

高 兴

exultant [ɪɡˈzʌltənt] *adj.* 欢腾的；狂欢的(happy; jubilant)
【记】ex+(s)ult(激动)+ant→出现激动→欢腾的
【例】An ***exultant*** party leader said: "He will be an excellent MP."

brisk [brɪsk] *adj.* 活泼的，轻快的(swift, energetic)
【例】A ***brisk*** walk before breakfast is a good way to start the day.

gleeful [ˈɡliːfl] *adj.* 极高兴的，兴奋的(delightful, exultant)

joyous [ˈdʒɔɪəs] *adj.* 快乐的，高兴的
【记】joy(高兴)+ous
【例】She had made their childhood so ***joyous*** and carefree.

exalted [ɪɡˈzɔːltɪd] *adj.* 兴奋的(exited)
【例】The ***exalted*** prince entered the hall and everyone stood up.

blessed [ˈblesɪd] *adj.* 愉快的(amused, blithe)
【例】They enjoyed a few moments of ***blessed*** silence after the whole day's noise.

pleasing [ˈpliːzɪŋ] *adj.* 愉快的(blithe, amusing)
【例】Because the meal was so ***pleasing***, I left a large tip for the server.

pleasure [ˈpleʒər] *n.* 快乐(enjoyment)

elation [iˈleɪʃn] *n.* 得意洋洋
【记】elate+ion
【例】John's ***elation*** is apparent from the huge smile on his face.

ecstasy [ˈekstəsi] *n.* 恍惚；狂喜
【例】Mary was in ***ecstasy*** when she won the piano competition.

excitement [ɪkˈsaɪtmənt] *n.* 激动，兴奋；刺激
【例】***Excitement*** flowed through the crowd when the famous athlete entered the room.

bliss [blɪs] *n.* 狂喜(ecstasy)
【例】Jane was in a state of ***bliss*** after getting her degree.

rapture [ˈræptʃər] *n.* 狂喜(ecstasy, delight)
【记】rapt(着迷)+ure
【例】The beauty of the sunset filled everybody with ***rapture***.

□ exhaust □ gorge □ exultant □ brisk □ gleeful □ joyous
□ exalted □ blessed □ pleasing □ pleasure □ elation □ ecstasy
□ excitement □ bliss □ rapture

tingle [ˈtɪŋgl] *vi.* (因兴奋)激动

【例】The uncertainty of national events made his blood ***tingle***.

brighten [ˈbraɪtn] *vt.* 使快活

【记】bright(光亮)+en

【例】His face ***brightened*** up.

enrapture [ɪnˈræptʃər] *vt.* 使狂喜(delight, exult)

【记】en+rapture(狂喜)

【例】Her smile ***enraptured*** him so he would not move his eyes.

ravish [ˈrævɪʃ] *vt.* 使陶醉；使狂喜

【例】He was ***ravished*** by her beauty, and forgot that she was ravishing his fortune.

好奇

curious [ˈkjʊriəs] *adj.* 好奇的(acquisitive)

【例】The family had a few ***curious*** traditions.

curiosity [ˌkjʊriˈɑːsəti] *n.* 好奇心

【例】Just out of ***curiosity***, I wonder how much this apartment costs.

inquisitive [ɪnˈkwɪzətɪv] *adj.* 好奇的(nosy, curious)

【记】in(进入)+quisit(询问)+ive→喜欢询问的→好奇的

【例】I was mad at the ***inquisitive*** kid, who kept on asking me silly questions.

intriguing [ɪnˈtriːgɪŋ] *adj.* 引起好奇心的，有迷惑力的(tantalizing, bewitching, captivating)

【例】It is an ***intriguing*** problem for the technician.

焦急

concerned [kənˈsɜːrnd] *adj.* 焦虑的

【例】Mary is ***concerned*** with finishing her work before 12:00.

intense [ɪnˈtens] *adj.* 紧张的

【例】Under years of ***intense*** pressure, he finally gave up hope and chose to go back to his home town.

suspense [səˈspens] *n.* 焦虑(anticipation, uncertainty)；悬念

【记】sus+pense(挂)→挂念→焦虑

strain [streɪn] *n.* 紧张(stress, tension)

【例】Insurance costs are a big ***strain*** on our budget.

fluster [ˈflʌstər] *vt.* 使慌乱(confuse, disconcert)

【例】Don't get ***flustered***!

□ tingle □ brighten □ enrapture □ ravish □ curious □ curiosity
□ inquisitive □ intriguing □ concerned □ intense □ suspense □ strain
□ fluster

tense [tens] *adj.* 紧张的(nervous, strained)

【例】The bath relaxed Mary's ***tense*** muscles.

abashed [əˈbæʃt] *adj.* 羞愧的，局促不安的(uneasy)

【记】abash(羞愧)+ed；比较blush(脸红)

【例】He looked ***abashed*** and uncomfortable.

沮 丧

languid [ˈlæŋgwɪd] *adj.* 精神不振的(sluggish, listless)

【记】langu(松弛)+id→精神不振的

【例】He's a large, ***languid*** man with a round and impassive face.

downcast [ˈdaʊnkæst] *adj.* 沮丧的(depressed, dejected)

【例】The ***downcast*** student couldn't believe that he'd failed the test.

dismal [ˈdɪzməl] *adj.* 沮丧的(gloomy, somber)

【例】Mary cried during the ***dismal*** movie.

dejected [dɪˈdʒektɪd] *adj.* 失望的，沮丧的(depressed, dispirited)

【记】deject(失望)+ed

【例】Everyone has days when they feel ***dejected*** or down.

depress [dɪˈpres] *vt.* 使沮丧(deject, dispirit)

【记】de(加强)+press(压)

【例】He was ***depressed*** because he had not passed his examinations.

depression [dɪˈpreʃn] *n.* 沮丧

【例】He committed suicide during a fit of ***depression***.

dampen [ˈdæmpən] *vt.* 使沮丧(dismay, depress)

【例】I don't want to ***dampen*** your enthusiasm, but take it easy!

cheerless [ˈtʃɪrləs] *adj.* 不愉快的；阴郁的

恐 惧

formidable [ˈfɔːrmɪdəbl] *adj.* 可畏惧的，可怕的(dreadful, frightening)

【例】He is kind, but unfortunately with a ***formidable*** face.

fright [fraɪt] *n.* 惊吓，恐怖

terror [ˈterər] *n.* 恐怖

【例】I shook with ***terror*** whenever I was about to fly in a plane.

terrify [ˈterɪfaɪ] *vt.* 使恐怖，使惊吓

【例】The animals were ***terrified*** by the storm.

panic [ˈpænɪk] *n.* 恐慌(fear, scare)

【例】The rumor that we are having an earthquake arouse a ***panic***.

☐ tense ☐ abashed ☐ languid ☐ downcast ☐ dismal ☐ dejected
☐ depress ☐ depression ☐ dampen ☐ cheerless ☐ formidable ☐ fright
☐ terror ☐ terrify ☐ panic

horror [ˈhɔːrər] *n.* 恐惧

dread [dred] *n.* 畏惧，恐怖 *v.* 畏惧(fear)

【例】John ***dreads*** calculating his taxes.

cower [ˈkaʊər] *vi.* 畏缩(recoil)

【例】The children ***cowered*** each time they heard the thunder.

intimidate [ɪnˈtɪmɪdeɪt] *vt.* 恐吓(frighten, threaten)

【记】in(进入)＋timid(害怕)＋ate→使害怕→恐吓

【例】I don't want to ***intimidate*** you, but very few people pass this exam.

menace [ˈmenəs] *vt.* 威吓(threaten, intimidate)；胁迫

【记】men(人)＋ace(王牌)→用手中的一张王牌→胁迫

【例】The people are being ***menaced*** by the threat of war.

狂 热

insane [ɪnˈseɪn] *adj.* 发狂，精神错乱的(crazy)

【记】in(不)＋sane(清醒的)

【例】The murderer was judged to be ***insane*** and was then released.

crazy [ˈkreɪzi] *adj.* 狂热的

【例】The ***crazy*** defendant was declared unfit to stand trial.

radical [ˈrædɪkl] *adj.* 激进的(severe, extreme)

【例】The American Revolution is not a ***radical*** one, but a gradual evolution.

radically [ˈrædɪkli] *adv.* 激进地(drastically)

mania [ˈmeɪniə] *n.* 癫狂，狂热

【记】man(疯狂)＋ia(病)

【例】The ***mania*** for dinosaurs began in the late 1800s.

frenzy [ˈfrenzi] *n.* 狂热(great excitement)

【记】参考frantic(疯狂的)

fanatic [fəˈnætɪk] *adj.* 狂热的，狂热者的(frantic, fervent)

【记】fan(迷)＋atic→着迷的人→盲信者

fanaticism [fəˈnætɪsɪzəm] *n.* 狂热；盲从

满 意

relieved [rɪˈliːvd] *adj.* 放心的

【记】名词relief(宽慰)

satisfactory [ˌsætɪsˈfæktəri] *adj.* 令人满意的(appealing)

【例】The explanation would seem ***satisfactory***.

□ horror □ dread □ cower □ intimidate □ menace □ insane
□ crazy □ radical □ radically □ mania □ frenzy □ fanatic
□ fanaticism □ relieved □ satisfactory

content [ˈkɑːntent] *adj.* 满足的(satisfied, complacent)
【例】After a good meal and good conversation, we were all ***content***.

satiate [ˈseɪʃieɪt] *vt.* 使饱享；使满足
【记】sat(满)+iate
【例】Some cold lemonade ***satiated*** my thirst.

gratify [ˈɡrætɪfaɪ] *vt.* 使满意(satisfy)
【记】grat(满意)+ify→满足，高兴
【例】Anne was ***gratified*** by the manager's efforts to help her.

reliance [rɪˈlaɪəns] *n.* 信赖；信心；受信赖的人或物
【例】Reducing our ***reliance*** on foreign sources of energy makes the country more secure.

梦 想

solicitous [səˈlɪsɪtəs] *adj.* 渴望的；焦虑的(avid; concerned)
【例】The parents are ***solicitous*** about their son's health.

desire [dɪˈzaɪər] *vt.* 想要 *n.* 欲望
【例】His excellence at work leaves nothing to be ***desired***.

desirous [dɪˈzaɪərəs] *adj.* 渴望的
【例】I am ***desirous*** of a good job and a healthy family.

desirable [dɪˈzaɪərəbl] *adj.* 理想的，如意的
【例】I envy Jane because her job is so ***desirable***.

aspire [əˈspaɪər] *vi.* 热望(crave, yearn)
【例】I ***aspire*** to being the president of a bank.

aspiration [ˌæspəˈreɪʃn] *n.* 热望，渴望(avidity)
【记】a+spir(呼吸)+ation
【例】Children often have big ***aspirations***.

hunger [ˈhʌŋgər] *v./n.* 渴望
【例】She ***hungers*** for his love.

long [lɔːŋ] *vi.* 渴望(crave, yearn)
【例】People in the war ***longed*** for peace day and night.

crave [kreɪv] *vt.* 渴求(desire, yearn)
【例】Anne ***craved*** unusual food when she was pregnant.

realize [ˈriːəlaɪz] *vt.* 实现(implement, carry out)
【例】He finally ***realized*** his lifelong ambition to learn how to play the violin.

mean [miːn] *vt.* 意欲(intend)
【例】I didn't ***mean*** to hurt you; I am sorry.

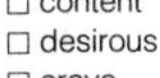
□ content □ satiate □ gratify □ reliance □ solicitous □ desire
□ desirous □ desirable □ aspire □ aspiration □ hunger □ long
□ crave □ realize □ mean

yen [jen] *n./v.* 热望，渴望(yearn)
【例】Jane has a ***yen*** to go climbing in the Rockies.

court [kɔːrt] *v.* 追求(pursue)
【例】He is ***courting*** wealth and fame all his life.

情 感

touching [ˈtʌtʃɪŋ] *adj.* 动人的，令人感伤的(moving, impressive)
【记】touch(感动)+ing
【例】She told a ***touching*** story about a wife who stood by the husband she loved.

impassive [ɪmˈpæsɪv] *adj.* 无感情的(apathetic, indifferent)
【记】im(不)+pass(感情)+ive
【例】The nurse's ***impassive*** attitude annoyed me.

cherish [ˈtʃerɪʃ] *vt.* 珍爱(care for)
【例】Mary ***cherished*** the idea of touring the castles of Europe.

affection [əˈfekʃn] *n.* 友爱；爱情
【例】He got up a strange ***affection*** for the little girl.

affectionate [əˈfekʃənət] *adj.* 挚爱的，亲切的(kind, genial)
【记】affection(感情)+ate
【例】Jane gave her mother an ***affectionate*** hug.

emotional [ɪˈmoʊʃənl] *adj.* 情绪的，情感的
【例】He is a very ***emotional*** man.

nostalgia [nəˈstældʒə] *n.* 思家病，乡愁；向往过去，怀旧之情

sentimental [ˌsentɪˈmentl] *adj.* 感伤性的，感情脆弱的
【例】I'm trying not to be ***sentimental*** about the past.

emotive [iˈmoʊtɪv] *adj.* 使感动的，感情的，动感情的

lovelorn [ˈlʌvlɔːrn] *a.* 失恋的

passionate [ˈpæʃənət] *adj.* 多情的，热情的(impassioned, fervent)
【记】passion(激情)+ate
【例】Mary is very ***passionate*** about gardening.

unanticipated [ˌʌnænˈtɪsɪpeɪtɪd] *adj.* 未预料到的，意料之外的(unexpected)
【记】un-(否)+anticipate(预见)+ed
【例】We experienced some ***unanticipated*** problems.

unexpectedly [ˌʌnɪkˈspektɪdli] *adv.* 出乎意料地；想不到地 (circumstantially, surprisingly)
【记】un-(否)+expect(期望)+ed+ly
【例】He is really clever, and has ***unexpectedly*** found the road here.

□ yen □ court □ touching □ impassive □ cherish □ affection
□ affectionate □ emotional □ nostalgia □ sentimental □ emotive □ lovelorn
□ passionate □ unanticipated □ unexpectedly

热 情

vigorous
[ˈvɪɡərəs] *adj.* 朝气蓬勃的
【例】Mary stretched her muscles before an hour of ***vigorous*** exercise.

hospitable
[hɑːˈspɪtəbl] *adj.* 好客的(sociable, companionable)
【例】The locals are ***hospitable*** and welcoming.

positive
[ˈpɑːzətɪv] *adj.* 积极的(active)
【记】比较passive(消极的)

energetic
[ˌenərˈdʒetɪk] *adj.* 积极的，精力旺盛的(active)
【记】energy(精力)
【例】The boss appreciated the ***energetic*** workers.

ardor
[ˈɑːrdər] *n.* 热心(enthusiasm)
【例】The teacher was impressed by Bill's ***ardor*** for learning.

ardent
[ˈɑːrdnt] *adj.* 极热心的，热情的(passionate, enthusiastic, fervent, zealous)
【例】Jane's ***ardent*** admirer sent her flowers everyday.

eager
[ˈiːɡər] *adj.* 渴望的；热心的
【例】Bill was ***eager*** to go fishing for the weekend.

impassioned
[ɪmˈpæʃnd] *adj.* 热烈的(emotional, ardent)
【记】im(不)+passion(激情)+ed
【例】He made an ***impassioned*** appeal for peace.

avid
[ˈævɪd] *adj.* 热切的(eager)
【例】The ***avid*** tennis fans cheered for their favorite tennis player.

devoted
[dɪˈvoʊtɪd] *adj.* 热心的(enthusiastic)
【例】Mary is a ***devoted*** member of her church.

readily
[ˈredɪli] *adv.* 愿意地(eagerly, willingly)
【例】I asked her if she would allow me to interview her, and she ***readily*** agreed.

enthusiasm
[ɪnˈθuːziæzəm] *n.* 热情(passion)
【例】Jane's ***enthusiasm*** for gardening is evident by all of these beautiful flowers.

zeal
[ziːl] *n.* 热心，热情，热忱(zest, enthusiasm)
【例】He worked for the cause with great ***zeal***.

zealous
[ˈzeləs] *adj.* 热心的(enthusiastic, fervent)
【例】The ***zealous*** soldier hoped to be sent into battle.

☐ vigorous ☐ hospitable ☐ positive ☐ energetic ☐ ardor ☐ ardent
☐ eager ☐ impassioned ☐ avid ☐ devoted ☐ readily ☐ enthusiasm
☐ zeal ☐ zealous

zest [zest] *n.* 浓烈的兴趣；热心(enthusiasm, interest)

hail [heɪl] *vt.* 欢呼，欢迎(acclaim, applaud)

【例】Birds are singing, ***hailing*** the coming of the spring.

态 度

jealous [ˈdʒeləs] *adj.* 妒忌的(envious, resentful)；猜疑的

【例】He was ***jealous*** when he discovered that she loved someone else.

indifferent [ɪnˈdɪfrənt] *adj.* 冷漠的；不积极的(uninterested, nonchalant)

【记】in(不)+different(不同的)

【例】People were annoyed at the boss's ***indifferent*** attitude toward those who died in the accident.

profane [prəˈfeɪn] *vt./adj.* 亵渎(的)(humiliate; disrespectful)

【记】比较fane(神庙)

【例】Please don't ***profane*** things that are sacred to other people.

flatter [ˈflætər] *vt.* 奉承，阿谀，谄媚

【例】He was good at ***flattering*** others.

begrudge [bɪˈɡrʌdʒ] *vt.* 羡慕；嫉妒(grudge, stint, envy, admire)

【记】be+grudge(怨恨，吝啬)

【例】She ***begrudged*** his youth.

desperate [ˈdespərət] *adj.* 不顾一切的；绝望的(extremely serious)

【例】Mary was ***desperate*** for a raise because her bills were mounting.

contrite [kənˈtraɪt] *adj.* 悔悟的(repentant, remorseful)

【记】con+trite(摩擦)→(心灵)摩擦→悔悟的

【例】The driver who caused the car accident was very ***contrite*** over it.

forlorn [fərˈlɔːrn] *adj.* 绝望的；被遗弃的(wretched, lonely)

【记】for(出去)+lorn(被弃的)

【例】The book sometimes refers to "wailing" as an especially ***forlorn*** kind of weeping.

inadvertently [ˌɪnədˈvɜːrtəntli] *adv.* 不注意地(unintentionally)

【记】in-(否)+advert(引起注意)+ent+ly

【例】He ***inadvertently*** broke the glass.

unacceptable [ˌʌnəkˈseptəbl] *adj.* 无法接受的，不受欢迎的

【记】un-(否)+accept(接受)+able

【例】His proposal is ***unacceptable***.

unambiguous [ˌʌnæmˈbɪɡjuəs] *adj.* 不含糊的，明白的

【记】un-(否)+ambiguous(模糊的)

【例】One has to consider carefully if the interpretation is ***unambiguous*** or not.

□ zest □ hail □ jealous □ indifferent □ profane □ flatter
□ begrudge □ desperate □ contrite □ forlorn □ inadvertently □ unacceptable
□ unambiguous

covert [ˈkoʊvɜːrt] *adj.* 隐蔽的；隐密的；偷偷摸摸的

【例】They have been supplying ***covert*** military aid to the rebels.

犹 豫

dubious [ˈdjuːbiəs] *adj.* 怀疑的(doubtful)

【例】The ***dubious*** employees shook their heads as they carried out the order.

skeptical [ˈskeptɪkl] *adj.* 怀疑的(dubious, incredulous)

【例】The ***skeptical*** student refused to accept the theory of evolution.

suspicion [səˈspɪʃn] *n.* 怀疑(doubt, distrust)

【记】sus=sub(下)+spic(看)+ion→从下面看→怀疑

【例】There was a ***suspicion*** that this runner attempted to avoid the procedures for drug testing.

suspicious [səˈspɪʃəs] *adj.* 可疑的，猜疑的(dubious, fishy)

【例】Aunt Jane was ***suspicious*** of everyone who came to her front door.

fishy [ˈfɪʃi] *adj.* 值得怀疑的(suspicious, dubious)

【例】Are you telling the truth? Your story sounds ***fishy*** to me.

incredulity [ˌɪnkrəˈdjuːləti] *n.* 怀疑(suspicion, disbelief)

【例】The announcement has been met with ***incredulity***.

misgiving [ˌmɪsˈɡɪvɪŋ] *n.* 疑惧，疑虑

【例】She had some ***misgivings*** about what she was about to do.

poise [pɔɪz] *n.* 犹疑

halt [hɔːlt] *v.* 踌躇；停止

【例】The police ordered the thief to ***halt***.

scruple [ˈskruːpl] *v./n.* 踌躇；顾忌(hesitation, scrupulousness)

【例】She wouldn't ***scruple*** to tell a lie if she thought it would be useful.

flounder [ˈflaʊndər] *vi.* 踌躇

【记】另一个意思是"比目鱼"

demur [dɪˈmɜːr] *vi.* 踌躇

【例】Anne ***demurred*** at the statement that she assigned too much homework.

hesitate [ˈhezɪteɪt] *vi.* 犹豫，踌躇；含糊(falter, vacillate)

【例】John ***hesitated*** when I asked him to help me move some furniture.

doubt [daʊt] *vt./n.* 怀疑(suspect)

【例】After he lost the game, Bill had ***doubts*** about his athletic ability.

- ☐ covert ☐ dubious ☐ skeptical ☐ suspicion ☐ suspicious ☐ fishy
- ☐ incredulity ☐ misgiving ☐ poise ☐ halt ☐ scruple ☐ flounder
- ☐ demur ☐ hesitate ☐ doubt

suspect [sə'spekt] *vt.* 怀疑

【例】I ***suspect*** his motives.

憎恨

loath [loʊθ] *adj.* 不喜欢的，不情愿的(reluctant, unwilling)

【例】As much as we might be ***loath*** to admit it, what the Internet is saying about us matters.

loathe [loʊð] *vt.* 厌恶(hate, dislike)

【例】I just ***loathe*** my neighbor's dog because it barks all the time.

hideous ['hɪdiəs] *adj.* 骇人听闻的；丑恶的(ugly, ill-looking)

【例】Despite its low price, no one would buy the ***hideous*** tie.

sick [sɪk] *adj.* 厌恶的

complaint [kəm'pleɪnt] *n.* 抱怨，怨言

【例】The boss had a ***complaint*** about Bill's tardiness.

grievance ['griːvəns] *n.* 不满(dissatisfaction)

【记】griev(悲伤)+ance→说悲伤的话→牢骚

【例】The committee has many ***grievances*** against the school board.

aversion [ə'vɜːrʒn] *n.* 厌恶(dislike, distaste)

【记】a+vers(转)+ion→转开→厌恶

【例】Her ***aversion*** to buses makes it necessary for her to own a car.

hatred ['heɪtrɪd] *n.* 憎恶，憎恨(abomination)

disgust [dɪs'gʌst] *vt.* 厌恶

【例】The raw fish ***disgusted*** me, so I left the table.

grudge [grʌdʒ] *vt.* 怨恨；妒忌；勉强给予

【例】He ***grudges*** her earning more money than he does.

detest [dɪ'test] *vt.* 憎恶(abhor, hate, loathe)

【例】My children ***detest*** onions.

resent [rɪ'zent] *vt.* 憎恨(loathe, hate, detest)

【记】re(反)+sent(感情)→相反的感情→憎恨

【例】I bitterly ***resent*** your criticism.

abhor [əb'hɔːr] *vt.* 憎恶(detest, despise, loathe)

【记】ab+hor(恨，怕)；比较horrible(可怕的)

【例】People from all around the world ***abhor*** terrorism.

abhorrent [əb'hɔːrənt] *adj.* 可恶的，可恨的(detestable)

【例】Bribe paying is not only ***abhorrent*** but is counterproductive in the longer term.

□ suspect □ loath □ loathe □ hideous □ sick □ complaint
□ grievance □ aversion □ hatred □ disgust □ grudge □ detest
□ resent □ abhor □ abhorrent

连线题

左列单词在右列中有一个或多个同义词，请画线连接。

（一）

	acquisitive
bias	anger
bliss	care for
cherish	crave
curious	disbelief
deplore	dislike
incredulity	disturbance
loathe	drastically
long	eagerly
outrage	ecstasy
radically	grieve
readily	hate
uproar	partiality
	prejudice
	suspicion
	willingly
	yearn

（二）

bothersome	abstract
chafe	agony
dismay	anguish
distract	annoy
doleful	arrogant
fussy	astonish
impetuous	disconcert
incentive	finicky
overbearing	impulsive
stun	irritate
torment	irritating
torturous	motivation
uncanny	mournful
vex	strange
	tormenting

连线题答案

（一）

bias	prejudice
bias	partiality
bliss	ecstasy
cherish	care for
curious	acquisitive
deplore	grieve
incredulity	suspicion
incredulity	disbelief
loathe	hate
loathe	dislike
long	crave
long	yearn
outrage	anger
radically	drastically
readily	eagerly
readily	willingly
uproar	disturbance

（二）

bothersome	irritating
chafe	irritate
dismay	disconcert
distract	abstract
doleful	mournful
fussy	finicky
impetuous	impulsive
incentive	motivation
overbearing	arrogant
stun	astonish
torment	anguish
torment	agony
torturous	tormenting
uncanny	strange
vex	annoy

Word List 29

行为

Behavior

记忆小贴士：情景记忆法

情景记忆是对个人亲身经历过的、在一定时间和地点发生的事件或情景的记忆。在学习本章表示行为的单词时，回忆自己过去的相关经历，会起到事半功倍的效果。

帮助

benevolent [bi ˈnevələnt] *adj.* 慈善的(charitable, generous)
【记】bene(好)+vol(心意)+ent
【例】Some ***benevolent*** soul donated clothes to the orphanage.

munificent [mjuːˈnɪfɪsnt] *adj.* 慷慨的(generous, liberal)
【记】muni(礼物)+fic(做)+ent→做出来给大家→慷慨的
【例】After Zhou dynasty, the Yanshan culture characterized as ***munificent***, solemn, brave, and knightly became the main trend of Tangshan culture.

charity [ˈtʃærəti] *n.* 施舍(benevolence, altruism)；慈善事业
【例】The ***charity***'s goal is to help people help themselves.

charitable [ˈtʃærətəbl] *adj.* 慷慨的，慈善的(generous, benevolent)
【例】Because it was Susan's first offense, the judge was ***charitable*** and gave her probation.

generous [ˈdʒenərəs] *adj.* 慷慨的，大方的(lavish, handsome)
【记】gener(产生)+ous→(不断)产生，丰富的→慷慨的
【例】What prompted her to be so ***generous***?

generously [ˈdʒenərəsli] *adv.* 宽大地

obliging [əˈblaɪdʒɪŋ] *adj.* 施恩的；愿帮忙的(helpful)
【例】He was so thankful for the ***obliging*** hostess who took care of him when he was ill.

sympathetic [ˌsɪmpəˈθetɪk] *adj.* 同情的；和谐的
【例】She was very ***sympathetic*** to the problems of adult students.

liberal [ˈlɪbərəl] *adj.* 心胸宽大的(lenient, broad-minded)；慷慨的
【记】liber(自由)+al→心胸自由

instrumental [ˌɪnstrəˈmentl] *adj.* 有帮助的(significant, useful)
【例】In his first years as chairman he was ***instrumental*** in raising the company's wider profile.

gainful [ˈgeɪnfl] *adj.* 有利的，有报酬的(profitable, lucrative)
【记】gain(获得)+ful→有利的
【例】He kept on teaching in a small college, though he knows this job is not ***gainful***.

benefit [ˈbenɪfɪt] *vt.* 对…有益处
【例】Volunteer work ***benefits*** society.

beneficial [ˌbenɪˈfɪʃl] *adj.* 有益的(profitable, lucrative)
【例】Mary's college classes were ***beneficial*** to her career path.

prop [prɑːp] *n./vt.* 支持(support, mainstay)
【例】Her daughter was the only ***prop*** to the old lady during her illness.

□ benevolent □ munificent □ charity □ charitable □ generous □ generously
□ obliging □ sympathetic □ liberal □ instrumental □ gainful □ benefit
□ beneficial □ prop

redress [rɪˈdres] *n.* 救济；赔偿

【例】They are continuing their legal battle to seek some ***redress*** from the government.

compassion [kəmˈpæʃn] *n.* 怜悯，同情(sympathy)

【记】com+pass(感情)+ion

【例】Everyone felt ***compassion*** for the mourning family.

assist [əˈsɪst] *vt.* 辅助(aid, help)

【例】A nurse ***assisted*** the surgeon during the operation.

extricate [ˈekstrɪkeɪt] *vt.* 救出；使解脱(release, liberate)

【记】ex+tric(复杂)+ate→从复杂中走出→解脱

【例】Jane ***extricated*** herself from an unhappy relationship with her boyfriend.

donate [ˈdoʊneɪt] *vt.* 捐赠(contribute, present)

【例】Steve ***donated*** the old couch to charity.

raise [reɪz] *vt.* 募捐

【例】He ***raised*** one million to help the orphan.

bestow [bɪˈstoʊ] *vt.* 赠予

【记】be+stow(地方)→给予地方

【例】He was ***bestowed*** the honor of "hero citizen."

rescue [ˈreskjuː] *vt.* 拯救(save)

【例】The firefighter ***rescued*** six people from the burning building.

champion [ˈtʃæmpiən] *vt.* 支持(support)

【例】Bill ***championed*** the party's nominee for president.

salvage [ˈsælvɪdʒ] *vt.*(海上)救护，抢救(recover, rescue)

【例】I was able to ***salvage*** some data from the ruined computer file.

save [seiv] *v.* 拯救(rescue)

adopt [əˈdɑːpt] *vt.* 收养(introduce)

【例】Because the Johnsons couldn't have children, they ***adopted*** an orphan.

proponent [prəˈpoʊnənt] *n.* 支持者；建议者

【例】He was an early ***proponent*** of the theory that life on Earth may have come from Mars in rocks ejected by asteroid and comet impacts.

保 护

assert [əˈsɜːrt] *vt.* 维护

【例】Employees should learn to ***assert*** their rights.

☐ redress ☐ compassion ☐ assist ☐ extricate ☐ donate ☐ raise
☐ bestow ☐ rescue ☐ champion ☐ salvage ☐ save ☐ adopt
☐ proponent ☐ assert

preserve [prɪˈzɜːrv] *vt.* 保存(keep, save, maintain)
【记】pre(预先)+serve(保存)
【例】Max eats only good things hoping to ***preserve*** his health.

retain [rɪˈteɪn] *vt.* 保留(hold, reserve, withhold, keep)
【例】We ***retained*** the original fireplace when we redecorated the room.

shield [ʃiːld] *vt.* 庇护，保护(protect)
【例】He ***shielded*** me by claiming that he broke the window.

defend [dɪˈfend] *vt.* 防护
【例】Mary ***defended*** her actions when she was accused of cheating.

escort [ˈeskɔːrt] *vt.* 护送(accompany)
【例】A bodyguard ***escorted*** the celebrity around town.

convoy [ˈkɑːnvɔɪ] *vt.* 护送(accompany, escort)
【记】con+voy(路，看)→照看一路→护送
【例】The army ***convoyed*** the supply trucks to the center of the battle.

safeguard [ˈseɪfɡɑːrd] *vt.* 维护，保卫(protect)
【记】联想"舒肤佳"香皂
【例】We have found a way of ***safeguarding*** our money.

抽象行为

behave [bɪˈheɪv] *v.* 举止端正，表现
【例】"***Behave*** yourself", the mother warned her child.

behavior [bɪˈheɪvjər] *n.* 行为(conduct, deed)

conduct [kənˈdʌkt] *v.* 行为(behave)
【例】She ***conducted*** herself stoically in her time of grief.

deport [dɪˈpɔːrt] *vt.* 举止
【例】She ***deported*** herself well.

abstract [ˈæbstrækt] *adj.* 抽象的(theoretical, conceptual)
【例】Professor Brewer's books are very ***abstract*** and hard to read.

abstraction [æbˈstrækʃn] *n.* 抽象概念
【例】By looking at what happened in many similar cases, we were able to create an ***abstraction*** that also covered other instances.

action [ˈækʃn] *n.* 行动(activity)
【例】The continuous ***action*** of the sewing machine shook the table.

□ preserve □ retain □ shield □ defend □ escort □ convoy
□ safeguard □ behave □ behavior □ conduct □ deport □ abstract
□ abstraction □ action

处 理

shift [ʃɪft] *n./v.* 转移；替换(change, alteration)

【例】Workers in this factory work on 3 ***shifts***.

dissipate [ˈdɪsɪpeɪt] *v.* 驱散，消散(disappear)

【例】The fog is ***dissipating***.

deal [diːl] *vi.* 处理

【例】You need to learn how to ***deal*** with problems like this.

dispose [dɪˈspoʊz] *vi.* 处理；丢掉(deal with; get rid of)

【例】Man proposes, God ***disposes***.

bestow [bɪˈstoʊ] *vt.* 应用，使用

【记】be＋stow(地方)→给予地方

【例】On this interesting story I ***bestowed*** much thought.

exert [ɪgˈzɜːrt] *vt.* 施加

【记】ex＋ert(力)→出力→施加

【例】He ***exerted*** more influence on the committee than anyone else.

displace [dɪsˈpleɪs] *vt.* 转移，取代

【记】dis＋place(位置)→取代(位置)→转移

【例】My computer has ***displaced*** my old typewriter.

tackle [ˈtækl] *vt.* 处理(deal, handle)

【例】Susan ***tackled*** the problem and solved it easily.

transact [trænˈzækt] *vt.* 处理(deal, manage)

【例】These two companies often ***transact*** business over the phone.

discard [dɪsˈkɑːrd] *vt.* 丢弃(reject)

【例】I tried to ***discard*** the old toys, but the children found them and put them back in the toy box.

utilize [ˈjuːtəlaɪz] *vt.* 利用(use, make use of)

【例】Efficient workers ***utilize*** time wisely.

harness [ˈhɑːrnɪs] *vt.* 利用(utilize)

【例】Before steam engine was ***harnessed*** in the large machinery, the efficiency was very low.

arrange [əˈreɪndʒ] *vt.* 排列(put together, plan)

【记】ar＋range(列)

【例】The florist ***arranged*** the roses in the vase.

reject [rɪˈdʒekt] *vt.* 抛弃

【记】re(回)＋ject(扔)→扔回来，拒绝

【例】The government is expected to ***reject*** the idea of state subsidy for a new high-speed railway.

□ shift □ dissipate □ deal □ dispose □ bestow □ exert
□ displace □ tackle □ transact □ discard □ utilize □ harness
□ arrange □ reject

cancel [ˈkænsl] *vt.* 取消(call off, nullify)

【例】The boss ***canceled*** the meeting.

undo [ʌnˈduː] *vt.* 取消(cancel, annul)

【记】un(不)+do(做)→取消

【例】What is done cannot be ***undone***.

delete [dɪˈliːt] *vt.* 删除(erase, remove from)

【例】References to places of battle were ***deleted*** from soldiers' letters during the war.

contrive [kənˈtraɪv] *vt.* 设计(plan)

【例】Baby-sitters ***contrive*** ways to amuse the children.

implement [ˈɪmplɪment] *vt.* 实现(carry out, fulfil, execute)

【记】im(进入)+ple(满)+ment→使圆满→实现

【例】Once we made a plan, the remaining task would be to ***implement*** it.

effectuate [ɪˈfektʃueɪt] *vt.* 使实现

【记】effect(效果)+uate(表示动词)

【例】The scientists ***effectuated*** a shockwave.

glean [gliːn] *vt.* 收集(collect, gather)

【例】The scientists were delighted at the information ***gleaned*** from the investigation.

purge [pɜːrdʒ] *vt.* 消除(clear, purify)

【记】比较pure(纯的)

【例】The old tycoon did a lot of good deeds to ***purge*** away his sins.

erase [ɪˈreɪs] *vt.* 消除(eliminate)

【记】e+rase(擦)

【例】Bill ***erased*** his mistake before turning in his assignment.

eradicate [ɪˈrædɪkeɪt] *vt.* 根除(eliminate, get rid of, remove)

【例】One of the major goals of the government is to ***eradicate*** poverty in poor areas of China.

efface [ɪˈfeɪs] *vt.* 消除(erase)

【记】ef+face(脸)→去掉表面→消除

【例】Weathering has ***effaced*** the inscription on the tombstone so that people cannot read it.

despatch [dɪˈspætʃ] *vt.* 迅速处理(dispose)

【例】The chairman ***despatched*** the meeting in 20 minutes.

forsake [fərˈseɪk] *vt.* 遗弃，抛弃，摒绝(abandon, desert)

【记】for(god's)sake 看在上帝的份儿上，不要抛弃我。

【例】I had to ***forsake*** my smoking habit because I was having trouble breathing.

□ cancel □ undo □ delete □ contrive □ implement □ effectuate
□ glean □ purge □ erase □ eradicate □ efface □ despatch
□ forsake

adopt [əˈdɑːpt] *vt.* 采用(foster)

【记】ad+opt(选择)→采用

【例】Susan ***adopted*** a strict diet when she learned she was sick.

process [ˈprɑːses] *vt.* 处理(treat)

【例】These materials are to be ***processed*** before they can be used.

scrap [skræp] *vt.* 废弃

【例】They had to ***scrap*** their plans.

abandon [əˈbændən] *vt.* 抛弃，放弃(discard, give up)

【记】a(没)+bandon(权力)→不再有权力→抛弃

【例】He ***abandoned*** his wife and went away with all their money.

jettison [ˈdʒetɪsn] *vt.* 抛弃，丢弃(discard)

【例】The manager ***jettisoned*** the whole marketing plan.

offset [ˈɔːfset] *n./v.* 抵销(balance, compensate)；平版印刷；支派

【例】The gains ***offset*** the losses.

cobble [ˈkɑːbl] *vt.* 修，拙劣地修补；铺鹅卵石，用圆石铺面

【例】They don't just go out and ***cobble*** together airplanes and bridges.

促 进

impulsive [ɪmˈpʌlsɪv] *adj.* 推动的(propelling, driving)

【例】an ***impulsive*** force

hasten [ˈheɪsn] *v.* 催促；赶紧(hurry; quicken)

【例】She ***hastened*** her to go to work.

urge [ɜːrdʒ] *v.* 推进；催促(advocate, encourage, impel, press)

【例】The teacher ***urged*** on the necessity of sufficient practice to achieve a high score.

prod [prɑːd] *vt.* 刺激(poke, spur)

【例】Bob is lazy; he won't do any work if he's not ***prodded*** into it.

stimulate [ˈstɪmjuleɪt] *vt.* 刺激，激励，激发(motivate, encourage, incite, actuate)

【记】stimul(刺激)+ate

【例】The mass was ***stimulated*** by his words and burned Caesar's house.

promote [prəˈmoʊt] *vt.* 促进

【记】pro(前)+mote(动)→促进

【例】The go-between tried to ***promote*** relationship between the boy and the girl.

further [ˈfɜːrðər] *vt.* 促进，增进(advance, promote)

【例】He wants to ***further*** his education in China.

□ adopt □ process □ scrap □ abandon □ jettison □ offset
□ cobble □ impulsive □ hasten □ urge □ prod □ stimulate
□ promote □ further

elicit [iˈlɪsɪt] *vt.* 得出，引出(provoke)

【例】After much questioning among the people concerned, the head-master at last ***elicited*** the truth about the incident.

instigate [ˈɪnstɪgeɪt] *vt.* 鼓动(prompt)

【记】in(进入)+stig(刺激)+ate→进入刺激→鼓动

【例】He ***instigated*** the ending of a free working lunch in the company.

encourage [ɪnˈkɜːrɪdʒ] *vt.* 鼓励(urge)

【例】The coach ***encouraged*** Jimmy to practise more often.

inspire [ɪnˈspaɪər] *vt.* 鼓舞，激发(fire the imagination, encourage)

【例】I was ***inspired*** to work harder than ever before.

evoke [ɪˈvoʊk] *vt.* 唤起(arouse, produce)

【记】e+voke(喊)→喊出→唤起

【例】Bill's soft voice ***evoked*** a feeling of peace and calmness.

arouse [əˈraʊz] *vt.* 唤起(awake, evoke)

【记】a+rouse(唤起)

【例】A book with a very colorful cover ***aroused*** Bill's interest.

kindle [ˈkɪndl] *vt.* 激起

【记】比较candle(蜡烛)

【例】Her cruelty ***kindled*** hatred in my heart.

intensify [ɪnˈtensɪfaɪ] *vt.* 加强(enhance, strengthen)

【例】The general ***intensified*** the defense of the northern border by sending more troops there.

fortify [ˈfɔːrtɪfaɪ] *vt.* 加强(strengthen, reinforce)

【记】fort(强)+ify→力量化→加强

【例】We ***fortified*** the bridge with extra supports.

propel [prəˈpel] *vt.* 推进，促进(drive, push forward)

【记】pro(前)+pel(推)→推进

【例】The football player ***propelled*** the ball forward with a good kick.

foment [foʊˈment] *vt.* 引发(incite, stir up)

【记】比较ferment(酶，酝酿)

【例】The event ***fomented*** widespread public opinion.

incite [ɪnˈsaɪt] *vt.* 引起；激动；煽动(arouse, provoke; stir)

【记】in(进入)+cite(唤起)→激起

【例】Troublemakers who ***incite*** riots are under arrest.

impulse [ˈɪmpʌls] *v.* 推动(urge, momentum)

【记】比较pulse(脉搏，跳动)

□ elicit □ instigate □ encourage □ inspire □ evoke □ arouse
□ kindle □ intensify □ fortify □ propel □ foment □ incite
□ impulse

spur [spɜːr] *vt.* 刺激，鞭策(stimulate, provoke, urge)

【例】***Spurred*** by his encouraging students, the teacher started to talk about his first love.

prompt [prɑːmpt] *vt.* 鼓动，促使(stimulate, motivate)

【例】The man confessed that poverty ***prompted*** him to steal.

flourish [ˈflɜːrɪʃ] *n./v.* 茂盛；兴旺，繁荣；活跃；装饰；炫耀，夸耀(bloom, prosper)

【例】He showed us his new design with much ***flourish***.

interplay [ˈɪntərpleɪ] *n.* 互相作用，作用和反作用(interact) *v.* 互相作用(interaction)

【记】inter-(相互)+play

【例】All successful investigators are involved in the ***interplay*** between experiment and theory.

foster [ˈfɔːstər] *vt.* 培养；养育，抚育；抱(希望等)；促进

【例】He said that developed countries had a responsibility to ***foster*** global economic growth to help new democracies.

得 到

due [djuː] *adj.* 应得的 *n.* 应得物

【例】You finally received your ***due***.

attainment [əˈteɪnmənt] *n.* 成就(accomplishment, achievement)

【记】at+tain(拿住)+ment→得到的→成就

【例】***Attainment*** of the Olympic gold medal thrilled the athlete.

gain [ɡeɪn] *v.* 得到，赚到(acquire, benefit, earn, profit, win)

【例】The Smiths ***gained*** a small fortune in real estate.

obtain [əbˈteɪn] *vt.* 得到(acquire, attain, gain)

【例】His intelligent work has ***obtained*** him great fame.

seize [siːz] *vt.* 夺取，捕获(capture)

【例】The airfield was ***seized*** by enemy troops.

redeem [rɪˈdiːm] *vt.* 取回；赎回(rescue, save)

【记】re(重新)+deem(买)→赎回

【例】I ***redeemed*** the watch that I had pawned at the pawn shop.

procure [prəˈkjʊr] *vt.* 获得，取得(acquire, obtain)

【例】He swears he will ***procure*** a solution to this difficult problem.

acquire [əˈkwaɪər] *vt.* 获得(obtain, attain)

【例】Susan ***acquired*** an appreciation of classical music.

acquisitive [əˈkwɪzətɪv] *adj.* 可获得的

【记】ac+quisit(得到)+ive→一再得到→可获得的

【例】She boasts an ***acquisitive*** mind.

□ spur □ prompt □ flourish □ interplay □ foster □ due
□ attainment □ gain □ obtain □ seize □ redeem □ procure
□ acquire □ acquisitive

derive [dɪˈraɪv] *v.* 获得；起源(obtain, acquire)
【例】All ideas they unconsciously ***derive*** from the printed page are stored up.

躲 避

elude [iˈluːd] *vt.* 躲避(escape, evade)
【记】e(出)+lude(玩)→玩出去→躲出去
【例】The gangster ***eluded*** the police.

elusive [iˈluːsɪv] *adj.* 躲避的
【记】e(出)+lus(玩)+ive
【例】We got a glimpse of the ***elusive*** movie star as he entered his private car.

sly [slaɪ] *adj.* 躲躲闪闪的(secret, furtive)
【例】The ***sly*** spy managed to trap those loyal people.

evade [ɪˈveɪd] *vt.* 逃避，回避(dodge, avoid)
【记】e+vade(走)→逃跑
【例】Jane ***evaded*** doing her chores at home by pretending to be sick.

evasive [ɪˈveɪsɪv] *adj.* 逃避的，推诿的(elusive, equivocating)
【例】Anne's ***evasive*** manner caused me to doubt everything she said.

evasion [ɪˈveɪʒn] *n.* 逃避
【例】John's ***evasion*** of questions about where he was last night alarmed his parents.

escape [ɪˈskeɪp] *v.* 避免；逃避；逃跑
【例】My birds ***escaped*** when I accidentally left their cage open.

shun [ʃʌn] *vt.* 避开(avoid, eschew)
【例】John ***shuns*** businesses that don't employ union labor.

eschew [ɪsˈtʃuː] *vt.* 避开；远离(avoid; shun)
【例】Jane ***eschews*** both alcohol and tobacco.

avoid [əˈvɔɪd] *vt.* 避免，回避，躲开(shun, escape)
【例】I drove carefully to ***avoid*** an accident.

dodge [dɑːdʒ] *vt.* 躲开；逃避责任(avoid; evade)
【例】The politician ***dodged*** many controversial issues in her speech.

avert [əˈvɜːrt] *vt.* 转移；避免，防止(shift; prevent, avoid)
【记】a+vert(转)→转开→避免
【例】She ***averted*** her eyes from the dying child.

□ derive □ elude □ elusive □ sly □ evade □ evasive
□ evasion □ escape □ shun □ eschew □ avoid □ dodge
□ avert

反 抗

insubordinate [ˌɪnsəˈbɔːrdɪnət] *adj.* 不服从的(disobedient, rebellious)

【记】in(不)+subordinate(服从的)

【例】In industry, a worker who is grossly ***insubordinate*** is threatened with discharge.

defiant [dɪˈfaɪənt] *adj.* 大胆反抗的(hostile, rebellious)

【例】The ***defiant*** teenager frequently skipped school.

opposed [əˈpoʊzd] *adj.* 反对的

【记】oppose(反对)+d

【例】What he said was totally ***opposed*** to facts.

rebellion [rɪˈbeljən] *n.* 反抗(revolt, opposition)

【记】re(反)+bell(打斗)+ion→反抗

【例】The government soon put down the ***rebellion***.

resist [rɪˈzɪst] *v.* 抵抗(oppose)

【记】re(始终)+sist(坐)→始终以静坐抵抗

【例】They found a bacterium that ***resisted*** the antibiotic.

demur [dɪˈmɜːr] *vi.* 抗议(protest, object)

【例】The workers ***demur*** at working on Sundays.

traverse [trəˈvɜːrs] *vt.* 反对

【记】tra(横)+verse(转)→横过

【例】It does not ***traverse*** the complete source code, unless you specify that action.

defy [dɪˈfaɪ] *vt.* 蔑视，反抗

【例】If you ***defy*** the law, you'll be sent to prison.

suppress [səˈpres] *v.* 镇压，平定；查禁；压制；废止(repress, subdue)

【例】A prime goal was to ***suppress*** all media opposed to the government.

combat [ˈkɑːmbæt] *vt.* 反对；与…战斗 *n.* 战斗；争论

【例】Our mission will change from ***combat*** to support.

反 叛

outrageous [aʊtˈreɪdʒəs] *adj.* 暴乱的(offensive, disgraceful)

【例】Have you heard of anything more ***outrageous***?

turbulent [ˈtɜːrbjələnt] *adj.* 骚动的，骚乱的(violent)

【例】They had been together for five or six ***turbulent*** years of break-ups and reconciliations.

riot [ˈraɪət] *n.* 暴乱，骚动(disturbance, disorder, chaos)

【例】Twelve inmates have been killed during a ***riot*** at the prison.

□ insubordinate □ defiant □ opposed □ rebellion □ resist □ demur
□ traverse □ defy □ suppress □ combat □ outrageous □ turbulent
□ riot

defection [dɪˈfekʃn] *n.* 背叛，缺陷
【记】de(坏)+fect(做)+ion→做坏事→背叛
【例】The risks of ***defection*** are enormous.

uprising [ˈʌpraɪzɪŋ] *n.* 叛乱
【记】来自rise up(起义)
【例】The popular ***uprising*** unfolding in the country right now really is remarkable.

uproar [ˈʌprɔːr] *n.* 骚动
【记】up(上)+roar(吼叫)
【例】I don't understand how such an innocuous children's book could cause such an ***uproar***.

turmoil [ˈtɜːrmɔɪl] *n.* 骚动；混乱(disorder, chaos)
【记】tur+moil(喧闹)→混乱
【例】The ***turmoil*** of exams made the students very irritable.

treason [ˈtriːzn] *n.* 通敌，叛国罪(treachery)
【例】The punishment for ***treason*** is death in some countries.

rebel [rɪˈbel] *vi.* 谋反，反抗
【例】The students ***rebelled*** against their school.

betray [bɪˈtreɪ] *vt.* 背叛
【记】be+tray(盘子)→和盘托出→背叛
【例】The soldier ***betrayed*** his country and gave top secret to the enemy.

subvert [səbˈvɜːrt] *vt.* 颠覆，推翻(destroy, undermine)
【记】sub(下面)+vert(转)→下面转变→颠覆
【例】Writings that ***subvent*** the Christianity are forbidden .

plot [plɑːt] *vt.* 密谋，策划(plan, map out, outline)
【例】They are ***plotting*** to rob a bank.

overturn [ˌoʊvərˈtɜːrn] *v.* 推翻，颠倒
【例】The motorcycle veered out of control, ***overturned*** and smashed into a wall.

否　定

exclusion [ɪkˈskluːʒn] *n.* 拒绝(rejection)
【例】The ***exclusion*** of women from the temple made them feel sad.

decline [dɪˈklaɪn] *v.* 拒绝(refuse)
【例】I ***declined*** their offer of help.

relinquish [rɪˈlɪŋkwɪʃ] *vt.* 放弃(abandon, give up, quit)
【记】re(再次)+linqu(离开)+ish→再次离开→放弃

□ defection □ uprising □ uproar □ turmoil □ treason □ rebel
□ betray □ subvert □ plot □ overturn □ exclusion □ decline
□ relinquish

【例】The soldiers had to ***relinquish*** some unwieldy equipment to their enemies during their retreat.

renounce [rɪˈnaʊns] *vt.* 放弃，否认(abandon, reject)

【记】re(反)+nounce(说)→否认

【例】She ***renounced*** the position when she got pregnant.

gainsay [ˌɡeɪnˈseɪ] *vt./n.* 否认(deny)

【记】gain=against(反对)+say(说)→否认

【例】He is a good man; there is no ***gainsaying*** his innocence.

deny [dɪˈnaɪ] *vt.* 否认

【例】They ***denied*** the fact by making a fake story.

disclaim [dɪsˈkleɪm] *vt.* 拒绝承认，否认(refuse)

【记】dis+claim(喊)

【例】Each employee ***disclaimed*** responsibility for the mistake.

reject [rɪˈdʒekt] *vt.* 拒收(refuse, turn down)

【记】re(回)+ject(扔)→扔回来→拒收

【例】He ***rejected*** their invitation point-blank.

服 从

submit [səbˈmɪt] *vi.* 服从(give in, yield)

【例】Christians ***submit*** themselves to God's will.

submissive [səbˈmɪsɪv] *adj.* 顺从的(obedient, meek)

【例】Most doctors want their patients to be ***submissive***.

submission [səbˈmɪʃn] *n.* 屈服；服从

【记】sub(下面)+miss(放)+ion→放在下面→屈服

subjection [səbˈdʒekʃn] *n.* 服从(subjugation, subduing)

obedience [əˈbiːdiəns] *n.* 服从，顺从(deference, submission)

【记】动词obey(服从)

【例】I was pleased by my dog's ***obedience*** to my commands.

succumb [səˈkʌm] *vi.* 屈服(submit, yield)

【例】The country ***succumbed*** after only a short siege.

enthrall [ɪnˈθrɔːl] *vt.* 使服从

【记】en+thrall(奴隶)→使服从

【例】The magician ***enthralled*** us with fascinating tricks.

defer [dɪˈfɜːr] *vi.* 服从，屈从(yield)

【记】de(坏)+fer(带来)

【例】He ***deferred*** to Tim's superior knowledge.

☐ renounce ☐ gainsay ☐ deny ☐ disclaim ☐ reject ☐ submit
☐ submissive ☐ submission ☐ subjection ☐ obedience ☐ succumb ☐ enthrall
☐ defer

负面效果行为

lash [læʃ] *v.* 鞭打(whip, flog)

【例】The horse was ***lashed*** because it lagged.

sustain [səˈsteɪn] *vt.* 遭受(suffer)

【例】He ***sustained*** a fatal injury in the accident.

pervert [pərˈvɜːrt] *vt.* 导入邪途；曲解(deviate, distort)

【记】per(全部)+vert(转)→全都转到邪道

【例】The analysis ***perverts*** the meaning of the poem.

coddle [ˈkɑːdl] *vt.* 娇养，溺爱

【例】You ***coddle*** your children too much. They are getting spoiled.

entail [ɪnˈteɪl] *vt.* 惹起；使负担(require; involve)

【例】The task ***entailed*** strict attention to procedure.

inflict [ɪnˈflɪkt] *vt.* 使遭受(损伤、苦痛等)(incur, impose)

【记】in(进入)+flict(打斗)→导致痛苦

【例】The economic depression ***inflicted*** hundreds of millions of loss in Asia.

distort [dɪˈstɔːrt] *vt.* 歪曲(misrepresent, twist)

【例】An electrical disturbance ***distorted*** the picture on the television set.

abuse [əˈbjuːs] *vt.* 滥用

【记】ab(不)+use(使用)→不正当使用→滥用

【例】Rulers who ***abuse*** their power should be removed from office.

改 良

correct [kəˈrekt] *adj.* 正确的 *vt.* 纠正(ratify)

【记】cor+rect(直，正)

【例】The answers have been ***corrected*** at the back of the workbook.

innovation [ˌɪnəˈveɪʃn] *n.* 改革，革新(reformation)

【记】innovate(革新)+ion

【例】Susan's design ***innovations*** saved the company a great deal of money.

modify [ˈmɑːdɪfaɪ] *vt.* 修改(change, adapt)

【记】mod(方式，规范)+ify→规范化→修改

【例】I ***modified*** my travel plans by staying an extra night in Rome.

modification [ˌmɑːdɪfɪˈkeɪʃn] *n.* 更改，修改(change)

【例】With some ***modification***, this method can be directly utilized by test organizations.

□ lash □ sustain □ pervert □ coddle □ entail □ inflict
□ distort □ abuse □ correct □ innovation □ modify □ modification

ornament [ˈɔːrnəmənt] *n.* 装饰物；装修(decoration, embellishment)
【记】orn(装饰)+ament
【例】The oldest one was looking at her reflection in an ***ornament*** on the Christmas tree.

coax [koʊks] *vt.* 耐心调理
【例】Jane ***coaxed*** her little baby to sleep.

gild [ɡɪld] *vt.* 虚饰(embellish)
【例】She was ***gilding*** the lily by attaching something unnecessary to the new car.

modulate [ˈmɑːdʒəleɪt] *vt.* 调整(change, modify)
【记】mod(方式，模式)+ulate→对模式进行调整→调整
【例】The opera singer ***modulated*** her voice skillfully.

mend [mend] *vt.* 改正，修正(revise, correct)；改进
【例】We must do something to ***mend*** his reputation.

renovate [ˈrenəveɪt] *vt.* 革新(renew, restore)
【记】re(重新)+nov(新)+ate→重新翻新→革新
【例】The school is closed for ***renovation***.

substantiate [səbˈstænʃieɪt] *vt.* 加强(corroborate, verify)
【例】Evidences ***substantiated*** that he was the murderer.

strengthen [ˈstreŋθn] *v.* 加强，巩固(reinforce)
【例】Our enemy has greatly ***strengthened*** during the truce talks.

reinforce [ˌriːɪnˈfɔːrs] *vt.* 加强，加固(increase, strengthen)
【记】re(再次)+in+force(力量)→再次增加力量
【例】The Congress passed a bill on ***reinforcing*** information technology in the coming decade.

garnish [ˈɡɑːrnɪʃ] *vt.* 加装饰(adorn, decorate)
【记】garn=gar(花)+ish→用花来装饰
【例】The cool drink was ***garnished*** with a slice of lemon.

embellish [ɪmˈbelɪʃ] *vt.* 装饰，修饰(decorate, adorn)
【记】em+bell(美)+ish→使美
【例】Anne ***embellished*** the shirt collar with lace.

embroider [ɪmˈbrɔɪdər] *vt.* 装饰
【记】em+broider(刺绣)→用刺绣来装饰
【例】Susan ***embroidered*** the edges of all her pillowcases.

temper [ˈtempər] *v.* 缓和，调节(modify, modulate)
【例】He ***tempered*** his doctrinaire logic with a little practical wisdom.

adjust [əˈdʒʌst] *vt.* 调节；使适于(adapt)
【记】ad+just(合适的)
【例】Mary ***adjusted*** the TV to get a clearer picture.

□ ornament □ coax □ gild □ modulate □ mend □ renovate
□ substantiate □ strengthen □ reinforce □ garnish □ embellish □ embroider
□ temper □ adjust

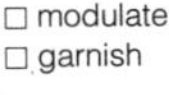
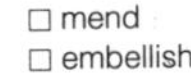

refine [rɪˈfaɪn] *vt.* 精炼，精制

【例】He needs to ***refine*** his style of writing.

progressive [prəˈgresɪv] *n.* 改革论者，进步论者 *adj.* 前进的，进步的，累进的(increasing)

【例】It often happened that a ***progressive*** country which is not strong is destroyed by a big, reactionary country.

干 涉

conciliatory [kənˈsɪliətɔːri] *adj.* 善于调解的(reconciling)

【记】concil(协商)+iatory

【例】One of the diplomats made a few ***conciliatory*** suggestions that helped bring about a truce.

hurdle [ˈhɜːrdl] *n.* 障碍(barrier, obstacle)

【例】But the bigger ***hurdle*** was attitude.

barrier [ˈbæriər] *n.* 栅栏，屏障；障碍(obstacle, block, barricade)

【例】The ***barrier*** between the desks gave both workers some privacy.

barricade [ˌbærɪˈkeɪd] *n.* 障碍物(barrier, impediment)

【记】barric(阻止)+ade

【例】The students erected a ***barricade*** on campus as a protest.

obstacle [ˈɑːbstəkl] *n.* 障碍(barrier, impediment)

snag [snæg] *n.* 障碍(disadvantage, obstacle)

【例】The ship stroke a ***snag*** near the bank of the river.

forestall [fɔːrˈstɔːl] *v.* 预先阻止(prevent, preempt)

【例】Bill ***forestalled*** a major crisis by taking care of small problems before they became worse.

intercede [ˌɪntərˈsiːd] *vi.* 调停，求情(intervene, mediate)

【记】inter(中间)+cede(走)→在中间奔走→调停

【例】Whenever I argued with my brother, my parents would ***intercede***.

intercept [ˌɪntərˈsept] *vt.* 中途拦截；阻止(hold back, stop)

【记】inter(中间)+cept(拿)→拦截

【例】John threw the football to Susan, but Bob ***intercepted*** *it.*

intervene [ˌɪntərˈviːn] *vi.* 干涉(interfere, influence)

【记】inter(中间)+vene(来)→来到中间→干涉

【例】The brothers wouldn't stop arguing until their mother ***intervened***.

interfere [ˌɪntərˈfɪr] *vi.* 干涉，干预(intervene, meddle)；妨碍

【例】Please stop ***interfering***. This is none of your business.

□ refine □ progressive □ conciliatory □ hurdle □ barrier □ barricade
□ obstacle □ snag □ forestall □ intercede □ intercept □ intervene
□ interfere

meddle [ˈmedl] *vi.* 干预(interfere, intervene)

【例】Few people like someone who ***meddles*** in the affairs of others.

tamper [ˈtæmpər] *vi.* 干预(interfere, intervene)

【例】The secretary ***tampered*** with the prime minister's schedule.

mediate [ˈmiːdieɪt] *vt.* 调停(intercede, intervene)

【记】medi(中间)+ate→在中间(走)→调停

【例】The UN is reponsible for ***mediating*** between two countries which are at war.

balk [bɔːk] *vt.* 妨碍(block, hinder, stall)

【例】His plan was ***balked***.

hinder [ˈhɪndər] *vt.* 妨碍(hamper, impede, retard)

【例】The tall fence ***hindered*** the children from going to the lake.

hamper [ˈhæmpər] *vt.* 妨碍(hinder, impede, handicap)

【例】The fierce storm ***hampered*** our efforts to get to town by sunset.

handicap [ˈhændikæp] *vt.* 妨碍；使不利(hamper, impede, obstruct)

【例】A sore throat ***handicapped*** the singer.

incapacitate [ˌɪnkəˈpæsɪteɪt] *vt.* 使不能(disable, handicap)

【记】比较capacity(能力)

【例】Poor health ***incapacitated*** him from work all his life.

prevent [prɪˈvent] *vt.* 阻碍(block, cumber, hinder, obstruct)

【例】His laziness ***prevented*** his career.

clog [klɑːg] *vt.* 阻碍(block, jam)

【记】分割记忆c+log(圆木头)

【例】The accident ***clogged*** the highway and caused a traffic jam.

stunt [stʌnt] *vt.* 阻碍(hinder, impede)

【例】The barren environment ***stunt*** the tree from developing into a big one.

encumber [ɪnˈkʌmbər] *vt.* 阻碍，妨碍(burden, hamper)

【记】en+cumber(躺)→躺着不动→阻碍

【例】There is a hiker who was ***encumbered*** with a heavy pack.

obstruct [əbˈstrʌkt] *vt.* 阻碍，妨碍(hinder, impede)

【记】ob(反)+struct(建造)→违规建造→妨碍

【例】Some paper got in the sink and ***obstructed*** the drain.

foil [fɔɪl] *vt.* 阻止(defeat, frustrate)

【例】What ultimately ***foiled*** his victory was his flawed character.

block [blɑːk] *vt.* 阻碍(hinder, obstruct)

【例】The tree ***blocked*** our view.

□ meddle □ tamper □ mediate □ balk □ hinder □ hamper
□ handicap □ incapacitate □ prevent □ clog □ stunt □ encumber
□ obstruct □ foil □ block

跟 踪

trace [treɪs] *n.* 痕迹(remnant, residue) *vt.* 跟踪，追溯 (detect)

【例】The cunning fox leaves no ***traces*** for the hunters. / Trapper who ***traced*** the fox for five consecutive weeks finally captured it.

vestige [ˈvestɪdʒ] *n.* 痕迹，遗迹(remnant, trace)

【例】We represent the last ***vestige*** of what made this nation great—hard work.

stalk [stɔːk] *v.* 跟踪(猎物)(trace)

【例】The hunter carefully ***stalked*** the deer.

entrap [ɪnˈtræp] *vt.* 以网或陷阱捕捉(trick, entice)

【记】en+trap(陷阱)

【例】The hounds ***entrapped*** the fox.

固 定

stationary [ˈsteɪʃəneri] *adj.* 固定的(fixed, immobile, static)

【例】I think your arm is broken. Try to keep it ***stationary*** until we get to the hospital.

immobile [ɪˈmoʊbl] *adj.* 固定的(fixed, stationary)

【记】im(不)+mobile(能动的)；比较mobile phone(移动电话)

【例】Joe remained ***immobile***, as if he had been carved out of stone.

fix [fɪks] *v.* 固定(set, determine)

【例】He ***fixed*** a picture to the wall.

fixed [fɪkst] *adj.* 固定的(stationary)

【记】fix(固定)+ed

【例】Since this is a new company, there are no ***fixed*** rules.

solidly [ˈsɑːlɪdli] *adv.* 牢固地(squarely, firmly)

【例】He bases his hypothesis ***solidly*** on Newton's theory.

locate [ˈloʊkeɪt] *vt.* 设置，使位于(situate, set)

【记】loc(地方)+ate→(找出)地方所在→使位于

【例】The new building will be ***located*** in the center of town.

bear [ber] *vt.* 支撑(support, stand)

【例】Can the ice ***bear*** my weight?

install [ɪnˈstɔːl] *vt.* 安装，设置(set up, equip)

【记】in(进入)+stall(停止)→停放在里面→安装

【例】In order to make the computer operate better, they need to ***install*** the new software.

□ trace □ vestige □ stalk □ entrap □ stationary □ immobile
□ fix □ fixed □ solidly □ locate □ bear □ install

set [set] *vt.* 放置(situate) *adj.* 固定的(prescribed, fixed)
【例】The movie was ***set*** in the platform of the railway station.

sustain [səˈsteɪn] *vt.* 支撑，维持(stand, keep, maintain)
【例】Mary ***sustained*** her plants with plenty of water and sunshine.

brace [breɪs] *vt.* 支持，使固定(strengthen, support) *n.* 支撑物
【例】The rope acted as a ***brace*** to hold the tree upright.

观 察

perceive [pərˈsiːv] *vt.* 察觉到，看见(discern, see)
【记】per(全部)＋ceive(拿到)→觉察
【例】The world we ***perceived*** is only a small part of the real world.

perceptive [pərˈseptɪv] *adj.* 感觉敏锐的，观察入微的(discerning, penetrating)
【记】per(全部)＋cept(知道)＋ive
【例】A ***perceptive*** scholar questioned the professor's theory.

detect [dɪˈtekt] *vt.* 探测，发觉(explore, discover)
【例】I ***detected*** Bob's lie because he wouldn't look at me directly.

detectable [dɪˈtektəbl] *adj.* 可发觉的，可看穿的(apparent, measurable)
【例】Doctors say the disease is probably inherited but not ***detectable*** at birth.

discernible [dɪˈsɜːrnəbl] *adj.* 可觉察的
【例】It's a positive force, and it exerts an actual and somehow palpable, ***discernible*** force in the world.

inquiry [ˈɪnkwəri] *n.* 调查研究(investigation, quest)
【例】The investigation has suddenly switched to a new line of ***inquiry***.

observe [əbˈzɜːrv] *vt.* 看到(watch)
【记】TOEFL常考词义为"遵守"

observation [ˌɑːbzərˈveɪʃn] *n.* 观察
【记】动词observe(观，看)

perspective [pərˈspektɪv] *n.* 透视；观点(view, outlook)
【记】per(全部)＋spect(看)＋ive→远景
【例】Her ability to use ***perspective*** gives the appearance of depth to her art.

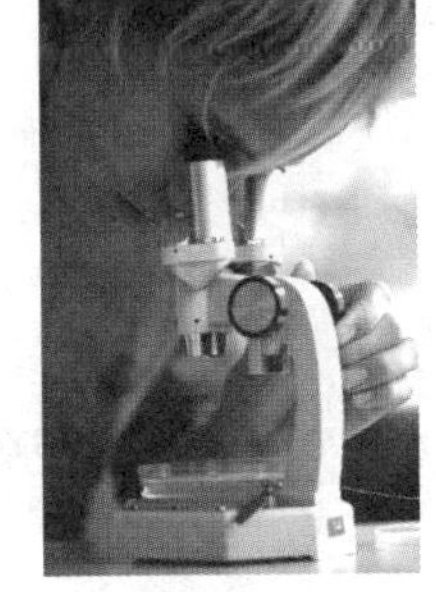

insight [ˈɪnsaɪt] *n.* 洞察力，见识(understanding)
【例】He was a man of forceful character, with considerable ***insight*** and diplomatic skills.

investigate [ɪnˈvestɪɡeɪt] *v.* 调查，研究(research, survey)
【例】The police would ***investigate*** this accident.

□ set □ sustain □ brace □ perceive □ perceptive □ detect
□ detectable □ discernible □ inquiry □ observe □ observation □ perspective
□ insight □ investigate

pierce [pɪrs] *vt.* 洞察

【例】Large glowing yellow eyes ***pierced*** the darkness.

survey [ˈsɜːrveɪ] *vt.* 调查(review, research)；遵守

【例】Two women were ***surveying*** the other people on the platform.

scan [skæn] *vt.* 浏览，扫描(browse)

【例】They ***scanned*** the picture and stored it on the disk.

skim [skɪm] *vt.* 略读(scan)

【例】He ***skims*** the book and says it has no use.

spot [spɑːt] *vt.* 认出(notice, see, sight)

【例】The amateur ***spotted*** the comet before the pros.

identify [aɪˈdentɪfaɪ] *vt.* 认出(recognize)

【记】iden(相同)+tify→和(记忆中)相同→认出

【例】The doctor ***identified*** the disease that made me sick.

realize [ˈriːəlaɪz] *vt.* 认识到

【例】The man laughed when he ***realized*** what had happened.

scrutinize [ˈskruːtənaɪz] *vt.* 细察(examine, inspect)

【记】scrutin(检查)+ize

【例】The lawyer had ***scrutinized*** all the documents related to this case.

locate [ˈloʊkeɪt] *vt.* 找出(find)

【记】loc(地方)+ate→找出地方所在

【例】They tried to ***locate*** the source of error.

oversee [ˌoʊvərˈsiː] *vt.* 监督；审查；俯瞰；偷看到，无意中看到

【例】The Treasury is an Executive department, and therefore Congress and the public can more directly ***oversee*** how it uses any added authority.

supervise [ˈsjuːpəvaɪz] *v.* 监督，管理；指导

【例】Citizens have the right to know and to ***supervise*** the government.

坚 持

irreconcilable [ɪˈrekənsaɪləbl] *adj.* 不能妥协的(unconformable, incompatible)

【记】ir(不)+reconcilable(可以和解的)

【例】These old concepts are ***irreconcilable*** with modern life.

indomitable [ɪnˈdɑːmɪtəbl] *adj.* 不屈不挠的(invincible, relentless)

【记】in(不)+domit(支配，统治)+able→不可支配的

【例】The style of the Chinese Women's Volleyball Team in a competition is ***indomitable***, bold and vigorous.

sturdy [ˈstɜːrdi] *adj.* 不屈的，顽强的(strong, stout)

【例】The ***sturdy*** bridge withstood the shaking of the earthquake.

□ pierce □ survey □ scan □ skim □ spot □ identify
□ realize □ scrutinize □ locate □ oversee □ supervise □ irreconcilable
□ indomitable □ sturdy

obstinate [ˈɑːbstɪnət] *adj.* 固执的(stubborn)
【记】ob+stin(站)+ate→坚决站着→固执的
【例】He is ***obstinate*** and determined and will not give up.

bigoted [ˈbɪɡətɪd] *adj.* 固执己见的(narrow-minded, intolerant)
【例】The ***bigoted*** manager refused to hire minority workers.

persistent [pərˈsɪstənt] *adj.* 坚持不懈的(dogged)
【记】per(始终)+sist(坐)+ent→始终坐着→坚持不懈地(背单词)
【例】I told the ***persistent*** salesman to leave me alone.

inflexible [ɪnˈfleksəbl] *adj.* 坚定的(rigid, unbending)
【记】in(不)+flexible(灵活的)
【例】Workers insisted the new system was too ***inflexible***.

steadfast [ˈstedfæst] *adj.* 坚决，坚定，不变的(firm, unchanging)
【例】He remained ***steadfast*** in his belief that he had done the right thing.

unshaken [ˌʌnˈʃeɪkən] *adj.* 坚决的，不动摇的
【记】un(不)+shaken(动摇)
【例】Despite the pressure of economic downturn on public finances, their resolve to invest in education is ***unshaken***.

durable [ˈdjʊrəbl] *adj.* 耐久的，耐用的(lasting, enduring)
【记】dur(持续)+able
【例】This very ***durable*** watch is both waterproof and shatterproof.

tough [tʌf] *adj.* 强硬的，坚韧的(strong, hard)；粗暴的
【例】That cop is really ***tough***; she never let any burglar go away out of her hand.

headstrong [ˈhedstrɔːŋ] *adj.* 顽固的(obstinate, stubborn)
【例】He's young, very ***headstrong***, but he's a good man underneath.

stubborn [ˈstʌbərn] *adj.* 顽固的
【例】Many are ***stubborn*** in pursuit of the path they have chosen, few in pursuit of the goal.

tenacious [təˈneɪʃəs] *adj.* 抓住不放的，顽强的(stubborn, resolute)
【记】ten(拿)+acious
【例】The ***tenacious*** applicant soon got the job.

resolute [ˈrezəluːt] *adj.* 坚决的(firm, determined, steadfast)
【例】We express strong dissatisfaction and ***resolute*** opposition to that.

hardheaded [ˌhɑːrdˈhedɪd] *adj.* 顽固的(stubborn, obstinate)
【记】hard(硬的)+head(想法)+ed→铁石心肠的
【例】My father often said it was only the ***hardheaded*** thriftiness of my grandmother that kept the wolf at bay.

□ obstinate □ bigoted □ persistent □ inflexible □ steadfast □ unshaken
□ durable □ tough □ headstrong □ stubborn □ tenacious □ resolute
□ hardheaded

stoically [ˈstoʊɪkli] *adv.* 坚韧地

【例】This country could weather the subsequent financial turmoil ***stoically***.

fortitude [ˈfɔːrtətjuːd] *n.* 坚忍，刚毅(endurance, courage)

【记】fort(强)+itude表示状态→强的状态

【例】The soldiers were given a medal for their ***fortitude*** during the battle.

resist [rɪˈzɪst] *v.* 坚持(withstand)

【记】re(始终)+sist(坐)→始终坐着→坚持

【例】He could ***resist*** no longer.

remain [rɪˈmeɪn] *vi.* 保持，逗留(stay)

【例】He ***remained*** at home for the whole day waiting for his lovely girlfriend to come.

persevere [ˌpɜːrsəˈvɪr] *vi.* 坚持，不屈不挠

【记】比较severe(严重)

【例】You will need to ***persevere*** if you want the business to succeed.

perseverance [ˌpɜːrsəˈvɪrəns] *n.* 坚定不移(persistence, endurance)

maintain [meɪnˈteɪn] *vt.* 坚持(认为)(keep, sustain, persist, insist)

【记】main=man(手)+tain(拿)→用手拿住→保持

【例】No matter how hard we tried to persuade him, he ***maintained*** his wrong idea.

insist [ɪnˈsɪst] *vt.* 主张；坚持说(claim; adhere)

【例】She ***insisted*** that she never wanted to play hero in the battle.

allege [əˈledʒ] *v.* 主张，申述，宣称(declare, state)

【例】The newspaper reporters ***allege*** that the man was murdered but they have given no proof.

揭 示

implicit [ɪmˈplɪsɪt] *adj.* 暗示的(inferred, implied)

【记】im(进入)+plic(重叠)+it→重叠状态→含蓄的

reflection [rɪˈflekʃn] *n.* 反映(indication, revelation)

【例】Your tone of voice is a ***reflection*** of your attitude.

expose [ɪkˈspoʊz] *vt.* 使暴露，受到，揭露(uncover, subject to)

【例】The ocean bottom is ***exposed*** to a pressure hundreds of times bigger than that of the surface of the earth.

exposure [ɪkˈspoʊʒər] *n.* 曝光(disclosure, uncovering)

【例】Because of the reporter's ***exposure*** of fraud, the bank president was sentenced to prison.

□ stoically □ fortitude □ resist □ remain □ persevere □ perseverance
□ maintain □ insist □ allege □ implicit □ reflection □ expose
□ exposure

reveal [rɪˈviːl] *vt.* 展现；揭露(exhibit, expose, disclose)
【例】The doctor didn't ***reveal*** the truth to him.

revelation [ˌrevəˈleɪʃn] *n.* 显示；揭露(disclosure)

unveil [ˌʌnˈveɪl] *v.* 揭露，显露(disclose, reveal)
【记】un(不)+veil(罩面纱)→揭开
【例】Anne ***unveiled*** her painting at the opening of the art exhibit.

show [ʃoʊ] *v.* 展示(demonstrate)
【例】The jeweler ***showed*** the necklace to the customer.

transpire [trænˈspaɪər] *vt.* 泄露
【例】It was ***transpired*** that the king was already dead.

profess [prəˈfes] *vt.* 表示(allege, claim, state)
【例】Don't ask me. I didn't ***profess*** I was an expert.

signify [ˈsɪgnɪfaɪ] *vt.* 表示，意味着(indicate, mean)
【例】Dark clouds ***signify*** that it will rain soon.

bare [ber] *vt.* 露出(expose)
【例】The dog ***bared*** its teeth and growled.

exhibit [ɪgˈzɪbɪt] *vt.* 显示(show)
【记】ex(出)+hibit(拿)→拿出→展览
【例】Jane ***exhibited*** her sculptures at the art museum.

leak [liːk] *vt.* 泄漏(seep, escape)
【例】A spy is expected never to ***leak*** anything to the opponent, while at the same time get as much information as possible.

divulge [daɪˈvʌldʒ] *vt.* 泄露(disclose; reveal)
【例】The president asked the managers not to ***divulge*** the news of the merger.

denote [dɪˈnoʊt] *vt.* 指示；表示(indicate, show)
【记】de(加强)+note(注意)→加强注意→指示
【例】The mark '∧' ***denotes*** a place of omission.

indicate [ˈɪndɪkeɪt] *vt.* 指示；表示(show, suggest, hint)
【记】in+dic(言，说)+ate→表示
【例】The smile on the old man's face ***indicates*** that he appreciated my help very much.

betray [bɪˈtreɪ] *vt.* 泄漏(expose)
【记】be+tray(盘子)→和盘托出→泄漏
【例】His accent ***betrayed*** him a southerner.

allusion [əˈluːʒn] *n.* 暗示；提及；间接提到
【例】an ***allusion*** to Shakespeare

□ reveal □ revelation □ unveil □ show □ transpire □ profess
□ signify □ bare □ exhibit □ leak □ divulge □ denote
□ indicate □ betray □ allusion

emergence [iˈmɜːrdʒəns] *n.* 出现；露头；浮现（appear）
【例】Historicism claims that nothing is of greater moment than the ***emergence*** of a really new period.

manifestation [ˌmænɪfeˈsteɪʃn] *n.* 表现；显示；示威运动
【例】All this is an important ***manifestation*** of close contact and cooperation between both sides.

indication [ˌɪndɪˈkeɪʃn] *n.* 指出；迹象；指示（denotation, indicant）
【例】Did he give you any ***indication*** of his feelings?

控 制

irrepressible [ˌɪrɪˈpresəbl] *adj.* 不可压制的，难以征服的（insuppressible, uncontrolled）
【记】ir(不)+repressible(可以压制的)；比较press(压，按)
【例】Jared's exuberance was ***irrepressible***.

unruly [ʌnˈruːli] *adj.* 难控制的(uncontrollable)
【记】un(不)+rul(e)(法)+y

operate [ˈɑːpəreɪt] *vt.* 操纵(manipulate, navigate, steer)
【例】He who doesn't know how to ***operate*** a computer will be left behind the information age.

handle [ˈhændl] *vt.* 操纵
【记】hand(手)+le→操纵
【例】I'm under so much pressure that I can't ***handle*** it anymore.

理 解

intelligible [ɪnˈtelɪdʒəbl] *adj.* 可理解的(apprehensible)
【例】The language of Darwin was ***intelligible*** to experts and non-experts alike.

evident [ˈevɪdənt] *adj.* 明白的(obvious, manifest)
【记】e+vid=vis(看)+ent
【例】The happy couple's love for each other is ***evident***.

explicit [ɪkˈsplɪsɪt] *adj.* 明确的；清楚的(straightforward)
【例】The new tax law is ***explicit;*** that type of certificate is tax exempt.

elusive [iˈluːsɪv] *adj.* 难懂的(elusory, intangible)
【记】e(出)+lus(玩)+ive→耍人→让人难懂的
【例】The boy was annoyed by the ***elusive*** words while reading the story.

mysterious [mɪˈstɪriəs] *adj.* 神秘的；难以理解的(cryptic; undecipherable)
【例】A ***mysterious*** illness confined him to bed for over a month.

□ emergence □ manifestation □ indication □ irrepressible □ unruly □ operate
□ handle □ intelligible □ evident □ explicit □ elusive □ mysterious

ignorant [ˈɪgnərənt] *adj.* 无知的，不了解的(unaware)
【例】He who is ***ignorant*** of the situation can't really understand me.

ignorance [ˈɪgnərəns] *n.* 无知
【记】ig(不)+nor(知道)+ance
【例】I began to feel embarrassed by my complete ***ignorance*** of world history.

grasp [græsp] *n./v.* 领会，理解(understanding, comprehension)
【例】It is said that you do not need to have a ***grasp*** of English language to test well.

comprehend [ˌkɑːmprɪˈhend] *vt.* 理解(understand)
【例】I could not ***comprehend*** the instructions for operating the computer.

comprehensive [ˌkɑːmprɪˈhensɪv] *adj.* 综合的；有理解力的
【例】A ***comprehensive*** survey was used to determine public opinion.

掠 夺

rapacious [rəˈpeɪʃəs] *adj.* 强夺的
【记】rap(抓，夺)+acious
【例】Some mammals are thought to be ***rapacious***, such as coyotes, foxes, and bobcats.

strip [strɪp] *vt.* 剥，夺去(deprive, take off)
【例】He ***stripped*** the paper off the wall.

bereave [bɪˈriːv] *vt.* 剥夺(deprive, be devoid of)
【记】be+reave(抢夺)
【例】He was ***bereaved*** of his wife last year.

loot [luːt] *vt.* 掠夺(plunder, seize)
【例】Following the explosions in the town centre, groups of robbers ***looted*** the shops.

harry [ˈhæri] *vt.* 掠夺；折磨(harass, pester)
【例】We have to ***harry*** him for money.

ravage [ˈrævɪdʒ] *vt.* 掠夺
【例】A tornado ***ravaged*** the countryside.

grind [graɪnd] *vt.* 折磨；压榨(crush, mill)
【例】In this country, laws ***grind*** the poor, and rich men rule the law.

torment [tɔːrˈment] *vt.* 折磨(anguish, agony)
【例】The murderer was ***tormented*** by guilt.

迷 惑

equivocal [ɪˈkwɪvəkl] *adj.* 模棱两可的，意义不清的(ambiguous)
【记】equi(平的)+voc(声音)+al→用平平的声音→意义不清的

☐ ignorant ☐ ignorance ☐ grasp ☐ comprehend ☐ comprehensive ☐ rapacious
☐ strip ☐ bereave ☐ loot ☐ harry ☐ ravage ☐ grind
☐ torment ☐ equivocal

【例】On matters of principle we should be clear-cut in attitude, and by no means be ***equivocal***.

enigma [ɪˈnɪgmə] *n.* 谜(mystery)

【例】The ***enigma*** surrounding the murder perplexed the detective.

enigmatic [ˌenɪgˈmætɪk] *adj.* 像谜般的，神秘的(mysterious, secretive)

【例】The Egyptian pyramids seem quite ***enigmatic*** to the people of modern times.

maze [meɪz] *n.* 迷宫；迷惑(complexity, labyrinth)

【记】比较maize(玉米)

labyrinth [ˈlæbərɪnθ] *n.* 迷宫；错综复杂之事件

【例】Yet, however it is executed, we do need a sense of direction to carry us through the ***labyrinth*** of life.

riddle [ˈrɪdl] *n.* 谜(puzzle, mystery)

puzzle [ˈpʌzl] *n.* 难题，谜(mystery) *v.*(使)迷惑

elude [iˈluːd] *vt.* 困惑

【记】e(出)+lude(玩)→玩出去→躲出去

【例】The gangster ***eluded*** the police.

captivate [ˈkæptɪveɪt] *vt.* 迷惑(attract, fascinate, enamour)

【例】The entertaining game ***captivated*** the children.

enthrall [ɪnˈθrɔːl] *vt.* 迷惑(captivate)

【记】en+thrall(奴隶)

【例】The magician ***enthralled*** us with fascinating tricks.

bewilder [bɪˈwɪldər] *vt.* 迷惑，把…弄糊涂(befuddle, confuse)

【例】Jimmy's strange behavior ***bewildered*** his parents.

perplex [pərˈpleks] *vt.* 迷惑，困惑，难住(puzzle, confuse)

【记】per(全部)+plex(交错重叠)→困惑

【例】The question ***perplexed*** me.

tangle [ˈtæŋgl] *vt.* 使缠结，使纠缠(knot, snarl)

【例】Her hair got all ***tangled*** up in the fence.

confound [kənˈfaʊnd] *vt.* 使糊涂，迷惑(confuse, puzzle)

【例】My computer ***confounds*** and annoys me daily.

entangle [ɪnˈtæŋgl] *vt.* 使纠缠；使迷惑(embroil; involve)

【记】en+tangle(纠缠)

【例】The fishing line became ***entangled*** in the weeds.

fascinate [ˈfæsɪneɪt] *vt.* 使迷惑(enchant, enthrall, intrigue)

【例】He's ***fascinated*** with Buddhist ceremonies.

blur [blɜːr] *vt.* 使模糊(become indistinct)

【例】His eyes were ***blurred*** with tears.

□ enigma □ enigmatic □ maze □ labyrinth □ riddle □ puzzle
□ elude □ captivate □ enthrall □ bewilder □ perplex □ tangle
□ confound □ entangle □ fascinate □ blur

dazzle [ˈdæzl] *vt.* 使目眩；使迷惑(blind, bewilder)

【例】The excellent performance ***dazzled*** the audience.

判 断

dogmatic [dɔːgˈmætɪk] *adj.* 教条的；武断的(opinionated; arbitrary)

【例】The book explained the ***dogmatic*** principles of the religion.

illegible [ɪˈledʒəbl] *adj.* 难辨认的(unreadable)

【记】il(不)+legible(可读的)→不能读的

【例】Parts of the document are faded and ***illegible***.

pending [ˈpendɪŋ] *adj.* 未决的(suspending)

【记】pend(挂)+ing

【例】The date of our next meeting is still ***pending***.

resolve [rɪˈzɑːlv] *vt.* 决定(determine)

【例】He ***resolved*** on going out.

resolved [rɪˈzɑːlvd] *adj.* 下定决心的

determine [dɪˈtɜːrmɪn] *vt.* 决定(fix, calculate, evaluate)

【例】Anne has ***determined*** that she will win the election.

determination [dɪˌtɜːrmɪˈneɪʃn] *n.* 决定，决心

【例】Jane's ***determination*** to overcome her handicap was an inspiration to everyone.

discretion [dɪˈskreʃn] *n.* 判断力

【例】The decorator showed no ***discretion*** in her purchases for our new house, everything costing too much money.

decide [dɪˈsaɪd] *v.* 决定(determine)

【例】I could not ***decide*** on what to order from the menu.

deem [diːm] *v.* 认为(think, consider)

【例】He ***deems*** highly of this plan.

vindicate [ˈvɪndɪkeɪt] *vt.* 辨明

【例】I consider that I have been completely ***vindicated***.

discern [dɪˈsɜːrn] *vt.* 辨明(detect, distinguish)

【例】I can't ***discern*** the difference between the twins.

assert [əˈsɜːrt] *vt.* 断言，宣称(declare)

【例】The lawyer ***asserted*** that his client was innocent.

conclude [kənˈkluːd] *vt.* 推断出，断定

【例】The scientist examined the data and ***concluded*** that the theory was invalid.

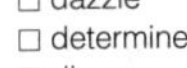

□ dazzle □ dogmatic □ illegible □ pending □ resolve □ resolved
□ determine □ determination □ discretion □ decide □ deem □ vindicate
□ discern □ assert □ conclude

affirm [ə'fɜːrm] *vt.* 断言
【记】af(一再)+firm(肯定)→断言
【例】The court ***affirmed*** the accused to be innocent.

破 坏

breakdown ['breɪkdaʊn] *n.* 崩溃，倒塌；失败
【例】After his father's death, Tom was on the verge of a ***breakdown***.

collapse [kə'læps] *n./v.* 倒塌，崩溃(crash)
【记】col(共同)+lapse(滑下)→倒塌
【例】Jane's marriage ***collapsed*** after only three years. / The *collapse* of the stock market in 1929 signaled the beginning of the Depression.

breach [briːtʃ] *n.* 破裂(opening, break)
【例】The flood was caused by a small ***breach*** in the dam.

shatter ['ʃætər] *n.* 碎片(fragment) *v.* 粉碎(break)
【例】The explosion ***shattered*** every window in the house.

scrap [skræp] *n.* 碎片，废料

fragment ['frægmənt] *n.* 碎片，破片(piece, scrap)
【记】frag(随)+ment
【例】The only reminder of the shooting is a few ***fragments*** of metal in my shoulder.

fracture ['fræktʃər] *n./v.* 断裂(break)
【记】fract(碎裂)+ure→碎的状态→骨折

rupture ['rʌptʃər] *n./v.* 破裂，决裂(burst, breach)
【记】rupt(断)+ure
【例】Water streamed from the ***rupture*** in the pipe.

crumble ['krʌmbl] *v.* 粉碎，崩溃(collapse, crash)
【记】比较crumb(面包屑，小量)
【例】His last hope ***crumbled*** to nothing.

squash [skwɑːʃ] *v.* 压碎(flatten, squeeze)
【例】The ripe tomato ***squashed*** when it fell to the floor.

crash [kræʃ] *v.* 撞碎(crumble, shatter)
【例】The vase ***crashed*** when it fell off the bookcase.

ravage ['rævɪdʒ] *vt.* 破坏(devastate, ruin)
【例】A tornado ***ravaged*** the countryside.

raze [reɪz] *vt.* 摧毁(damage, bulldoze, demolish)
【例】The old school was ***razed*** to ground and a new one was built.

□ affirm □ breakdown □ collapse □ breach □ shatter □ scrap
□ fragment □ fracture □ rupture □ crumble □ squash □ crash
□ ravage □ zaze

demolish [dɪˈmɑːlɪʃ] *vt.* 破坏(destroy, raze)
【记】demol(破坏)+ish
【例】The car was ***demolished*** in the accident.

disfigure [dɪsˈfɪɡjər] *vt.* 破坏(destroy, wreck)
【记】dis+figure(形象)→破坏(形象)
【例】The forest fire ***disfigured*** the landscape.

frustrate [ˈfrʌstreɪt] *vt.* 破坏；挫败(baffle, thwart)
【例】The failure in the first battle ***frustrated*** the soldiers.

smash [smæʃ] *vt.* 破碎(shatter, destroy)
【例】I accidentally ***smashed*** the window with a baseball.

devastate [ˈdevəsteɪt] *vt.* 使荒废；破坏(destroy, demolish)
【记】de+vast(大量)+ate→大量弄坏
【例】Hurricanes often ***devastate*** the coffee crop.

devastation [ˌdevəˈsteɪʃn] *n.* 毁坏

disrupt [dɪsˈrʌpt] *vt.* 使中断，使分裂(disturb, disorder)
【记】比较rupture(破裂)
【例】An emergency announcement ***disrupted*** the TV show.

mangle [ˈmæŋgl] *vt.* 撕裂，毁坏(mutilate)
【记】比较mingle(混合)
【例】The symphony was dreadfully ***mangled***.

spoil [spɔɪl] *vt.* 损坏，糟蹋(decay, ruin, rot, go bad)；宠坏
【例】Mary ***spoiled*** her children with expensive toys.

engulf [ɪnˈɡʌlf] *vt.* 吞没，吞食(devour, swallow)
【记】en+gulf(沟)→使入沟→吞没
【例】Huge waves ***engulfed*** the small boat.

devour [dɪˈvaʊər] *vt.* 吞食，吞没；毁灭(eat up, consume)
【记】de+vour(吞食)
【例】Halfway up the mountain, the hungry hikers ***devoured*** their food.

crumple [ˈkrʌmpl] *vt.* 压皱(rumple, wrinkle)
【例】Anne ***crumpled*** the letter and threw it away.

crush [krʌʃ] *vt.* 榨，挤，压碎(crunch)
【例】The huge machine ***crushed*** the rocks into small stones.

disintegration [dɪsˌɪntɪˈɡreɪʃn] *n.* 瓦解
【例】The incident has hastened the ***disintegration*** of the club.

rift [rɪft] *n.* 裂缝，裂口，断裂

ruins [ˈruːɪnz] *n.* 毁灭；废墟，遗迹

destroy [dɪˈstrɔɪ] *vt.* 破坏；消灭；毁坏
【例】That's a sure recipe for ***destroying*** the economy and creating chaos.

□ demolish □ disfigure □ frustrate □ smash □ devastate □ devastation
□ disrupt □ mangle □ spoil □ engulf □ devour □ crumple
□ crush □ disintegration □ rift □ ruins □ destroy

annihilate [əˈnaɪəleɪt] *vt.* 歼灭；战胜；废止

【例】When particles and anti-particles collide, they ***annihilate*** each other in a small flash of energy.

compromise [ˈkɑːmprəmaɪz] *v./n.* 妥协；危害，折中

【例】Encourage your child to reach a ***compromise*** between what he wants and what you want.

强 迫

compulsive [kəmˈpʌlsɪv] *adj.* 强迫的(irresistible, obsessive, obsessed)

【例】Bill is ***compulsive*** about saving everything. He can't throw anything away.

pressure [ˈpreʃər] *n.* 压迫(tension)

【记】press(压)+ure

【例】He feels the ***pressure*** soon after he takes up the job.

tease [tiːz] *vt.* 强求

【例】The girl was ***teasing*** their mother for more candy.

compel [kəmˈpel] *vt.* 强迫(coerce, force)

【例】The boss ***compelled*** us to work over the weekend.

constrain [kənˈstreɪn] *vt.* 强迫(compel)

【例】Hunger ***constrained*** the orphan to beg for food.

勤 奋

laborious [ləˈbɔːriəs] *adj.* 勤劳的

【记】labor(劳动)+ious→劳动的，勤劳的

【例】Anne received a raise for her ***laborious*** efforts.

industrious [ɪnˈdʌstriəs] *adj.* 勤勉的(assiduous, diligent, sedulous)

【例】They are known for their ***industrious*** nature.

assiduous [əˈsɪdʒuəs] *adj.* 勤勉的(diligent, industrious)

【记】as+sid(坐)+uous→一直坐着(工作)→勤勉的

【例】The ***assiduous*** student worked hard to earn her degree.

diligent [ˈdɪlɪdʒənt] *adj.* 勤勉的，勤奋的(industrious, assiduous)

【例】The ***diligent*** workers finished the project on time.

serious [ˈsɪriəs] *adj.* 认真的(careful)

【例】The girl carried on ***serious*** study of Italian.

cordial [ˈkɔːrdʒəl] *adj.* 真诚的，诚恳的(friendly)

【记】cord(心)+ial→以心相对→真诚的

【例】Our ***cordial*** hostess offered to hang up our coats.

deliberate [dɪ'lɪbərət] *adj.* 认真的；故意的(careful; intentional, purposive)
【记】de+liber(自由)+ate
【例】It's a ***deliberate*** decision by the school board.

attempt [ə'tempt] *n.* 努力，尝试(effort) *vt.* 尝试(try, endeavor)
【例】Any ***attempt*** to set back the wheel of history is doomed to failure.

effort ['efərt] *n.* 努力，成就(attempt, exertion, endeavor)

endeavor [ɪn'devər] *vi.* 努力(strive, struggle, try)
【例】Tom ***endeavored*** to get better grades in college.

strive [straɪv] *vi.* 努力，奋斗；力求(endeavor, struggle)
【例】The poor family ***strived*** to pay the rent each month.

忍受

reluctant [rɪ'lʌktənt] *adj.* 不情愿的，勉强的(unwilling)
【例】Jane seems ***reluctant*** to marry Jim.

tolerate ['tɑːləreɪt] *vt.* 忍受，容忍；宽恕(bear, put up with)
【例】I could not ***tolerate*** my neighbor's loud stereo any longer.

tolerable ['tɑːlərəbl] *adj.* 可容忍的(bearable, endurable)
【例】Our living conditions are ***tolerable***, but I can't wait to leave.

insufferable [ɪn'sʌfrəbl] *adj.* 难以忍受的(unbearable)
【记】in(不)+sufferable(忍受的)
【例】They are willing to take criticism in private, but found the public scolding ***insufferable***.

undergo [ˌʌndər'goʊ] *vt.* 经历，忍受(experience)
【例】The family ***underwent*** the great hardship in the past 10 years.

stand [stænd] *vt.* 忍受(bear, tolerate)
【例】Birds with feathers could easily ***stand*** the cold winter here; they still migrate in winter.

endure [ɪn'dʊr] *vt.* 忍受，容忍(bear, tolerate)
【例】I hope your house will ***endure*** the coming hurricane.

abide [ə'baɪd] *vt.* 忍受
【记】abide by(遵守)
【例】His boss couldn't ***abide*** his incompetence any more and fired him.

认可

permit [pər'mɪt] *vt.* 允许(allow, consent)
【例】Do you ***permit*** your children to smoke?

□ deliberate □ attempt □ effort □ endeavor □ strive □ reluctant
□ tolerate □ tolerable □ insufferable □ undergo □ stand □ endure
□ abide □ permit

permissible [pərˈmɪsəbl] *adj.* 可容许的(allowable)

【记】per(全部)+miss(放开)+ible→容许的

【例】Religious practices are ***permissible*** under the Constitution in this country.

permissive [pərˈmɪsɪv] *adj.* 许可的

【例】His ***permissive*** answer cheered the students up.

tacit [ˈtæsɪt] *adj.* 心照不宣的，默许的(unspoken, implicit)

【例】What is ***tacit*** in her obscure refusal is that you still have hope.

reception [rɪˈsepʃn] *n.* 接受(acceptance, admission)

【例】Mr. Mandela was given a warm ***reception*** in Washington.

connive [kəˈnaɪv] *vi.* 纵容，默许

【例】The guards were suspected of ***conniving*** at the prisoner's escape.

connivance [kəˈnaɪvəns] *n.* 默许

【例】The deficit had grown with the ***connivance*** of the banks.

concede [kənˈsiːd] *vi.* 让步；承认(admit, accept)

【记】con+cede(让)

【例】I ***conceded*** and admitted I was wrong.

concession [kənˈseʃn] *n.* 让步，迁就(compromise, bargain)

【记】concede(让步)的名词

【例】The governor would make no ***concessions*** on the issue of crime.

recognize [ˈrekəgnaɪz] *vt.* 认识；认出；承认(acknowledge)

【例】I ***recognized*** Peter although I hadn't seen him for 10 years.

recognition [ˌrekəgˈnɪʃn] *n.* 认识；承认(realization)

nod [nɑːd] *n./vi.* 点头，首肯(consent, approve)

confess [kənˈfes] *v.* 忏悔，坦白(confide, disclose)

【例】John ***confessed*** that he broke the window.

approve [əˈpruːv] *v.* 赞成，称许；批准(agree, assent)

【记】ap+prove(证明)

【例】My parents ***approved*** of my date.

comply [kəmˈplaɪ] *vi.* 顺从(obey)，应允

【例】A good citizen ***complies*** with the laws of the country.

concur [kənˈkɜːr] *vi.* 同意(consent)

【例】After hearing my point, Bill ***concurred*** with me.

avow [əˈvaʊ] *vt.* 公开承认(acknowledge, declare, admit)

【记】a+vow(誓言)

【例】He ***avowed*** that he would never cooperate with them again.

ratify [ˈrætɪfaɪ] *vt.* 批准(approve, endorse)

【例】The government ***ratified*** the treaty.

□ permissible □ permissive □ tacit □ reception □ connive □ connivance
□ concede □ concession □ recognize □ recognition □ nod □ confess
□ approve □ comply □ concur □ avow □ ratify

guarantee [ˌɡærənˈtiː] *vt.* 确保(secure, assure)

【例】No one can ***guarantee*** that you will pass the exam if you don't work hard.

endorse [ɪnˈdɔːrs] *vt.* 确认；赞同，支持(support, ratify, certify)

【例】The labor union ***endorsed*** the democratic candidate for president.

corroborate [kəˈrɑːbəreɪt] *vt.* 确证(confirm, substantiate)

【记】cor＋robor(力量)＋ate→强化

【例】These data ***corroborate*** the hypothesis of the experiment.

grant [ɡrænt] *vt.* 准予

【例】The governor ***granted*** the petitioner's request.

admit [ədˈmɪt] *vt.* 承认(acknowledge, accept)

【例】You should ***admit*** the truth.

acknowledge [əkˈnɑːlɪdʒ] *vt.* 承认(admit, accept)

【例】Bill ***acknowledged*** his failure to complete the job.

affirm [əˈfɜːrm] *vt.* 肯定，断言

【记】af(一再)＋firm(肯定)→断言

【例】The court ***affirmed*** that the information can be made public under the Freedom of Information Act.

pardon [ˈpɑːrdn] *vt.* 原谅，宽恕

【例】***Pardon***, I didn't quite catch your meaning.

失 误

innocent [ˈɪnəsnt] *adj.* 幼稚的

【记】in(无)＋noc(害)＋ent→无害的

【例】The bad guy introduced ***innocent*** children to drugs, which caused a bad influence on the society.

regardless [rɪˈɡɑːrdləs] *adv.* 不管，不顾(despite, whatever, notwithstanding)

【例】It takes in anybody ***regardless*** of religion, color, or creed.

heedless [ˈhiːdləs] *adj.* 不留心的

【例】***Heedless*** of time or any other consideration, they began to search the underwater cave.

erroneous [ɪˈroʊniəs] *adj.* 错误的(incorrect, mistaken)

【例】The so-called facts you gave me were totally ***erroneous***.

neglect [nɪˈɡlekt] *vt.* 疏忽(ignore, overlook)；忘记

【记】neg(不)＋lect(选择)→不选择→忽视

【例】If you ***neglect*** this property, it will depreciate.

□ guarantee □ endorse □ corroborate □ grant □ admit □ acknowledge
□ affirm □ pardon □ innocent □ regardless □ heedless □ erroneous
□ neglect

negligent [ˈneglɪdʒənt] *adj.* 忽略的

【例】The jury determined that the airline was ***negligent*** in training and supervising the crew.

negligence [ˈneglɪdʒəns] *n.* 过失；疏忽

ridiculous [rɪˈdɪkjələs] *adj.* 荒谬的

【例】It is ***ridiculous*** to become angry about such an insignificant matter.

slovenly [ˈslʌvnli] *adj.* 马虎的

【例】Such ***slovenly*** work habits will never produce good products.

credulous [ˈkredʒələs] *adj.* 轻信的

【记】cred(相信)＋ulous

【例】***Credulous*** people are easily misled by false advertisements.

useless [ˈjuːsləs] *adj.* 无效的(invalid, futile)

futile [ˈfjuːtl] *adj.* 无益的；徒劳的(useless; vain)

【例】It would be ***futile*** for you to explain it again. I just don't understand algebra.

offhand [ˌɔːfˈhænd] *adj.* 无准备的(unprepared, impromptu)

【例】I gave an ***offhand*** guess that it's about three o'clock.

fallible [ˈfæləbl] *adj.* 易错的

【记】fall(错误)＋ible→犯错误的

【例】He knows every rule in the factory, but still ***fallible***.

defect [ˈdiːfekt] *n.* 缺陷(fault, shortcomings, imperfection)

【记】de(坏)＋fect(做)→做坏了→缺陷

【例】The manufacturer didn't sell the car due to a ***defect*** in the engine.

defective [dɪˈfektɪv] *adj.* 有缺陷的

【例】His ***defective*** hearing has affected his pronunciation.

drawback [ˈdrɔːbæk] *n.* 弊端(disadvantage, defect, demerit)

【例】The ***drawback*** to working the morning shift is having to get up early.

flaw [flɔː] *n.* 缺点，瑕疵(fault, defect)

【例】The ***flaw*** in your theory is that you didn't account for gravity.

oblivion [əˈblɪviən] *n.* 忘却，遗忘

【记】ob(离开)＋liv(活)＋ion→忘却

【例】The once popular writer's works were consigned to ***oblivion*** after he died.

blunder [ˈblʌndər] *v.* 犯大错(make foolish mistakes, bungle)

【例】I really ***blundered*** when I forgot to introduce my friends.

expire [ɪkˈspaɪər] *vi.* 失效(terminate)

【记】ex＋pire(呼吸)→离开呼吸→断气

【例】John's driver's license ***expired*** last week.

□ negligent □ negligence □ ridiculous □ slovenly □ credulous □ useless
□ futile □ offhand □ fallible □ defect □ defective □ drawback
□ flaw □ oblivion □ blunder □ expire

overlook [ˌoʊvər ˈlʊk] *vt.* 忽略(ignore, neglect)；疏忽
【记】来自 look over(忽视)
【例】You have ***overlooked*** several of the mistakes in this work.

ignore [ɪɡ ˈnɔːr] *vt.* 忽视(disregard, neglect)
【记】i(不)＋gnore(知道)→不知道→不理睬
【例】***Ignoring*** something will not make it go away.

omit [ə ˈmɪt] *vt.* 省略，省去；遗漏(exclude, leave out)
【例】He is a celebrity; don't ***omit*** his name in the list.

absurd [əb ˈsɜːrd] *adj.* 荒谬的(ridiculous)
【记】ab(离开)＋surd(合理的)→不合理的→荒谬的
【例】Wearing a swimming suit during a snowstorm is ***absurd***.

abortive [ə ˈbɔːrtɪv] *adj.* 失败的(unsuccessful)
【记】abort(放弃)＋ive→失败的
【例】They knew that any ***abortive*** action would surely result in their daughter's death.

err [er] *vi.* 犯错(make foolish mistakes)
【例】Bill ***erred*** when he said Detroit is the capital of Michigan.

思 考

consider [kən ˈsɪdər] *vt.* 考虑
【例】Mary ***considered*** each option before making a decision.

considerate [kən ˈsɪdərət] *adj.* 考虑周到的(thoughtful)
【例】Jane is so ***considerate***. She's always doing favors for people.

meditative [ˈmedɪteɪtɪv] *adj.* 深思的(thoughtful)
【记】动词meditate(思考)
【例】Once again Newton sat under the apple tree with a ***meditative*** appearance.

tender [ˈtendər] *adj.* 细心的；考虑周到的

conscious [ˈkɑːnʃəs] *adj.* 有意识的
【例】I fainted briefly but was ***conscious*** again in a few seconds.

recollection [ˌrekə ˈlekʃn] *n.* 记起，回想(remembrance, memory)
【例】Pat has vivid ***recollections*** of the trip, and remembers some of the frightening aspects I had forgotten.

ruminate [ˈruːmɪneɪt] *v.* 沉思(meditate)
【例】I ***ruminated*** a while before answering the question.

speculate [ˈspekjuleɪt] *v.* 推测；沉思(hypothesize, conjecture)
【例】He ***speculated*** there will be a comet visiting the earth this May, but failed.

□ overlook □ ignore □ omit □ absurd □ abortive □ err
□ consider □ considerate □ meditative □ tender □ conscious □ recollection
□ ruminate □ speculate

ponder [ˈpɑːndər] *vt.* 考虑 *vi.* 沉思(meditate)
【记】pond(重量)+er→掂重量→考虑
【例】He and the council had already ***pondered*** the list of members who returned to the parliament.

embalm [ɪmˈbɑːm] *vt.* 铭记
【例】Ancient Egyptians used oils and natural substances to ***embalm*** the dead.

contemplate [ˈkɑːntəmpleɪt] *vt.* 凝视；沉思(muse, ponder)
【例】Philosophers ***contemplate*** the existence of humankind.

elevate [ˈelɪveɪt] *vt.* 提高(思想)
【记】e(出)+lev(举)+ate→举出→升高
【例】A child should be given books which ***elevate*** his mind.

recall [rɪˈkɔːl] *vt.* 忆起，记忆(recollect, remember)
【例】The victim was asked to ***recall*** what happened to him the day when he was robbed.

haunt [hɔːnt] *vt.* 萦绕于心
【例】Memories ***haunt*** him like ghosts.

探 索

venture [ˈventʃər] *n./vi.* 冒险(risk)，冒昧
【例】May I ***venture*** to ask you a question, sir?

risk [rɪsk] *n./vt.* 冒险
【例】You should not have ***risked*** the confrontation with the government.

probe [proʊb] *v.* 探查(investigate, inspect)
【例】The detective ***probed*** into the circumstances of the murder.

explore [ɪkˈsplɔːr] *v.* 探险，探索(search)
【记】ex+plore(大喊)→喊出来→探索
【例】The adventurer ***explored*** a dangerous underground cave.

seek [siːk] *v.* 寻找，探求(endeavor, try, campaign for, search for)
【例】We ***sought*** an answer to the question, but couldn't find one.

grope [groʊp] *vi.* 摸索(fumble, search)
【例】Tom ***groped*** around in the dark until he found the light switch.

ferret [ˈferɪt] *vt.* 搜索(search)
【例】The detective finally ***ferreted*** out the criminal.

quest [kwest] *n.* 寻找；探索；追求 *v.* 寻找；跟踪搜寻；寻求 (explore, search, seek)
【例】the ***quest*** for knowledge about the universe

□ ponder □ embalm □ contemplate □ elevate □ recall □ haunt
□ venture □ risk □ probe □ explore □ seek □ grope
□ ferret □ quest

拖 延

tardy [ˈtɑːrdi] *adj.* 延迟的(late, slow)
【记】tard(迟缓)+y
【例】The ***tardy*** student tried to sneak into class.

perpetuate [pərˈpetʃueɪt] *vt.* 使…永恒，使…延续
【例】Every kind of plant has its own way to ***perpetuate*** itself.

detain [dɪˈteɪn] *vt.* 使延迟(delay, retard)
【记】de+tain(拿，抓)→拘留
【例】Please do not ***detain*** me; I am in a hurry.

delay [dɪˈleɪ] *vt.* 推迟，耽搁，延误(detain, postpone)
【例】Today I will ***delay*** this matter till I can decide what I should do.

prolong [prəˈlɔːŋ] *vt.* 拖长，延长(extend, lengthen)
【记】pro(向前)+long(长)→延长
【例】His journey to China was ***prolonged*** because there is too much to see.

protract [prəˈtrækt] *vt.* 延长(lengthen, prolong)
【记】pro(前)+tract(拉)→延长
【例】Let's not ***protract*** the debate any longer.

retard [rɪˈtɑːrd] *vt.* 延迟(detain)
【记】re(使)+tard(迟缓)→延迟
【例】The heavy winds ***retarded*** the plane's speed.

postpone [poʊˈspoʊn] *vt.* 延搁(delay, put off)
【记】post(后)+pone→推后
【例】The meeting was ***postponed*** by one day because my boss was sick.

defer [dɪˈfɜːr] *vt.* 延期(delay, postpone)
【记】de(坏)+fer(带来)
【例】Mike ***deferred*** his judgment until he heard more explanation.

adjourn [əˈdʒɜːrn] *vt.* 延期(defer, delay)
【例】The meeting was ***adjourned*** until four o'clock.

习 惯

inclined [ɪnˈklaɪnd] *adj.* 倾向…的(liable)
【记】in(内)+clin(倾斜)+ed→内心的倾向
【例】The weak girl is ***inclined*** to get tired easily.

prone [proʊn] *adj.* 倾向于(liable)
【例】The lazy man is ***prone*** to idleness.

habitually [həˈbɪtʃuəli] *adv.* 习惯地
【记】habit(习惯)+ually

□ tardy □ perpetuate □ detain □ delay □ prolong □ protract
□ retard □ postpone □ defer □ adjourn □ inclined □ prone
□ habitually

bent [bent] *n.* 爱好；倾向
【例】Jimmy showed a ***bent*** for music so his parents let him take piano lessons.

aptitude [ˈæptɪtjuːd] *n.* 自然倾向；天资
【记】apti(能力)+tude
【例】I have no musical ***aptitude*** and I can't even sing a simple tune.

propensity [prəˈpensəti] *n.* 倾向(inclination)
【例】Anne has a ***propensity*** for eating when she's nervous.

trend [trend] *n.* 倾向，趋势(tendency, propensity)

penchant [ˈpentʃənt] *n.* 倾向；爱好(inclination; preference)
【记】pen(笔)+chant(咏唱)→用笔"歌唱"→爱好
【例】Most emerging countries have a ***penchant*** for highly diversified conglomerates.

custom [ˈkʌstəm] *n.* 习惯
【例】Carving pumpkins into grotesque heads is a Halloween ***custom*** in the United States.

accustomed [əˈkʌstəmd] *adj.* 习惯的(habitual, conventional)
【记】be accustomed to习惯于
【例】The recent immigrants have not yet become ***accustomed*** to American food.

interest [ˈɪntrəst] *n.* 兴趣

tend [tend] *vi.* 趋向，往往是(be prone to)
【例】Female drivers ***tend*** to drive slower than male ones, which resulted in less accidents.

inure [ɪˈnjʊr] *vt.* 使习惯(accustom)
【例】The doctors were ***inured*** to such injuries.

限 制

temperance [ˈtempərəns] *n.* 节制，自制(self-control, moderation)；戒酒
【例】His ***temperance*** couldn't be counted on, otherwise he would not have become addicted.

bondage [ˈbɑːndɪdʒ] *n.* 束缚
【例】Lincoln emancipated the slaves from their ***bondage***.

deterrent [dɪˈtɜːrənt] *n.* 制止物，威慑物
【记】de+ter(吓唬)+rent
【例】Thoughts of his parents' anger served as a strong ***deterrent*** when Mike considered misbehaving.

neutralize [ˈnjuːtrəlaɪz] *v.* 压制
【例】Alkalis ***neutralize*** acids.

□ bent □ aptitude □ propensity □ trend □ penchant □ custom
□ accustomed □ interest □ tend □ inure □ temperance □ bondage
□ deterrent □ neutralize

check [tʃek] *v.* 抑制(restrain, stop)

【例】Raising interest rate is commonly used as a tool to ***check*** inflation.

circumscribe [ˈsɜːrkəmskraɪb] *vt.* 划界限；限制(encompass, encircle)

【记】circum(绕圈)+scribe(画)→画圈

【例】The moves you can make in a chess game are ***circumscribed*** by the rules of the game.

shackle [ˈʃækl] *vt.* 加桎梏，束缚(chain, fetter)

【例】Women in the past were ***shackled*** by outdated attitudes.

fetter [ˈfetər] *vt.* 束缚，羁绊(restrict, inhibit)

【例】I hate to be ***fettered*** by rules and regulations.

restrict [rɪˈstrɪkt] *vt.* 限制(restrain, limit)

【例】He ***restricted*** himself to two cigarettes a day.

restrain [rɪˈstreɪn] *vt.* 限制(restrict, limit)

【记】re+stain(拉紧)→限制

【例】The alcoholist tried his best to ***restrain*** himself from alcohol.

confine [kənˈfaɪn] *vt.* 限制

【记】con(全部)+fine(限制)→全限制

【例】Bill ***confined*** his dog to the house all day.

quell [kwel] *vt.* 压制(quash, suppress)

【例】The army ***quelled*** the rebellion.

curb [kɜːrb] *vt.* 抑制(check, control)

【例】In the 1970's, many governments' efforts to ***curb*** inflation were unsuccessful.

bound [baʊnd] *n.* 限制

leash [liːʃ] *n./v.* 束缚

【例】I managed to hold my anger in ***leash***.

constraint [kənˈstreɪnt] *n.* 约束；强迫；限制；强制 (limit)

【例】The ***constraint*** of the market changes dramatically.

cramp [kræmp] *n.* 铁夹钳；铁箍；约束物 *v.* 用夹钳夹紧；约束；限制；妨碍；使痉挛 (confine)

【例】All these difficulties ***cramped*** his progress.

impediment [ɪmˈpedɪmənt] *n.* 妨碍，阻碍；障碍物 (obstruction, hindrance)

【例】The main ***impediment*** to development is the country's huge foreign debt.

inhibit [ɪnˈhɪbɪt] *v.* 禁止，抑制 (subdue, suppress)

【例】Industrial countries tend to support domestic production and thereby ***inhibit*** imports and encourage exports.

□ check □ circumscribe □ shackle □ fetter □ restrict □ restrain
□ confine □ quell □ curb □ bound □ leash □ constraint
□ cramp □ impediment □ inhibit

subdue [səb'djuː] *vt.* 征服；抑制；减轻
【例】Senior government officials admit they have not been able to ***subdue*** the rebels.

学 习

literate ['lɪtərət] *adj.* 有文化的，能读写的
【记】liter(文学)+ate
【例】The drawback of the Internet is that you have to be ***literate*** to use it.

chalk [tʃɔːk] *n.* 白垩，粉笔 *vt.* 用粉笔写
【例】The kids ***chalked*** pictures onto the sidewalk.

transcript ['trænskrɪpt] *n.* 成绩单

scholarship ['skɑːlərʃɪp] *n.* 奖学金

article ['ɑːrtɪkl] *n.* 论文，文章
【例】The last ***article*** in the publisher's contract explained the author's rights.

ken [ken] *n.* 视野；知识(knowledge)
【记】比较kin(亲戚)
【例】The subject matter was so technical as to be beyond the ***ken*** of the average layman.

stationery ['steɪʃəneri] *n.* 文具

brochure [broʊ'ʃʊr] *n.* 小册子(pamphlet)

pamphlet ['pæmflət] *n.* 小册子

credit ['kredɪt] *n.* 学分
【例】This college course is worth three ***credits***.

semester [sɪ'mestər] *n.* 学期(term)

thesis ['θiːsɪs] *n.* 学位论文

discourse ['dɪskɔːrs] *n.* 演讲(lecture)；论文(disquisition)
【例】Eventually the ***discourse*** at the party came around to politics.

margin ['mɑːrdʒən] *n.* 页边的空白(edge, rim)；栏外

term [tɜːrm] *n.* 学期；专用名词
【例】Knowing more technical ***terms*** gives a translator more advantages.

discipline ['dɪsəplɪn] *v.* 训练(manage)；学科，纪律
【例】The five little kids stand in a line, showing that they are well ***disciplined***.

commence [kə'mens] *vi.* 获得学位

cram [kræm] *vt.* 仓促用功
【例】He was up all night ***cramming*** for the history midterm.

□ subdue □ literate □ chalk □ transcript □ scholarship □ article
□ ken □ stationery □ brochure □ pamphlet □ credit □ semester
□ thesis □ discourse □ margin □ term □ discipline □ commence
□ cram

academic [ˌækəˈdemɪk] *adj.* 学院的(collegiate); 理论的
【例】John was invited to give an ***academic*** address at a conference.

遗 留

heredity [həˈredəti] *n.* 遗传
【例】Both a person's ***heredity*** and environment help to shape his character.

heritage [ˈherɪtɪdʒ] *n.* 遗产(legacy, bequest)
【例】The historic building is as much part of our ***heritage*** as the paintings.

bequest [bɪˈkwest] *n.* 遗产(legacy, heritage), 遗传
【例】The ***bequest*** was subject to heavy taxes.

legacy [ˈlegəsi] *n.* 遗产(bequest, heritage), 遗物
【例】My farm is a ***legacy*** from my grandfather.

relic [ˈrelɪk] *n.* 遗物, 遗迹; 废墟; 纪念物

remains [rɪˈmeɪnz] *n.* 残余; 遗迹; 遗体
【例】The unrecognizable ***remains*** of a man had been found.

运 动

stray [streɪ] *adj.* 漂泊的(wandering, random); 走失的
【例】The ***stray*** dog was picked up by the dogcatcher because he had no collar.

roam [roʊm] *n./v.* 漫步(wander)
【例】Visitors ***roamed*** around the town.

stalk [stɔːk] *v.* 阔步
【例】The man ***stalked*** off in a huff.

rumble [ˈrʌmbl] *v.* 隆隆行驶(grumble, roar)
【例】The truck ***rumbled*** along the road.

scale [skeɪl] *n./v.* 攀登(climb, raise)
【例】The athletes ***scaled*** the peak.

ascend [əˈsend] *v.* 攀登, 登高(climb)
【记】a+scend(爬)→爬上→攀登
【例】The businessman steadily ***ascended*** in the ranks of his company. / As Jane ***ascended*** the mountain, Bill took pictures.

budge [bʌdʒ] *v.* 移动(move)
【例】The lid of the jar was stuck tight and would not ***budge***.

locomote [ˌloʊkəˈmoʊt] *vi.* 移动, 行动(move)

traverse [trəˈvɜːrs] *vt.* 走过(span, stretch across)
【记】tra(横)+verse(转)→横过
【例】The road ***traverses*** a wild and mountainous region.

□ academic □ heredity □ heritage □ bequest □ legacy □ relic
□ remains □ stray □ roam □ stalk □ rumble □ scale
□ ascend □ budge □ locomote □ traverse

stroll [stroʊl] *vt.* 漫步(walk, ramble)
【例】We ***strolled*** through the park.

insinuate [ɪnˈsɪnjueɪt] *vt.* 迂回进入
【记】in(进入)+sinu(弯曲)+ate→绕着弯进入→迂回进入
【例】The ivy ***insinuates*** itself into every crevice.

zigzag [ˈzɪgzæg] *n.* Z字形，锯齿形；蜿蜒曲折

motion [ˈmoʊʃn] *n.* 运动，动作 *v.* 运动
【记】mot(动)+ion

retreat [rɪˈtriːt] *n.* 撤退；休息寓所
【例】The enemy's line of ***retreat*** was cut off.

战 胜

unquenchable [ʌnˈkwentʃəbl] *adj.* 不可熄灭的，不能遏制的(insatiable)
【例】Nature imbued us with an ***unquenchable*** drive to discover, to explore.

lag [læg] *n./vi.* 落后(drag, trail)

subjection [səbˈdʒekʃn] *n.* 征服
【例】Their enemies also oppressed them, and they were brought into ***subjection*** under their hand.

overcome [ˌoʊvərˈkʌm] *v.* 战胜，胜过(defeat, surmount)
【例】He ***overcame*** a strong temptation to run away.

surpass [sərˈpæs] *vt.* 超过，超越，胜过(exceed, surmount)
【记】比较pass(通过)
【例】The excellent runner ***surpassed*** all previous records.

transcend [trænˈsend] *vt.* 超越(surpass, go beyond)
【记】tran(超过)+scend(爬)
【例】The genius of Shakespeare ***transcended*** that of all other English poets.

surmount [sərˈmaʊnt] *vt.* 克服；登上；越过(conquer, overcome, exceed, surpass)
【记】sur(超过)+mount(山)→登上(山顶)→超越困难
【例】Mary ***surmounted*** the problems caused by her handicap and finished college.

precede [prɪˈsiːd] *vt.* 先于 *vi.* 领先(come before)
【记】pre(前)+cede(走)→领先
【例】An informal meeting will ***precede*** the conference.

vanquish [ˈvæŋkwɪʃ] *vt.* 征服，克服(conquer, overcome)
【例】They successfully ***vanquished*** the enemy.

□ stroll □ insinuate □ zigzag □ motion □ retreat □ unquenchable
□ lag □ subjection □ overcome □ surpass □ transcend □ surmount
□ precede □ vanquish

连 线 题

左列单词在右列中有一个或多个同义词，请画线连接。

（一）

	across
check	bequest
	care for
drawback	conquer
	defect
err	demerit
	disadvantage
explore	heritage
	knowledge
ken	lengthen
	meditate
legacy	mistake
	overcome
protract	prolong
	prone
ruminate	restrain
	search
tend	span
	stop
traverse	stretch
vanquish	

（二）

	allow
blur	allowable
	careful
collapse	consent
	crash
elusive	decay
	elusory
enigma	harass
	indistinct
exhibit	intangible
	mystery
harry	pester
	rot
permissive	ruin
	show
permit	
serious	
spoil	

（三）

	chaos
	disorder
elude	dogged
	escape
forestall	evade
	fixed
observe	give in
	immobile
obstinate	preempt
	prevent
persistent	renew
	restore
renovate	static
	stubborn
resist	watch
	withstand
stationary	yield
submit	
turmoil	

（四）

	accompany
	annul
abandon	arouse
	cancel
behavior	charitable
	conduct
benevolent	deed
	discard
efface	erase
	generous
escort	give up
	momentum
evoke	opposition
	produce
impulse	revolt
	treat
process	urge
rebellion	
undo	

连线题答案

（一）

check	restrain
check	stop
drawback	disadvantage
drawback	defect
drawback	demerit
err	mistake
explore	search
ken	knowledge
legacy	bequest
legacy	heritage
protract	lengthen
protract	prolong
ruminate	meditate
tend	care for
tend	prone
traverse	span
traverse	stretch
traverse	across
vanquish	conquer
vanquish	overcome

（二）

blur	indistinct
collapse	crash
elusive	elusory
elusive	intangible
enigma	mystery
exhibit	show
harry	harass
harry	pester
permissive	allowable
permit	allow
permit	consent
serious	careful
spoil	decay
spoil	ruin
spoil	rot

（三）

elude	escape
elude	evade
forestall	prevent
forestall	preempt
observe	watch
obstinate	stubborn
persistent	dogged
renovate	renew
renovate	restore
resist	withstand
stationary	fixed
stationary	immobile
stationary	static
submit	give in
submit	yield
turmoil	disorder
turmoil	chaos

（四）

abandon	discard
abandon	give up
behavior	conduct
behavior	deed
benevolent	charitable
benevolent	generous
efface	erase
escort	accompany
evoke	arouse
evoke	produce
impulse	urge
impulse	momentum
process	treat
rebellion	revolt
rebellion	opposition
undo	cancel
undo	annul

音频

Word List 30

品质

Quality

记忆小贴士：表象记忆法

心理学研究表明，与自己有关的事物记得最牢。看看表示品质的单词，想想你身边哪些人符合这些单词描绘的特征。

卑 鄙

despicable [dɪˈspɪkəbl] *adj.* 可鄙的(detestable, contemptible)
【例】That ***despicable*** child trampled my flowers.

contemptible [kənˈtemptəbl] *adj.* 可鄙的(mean, despicable)
【例】Tom's rude behavior is ***contemptible***.

ignominious [ˌɪgnəˈmɪniəs] *adj.* 可耻的；不光彩的(disgraceful, humiliating)
【记】ig(不)+nomin(名字)+ious→不好的名字→不光彩的
【例】His ***ignominious*** behavior will entail the most severe consequences for himself.

menial [ˈmiːniəl] *adj.* 奴仆的；卑贱的(humble, mean)
【例】You will never arrive at the state in life where you're too important to help with ***menial*** tasks.

scornful [ˈskɔːrnfl] *adj.* 轻蔑的(disdainful, contemptuous)
【例】He is deeply ***scornful*** of politicians.

filthy [ˈfɪlθi] *adj.* 污秽的；卑鄙的(dirty; squalid)
【记】filth(脏)+y→污秽的
【例】Dave spent two hours cleaning his ***filthy*** kitchen.

shameless [ˈʃeɪmləs] *adj.* 无耻的
【例】The ***shameless*** couple caressed each other on the bus.

disrespectful [ˌdɪsrɪˈspektfl] *adj.* 无礼的，轻视的
【例】Heckling is ***disrespectful*** to the person who is trying to talk.

discrimination [dɪˌskrɪmɪˈneɪʃn] *n.* 歧视(prejudice)
【记】dis+crimin(罪行)+ation
【例】Different groups of people in many countries of the world face ***discrimination***.

contemn [kənˈtem] *vt.* 蔑视(disdain, scorn)
【例】I ***contemn*** your pompous delicacies.

belittle [bɪˈlɪtl] *vt.* 轻视(depreciate, despise)
【记】be+litter(小)→小看→轻视
【例】The reporter's comments ***belittled*** the candidate.

disdain [dɪsˈdeɪn] *vt.* 轻视，不屑(despise, scorn) *n.* 轻蔑
【记】dis(不)+dain=deign(俯就)→不俯就
【例】He ***disdains*** any wasting behavior.

despise [dɪˈspaɪz] *vt.* 轻视，蔑视(belittle, disdain, contemn)
【记】de(坏)+spi(看)+se→蔑视
【例】Mary ***despised*** her rude and unschooled neighbors.

mean [miːn] *adj.* 卑鄙的(inferior)
【例】He played such a ***mean*** trick on me that I no longer treated him as my friend.

□ despicable □ contemptible □ ignominious □ menial □ scornful □ filthy
□ shameless □ disrespectful □ discrimination □ contemn □ belittle □ disdain
□ despise □ mean

笨 拙

awkward [ˈɔːkwərd] *adj.* 笨拙的，尴尬的(clumsy, inept)

【例】The growing teenager went through an ***awkward*** stage.

clumsy [ˈklʌmzi] *adj.* 笨拙的；愚笨的(awkward)

【例】The ***clumsy*** waiter dropped my dinner on the floor.

inert [ɪˈnɜːrt] *adj.* 不活泼的(immobile, inactive)；迟钝的

【记】in(不)+ert(动)→迟钝的

【例】The novel itself remains oddly ***inert***.

blunt [blʌnt] *adj.* 迟钝的 *v.* 使变钝

【例】The knife was too ***blunt*** to cut through the tough meat.

torpid [ˈtɔːrpɪd] *adj.* 迟钝的；不活泼的(lethargic, sluggish)

【例】The giant panda, after lunch, seems ***torpid*** and reluctant to entertain the spectators.

silly [ˈsɪli] *adj.* 傻的，糊涂的

idiotic [ˌɪdiˈɑːtɪk] *adj.* 愚蠢的

fatuous [ˈfætʃuəs] *adj.* 愚昧的 (foolish, stupid, indolent)

【记】fatu(笨)+ous→愚昧的

【例】The Chief was left speechless by this ***fatuous*** remark.

hoax [hoʊks] *n./vt.* 愚弄(trick, prank)

【记】比较coax(哄骗)

【例】April Fools' Day is a popular time to play ***hoaxes***.

草 率

curt [kɜːrt] *adj.* 简短的，草率的(abrupt, blunt)

【例】Our waiter was so ***curt*** that we almost walked out.

reckless [ˈrekləs] *adj.* 鲁莽的(rash)

【记】reck(顾虑)+less→没有顾虑→鲁莽的

【例】The ***reckless*** driver drove above the speed limit.

impudent [ˈɪmpjədənt] *adj.* 鲁莽的(rude, rash)

【记】im(不)+pud(谦虚，小心)+ent→不小心的→鲁莽的

【例】Some of them spoke pleasantly and were well behaved, while others were ***impudent*** and insulting.

rashly [ˈræʃli] *adv.* 鲁莽地，匆忙地

【记】rash(匆忙的)+ly→匆忙地

【例】The student ***rashly*** decided to take the exam.

□ awkward □ clumsy □ inert □ blunt □ torpid □ silly
□ idiotic □ fatuous □ hoax □ curt □ reckless □ impudent
□ rashly

imprudent [ɪmˈpruːdnt] *adj.* 轻率的，不谨慎的(rash)

【记】im(不)+prudent(小心的)→轻率的

【例】It is ***imprudent*** to accept a date with a stranger.

blunt [blʌnt] *adj.* 直率的，粗鲁的

【例】John Wayre was a ***blunt*** talker and straight shooter.

聪颖

intelligent [ɪnˈtelɪdʒənt] *adj.* 聪明的(ingenious, wise)

smart [smɑːrt] *adj.* 聪明的，敏捷的(clever, intelligent)

versatile [ˈvɜːrsətl] *adj.* 多才多艺的(many-sided, talented, all-around)

【例】The ***versatile*** worker was assigned to many different jobs.

astute [əˈstjuːt] *adj.* 机敏的，狡猾的(shrewd, canny)

【例】The boss appreciated Mary's ***astute*** observations about how to improve the company's image.

shrewd [ʃruːd] *adj.* 精明的(clever, smart)

【例】The ***shrewd*** business owner made large profits.

sensible [ˈsensəbl] *adj.* 理智的(wise, rational)

【记】sens(感觉)+ible→理智的

【例】His ***sensible*** decision greatly promoted our enterprise.

sane [seɪn] *adj.* 理智的；健全的(sensible, reasonable)

【例】The nation's economy will only improve under ***sane*** policy.

flexible [ˈfleksəbl] *adj.* 灵活的，变通的(agile)

【记】flex(弯曲)+ible→易弯曲的→灵活的

【例】Jane easily bent the ***flexible*** wire into a loop.

exquisite [ɪkˈskwɪzɪt] *adj.* 灵敏的

【例】The artists have an ***exquisite*** sense of color.

expeditious [ˌekspəˈdɪʃəs] *adj.* 敏捷的；迅速的(prompt; speedy)

【例】The judge said that arbitration was a fair and ***expeditious*** decision-making process.

nimble [ˈnɪmbl] *adj.* 轻快的；灵敏的(agile, brisk)

【记】比较nim(偷窃)

knowledgeable [ˈnɑːlɪdʒəbl] *adj.* 有见识的

【例】Do you think you are more ***knowledgeable*** about life than your parents were at your age?

☐ imprudent ☐ blunt ☐ intelligent ☐ smart ☐ versatile ☐ astute
☐ shrewd ☐ sensible ☐ sane ☐ flexible ☐ exquisite ☐ expeditious
☐ nimble ☐ knowledgeable

capable [ˈkeɪpəbl] *adj.* 有能力的
【例】The very ***capable*** caterer fed everyone well at the party.

tact [tækt] *n.* 老练；机智(diplomacy, thoughtfulness)
【例】At one time lack of ***tact*** and good judgment led to his shame.

sharpen [ˈʃɑːrpən] *vt.* 使敏锐
【例】You need to ***sharpen*** your eyes in doing experiments.

adroit [əˈdrɔɪt] *adj.* 机巧的(skillful, adept, deft)
【记】a+droit(灵巧)→机巧的
【例】The elderly man couldn't walk, but he was still ***adroit*** with his hands.

acute [əˈkjuːt] *adj.* 敏锐的(sharp)
【例】Dogs have very ***acute*** hearing.

acumen [ˈækjəmən] *n.* 敏锐(acuteness)
【记】acu(尖端)+men→敏锐
【例】Bill has a lot of business ***acumen*** and earns a high salary.

粗 野

gauche [ɡoʊʃ] *adj.* 笨拙的；粗鲁的(awkward, clumsy, unapt)
【例】People laugh at Forrest Gump's ***gauche*** behavior at the White House.

rough [rʌf] *adj.* 粗暴的(rude)
【例】The boy who lost his parents ran with a ***rough*** crowd.

rugged [ˈrʌɡɪd] *adj.* 粗俗的(coarse, rough)

coarse [kɔːrs] *adj.* 粗糙的，粗野的(rough, crude)
【例】Bill's ***coarse*** manners were becoming quite offensive.

rustic [ˈrʌstɪk] *adj.* 粗俗的
【记】rust(乡村)+ic→粗俗的

grumpy [ˈɡrʌmpi] *adj.* 坏脾气的，性情暴躁的(ill-tempered)
【例】Some folks think I'm a ***grumpy*** old man.

brutal [ˈbruːtl] *adj.* 野蛮的
【例】The ***brutal*** beast tore the deer to pieces.

胆 小

spineless [ˈspaɪnləs] *adj.* 没骨气的(weak, feeble)

timid [ˈtɪmɪd] *adj.* 胆怯的，羞怯的
【例】The ***timid*** student was afraid to talk to his teacher.

□ capable □ tact □ sharpen □ adroit □ acute □ acumen
□ gauche □ rough □ rugged □ coarse □ rustic □ grumpy
□ brutal □ spineless □ timid

bashful [ˈbæʃfl] *adj.* 害羞的，胆小的(coy, shy, timid)
【记】bash(羞)+ful→害羞的
【例】The ***bashful*** child hid behind his mother.

shy [ʃaɪ] *adj.* 害羞的；胆小的(coy, timid)

和 蔼

pitiful [ˈpɪtɪfl] *adj.* 慈悲的
【记】名词pity(可怜)

genial [ˈdʒiːniəl] *adj.* 和蔼的(kindly, good-natured)
【记】gen(产生)+ial→产生(感情)的→和蔼的
【例】Bob was always ***genial*** and welcoming.

modest [ˈmɑːdɪst] *adj.* 谦虚的；适度的(humble, unassuming)
【记】mod(方式)+est→做事有规矩→礼貌的
【例】Be ***modest***, otherwise you will lag behind.

benign [bɪˈnaɪn] *adj.* 亲切的，良好的(kind, benevolent)
【例】The poor farmer had a ***benign*** manner.

facile [ˈfæsl] *adj.* 轻而易举的(easy, effortless)；随和的
【记】fac(做)+ile→能做得出的→轻而易举的
【例】I'm bored at work because my boss only gives me ***facile*** assignments.

merciful [ˈmɜːrsɪfl] *adj.* 仁慈的，宽大的
【记】名词mercy(仁慈)
【例】We can only hope the court is ***merciful***.

humane [hjuːˈmeɪn] *adj.* 仁慈的，亲切的(sympathetic, kind)
【记】human(人)+e→有人情味的→仁慈的

ductile [ˈdʌktaɪl] *adj.* 柔软的；驯良的(plastic; malleable)
【例】Gold is beautiful, pliable, ***ductile***, strong.

frank [fræŋk] *adj.* 坦白的，直率的(direct, honest)
【例】Be ***frank*** with your friends, or you will have no true friendship.

outspoken [aʊtˈspoʊkən] *adj.* 坦率直言的(forthright, straight-forward)
【记】来自speak out(说出)
【例】We should listen closely to the ***outspoken*** criticisms.

moderate [ˈmɑːdərət] *adj.* 温和的；适度的(average, reasonable)
【记】moder=mod(方式)+ate→方式正确→适度的
【例】He is ***moderate*** in drinking.

meek [miːk] *adj.* 温顺的(docile, submissive)；柔和的
【例】He expects his wife to be ***meek*** and submissive.

□ bashful □ shy □ pitiful □ genial □ modest □ benign
□ facile □ merciful □ humane □ ductile □ frank □ outspoken
□ moderate □ meek

tractable [ˈtræktəbl] *adj.* 易驾驭的；温顺的(obedient)

【记】tract(拉)+able→能拉得动的→易驾驭的

【例】Being ***tractable*** and loyal are essential qualities the owners ask for their slaves.

facetious [fəˈsiːʃəs] *adj.* 幽默的，滑稽的(amusing, jesting)

【例】Don't be offended; it was just a ***facetious*** remark.

humorous [ˈhjuːmərəs] *adj.* 幽默的

sociable [ˈsoʊʃəbl] *adj.* 友善的，好交际的(gregarious, friendly)

【例】Because Mary is ***sociable***, she introduced herself to everyone at the party.

courteous [ˈkɜːrtiəs] *adj.* 有礼貌的；谦恭的(polite, gracious)

【例】The ***courteous*** child always says "please" and "thank you".

gracious [ˈgreɪʃəs] *adj.* 有礼貌的；仁慈的(affable)

【记】grac(优雅，讲究礼仪)+ious→有礼貌的

【例】I thanked Jane for her ***gracious*** hospitality.

gregarious [grɪˈgeriəs] *adj.* 合群的(social, sociable)

【记】greg(群体)+arious→爱群体的

【例】My ***gregarious*** sister makes friends wherever she goes.

gentility [dʒenˈtɪləti] *n.* 有教养；文雅

【例】These young ladies brought up with ***gentility*** showed great elegance in their behavior.

affable [ˈæfəbl] *adj.* 和蔼可亲的(genial, benevolent)

【记】af+fable(说，讲)→可以说话的→和蔼的

【例】Mary is quite ***affable*** and is always invited to parties.

狡 猾

crooked [ˈkrʊkɪd] *adj.* 狡诈的(bent, twisted)

【记】crook(弯曲)+ed→拐弯抹角的→狡诈的

sly [slaɪ] *adj.* 狡猾的

【例】The ***sly*** spy managed to trap those loyal people.

cunning [ˈkʌnɪŋ] *adj.* 狡猾的(sly, tricky)

【例】The successful owner had developed a ***cunning*** business sense.

designing [dɪˈzaɪnɪŋ] *adj.* 狡猾的；蓄意的(cunning)

【例】The ***designing*** employee intended to get a promotion somehow.

节 俭

frugal [ˈfruːgl] *adj.* 节约的(thrifty, economical)

【例】She lives a ***frugal*** life.

□ tractable □ facetious □ humorous □ sociable □ courteous □ gracious
□ gregarious □ gentility □ affable □ crooked □ sly □ cunning
□ designing □ frugal

economize [ɪˈkɑːnəmaɪz] *vi.* 节俭(save, cut costs)

【例】When they bought a house, the family had to ***economize*** to pay their mortgage.

economical [ˌiːkəˈnɑːmɪkl] *adj.* 节约的，经济的(thrifty)

【例】Purchasing clothing that will only be worn once is not very ***economical***.

canny [ˈkæni] *adj.* 精明的；节俭的(shrewd, cunning)

【例】He was far too ***canny*** to risk giving himself away.

stoically [ˈstoʊɪkli] *adv.* 淡泊地(impassively)

austerity [ɔːˈsterəti] *n.* 节俭

【例】***Austerity*** is the chosen lifestyle of a monk.

thrift [θrɪft] *n.* 节约(economy, frugality)

【例】They were rightly praised for their ***thrift*** and enterprise.

谨 慎

conservative [kənˈsɜːrvətɪv] *adj.* 保守的(modest; cautious)

【例】A ***conservative*** estimate of the cost to repair the car is ＄100.

composed [kəmˈpoʊzd] *adj.* 沉着的

【记】比较pose(姿态)

【例】Laura was very calm and ***composed***.

composure [kəmˈpoʊʒər] *n.* 镇静(calmness, self-control)

【例】The irate customer lost his ***composure*** and yelled at the clerk.

prudent [ˈpruːdnt] *adj.* 谨慎的(cautious)

【记】prud(小心)＋ent→谨慎的

【例】It is clearly ***prudent*** to take all precautions.

vigilant [ˈvɪdʒɪlənt] *adj.* 警惕的，清醒的(watchful, alert)

【例】The president's ***vigilant*** bodyguard immediately noticed the man with a gun.

hardheaded [ˈhɑːrdˈhedɪd] *adj.* 冷静的

【记】hard(硬的)＋head(想法)＋ed

sober [ˈsoʊbər] *adj.* 清醒的

【例】The drunk man is totally another one when ***sober***.

discreet [dɪˈskriːt] *adj.* 慎重的，谨慎的(prudent, cautious)

【例】You can tell Jane anything; she is very ***discreet***.

□ economize □ economical □ canny □ stoically □ austerity □ thrift
□ conservative □ composed □ composure □ prudent □ vigilant □ hardheaded
□ sober □ discreet

discretion [dɪˈskreʃn] *n.* 慎重(caution, prudence)
【例】The decorator showed no ***discretion*** in her purchases for our new house, everything costing too much money.

circumspect [ˈsɜːrkəmspekt] *adj.* 慎重的，小心的(prudent, cautious)
【记】circum(绕圈)+spect(看)→四处看→小心的
【例】Never very ***circumspect*** in expressing his views, Bill annoyed almost everyone at the party.

cautious [ˈkɔːʃəs] *adj.* 小心的，谨慎的
【例】Be ***cautious*** when you approach strangers.

meticulously [məˈtɪkjələsli] *adv.* 很仔细地(carefully, scrupulously)
【记】metic(害怕)+ulously→害怕出错地→细心地
【例】The editor kept on checking spelling mistakes ***meticulously***.

sanity [ˈsænəti] *n.* 神志清楚(saneness, rationality)

懒惰

sluggish [ˈslʌgɪʃ] *adj.* 怠惰的(lethargic, listless, slow)
【例】The snake was ***sluggish*** because of the cold weather.

indolent [ˈɪndələnt] *adj.* 懒惰的(lazy, slothful)
【例】Their ***indolent*** attitude was the cause of much unnecessary pain and suffering.

inertia [ɪˈnɜːrʃə] *n.* 惯性；惰性(laziness, indolence)

slug [slʌg] *n.* 慢吞吞的人(或物)

sloth [sloʊθ] *n.* 怠惰，懒惰
【例】***Sloth***, like rust, consumes faster than labor wears.

slothful [ˈsloʊθfl] *adj.* 偷懒的

强壮

stout [staʊt] *adj.* 健壮的(strong, sturdy)
【例】The athlete boasts his ***stout*** figure.

firm [fɜːrm] *adj.* 坚挺的；结实的(hard)
【例】Bob lifts weights everyday, so his muscles are very ***firm***.

stocky [ˈstɑːki] *adj.* 结实的，粗短的(sturdy)
【例】Many Eskimos are short and ***stocky***.

robust [roʊˈbʌst] *adj.* 强壮的(strong, sturdy)
【记】也就是谐音"乐百氏"
【例】If you want to be healthy and ***robust***, you need to exercise yourself routinely.

□ discretion □ circumspect □ cautious □ meticulously □ sanity □ sluggish
□ indolent □ inertia □ slug □ sloth □ slothful □ stout
□ firm □ stocky □ robust

hardy [ˈhɑːrdi] *adj.* 强壮的(tough, rugged)；耐劳的

【例】Those ***hardy*** and stocky Eskimos have been living in this frozen world for centuries.

lusty [ˈlʌsti] *adj.* 强壮的；有精神的(vigorous, energetic)

【记】lust(光亮)＋y→人满面红光→有精神的

stiff [stɪf] *adj.* 硬的，僵直的

奢侈

prodigal [ˈprɑːdɪgl] *adj.* 浪费的(extravagant, wasteful)

【例】To celebrate the return of her ***prodigal*** daughters, Nature has laid out a profusion of flowers.

improvident [ɪmˈprɑːvɪdənt] *adj.* 浪费的(thriftless, wasteful)

【记】im(无)＋provident(前瞻性的)

【例】You will pay for your ***improvident*** and undisciplined behavior.

lavish [ˈlævɪʃ] *adj.* 浪费的，奢侈的(wasteful)

【记】lav(洗)＋ish→冲掉→浪费的

【例】My neighbors spoiled their children with ***lavish*** gifts.

luxurious [lʌgˈʒʊriəs] *adj.* 奢侈的(expensive, costly)

【例】His wish is to buy a ***luxurious*** car in the near future.

extravagant [ɪkˈstrævəgənt] *adj.* 奢侈的，浪费的(wasteful)

【记】extra＋vag(走)＋ant→游走外面的世界→奢侈的

【例】The accountant warned the owner against ***extravagant*** purchases.

squander [ˈskwɑːndər] *vt.* 浪费(dissipate, waste)

【例】He was not at all shameful when ***squandering*** his family fortune on gambling.

flamboyant [flæmˈbɔɪənt] *adj.* 华丽的，浮夸的(dazzling, showy)

【例】However, nothing has shaped his colorful reputation more than his ***flamboyant*** fashion sense.

熟练

deft [deft] *adj.* 灵巧的，熟练的(skillful, adroit)

【例】The pianist's ***deft*** fingers were delightful to watch.

adept [əˈdept] *adj.* 擅长的(adroit, apt)

【例】Mary is very ***adept*** at tuning pianos.

skillful [ˈskɪlfl] *adj.* 熟练的(adroit)

【例】Lisa is ***skillful*** at repairing lamps.

□ hardy □ lusty □ stiff □ prodigal □ improvident □ lavish
□ luxurious □ extravagant □ squander □ flamboyant □ deft □ adept
□ skillful

experienced [ɪkˈspɪriənst] *adj.* 有经验的

【记】比较experience(经验)

【例】An ***experienced*** babysitter will not panic in an emergency situation.

stunt [stʌnt] *n.* 惊人的技艺(trick, feat)

【例】In the film he had to drive a car into the sea, and do other hair-raising ***stunts***.

craft [kræft] *n.* 手艺(workmanship)

【记】craftsman(手艺人)

facility [fəˈsɪləti] *n.* 熟练(proficiency);(复数)工具

【例】To write well, you need to have ***facility*** of language.

familiarize [fəˈmɪliəraɪz] *vt.* 熟悉

【记】familiar(熟悉的)+ize(动词词尾)→熟悉

【例】It is important to ***familiarize*** yourself with a foreign language nowadays.

accomplished [əˈkɑːmplɪʃt] *adj.* 熟练的(experienced, skillful)

【例】Bill is the most ***accomplished*** musician I have ever known.

素 质

aptitude [ˈæptɪtjuːd] *n.* 才能(talent, knack)

【记】apti(能力)+tude→才能

【例】I have no musical ***aptitude*** and I can't even sing a simple tune.

vigor [ˈvɪgər] *n.* 精力(energy, enthusiasm)

caliber [ˈkælɪbər] *n.* 品质(quality, capacity, ability)

【例】Students are suggested to bring with them tea of high ***caliber***.

quality [ˈkwɑːləti] *n.* 品质(trait, calibre)

temperament [ˈtemprəmənt] *n.* 气质，性情(disposition, nature)

【记】tempera(脾气)+ment→性情

【例】His impulsive ***temperament*** regularly got him into difficulties.

stamina [ˈstæmɪnə] *n.* 体力，精力(endurance)

【例】Wrestling tests one's agility and ***stamina***.

talent [ˈtælənt] *n.* 天才；才能；人才(gift, aptitude, knack)

confidence [ˈkɑːnfɪdəns] *n.* 信心

【记】con+fid(相信)+ence→信心

【例】The patient had ***confidence*** in her surgeon's skills.

disposition [ˌdɪspəˈzɪʃn] *n.* 性情(temperament, nature)

【例】The happy clerk had a pleasant ***disposition***.

☐ experienced ☐ stunt ☐ craft ☐ facility ☐ familiarize ☐ accomplished
☐ aptitude ☐ vigor ☐ caliber ☐ quality ☐ temperament ☐ stamina
☐ talent ☐ confidence ☐ disposition

mass [mæs] *n.* 质量

ability [ə'bɪləti] *n.* 能力(capability)

versatile ['vɜːrsətl] *adj.* 通用的，万能的，多才多艺的，多面手的

【例】He had been one of the game's most ***versatile*** athletes.

power ['paʊər] *n.* 能力，力量

贪 婪

avid ['ævɪd] *adj.* 贪婪的(greedy)

ravenous ['rævənəs] *adj.* 贪婪的

【例】Now people go out in a mad rush to shop, like ***ravenous*** vampires feasting on new blood.

rapacious [rə'peɪʃəs] *adj.* 贪婪的(avaricious, covetous)

【记】rap(抓，夺)+acious→贪婪的

【例】The root cause of all these trends is the same: a ***rapacious*** human economy bringing the world swiftly to the brink of chaos.

greedy ['griːdi] *adj.* 贪婪的(voracious, insatiable)

covetous ['kʌvətəs] *adj.* 贪心的(desirous, avaricious)

【记】动词covet(贪心)

【例】War among nations and strife among individuals is a result of the ***covetous*** spirit to possess.

avarice ['ævərɪs] *n.* 贪婪(greed, lust)

【记】参考avid(渴望的)

【例】***Avarice*** has caused the downfall of many people.

avaricious [ˌævə'rɪʃəs] *adj.* 贪婪的，贪心的(greedy)

【例】Bill is so ***avaricious*** that he donates nothing to charity.

acquisitive [ə'kwɪzətɪv] *adj.* 贪得无厌的(covetous, greedy)

【记】ac+quisit(得到)+ive→一再要得到→贪婪的

【例】Jane has an ***acquisitive*** nature and will probably want a new car just like yours.

严 酷

exacting [ɪg'zæktɪŋ] *adj.* 费力的，严格的(demanding, rigorous)

【记】比较exact(一丝不差的)

【例】Jane is very ***exacting*** in her work.

ascetic [ə'setɪk] *adj.* 苦行的(austere, rigorous, strict)

□ mass	□ ability	□ versatile	□ power	□ avid	□ ravenous
□ rapacious	□ greedy	□ covetous	□ avarice	□ avaricious	□ acquisitive
□ exacting	□ ascetic				

grim [grɪm] *adj.* 冷酷的(cruel, merciless)

【例】Each day, the chance for peace became more ***grim***.

relentless [rɪˈlentləs] *adj.* 无情的(merciless, ruthless)

【记】relent(怜悯的)+less→无怜悯的

【例】The ***relentless*** bully beat Jimmy up.

ruthless [ˈruːθləs] *adj.* 无情的，冷酷的(merciless, pitiless)

【例】The ***ruthless*** tyrant caused the deaths of millions of people.

rigid [ˈrɪdʒɪd] *adj.* 严格的，僵化的(strict, fixed)

【例】Their ***rigid*** notion of true womanhood had been restricting women's life for centuries.

stern [stɜːrn] *adj.* 严格的；僵化的(harsh, hard, strict)

【例】The museum guard gave us a ***stern*** warning not to touch the paintings.

stringent [ˈstrɪndʒənt] *adj.* 严格的；迫切的(strict, rigid)

【例】Our company has a ***stringent*** policy against smoking.

scrupulous [ˈskruːpjələs] *adj.* 严谨的，讲究的(prudent, meticulous)

【例】The secretary is ***scrupulous*** about her dress.

drastic [ˈdrɑːstɪk] *adj.* 严厉的(severe)

【例】The principal felt that the cheater's punishment should be ***drastic***. / The emergency called for ***drastic*** measure.

harsh [hɑːrʃ] *adj.* 严厉的(severe)

【例】The judge gave the criminal a ***harsh*** sentence.

rigor [rɪgər] *n.* 严格，严厉(rigidity, hardship)

【例】Those homeless children had to face the ***rigors*** of life by themselves.

rigorous [ˈrɪgərəs] *adj.* 严厉的，严峻的(strict, rigid)

【记】rig(严厉的)+orous→严厉的

【例】The trainings soldiers received were ***rigorous***.

serious [ˈsɪriəs] *adj.* 严肃的

【例】***Serious*** arts are becoming more and more popular among consideration.

severe [sɪˈvɪr] *adj.* 严重的，严肃的(grave, grievous)

【例】Shortage of professional staff are very ***severe*** in some places.

austerity [ɔːˈsterəti] *n.* 严峻

【记】au+ster(冷)+ity→冷冰冰→严峻

【例】War was followed by many years of ***austerity***.

ordeal [ɔːrˈdiːl] *n.* 严酷的考验(difficult experience, trial)

【例】If you choose only to complain and escape from the ***ordeal***, it will always follow you wherever you go.

□ grim □ relentless □ ruthless □ rigid □ stern □ stringent
□ scrupulous □ drastic □ harsh □ rigor □ rigorous □ serious
□ severe □ austerity □ ordeal

勇敢

bold [bould] *adj.* 大胆的(daring, brave)

【例】The ***bold*** employee insisted on better working conditions.

daring [ˈderɪŋ] *adj.* 大胆的，勇敢的(bold, audacious)

【记】比较dare(胆敢)

【例】A ***daring*** firefighter pulled the child from the fire.

undaunted [ˌʌnˈdɔːntɪd] *adj.* 无畏的，勇敢的(intrepid, fearless)

dauntless [ˈdɔːntləs] *adj.* 勇敢的

【记】daunt(害怕)+less→不害怕的→勇敢的

【例】The ***dauntless*** pilot flew through the rough storms.

valiant [ˈvæliənt] *adj.* 英勇的(courageous, dauntless, intrepid)

【例】The ***valiant*** soldier was given a medal.

gallant [ˈgælənt] *adj.* 英勇的(courageous, heroic)

【记】gall(胆)+ant→有胆的→英勇的

【例】Mary and Jane gave their ***gallant*** waiter a generous tip.

intrepid [ɪnˈtrepɪd] *adj.* 勇敢的(fearless, dauntless)

【记】in(不)+trepid(害怕)→勇敢的

【例】The ***intrepid*** explorers reached the South Pole.

valor [ˈvælər] *n.* 勇气(bravery, courage)

【记】val(强大)+or

【例】The terminally ill patient showed great ***valor*** in the last months of his life.

自私

flighty [ˈflaɪti] *adj.* 不负责任的；轻浮的(fickle, capricious)

【记】flight(飞)+y→轻浮的

【例】It's unwise to ask a ***flighty*** person to make such a serious decision.

skimpy [ˈskɪmpi] *adj.* 吝啬的

stingy [ˈstɪndʒi] *adj.* 吝啬的(miserly, ungenerous)

【例】The man is ***stingy*** with aid.

miserly [ˈmaɪzərli] *adj.* 吝啬的(stingy)

【例】He is ***miserly*** with both his time and his money.

snobbish [ˈsnɑːbɪʃ] *adj.* 势利的，谄上欺下的

【记】snob(势利)+bish→势利的

【例】My ***snobbish*** coworker thinks she is the most important employee in the company.

selfish [ˈselfɪʃ] *adj.* 自私的

□ bold □ daring □ undaunted □ dauntless □ valiant □ gallant
□ intrepid □ valor □ flighty □ skimpy □ stingy □ miserly
□ snobbish □ selfish

连线题

左列单词在右列中有一个或多个同义词，请画线连接。

（一）

	bravery
avaricious	calibre
composure	calmness
craft	cautious
economical	courage
miserly	greedy
prudent	harsh
quality	self-control
robust	stingy
stern	strict
valor	sturdy
	thrifty
	trait
	workmanship

（二）

acumen	acuteness
benign	agile
despicable	benevolent
discrimination	brash
filthy	contemptible
impudent	detestable
nimble	prejudice
reckless	ragged
rough	rash
versatile	squalid
	talented

连线题答案

（一）

avaricious	greedy
composure	calmness
composure	self-control
craft	workmanship
economical	thrifty
miserly	stingy
prudent	cautious
quality	trait
quality	calibre
robust	sturdy
stern	harsh
stern	strict
valor	bravery
valor	courage

（二）

acumen	acuteness
benign	benevolent
despicable	detestable
despicable	contemptible
discrimination	prejudice
filthy	squalid
impudent	brash
nimble	agile
reckless	rash
rough	ragged
versatile	talented

填 空 题

将恰当的词填入横线处。

1. We ______ all cowards and flatterers.
2. The opera was marred by an ______ aria.
3. He made an ______ decision.
4. He is a ______ musician.
5. There are many ______ professors in our university.
6. The ______ work of the student disappointed his teacher.
7. The ______ girl flushed when she heard the words.
8. The ______ millionaire donate much money to the village.
9. To be ______, I am very busy these days.
10. The ______ fox cheated the wolf with its sweet words.
11. ______ is a virtue of Chinese people.
12. The deer is ______ all day long.
13. He had throughout been almost worryingly ______ in his business formalities.
14. No leaders like ______ workers.
15. To be ______, we need more nutrition.
16. We are shocked at the ______ furniture.
17. He is an ______ worker in our factory.
18. ______ is more important than quantity.
19. Everyone should have ______ in himself.
20. The ______ merchant was finally punished by himself.
21. He suffered ______ persecution for years.
22. The ______ soldiers defeated the enemy.
23. The ______ landlord placed heavy burden on the farmers.

填空题答案

1. despise
2. awkward
3. intelligent
4. versatile
5. knowledgeable
6. coarse
7. shy
8. merciful
9. frank
10. cunning
11. Thrift
12. vigilant
13. meticulous
14. indolent
15. robust
16. luxurious
17. experienced
18. Quality
19. confidence
20. avaricious
21. relentless
22. intrepid
23. miserly

Word List 31

状态

Status

记忆小贴士：全身心记忆法

根据测试，参与记忆单词的器官和身体部位越多，单词在大脑中的印象就越深刻，记忆的时间也就越长。边读边写边记，来一个全身总动员吧。

变 化

diverse [daɪˈvɜːrs] *adj.* 不同的(different, various)
【例】Jane made a pretty bouquet of ***diverse*** flowers.

diversify [daɪˈvɜːrsɪfaɪ] *vt.* 使多样化(vary)
【例】That factory has ***diversified*** its products.

fickle [ˈfɪkl] *adj.* 多变的(changeable, capricious)
【例】The weather in this area is ***fickle***, and you can never foretell.

manifold [ˈmænɪfoʊld] *adj.* 多样的(various, many)；多方面的
【记】mani(许多)＋fold(层次)→繁多的
【例】The newlywed couple received the ***manifold*** blessings of their friends and relatives.

lavish [ˈlævɪʃ] *adj.* 丰富的(liberal)
【记】lav(洗)＋ish→冲掉→浪费的
【例】My neighbors spoiled their children with ***lavish*** gifts.

profuse [prəˈfjuːs] *adj.* 极其丰富的(abundant, exuberant)
【记】pro(向前)＋fuse(流)→表示充足，丰富的
【例】With ***profuse*** mineral content, mild water quality and abundant reserves, Dipai is a God-given health care hot spring in South China.

vary [ˈveri] *vt.* 改变(differ, deviate from, range)
【例】He ***varies*** his writing style according to his readers.

various [ˈveriəs] *adj.* 各种的(diversified)
【例】The friendship between the peoples of the two countries has been strengthened through ***various*** means.

variation [ˌveriˈeɪʃn] *n.* 变化(alteration, change)
【记】vari(变化)＋ation
【例】The global warming trend has made considerable ***variation*** of temperature.

variant [ˈveriənt] *adj.* 不同的(different)
【记】vari(变化)＋ant

mutation [mjuːˈteɪʃn] *n.* 变化(transformation)
【记】mut(变)＋ation
【例】A little frog was transformed into a monster due to a ***mutation*** aroused by nuclear emission.

transition [trænˈzɪʃn] *n.* 转变，变迁；过渡(change, shift)
【记】trans(交换)＋it(走)＋ion→转变
【例】Spring is a ***transition*** from winter into summer.

□ diverse □ diversify □ fickle □ manifold □ lavish □ profuse
□ vary □ various □ variation □ variant □ mutation □ transition

transform [træns'fɔːrm] *vt.* 变换(change, transmute)

【记】trans(变)+form(形)→变形

【例】A fresh coat of paint can ***transform*** a room.

enrich [ɪn'rɪtʃ] *vt.* 丰富(make rich, enhance)

【记】en+rich(富)

【例】I ***enriched*** my coffee with cream and sugar.

convert [kən'vɜːrt] *vt.* 转换(change, transform)

【记】con+vert(转)

【例】I ***converted*** the spare bedroom into a reading room.

copious ['koʊpiəs] *adj.* 丰富的(plentiful)

【例】We dedicate ***copious*** amounts of time and attention to our work to maintain our high personal standards.

alteration [ˌɔːltə'reɪʃn] *n.* 修改，改变；变更

【例】Making some simple ***alterations*** to your diet will make you feel fitter.

replacement [rɪ'pleɪsmənt] *n.* 更换；复位；代替者；补充兵员

【例】Although the EU has abandoned its previous approach, it has not yet decided on a ***replacement***.

冲 突

hostile ['hɑːstl] *adj.* 敌对的，不友好的(antagonistic, unfriendly)

【例】The ***hostile*** cat hissed whenever I came near.

diverge [daɪ'vɜːrdʒ] *vt.* 分歧，差异(differ, deviate)

【记】di+verge(转)→转开→分歧

【例】I'm afraid our opinions ***diverge*** from each other on the direction of investment.

divergent [daɪ'vɜːrdʒənt] *adj.* 分叉的；分歧的(different)

【例】Thousands of ***divergent*** tree branches made a thick canopy overhead.

belligerent [bə'lɪdʒərənt] *adj.* 好战的；交战的(hostile, aggressive)

【例】It is unwise to take a ***belligerent*** attitude.

repulsive [rɪ'pʌlsɪv] *adj.* 排斥的(revolting, disgusting)

【例】Attractive and ***repulsive*** forces are balanced.

offensive [ə'fensɪv] *adj.* 无礼的；攻击性的(aggressive)

【记】动词offend(进攻，冒犯)

【例】I would take it as an ***offensive*** action if you don't stop making those terrible noises.

strife [straɪf] *n.* 冲突；竞争(squabble, conflict)

【例】Money is a major cause of ***strife*** in many marriages.

□ transform □ enrich □ convert □ copious □ alteration □ replacement
□ hostile □ diverge □ divergent □ belligerent □ repulsive □ offensive
□ strife

feud [fjuːd] *n.* 世仇 *vi.* 不合

【例】The ***feud*** between our families has lasted for generations.

struggle [ˈstrʌgl] *n./vi.* 竞争，奋斗(fight)

【例】The human being ***struggles*** with his environment.

strike [straɪk] *v.* 打击(hit)

【例】In this country, going on strike is frequently being utilised by the union in fighting for the workers' interest, which ***strikes*** the nation's economy heavily.

contend [kənˈtend] *v.* 争斗(compete, rival)

【例】The armies are ***contending*** for control of strategic territory.

compete [kəmˈpiːt] *vi.* 竞争

【例】Children sometimes ***compete*** for their parents' attention.

frown [fraʊn] *vi.* 皱眉；反对

【例】My father ***frowned*** when I came home late last night.

parallel [ˈpærəlel] *vt.* 匹敌(match, rival)

【例】His paintings ***parallels*** that of Qi Baishi.

tantalize [ˈtæntəlaɪz] *vt.* 逗惹，使…着急(provoke, tease)

【例】Everytime I reached for the bird, it dispeared. I withdrew, it reappeared. It posed a ***tantalizing*** question for me.

rival [ˈraɪvl] *vt.* 竞争，匹敌(compete, match)

【例】Edison is a genius who can't be ***rivaled*** by ordinary mortals though advancedly educated.

assail [əˈseɪl] *vt.* 猛击；决然面对(attack, assault)

【记】as＋sail(跳上去)→跳上去打→猛打

【例】A police officer ***assailed*** the crook with a baton.

fulminate [ˈfʌlmɪneɪt] *vi.* 猛烈爆发(explode)

【记】fulmin(闪电，雷声)＋ate→像雷声一般发作→猛烈爆发

【例】The government has determined to ***fulminate*** against the crime wave.

baste [beɪst] *vt.* 殴打；公开责骂(lash, beat)

【例】The man was ***basted*** for his crime.

repulse [rɪˈpʌls] *vt.* 排斥

【记】re(反)＋pulse(推)→排斥

【例】Tom ***repulsed*** the attacker by punching him in the stomach.

repel [rɪˈpel] *vt.* 排斥(resist, reject)

【记】re(反)＋pel(推)→排斥

【例】The soldiers ***repelled*** the enemy.

emulate [ˈemjuleɪt] *vt.* 努力赶上或超过

【例】I tried to ***emulate*** Mary's skill at playing the piano.

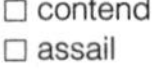

punch [pʌntʃ] *vt.* 重击(blow, hit)

【例】Plain Indians ***punched*** their hand-held drums while dancing.

thump [θʌmp] *vt.* 重击(strike, pound)

【例】The salesman ***thumped*** the door knocker.

adverse [ˈædvɜːrs] *adj.* 敌对的；不利的(hostile, unfavorable, negative)

【例】The ***adverse*** weather conditions made travel difficult.

impact [ˈɪmpækt] *v.* 冲击(affect, influence)

【例】The revolution greatly ***impacted*** many families of this country.

admonish [ədˈmɑːnɪʃ] *vt.* 警告(warn)

【记】ad(加强)+mon(警告)+ish→加强警告

【例】Mary ***admonished*** the children not to talk to strangers.

穿 透

stab [stæb] *v./n.* 刺，戳(jab, injure)

【例】He ***stabbed*** the woman with a knife and she died.

sheathe [ʃiːð] *vt.*(将刀剑)入鞘(cover, encase)

【例】He ***sheathes*** his sword.

insert [ɪnˈsɜːrt] *vt.* 插入(put in, add)

【记】in(进入)+sert(插)

【例】He ***inserted*** the key in the lock but could not open the door.

pierce [pɪrs] *vt.* 穿透，戳穿(penetrate, puncture)

【例】I ***pierced*** the paper with my pencil.

transfix [trænsˈfɪks] *vt.* 刺穿(pierce, impale)

【例】The fisherman ***transfixed*** the shark with a harpoon.

impale [ɪmˈpeɪl] *vt.* 刺穿，刺住(pierce, penetrate)

【记】im(进入)+pale(尖木)→刺穿

【例】She had the butterflies ***impaled*** on small pins.

penetrate [ˈpenətreɪt] *vt.* 刺穿，进入(pierce)

【记】pen(全部)+etr(进入)+ate

【例】The knife ***penetrated*** her finger and made it bleed.

interject [ˌɪntərˈdʒekt] *vt.* 突然插入

【例】May I ***interject*** a note of caution?

punch [pʌntʃ] *vt.* 打孔

【例】Workers have to ***punch*** holes in the mountain to get the road through.

□ punch □ thump □ adverse □ impact □ admonish □ stab
□ sheathe □ insert □ pierce □ transfix □ impale □ penetrate
□ interject □ punch

发展

successful [sək'sesfl] *adj.* 成功的(fruitful)

incipient [ɪn'sɪpiənt] *adj.* 初期的

【记】in(进入)+cip(掉)+ient→掉进来→刚开始的

【例】His first observation was that bystanders frequently intervene in ***incipient*** fights.

initiate [ɪ'nɪʃieɪt] *vt.* 开始，创始(start, begin, commence)

【例】Mary ***initiated*** a conversation with the man sitting next to her.

initial [ɪ'nɪʃl] *adj.* 初始的(original, beginning, early, oldest)

【记】in(进入)+it(走)+ial→走进→开始的

【例】His ***initial*** step to start a small business is to do a market research.

foremost ['fɔːrmoʊst] *adj.* 最初的(prime)

【记】fore(前)+most(最)→最先的

【例】He is one of the ***foremost*** atom scientists in China.

original [ə'rɪdʒənl] *adj.* 最初的(earliest, initial)

【记】origin(起源)+al

【例】His idea is not ***original***. Many pioneers had the same thought.

originally [ə'rɪdʒənəli] *adv.* 本来；最初

primary ['praɪmeri] *adj.* 最初的(foremost, initial)

【记】prim(最初的)+ary

eventual [ɪ'ventʃuəl] *adj.* 最后的(final, ultimate)

【记】比较event(事件)

【例】Owning a restaurant is Bill's ***eventual*** goal, but now he is just an assistant chef.

ultimate ['ʌltɪmət] *adj.* 最后的(final, eventual)

【记】ultim(最远)+ate

【例】***Ultimate*** success can be only achieved by those who hang on.

final ['faɪnl] *adj.* 最后的(ultimate)

【例】After the ***final*** contest has completed, the judges will decide who wins.

progress ['prɑːgres] *n./v.* 前进，发展

【记】pro(向前)+gress(走)→前进

【例】The year is ***progressing***; it will soon be winter again.

triumph ['traɪʌmf] *n.* 成功(victory)

【例】In our moment of ***triumph***, let's not forget those who made it all possible.

□ successful □ incipient □ initiate □ initial □ foremost □ original
□ originally □ primary □ eventual □ ultimate □ final □ progress
□ triumph

culmination [ˌkʌlmɪˈneɪʃn] *n.* 顶点(climax, summit)

【例】At the ***culmination*** of her career, Mary gave a final concert.

peak [piːk] *n.* 高峰；尖端(mountain top; summit, top)

【例】At the ***peak*** of their labor, they could lay five miles of rails a day.

process [ˈprɑːses] *n.* 过程(procedure) *vt.* 加工，处理

【例】These materials are to be ***processed*** before they can be used.

phase [feɪz] *n.* 阶段，态(stage, period)

【例】The three ***phases*** of matter are solid, liquid and gas.

condition [kənˈdɪʃn] *n.* 条件；状况

【例】My shoes are in bad ***condition*** and need to be replaced.

status [ˈsteɪtəs] *n.* 状况

【例】The ***status*** of colonial women had been well studied.

result [rɪˈzʌlt] *n.* 结果(outcome)

headway [ˈhedweɪ] *n.* 进展(progress)

【例】The reforms have made substantial *headway*.

onset [ˈɑːnset] *n.* 开始(beginning)

【记】来自set on(攻击)

【例】He had a sudden ***onset*** of conscious loss and then fell down in the supermarket.

halt [hɔːlt] *v.* 停止(stop, cease)

【例】The police ordered the thief to ***halt***.

develop [dɪˈveləp] *v.* 发展；产生；成长

【例】I will ***develop*** a headache if it gets too hot.

resume [rɪˈzjuːm] *v.* 继续(continue, take up)

【记】re(重新)+sume(拿)→继续

【例】We ***resumed*** our work after a rest.

exit [ˈeksɪt] *v.* 退出

【记】ex(出)+it(走)→走出→出口

【例】The actress ***exited*** secretly from an unseen exit.

climax [ˈklaɪmæks] *v.*(使)达到高潮 *n.* 高峰，顶点(peak, culmination)

【例】The movie ***climaxed*** with Tom's revealing that he was really the child's father.

emerge [iˈmɜːrdʒ] *vi.* 出现(appear, come into prominence)

【记】e(出)+merge(沉)→沉的东西出现→浮现

【例】The divers ***emerged*** from the water.

proceed [proʊˈsiːd] *vi.* 进行(carry on, go on)

【记】pro(向前)+ceed(走)→进行

【例】Business ***proceeded*** as usual.

☐ culmination ☐ peak ☐ process ☐ phase ☐ condition ☐ status
☐ result ☐ headway ☐ onset ☐ halt ☐ develop ☐ resume
☐ exit ☐ climax ☐ emerge ☐ proceed

commence [kəˈmens] *vi.* 开始(begin)
【例】The second term ***commences*** in March.

vanish [ˈvænɪʃ] *vi.* 消失(disappear, fade)
【记】van(空)＋ish→变空→消失
【例】The magician made the flowers ***vanish*** with a wave of his hand.

launch [lɔːntʃ] *vt.* 发动(start, begin)
【例】My company ***launched*** a new insurance plan.

engender [ɪnˈdʒendər] *vt.* 产生(generate, produce)
【记】en(使)＋gender(产生)→使产生
【例】John's kind acts ***engendered*** my friendship.

beget [bɪˈget] *vt.* 引起；产生(arise, bring)
【例】Hunger ***begets*** crime.

generate [ˈdʒenəreɪt] *vt.* 造成(produce, give rise to)
【记】gener(产生)＋ate
【例】His improper behavior ***generates*** a good deal of suspicion.

terminate [ˈtɜːrmɪneɪt] *vt.* 终止(end, finish, conclude, stop)
【记】termin(结束)＋ate
【例】The author ***terminated*** his contract with the publisher.

accomplished [əˈkɑːmplɪʃt] *adj.* 完成的
【例】The prediction was literally ***accomplished***.

conclude [kənˈkluːd] *vi.* 结束
【例】The movie ***concludes*** at ten o'clock.

conclusive [kənˈkluːsɪv] *adj.* 决定性的；最后的(decisive, definitive, final)
【例】The committee didn't reach any ***conclusive*** decision.

advance [ədˈvæns] *vt.* 使前进(proceed)；提出(propose)
【例】The date of the meeting has been ***advanced*** from Friday to Monday.

achieve [əˈtʃiːv] *vt.* 完成；实现；达到(accomplish, fulfil)
【例】Bill could not ***achieve*** his schooling because he is too lazy.

circumstance [ˈsɜːrkəmstæns] *n.* 环境；事件；状况 (condition, situation)
【例】A few exceptional men might rise above ***circumstance***.

escalate [ˈeskəleɪt] *v.* 逐步增强；逐步升高
【例】Local fighting threatens to ***escalate*** into full-scale war.

分离

detach [dɪˈtætʃ] *vt.* 分开；分离(remove, separate)
【例】Sally ***detached*** the spray nozzle from the hose.

detached [dɪˈtætʃt] *adj.* 分离的(separated, disconnected)
【例】The house has a ***detached*** garage rather than an adjoining one.

□ commence □ vanish □ launch □ engender □ beget □ generate
□ terminate □ accomplished □ conclude □ conclusive □ advance □ achieve
□ circumstance □ escalate □ detach □ detached

solitude [ˈsɑːlətjuːd] *n.* 与外界隔绝(isolation, loneliness)

【例】Enjoy the ***solitude***, the chance to be alone with your thoughts, or to listen to music you love, to see the world around you.

sever [ˈsevər] *vt.* 分开，断绝(separate)

【例】The road was ***severed*** at several places.

rend [rend] *vt.* 分离(apart, seperate)

【例】The cruel enemies ***rent*** the child away from his mother.

segregate [ˈsegrɪgeɪt] *vt.* 隔离，分离(alienate, separate)

【记】se(分开)+greg(群体)+ate→和群体分开→隔离

【例】Solid and liquid are ***segregated*** and then mixed again in the experiment.

disunite [ˌdɪsjuˈnaɪt] *vt.* 使分离

【记】dis(不)+unite(统一)→不统一→分离

【例】He managed to ***disunite*** the links of a chain.

scatter [ˈskætər] *vt.* 使分散(disperse, spread)

【例】The farmer ***scattered*** the corn in the yard for the hens.

缓 和

cushion [ˈkʊʃn] *n.* 垫层 *vt.* 缓解

【例】The sofa ***cushions*** have new upholstery.

soothe [suːð] *v.* 安慰；缓和；减轻(appease, relieve)

【例】Kind words can ***soothe*** when someone is upset.

relax [rɪˈlæks] *v.*(使)松弛，放松(ease)

【例】Don't worry about it; just try to ***relax***.

placate [ˈpleɪkeɪt] *vt.* 安抚(appease, pacify)

【记】plac(平静)+ate

【例】To ***placate*** an infant, a mom has to offer vocal reassurance.

console [kənˈsoʊl] *vt.* 安慰(conciliate, comfort)

【例】The physician ***consoled*** the parents of the accident victim.

assuage [əˈsweɪdʒ] *vt.* 缓和(alleviate, mitigate, soothe)

【记】as+suage(甜)→变甜→缓和

【例】I pray that our Heavenly Father may ***assuage*** the anguish of your bereavement.

mollify [ˈmɑːlɪfaɪ] *vt.* 缓和(appease, assuage)

【记】moll(软)+ify→软化→缓和

【例】He tries to find ways of ***mollifying*** her.

mitigate [ˈmɪtɪgeɪt] *vt.* 缓和；减轻(alleviate, relieve)

【记】miti(小)+gate(做)→缓减

【例】Nothing could ***mitigate*** the cruelty with which she had treated him.

□ solitude □ sever □ rend □ segregate □ disunite □ scatter
□ cushion □ soothe □ relax □ placate □ console □ assuage
□ mollify □ mitigate

slacken [ˈslækən] *vt.* 使松弛(loosen, slow down)
【记】slack(松弛)＋en
【例】I ***slackened*** the line to let the fish swim.

pacify [ˈpæsɪfaɪ] *vt.* 镇定；抚慰(appease, placate)
【记】pac(和平，平静)＋ify
【例】Even a written apology failed to ***pacify*** the indignant hostess.

恢 复

rally [ˈræli] *n./v.* 恢复
【记】比较ally(联盟)
【例】They paused to fresh themselves and ***rally*** their strength.

revive [rɪˈvaɪv] *v.* 复兴；复苏(revitalize)
【记】re(重新)＋vive(活)→复苏
【例】The fresh air soon ***revived*** him.

revert [rɪˈvɜːrt] *v.* 回复(come back, return)
【例】After her divorce she ***reverted*** to using her maiden name.

retract [rɪˈtrækt] *v.* 收回，撤回(take back, withdraw)
【记】re(回)＋tract(拉)→拉回→收回
【例】The company ***retracted*** its offer of a free ham, because it ran out of hams.

retrieve [rɪˈtriːv] *v.* 重新找回(recover, save)
【记】re(重新)＋trieve(找到)→重新找到
【例】Jane ***retrieved*** the lost document from the garbage can.

energize [ˈenərdʒaɪz] *vt.* 供给能量；使活跃
【例】I ***energized*** the motor when I turned on the electric switch.

restore [rɪˈstɔːr] *vt.* 恢复(recover, bring back)
【记】re(回)＋store(储存)→返回储存→恢复
【例】The people are eager to ***restore*** law and order after long-time chaos.

rehabilitate [ˌriːəˈbɪlɪteɪt] *vt.* 恢复(restore)
【记】reh(重新)＋abili(能力)＋tate→重新获得能力→恢复
【例】After World War II, many factories were ***rehabilitated*** rather than bulldozed.

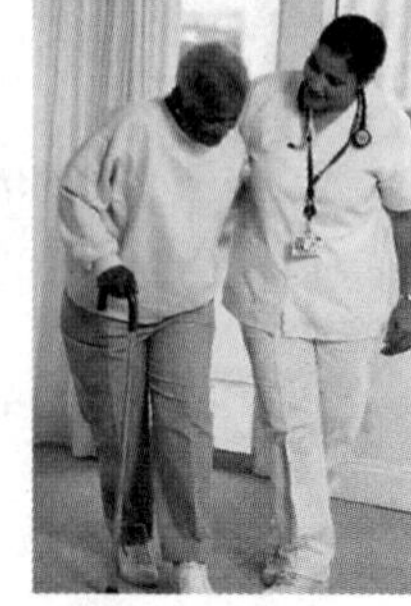

recover [rɪˈkʌvər] *vt.* 恢复(resume)
【例】The patient did not ***recover*** himself since he was knocked down in a car accident.

□ slacken □ pacify □ rally □ revive □ revert □ retract
□ retrieve □ energize □ restore □ rehabilitate □ recover

revoke [rɪˈvoʊk] *vt.* 取消，撤回(cancel, repeal)
【记】re(反)+voke(喊)→喊反话→取消
【例】The drunk driver had his driving licence ***revoked***.

refresh [rɪˈfreʃ] *vt.* 使清新 *vi.* 恢复精神(renew, revive)
【记】re(重新)+fresh(新鲜的)
【例】She felt ***refreshed*** after her sleep.

混 乱

intricate [ˈɪntrɪkət] *adj.* 错综复杂的(complicated, entangled)；难懂的
【记】in(进入)+tric(复杂)+ate
【例】In this article, you learned about some of the more ***intricate*** problems that can occur in class loading.

complex [kəmˈpleks] *adj.* 复杂的(complicated, tangled) *n.* 综合体
【记】com+plex(交叉重叠)→复杂的
【例】The student thought the algebraic formula was ***complex***.

disarray [ˌdɪsəˈreɪ] *n./vt.* 杂乱；混乱
【记】dis+array(排列)
【例】I couldn't find the papers in all the ***disarray*** on my desk.

confuse [kənˈfjuːz] *vt.* 混淆
【记】con(共同)+fuse(流)→流到一起→混合
【例】Please don't ***confuse*** Australia with Austria.

jumble [ˈdʒʌmbl] *v.* 混杂(muddle, mix)
【例】The papers in the office were all ***jumbled*** up.

shuffle [ˈʃʌfl] *vt.* 搅乱，混合(mix, blend)
【例】He ***shuffled*** the cards before each new round.

complicate [ˈkɑːmplɪkeɪt] *vt.* 使复杂；使陷入
【例】Getting angry with each other will only ***complicate*** the matter.

befuddle [bɪˈfʌdl] *vt.* 使混乱(confuse)
【例】The ***befuddled*** deer could not move out of the path of the car.

muddle [ˈmʌdl] *vt.* 使混乱(confuse, make into a mess)
【记】mud(泥)+dle→混入泥→混乱
【例】The lesson was not clear and it has ***muddled*** me.

聚 集

assemble [əˈsembl] *vt.* 聚集(gather, congregate)
【例】After ***assembling*** the things he needed, Bob baked a beautiful cake.

□ revoke □ refresh □ intricate □ complex □ disarray □ confuse
□ jumble □ shuffle □ complicate □ befuddle □ muddle □ assemble

assembly [ə'sembli] *n.* 集会

【例】An ***assembly*** was called so that everyone could vote on the issue.

party ['pɑːrti] *n.* 团体；一伙

association [əˌsoʊʃi'eɪʃn] *n.* 协会(society)

【例】Translators ***Association*** of China was founded in 1982.

gather ['gæðər] *v.* 聚集，集合(compile, collect)

【例】Children, ***gather*** round, and Miss Alice will tell you a fable.

attend [ə'tend] *vt.* 参加(join)

【例】Bob didn't ***attended*** school until he was 17.

convene [kən'viːn] *vt.* 集合(assemble, gather)

【记】con(共同)+vene(走)→走到一起

【例】Party congresses at all levels are ***convened*** by Party committees at their respective levels.

congregate ['kɑːŋgrɪgeɪt] *vt.* 聚集(assemble, gather)

【记】con(共同)+greg(集会)+ate

【例】Each morning people at work ***congregate*** around the coffee pot.

accompany [ə'kʌmpəni] *vt.* 伴随(travel with)

【记】ac+company(伴侣)

【例】If you go to the opera, I will ***accompany*** you.

accumulation [əˌkjuːmjə'leɪʃn] *n.* 堆积；积聚；累积物；堆积物(deposit)

【例】All this does not mean that the ***accumulation*** of capital is undesirable.

cumulative ['kjuːmjəleɪtɪv] *adj.* 累积的

【例】It is simple pleasures, such as a walk on a sunny day, which have a ***cumulative*** effect on our mood.

soar [sɔːr] *vi.* 高飞；高耸；往上飞舞 *n.* 高飞；高涨

【例】Shares ***soared*** on the New York stock exchange.

扩 大

sprawl [sprɔːl] *n.* 扩展 *v.* 蔓延(spread)

【记】比较crawl(爬)

【例】Suburban ***sprawl*** caused really bad traffic jams.

broaden ['brɔːdn] *v.* 放宽，变阔

【记】broad(宽)+en

【例】The city ***broadened*** the road at the dangerous turn.

swell [swel] *v.* 膨胀(expand, inflate)

【例】My ankle began to ***swell*** when I injured it.

□ assembly □ party □ association □ gather □ attend □ convene
□ congregate □ accompany □ accumulation □ cumulative □ soar □ sprawl
□ broaden □ swell

expand [ɪkˈspænd] *vi.* 扩张(outspread)
【记】ex+pand(分散)→分散出去→扩张
【例】The balloon ***expanded*** slowly.

dilate [daɪˈleɪt] *vt.* 使膨胀，使扩大(expand, widen)
【记】di(分开)+late→扩大
【例】I ***dilated*** the opening in the turkey and pushed the stuffing in.

augment [ɔːɡˈment] *vt.* 增大，增加(enlarge, increase)
【记】aug(提高)+ment→增大
【例】The addition to the house greatly ***augmented*** its value.

proliferation [prəˌlɪfəˈreɪʃn] *n.* 增殖；扩散；激增
【例】Before long, this element ***proliferation*** began to frustrate the chemists.

incorporate [ɪnˈkɔːrpəreɪt] *v.* 包含，吸收；体现；把…合并 *adj.* 合并的；一体化的；组成公司的
【例】It allows you to harness existing technologies and ***incorporate*** them into one application.

粘 附

stick [stɪk] *v.* 粘住，粘贴(cling, attach)
【例】The stamp is not sticky enough to ***stick*** on the envelope.

sticky [ˈstɪki] *adj.* 粘连的(adhesive)

attachment [əˈtætʃmənt] *n.* 连接物，附件
【例】The vacuum cleaner has six different ***attachments***.

cohere [koʊˈhɪr] *vi.* 附着，粘合(connect, fit)
【记】co(共同)+here(粘)→共同粘→连贯
【例】The sushi rice grains ***cohere***.

cling [klɪŋ] *vi.* 黏附(adhere, stick)
【例】The child ***clung*** to his mother, begging her not to leave.

adhere [ədˈhɪr] *vi.* 黏着，坚持(stick, hold, cling)
【例】There is a piece of lettuce ***adhering*** to the side of your plate.

adherent [ədˈhɪrənt] *adj.* 依附的(adhesive, sticky) *n.* 追随者，信徒
【例】The political party's loyal ***adherents*** contributed a lot of money.

频 率

constant [ˈkɑːnstənt] *adj.* 不变的，持续的(invariable, continous)
【例】The ***constant*** noise from the road crew gave Bill a headache.

incessant [ɪnˈsesnt] *adj.* 不断的(ceaseless, continual)
【记】in(不)+cess(停止)+ant
【例】Fishmongers said sales had dropped by half as a result of the ***incessant*** headlines about radiation in seawater near the Fukushima nuclear power plant.

coherent [koʊˈhɪrənt] *adj.* 连贯的(logical, unified)
【例】The student had a ***coherent*** explanation for being late.

incoherent [ˌɪnkoʊˈhɪrənt] *adj.* 不连贯的(disconnected)
【记】in(不)+coherent(连贯的)
【例】This article is rather ***incoherent***.

ceaseless [ˈsiːsləs] *adj.* 不停的(incessant, endless)
【记】cease(停)+less(否定后缀)
【例】The ***ceaseless*** noise of the dripping faucet drove us crazy.

speedy [ˈspiːdi] *adj.* 快的，迅速的
【例】We wish Bill a ***speedy*** recovery.

swift [swɪft] *adj.* 快速的(quick)
【例】The ***swift*** current carried the raft downstream.

successive [səkˈsesɪv] *adj.* 连续的(consecutive)
【例】The baseball player hit four ***successive*** home runs.

consecutive [kənˈsekjətɪv] *adj.* 连续的(successive)
【例】In his speech the president said that agricultural exports went up for twelve ***consecutive*** years.

prompt [prɑːmpt] *adj.* 迅速的(quick)
【例】You have been so ***prompt*** in carrying out all these commissions.

fitful [ˈfɪtfl] *adj.* 一阵阵的；断断续续的
【记】fit(一阵)+ful
【例】Please sit. Your ***fitful*** pacing is bothering me.

continually [kənˈtɪnjuəli] *adv.* 不断地(constantly, ceaselessly)

gradually [ˈgrædʒuəli] *adv.* 逐渐地(slowly, by degree, little by little)

haunt [hɔːnt] *vt.* 常到(frequent)
【例】Do you ***haunt*** the movie theaters?

frequency [ˈfriːkwənsi] *n.* 频率，发生次数
【例】They can help us understand more about the ***frequency***, intensity and duration of storms.

infrequent [ɪnˈfriːkwənt] *adj.* 稀少的，罕见的，珍贵的 (uncommon, scarce)
【记】in-(否)+frequent (经常)
【例】The disease is ***infrequent***, and this makes it impossible to determine its true incidence.

□ incessant □ coherent □ incoherent □ ceaseless □ speedy □ swift
□ successive □ consecutive □ prompt □ fitful □ continually □ gradually
□ haunt □ frequency □ infrequent

缺 乏

insufficient [ˌɪnsəˈfɪʃnt] *adj.* 不足的，不够的(inadaquate)

scanty [ˈskænti] *adj.* 贫乏的(sparse, meager)

【记】scant(不足的)+y

【例】The ***scanty*** resources defines this area as barren.

meager [ˈmiːɡər] *adj.* 贫乏的，不足的(scanty)

needy [ˈniːdi] *adj.* 贫穷的(poor)

【记】need(需要)+y→急需的→贫穷的

【例】Those ***needy*** children had to work for their keep.

stingy [ˈstɪndʒi] *adj.* 缺乏的

devoid [dɪˈvɔɪd] *adj.* 缺乏的(empty, lacking)

【记】de+void(空)→缺乏的

【例】The hot air was ***devoid*** of even the slightest amount of moisture.

scarce [skers] *adj.* 缺乏的，不足的(sparse)

【例】Food was ***scarce*** and expensive.

forfeit [ˈfɔːrfət] *vt.* 丧失(sacrifice) *adj.* 丧失了的(lost)

【例】His lands were ***forfeit***.

衰 弱

degenerate [dɪˈdʒenəreɪt] *adj.* 堕落的 *vi.* 退步(degrade, deteriorate)

【记】de(坏)+gener(产生)+ate→往坏产生→堕落

【例】I was shocked by the lack of morals in this ***degenerate*** book.

decadence [ˈdekədəns] *n.* 衰落，颓废

【记】de+cad(落下)+ence

【例】The mayor criticized the teenagers for their ***decadence***.

decline [dɪˈklaɪn] *v.* 衰落(go down, drop)

【例】As the dog grew older, its health ***declined***.

languish [ˈlæŋɡwɪʃ] *vi.* 变衰弱(wither, fade)

【例】The prisoners have been ***languishing*** for years in the dungeon.

ebb [eb] *vi.* 衰退(decay)

【例】The water washed up on the shore, then slowly ***ebbed*** away.

flag [flæɡ] *vi.* 衰退，减弱(decline)

【例】His interest in this topic is ***flagging*** as shown in his dull eyes.

deplete [dɪˈpliːt] *vt.* 耗尽，使衰竭(exhaust)

【例】I always replenish my food supply before it is ***depleted***.

□ insufficient □ scanty □ meager □ needy □ stingy □ devoid
□ scarce □ forfeit □ degenerate □ decadence □ decline □ languish
□ ebb □ flag □ deplete

degrade [dɪˈɡreɪd] *vt.* 使降级；使堕落(degenerate, lower)
【记】de(向下)+grade(级)→向下降级
【例】He ***degraded*** himself by cheating and telling lies.

enervate [ˈenərveɪt] *vt.* 使衰弱(enfeeble, weaken)
【例】The dullness of the lecture as well as the heat of the day ***enervated*** the students, who were all too tired.

随 机

informal [ɪnˈfɔːrml] *adj.* 不拘礼节的，随便的
【例】They regularized their ***informal*** marriage by registering with the district government.

indefinite [ɪnˈdefɪnət] *adj.* 不明确的；不定的(infinite, unlimited)
【记】in(不)+definite(确定的)
【例】Don't expect too much; it is still ***indefinite*** that your favorite star will come.

casual [ˈkæʒuəl] *adj.* 非正式的，随便的(informal)
【例】The picnic was ***casual***, so we all wore shirts.

potential [pəˈtenʃl] *adj.* 可能的；潜在的(possible, conceivable)
【例】The inventor determined ***potential*** markets for the new product.

contingent [kənˈtɪndʒənt] *adj.* 可能发生的(accidental, unforeseen)
【例】Mary's offer to buy the house was ***contingent*** upon her getting a mortgage.

dispensable [dɪˈspensəbl] *adj.* 可有可无的(unnecessary, unimportant)
【例】This magazine is ***dispensable***, so let's discontinue our subscription.

occasional [əˈkeɪʒənl] *adj.* 偶然的(accidental, haphazard)
【例】The silence was broken by an ***occasional*** scream.

fortuitously [fɔːrˈtuːɪtəsli] *adv.* 偶然地，意外地(accidentally, coincidentally)
【例】He is not a good swimmer; he just won the game ***fortuitously***.

haphazard [hæpˈhæzərd] *adj.* 偶然的；随便的(casual, random, indiscriminate)
【记】hap+hazard(偶然，运气)→偶然的
【例】I didn't mean to meet my old friend at the airport; it is just a ***haphazard*** meeting.

random [ˈrændəm] *adj.* 任意的，随意的(patternless, unplanned)
【例】The survey used a ***random*** sample of two thousand people across the Midwest.

doubtful [ˈdaʊtfl] *adj.* 未确定的；不可靠的(treacherous)
【例】John felt ***doubtful*** about getting married.

□ degrade □ enervate □ informal □ indefinite □ casual □ potential
□ contingent □ dispensable □ occasional □ fortuitously □ haphazard □ random
□ doubtful

lottery [ˈlɑːtəri] *n.* 碰巧之事

【例】"Marriage is just a ***lottery***; don't believe in love." said the old man.

accidental [ˌæksɪˈdentl] *adj.* 偶然的(occasional)

【记】ac+cid(落下)+ental→意外的

【例】I made an ***accidental*** error on my exam.

缩减

constrict [kənˈstrɪkt] *v.*(使)收紧，压缩(reduce, compress)

【记】strict(严格的，精密的)

【例】The snake ***constricted*** its body around its prey and killed it.

dwindle [ˈdwɪndl] *vi.* 减少(diminish, decrease)

【例】The stream will continue to ***dwindle*** if it doesn't rain.

detract [dɪˈtrækt] *vi.* 去掉；减损(lessen, derogate)

【记】de+tract(拉)

【例】Their argument ***detracted*** from the otherwise pleasant conversation.

contract [kənˈtrækt] *vi.* 收缩(shrink, reduce)

【记】con+tract(拉)→拉到一起→收缩

【例】Plastic bags ***contract*** when being heated.

reduce [rɪˈdjuːs] *vt.* 减少，简化(simplify)

【例】Statistics helps to ***reduce*** unwieldy data to comprehensible form.

diminish [dɪˈmɪnɪʃ] *vt.* 减少；缩小(decrease, dwindle)

【记】di(向下)+mini(小)+ish→小下去→缩小

【例】Unexpected expenses ***diminished*** the size of my bank account.

curtail [kɜːrˈteɪl] *vt.* 缩减(cut back, reduce)

【记】cur+tail(尾巴)→尾巴短了→减缩

【例】The discussions were ***curtailed*** when the fire alarm went off.

indent [ɪnˈdent] *vt.* 缩排，缩进

【例】Remember to ***indent*** the first line of every paragraph.

subtraction [səbˈtrækʃn] *n.* 减少

【例】It also lets you perform mathematical operations like addition, ***subtraction***, division, and multiplication on two statistics.

consumption [kənˈsʌmpʃn] *n.* 消费；消耗(utilization)

【例】On campus, high ***consumption*** coexists with low consumption.

稳定性

erratic [ɪˈrætɪk] *adj.* 不稳定的(unpredictable)

【例】Bill's ***erratic*** moods upset everyone in our office.

- ☐ lottery ☐ accidental ☐ constrict ☐ dwindle ☐ detract ☐ contract
- ☐ reduce ☐ diminish ☐ curtail ☐ indent ☐ subtraction ☐ consumption
- ☐ erratic

stable [ˈsteɪbl] *adj.* 稳定的(immobile, steady)

【例】Don't lean on my desk! It's not ***stable***.

unstable [ʌnˈsteɪbl] *adj.* 不稳定的，不牢固的(variable, troubled, inconstant)

steady [ˈstedi] *adj.* 稳固的 *vt.* 使稳定

【例】Despite the ***steady*** progress of building work, the campaign against it is still going strong.

steadily [ˈstedəli] *adv.* 稳定地，有规则地(consistently)

poise [pɔɪz] *n.* 平衡；稳定(balance)

intact [ɪnˈtækt] *adj.* 完整的；原封不动的；未受损伤的

【例】"This is one of the largest ***intact*** savannas in Africa," he said.

consistent [kənˈsɪstənt] *adj.* 始终如一的，一致的；坚持的

【例】These actions are ***consistent*** with his principles.

物理属性变化

ascent [əˈsent] *n.* 上升

【例】The rock climbers made their ***ascent*** slowly.

descent [dɪˈsent] *n.* 下降

【例】Sixteen of the youngsters set off for help, but during the ***descent*** three collapsed in the cold and rain.

extend [ɪkˈstend] *v.* 扩充，延伸(stretch, increase)

【例】The headmaster ***extended*** our holiday by four days.

extension [ɪkˈstenʃn] *n.* 延伸

【例】The handle isn't long enough, so I need an ***extension***.

hike [haɪk] *v.* 上升

【例】My coat had ***hiked*** up in the back.

hoist [hɔɪst] *v.* 升起(raise) *n.* 起重机

【例】He was ***hoisted*** up to the top of the building by a hoist.

stretch [stretʃ] *v.* 伸展，伸长(pull taut, expand)

【例】She ***stretched*** herself out on the couch and fell asleep.

transform [trænsˈfɔːrm] *vt.* 明显地改变…外观或形状

【记】trans(变)+form(形)→变形

【例】A fresh coat of paint can ***transform*** a room.

deform [dɪˈfɔːrm] *vt.* 使变形(disfigure, distort)

【记】de(坏)+form(形状)→使变形

【例】A constant wind ***deformed*** the tree.

☐ stable ☐ unstable ☐ steady ☐ steadily ☐ poise ☐ intact
☐ consistent ☐ ascent ☐ descent ☐ extend ☐ extension ☐ hike
☐ hoist ☐ stretch ☐ transform ☐ deform

elevate [ˈelɪveɪt] *vt.* 抬高

【记】e(出)+lev(举)+ate→举出→升高

【例】The marchers ***elevated*** the flag as they passed the president.

sharpen [ˈʃɑːrpən] *vt.* 削尖

【例】The boy ***sharpened*** the pencil with a knife.

enhance [ɪnˈhæns] *vt.* 增加(raise, improve, heighten)

【例】You can ***enhance*** your appearance with makeup.

abate [əˈbeɪt] *v.* 减少(lessen, diminish, dwindle, subside)

【例】It is reported that flu has been ***abating*** due to a warm winter.

accumulate [əˈkjuːmjəleɪt] *vt.* 积聚(aggregate, amass, accrue)

【记】ac+cumul(堆积)+ate→积累

【例】The television screen ***accumulates*** dust.

amplify [ˈæmplɪfaɪ] *vt.* 放大，增强

【例】We need to ***amplify*** the electric current.

amplification [ˌæmplɪfɪˈkeɪʃn] *n.* 扩大

inflate [ɪnˈfleɪt] *v.* 使得意，使骄傲；使膨胀；使充气(enlarge, expand, swell)

【例】Flattery would ***inflate*** the most modest person's ego.

transport [ˈtrænspɔːrt] *n.* 运输；运输机 [træsˈpɔːrt] *vt.* 运输；流放；使狂喜

【例】It affects water flow, electricity generation, ***transport***, water quality and indigenous biodiversity.

物理状态

stuffy [ˈstʌfi] *adj.* 闷热的，不通风的(airless, stale)

【例】It was hot and ***stuffy*** in the classroom even though two of the windows at the back had been opened.

tilted [tɪltɪd] *v.* (使)倾斜(slant)

【例】She made the mirror ***tilt*** and began to comb her hair.

regularly [ˈregjələrli] *adv.* 有规律地，整齐地(routinely)

【例】Take the medicine ***regularly*** three times a day.

coil [kɔɪl] *n.* 盘绕 *v.* 卷(curl, wind)

【例】The snake ***coiled*** itself around its prey.

slope [sloʊp] *n.* 倾斜，斜面 *v.* 倾斜(slant, tilt, incline)

【例】The street must have been on a ***slope***.

slant [slænt] *n.* 斜面 *vt.* 使倾斜(tilt, slope)

【例】The roof was built at a ***slant*** so rain would run off it.

protrude [proʊˈtruːd] *v.* (使)突出(project, stick out)
【记】pro(前)+trude(伸出)→突出
【例】John's teeth ***protrude*** from his gums at an odd angle.

rotate [ˈroʊteɪt] *v.* (使)旋转(turn, alternate)
【例】The coach ***rotates*** her players frequently near the end of the game.

roll [roʊl] *v.* 滚动(scroll)
【例】If you ***roll*** my log, I will *roll* yours.

dangle [ˈdæŋgl] *v.* 悬摆(suspend, hang)
【例】The monkey loved to ***dangle*** from the branch and eat bananas.

project [prəˈdʒekt] *v.* 凸出，投射(protrude)
【例】His eyebrows ***project*** noticeably.

encompass [ɪnˈkʌmpəs] *vt.* 包围，环绕(encircle, cover)；包含
【记】en+compass(包围)
【例】A thick fog ***encompassed*** the village.

active [ˈæktɪv] *adj.* 活动的，活跃的
【例】Susan's personal life is very ***active***.

hump [hʌmp] *vi.* 隆起
【例】The land here ***humped*** into a hummock.

tower [ˈtaʊər] *vi.* 屹立，高耸
【例】The skyscraper ***towered*** among the city.

spin [spɪn] *v.* 旋转
【例】The wheels of the car were ***spinning***.

concave [kɑːnˈkeɪv] *adj.* 凹的，凹入的 *n.* 凹，凹面
【例】Because there is no abrasion between the ***concave*** and convex, the nut is reusable.

convex [ˈkɑːnveks] *adj.* 表面弯曲如球的外侧的，凸起的

pitch [pɪtʃ] *n.* 程度；斜度

configuration [kənˌfɪgjəˈreɪʃn] *n.* 结构；形态；表面轮廓(shape, form)
【例】The complexity of this ***configuration*** also make mis-configuration a possibility.

吸 引

glamor [ˈglæmər] *n.* 魅力(attraction, charm)
【例】His performance fully displayed the infinite ***glamor*** of Chinese dance.

glamorous [ˈglæmərəs] *adj.* 富有魅力的(fascinating, charming)
【记】参考glamour(魔力)
【例】The young president ceased to be ***glamorous*** when he announced a higher tax rate.

□ protrude □ rotate □ roll □ dangle □ project □ encompass
□ active □ hump □ tower □ spin □ concave □ convex
□ pitch □ configuration □ glamor □ glamorous

catching [ˈkætʃɪŋ] *adj.* 迷人的(charming)

【记】catch(抓)+ing→心被抓住→迷人的

【例】Mary is quite ***catching*** on campus.

engross [ɪnˈɡroʊs] *vt.* 使全神贯注于；吸引(absorb, preoccupy)

【例】The football game ***engrossed*** Tom completely.

engrossed [ɪnˈɡroʊst] *adj.* 全神贯注的(absorbed)

【例】Let your imagination get involved. Good readers get ***engrossed*** in their reading and let it trigger their imagination.

attractive [əˈtræktɪv] *adj.* 吸引人的，有魅力的(pretty, appealing)

【例】I thought he was very ***attractive*** and obviously very intelligent.

conspicuous [kənˈspɪkjuəs] *adj.* 引人注目的(noticeable, obvious)

【记】con+spic(看)+uous→大家都看→引人注目的

【例】The crack in the ceiling was very ***conspicuous***.

inviting [ɪnˈvaɪtɪŋ] *adj.* 诱人的(attractive)；引人注目的

【例】The restaurant appeared to be cozy and ***inviting***, so we ate there.

bait [beɪt] *n.* 饵，引诱物(lure)

【例】Cheese is good ***bait*** for catfish.

charisma [kəˈrɪzmə] *n.* 魅力，感召力

【例】The performer's ***charisma*** kept our attention and caused us to listen to everything she said.

draw [drɔː] *v.* 吸引，拉(attact)

【例】The great parade of overseas Chinese on the main street of Paris ***drew*** a crowd of twenty thousand.

enrapture [ɪnˈræptʃər] *vt.* 使出神

【记】en+rapture(狂喜)

【例】Her smile ***enraptured*** him so he would not move his eyes.

induce [ɪnˈdjuːs] *vt.* 导致，诱使(cause, produce)

【记】in(进入)+duce(引导)

【例】The careless worker ***induced*** the fire with a cigarette butt.

intoxicate [ɪnˈtɑːksɪkeɪt] *vt.* 使陶醉

【记】in(进入)+toxic(毒)+ate→进入毒→使迷醉

【例】He was ***intoxicated*** by many awards he received and ceased his step toward the peak of his career.

lure [lʊr] *vt.* 诱惑(entice, tempt)

【记】比较allure(引诱)

【例】Many young Japanese engineers have been ***lured*** to the Middle East by the promise of high wages.

□ catching □ engross □ engrossed □ attractive □ conspicuous □ inviting
□ bait □ charisma □ draw □ enrapture □ induce □ intoxicate
□ lure

entice [ɪn'taɪs] *vt.* 诱惑(lure, tempt)

【例】I ***enticed*** Mary to dinner by offering to pay for her meal.

tempt [tempt] *vt.* 诱使(lure, entice)

【例】We refused the offer even though it ***tempted*** us.

addict [ə'dɪkt] *vt.* 对…有瘾

【例】Alcohol may ***addict*** you.

addicted [ə'dɪktɪd] *adj.* 沉溺的，上瘾的

【例】Max smokes but he is not ***addicted***.

absorb [əb'zɔːrb] *vt.* 吸收，吸引(attract, allure)

【记】ab+sorb(吸)

【例】I used a sponge to ***absorb*** the spilled milk.

absorbing [əb'zɔːrbɪŋ] *adj.* 引人入胜的(enchanting, fascinating)

虚 弱

delicate ['delɪkət] *adj.* 脆弱的

【例】The girl's ***delicate*** health has always worried her parents.

pitiful ['pɪtɪfl] *adj.* 可怜的

【记】名词pity(可怜)

【例】He sounded both ***pitiful*** and eager to get what he wanted.

fragile ['frædʒl] *adj.* 脆的(breakable, brittle)

【记】frag(碎)+ile→易碎的

【例】You must cushion ***fragile*** objects carefully when you pack them.

emaciate [ɪ'meɪʃieɪt] *vt.* 使瘦弱

【记】e+maci(瘦)+ate

【例】A long illness had ***emaciated*** my father.

emaciated [ɪ'meɪʃieɪtɪd] *adj.* 瘦弱的；憔悴的(skinny; haggard)

【例】A bus transported the ***emaciated*** refugees to the camp.

flimsy ['flɪmzi] *adj.* 脆弱的；薄弱的(thin)

【记】比较film(胶片)

【例】Actually a lot of apparently staunch people are ***flimsy*** in heart.

fragmentary ['frægmənteri] *adj.* 碎片的；不连续的(discontinuous)

【例】***Fragmentary*** works divided among museums around the world deserve to be viewed and understood as elements of a whole.

frail [freɪl] *adj.* 虚弱的，脆弱的(fragile, flimsy)

【记】frail=fract (打碎的)→脆弱的

【例】My grandmother is ***frail***, but she's still very alert.

□ entice □ tempt □ addict □ addicted □ absorb □ absorbing
□ delicate □ pitiful □ fragile □ emaciate □ emaciated □ flimsy
□ fragmentary □ frail

brittle [ˈbrɪtl] *adj.* 易碎的(fragile)

【例】Steel is not as ***brittle*** as cast iron; it doesn't break as easily.

slender [ˈslendər] *adj.* 苗条的，微弱的(slim)

【例】She was ***slender***, with delicate wrists and ankles.

impotence [ˈɪmpətəns] *n.* 无力；虚弱(powerlessness)

【记】im(无)+potence(能力)→无能

【例】You can blame the ***impotence*** of commercial culture.

limp [lɪmp] *adj.* 柔软的，无力的

【记】比较limb(四肢)

【例】He carried her ***limp*** body into the room and laid her on the bed.

vulnerable [ˈvʌlnərəbl] *adj.* 易受攻击的；易受伤害的；有弱点的

【例】Old people are particularly ***vulnerable*** members of our society.

隐 藏

cryptic [ˈkrɪptɪk] *adj.* 神秘的，隐藏的(mysterious)

【记】crypt(神秘)+ic

【例】I do not understand your ***cryptic*** remarks!

secluded [sɪˈkluːdɪd] *adj.* 隐蔽的，隐退的(remote, isolated)

【例】To find the true self, one is suggested to live a ***secluded*** life for a while.

seclusion [sɪˈkluːʒn] *n.* 归隐；隔离(solitude, isolation)

【记】se(分开)+clus=clude(关闭)+ion→隔离

【例】Emily Dickinson's ***seclusion*** made her life a mystery to the public.

dissemble [dɪˈsembl] *v.* 隐藏；伪装(disguise, dissimulate)

【记】dis+semble(相似)→隐藏

【例】The criminal suspect was ***dissembling*** when he said he was asleep in bed at the time of the crime.

lurk [lɜːrk] *vi.* 躲藏(prowl, slink)

【例】The villagers reported that the lion from the zoo was still ***lurking*** close to.

sneak [sniːk] *vi.* 潜行(lurk, skulk)

【记】比较snake(蛇)

【例】The man ***sneaked*** about the place watching for a chance to steal something.

conceal [kənˈsiːl] *vt.* 把…隐藏起来(disguise, hide)

【例】The criminal ***concealed*** the knife in his boot.

feign [feɪn] *vt.* 假装(simulate, sham)

【记】比较feint(佯攻)

【例】The hunter had to ***feign*** death when he suddenly found out that a bear was coming toward him.

pretend [prɪˈtend] *vt.* 伪装(camouflage, disguise)

【例】He ***pretended*** not to know the facts.

simulate [ˈsɪmjuleɪt] *vt.* 伪装，模拟(feign, fake)

【例】The computer program ***simulated*** the effects of aging.

hide [haɪd] *v.* 隐藏(conceal)

【例】The gangsters ***hid*** out in a remote cabin until it was safe to return to the city.

obscure [əbˈskjʊr] *vt.* 掩盖(hide, cloud)

【记】ob(离开)+scure(跑)→跑开→掩盖

【例】The darkness of the night ***obscured*** the burglar's figure.

screen [skriːn] *vt.* 遮蔽(veil, conceal)

【例】The moon was ***screened*** by clouds.

You never know what you can do till you try.

除非你亲自尝试一下，否则你永远不知道你能够做什么。

——英国小说家 马里亚特(Frederick Marryat, British novelist)

连 线 题

左列单词在右列中有一个或多个同义词，请画线连接。

（一）

brittle	veil
curtail	attraction
dangle	charm
enhance	conceal
erratic	cut back
glamor	entice
impotence	fragile
lurk	hang
screen	heighten
tempt	improve
	lure
	powerlessness
	prowl
	reduce
	slink
	suspend
	unpredictable

（二）

consecutive	adhesive
convene	assemble
expand	come back
haunt	conceivable
languish	ease
potential	fade
relax	frequent
revert	gather
scarce	outspread
sticky	possible
	return
	sparse
	successive
	wither

（三）

commence	abundant
diversify	begin
fickle	blow
foremost	capricious
impale	changeable
profuse	continue
punch	exuberant
resume	hit
	penetrate
	pierce
	prime
	vary

连线题答案

（一）

brittle	fragile
curtail	reduce
curtail	cut back
dangle	suspend
dangle	hang
enhance	improve
enhance	heighten
erratic	unpredictable
glamor	attraction
glamor	charm
impotence	powerlessness
lurk	prowl
lurk	slink
screen	veil
screen	conceal
tempt	lure
tempt	entice

（二）

consecutive	successive
convene	assemble
convene	gather
expand	outspread
haunt	frequent
languish	wither
languish	fade
potential	possible
potential	conceivable
relax	ease
revert	come back
revert	return
scarce	sparse
sticky	adhesive

（三）

commence	begin
diversify	vary
fickle	changeable
fickle	capricious
foremost	prime
impale	pierce
impale	penetrate
profuse	abundant
profuse	exuberant
punch	blow
punch	hit
resume	continue

Word List 32

现实

Reality

记忆小贴士：联想记忆法

“联想是钓钩，在茫茫的艺海中，它能准确地钩住你所识记的事物。”联想越丰富，越多彩，记忆的艺术也就越高超。

犯罪

deceit [dɪˈsiːt] *n.* 欺骗，欺诈(cheat, fraud)

【例】No one trusts John because they know of his ***deceit***.

deceitful [dɪˈsiːtfl] *adj.* 欺骗的(sly, dishonest)

【例】The ***deceitful*** merchant's store was closed by the government.

deceive [dɪˈsiːv] *vt.* 欺骗，行骗

【例】Mary ***deceived*** the interviewer about her past experience.

deceptive [dɪˈseptɪv] *adj.* 虚伪的，骗人的(deceitful, misleading.)

【例】Many customers were angered by the ***deceptive*** ads.

gangster [ˈɡæŋstər] *n.* 暴徒，歹徒(mobster, hoodlum)

fraud [frɔːd] *n.* 欺骗(fault, deception)

【例】Never try to get money by ***fraud***.

fraudulent [ˈfrɔːdʒələnt] *adj.* 欺诈的，不诚实的(deceitful, dishonest)

【例】This is a ***fraudulent*** lawsuit brought by a convicted felon, and we look forward to defending it in court.

homicide [ˈhɑːmɪsaɪd] *n.* 杀人(slaughter)

theft [θeft] *n.* 偷窃(stealing)

pilferage [ˈpɪlfərɪdʒ] *n.* 偷窃(stealing)

【记】pilfer(偷)+age

【例】He was arrested by the police for ***pilferage***.

counterfeit [ˈkaʊntərfɪt] *n.* 赝品 *adj.* 伪造的，假冒的(fake, sham)

【例】This ***counterfeit*** money is obviously an imitation.

conspire [kənˈspaɪər] *vi.* 阴谋，密谋(intrigue, plot)

【例】The bank tellers ***conspired*** to rob the bank.

conspiracy [kənˈspɪrəsi] *n.* 阴谋(plot)

【例】The police officer uncovered a ***conspiracy*** to assassinate the President.

sin [sɪn] *n.* 罪过，过失

brew [bruː] *v.* 酿造；图谋(ferment, plot)；酝酿，即将发生

【例】We could tell by the clouds that a storm was ***brewing***.

beguile [bɪˈɡaɪl] *vi.* 欺骗(deceive)

【记】be+guile(欺诈)

【例】He ***beguiled*** the voters with his good looks.

despoil [dɪˈspɔɪl] *vt.* 抢劫(rob)

【例】The region is ***despoiled*** of its scenic beauty by unchecked development.

□ deceit □ deceitful □ deceive □ deceptive □ gangster □ fraud
□ fraudulent □ homicide □ theft □ pilferage □ counterfeit □ conspire
□ conspiracy □ sin □ brew □ beguile □ despoil

forge [fɔːrdʒ] *vt.* 伪造(feign, fabricate)

【例】The gangsters think the best way they could get money is to ***forge*** them in their own factory.

assassinate [əˈsæsəneɪt] *vt.* 暗杀，行刺

【例】A horrible war began when the terrorist ***assassinated*** a government official.

kidnap [ˈkɪdnæp] *vt.* 绑架(abduct)

【记】kid(小孩)＋nap(睡)→(小孩睡时被)绑架

【例】Two businessmen have been ***kidnapped***.

embezzle [ɪmˈbezl] *vt.* 盗用(公款；公物)(misappropriate)

【例】Two employees planned to ***embezzle*** a million dollars over a period of years.

extort [ɪkˈstɔːrt] *vt.* 勒索，强索(extract, squeeze)

【记】ex＋tort(扭)→扭出来→强索

【例】A blackmailer ***extorted*** thousands of dollars from the millionaire.

blackmail [ˈblækmeɪl] *vt.* 勒索

【记】black(黑)＋mail(信)

【例】The gangsters who knew of Bill's past crimes tried to ***blackmail*** him.

delude [dɪˈluːd] *vt.* 欺骗，迷惑(beguile, deceive, hoax)

【记】de(坏)＋lude(玩)→使坏→欺骗

【例】That playboy often ***deludes*** his girl with empty promises.

defraud [dɪˈfrɔːd] *vt.* 欺诈(deceive, beguile, cheat)

【记】de＋fraud(欺诈)

【例】The tax accountant ***defrauded*** the government.

fabricate [ˈfæbrɪkeɪt] *vt.* 伪造(forge, coin)

【记】fabric(结构)＋ate→使出现结构→伪造

【例】Jane ***fabricated*** the story that she was late because she was caught in traffic.

purge [pɜːrdʒ] *vt.* 洗涤(罪等)

【记】比较pure(纯的)

【例】The old tycoon did a lot of good deeds to ***purge*** away his sins.

belie [bɪˈlaɪ] *vt.* 掩饰(conceal, cover up)

【记】be＋lie(谎言)

【例】He spoke roughly in order to ***belie*** his air of gentility.

trap [træp] *vt.* 诱捕，陷害 *n.* 陷阱(entrap)

【例】The general was ***trapped*** and sentenced to death.

□ forge □ assassinate □ kidnap □ embezzle □ extort □ blackmail
□ delude □ defraud □ fabricate □ purge □ belie □ trap

accomplice [əˈkɑːmplɪs] *n.* 从犯(accessory)
【记】ac+com(共同)+plic(做)+e→一起干→同谋
【例】Bill and his ***accomplice*** Max were arrested last week.

abduct [æbˈdʌkt] *vt.* 绑架，诱拐(kidnap)
【记】ab+duct(引导)→把人带走→绑架
【例】The police think the boy has been ***abducted***.

decimation [ˌdesɪˈmeɪʃn] *n.* 大批杀害；大量毁灭(destruction)
【例】There are indications of the ***decimation*** of several species.

福气

convenient [kənˈviːniənt] *adj.* 便利的，方便的
【例】Tom picked a ***convenient*** time to come for a visit.

grateful [ˈɡreɪtfl] *adj.* 感谢的(thankful)
【记】grate(高兴)+ful(多)
【例】He can't help being ***grateful*** for his parents who brought him up in the war.

gratitude [ˈɡrætɪtjuːd] *n.* 感谢，感激
【记】grat(满意)+itude
【例】No words can fully express my ***gratitude***.

auspicious [ɔːˈspɪʃəs] *adj.* 吉兆的，幸运的(promising, favorable)
【例】Spring is an ***auspicious*** time to begin new activities.

cozy [ˈkoʊzi] *adj.* 舒适的(comfortable, snug)
【例】Sitting in front of a fire on a snowy day is quite ***cozy***.

fortunate [ˈfɔːrtʃənət] *adj.* 幸运的(lucky)
【记】fortun(e)(财富)+ate→发财→幸运的

readily [ˈredɪli] *adv.* 容易地(easily, quickly)

boon [buːn] *n.* 恩惠(blessing, benefit)
【例】Having a parent who is a teacher is a real ***boon*** to the kids.

bonanza [bəˈnænzə] *n.* 幸运
【例】Winning the lottery was a ***bonanza*** for the Browns.

blessing [ˈblesɪŋ] *n.* 祝福
【例】Mary gave a ***blessing*** before dinner.

thrive [θraɪv] *vi.* 繁荣，旺盛(flourish, do well on)
【例】The wild deer that ***throve*** here are no more visible due to deforestation.

□ accomplice □ abduct □ decimation □ convenient □ grateful □ gratitude
□ auspicious □ cozy □ fortunate □ readily □ boon □ bonanza
□ blessing □ thrive

工具使用

furrow [ˈfɜːroʊ] *vt.* 犁，耕；弄绉

【例】The farmers ***furrow*** the soil before seeding.

instrument [ˈɪnstrəmənt] *n.* 工具

【例】Flute, piano and violin are all musical ***instruments***.

implement [ˈɪmplɪment] *n.* 工具(device, instrument, facility)

tool [tuːl] *n.* 工具，用具(instrument)

shaft [ʃæft] *n.* 轴，柄(handle, pole)

pump [pʌmp] *n.* 水泵 *v.* 抽，吸(drive)

snap [snæp] *v.*(使)猛然断裂(break)

【例】My shoelace ***snapped*** when I pulled it too tightly.

squeeze [skwiːz] *v.* 挤(cram, press)

【例】Anne ***squeezed*** the oranges to make orange juice.

prune [pruːn] *v.* 剪修(shear, trim)

【例】He is ***pruning*** the branches of the tree in the garden.

glaze [ɡleɪz] *v.* 上釉 *n.* 釉

【例】Sue ***glazed*** the pottery and waited for it to dry.

tug [tʌɡ] *v.* 拖，牵引(pull, haul)

【例】The child ***tugged*** at my hand to make me go with her.

fix [fɪks] *v.* 修理(repair)

【例】You've forgotten to ***fix*** that shelf.

maintain [meɪnˈteɪn] *vt.* 维修(repair)

【例】The house costs a fortune to ***maintain***.

extract [ɪkˈstrækt] *vt.* 拔出，榨取(remove)

【例】The research team undertakes the responsibility to ***extract*** samples from the sediments.

flay [fleɪ] *vt.* 剥…的皮

【例】He ***flayed*** a dead dog.

flush [flʌʃ] *vt.* 冲洗(flow, pour)

【记】比较blush(脸红)

【例】***Flush*** the toilet after you use it.

clinch [klɪntʃ] *vt.* 钉牢，揪住

【例】Barca shut out Milan to ***clinch*** final place.

gild [ɡɪld] *vt.* 镀金

【例】She was ***gilding*** the lily by attaching something unnecessary to the new car.

□ furrow □ instrument □ implement □ tool □ shaft □ pump
□ snap □ squeeze □ prune □ glaze □ tug □ fix
□ maintain □ extract □ flay □ flush □ clinch □ gild

scratch [skrætʃ] *vt.* 刮擦 *n.* 划痕(rub)
【例】The cat ***scratched*** the piano leg with its claws.

clip [klɪp] *vt.* 夹住，修剪(cut, shear) *n.* 夹子，钳子
【例】Mary ***clipped*** a few roses off from the bushes.

clamp [klæmp] *vt.* 夹
【例】I glued and ***clamped*** the broken plate.

hew [hjuː] *vt.* 砍，伐；削(cut, chop)
【例】They ***hewed*** a path through the underbrush.

rap [ræp] *vt.* 敲击(tap, knock)
【例】The angry man ***rapped*** the table with his fist.

cleanse [klenz] *vt.* 使清洁(clean, purify)
【例】The nurse ***cleansed*** the wound before sewing it up.

rend [rend] *vt.* 撕开(tear)；揪扯
【例】The cruel enemies ***rent*** the child away from his mother.

cram [kræm] *vt.* 填塞
【例】I ***crammed*** as many clothes as I could into the suitcase.

smear [smɪr] *vt.* 涂
【例】The politician was ***smeared*** by his opponent's accusations.

efface [ɪˈfeɪs] *vt.* 涂抹(obliterate)
【例】Weathering has ***effaced*** the inscription on the tombstone so that people cannot read it.

remove [rɪˈmuːv] *vt.* 移动，搬开；脱掉
【记】re(再次)+move(动)→移动
【例】Please ***remove*** the dishes from the table.

forge [fɔːrdʒ] *vt.* 铸造(make)
【例】***forge*** coins

tow [toʊ] *vt./n.* 拖引，牵引(pull, haul)
【例】The idea to ***tow*** icebergs to arid regions seemed impractical at first.

incise [ɪnˈsaɪz] *vt.* 切割，切开(cut)
【例】The carpenter ***incised*** the tablet with chisels.

chop [tʃɑːp] *vt.* 砍(cut, hew)
【例】Anne ***chopped*** the logs in two with an axe.

harrow [ˈhæroʊ] *vt.* 耙掘
【例】He ***harrowed*** the land every day.

pick [pɪk] *v.* 摘；掘，凿，挖；挑选
【例】The lawyer ***picked*** the testimony apart.

shovel [ʃʌvl] *n.* 铲，铁铲 *v.* 铲

sickle [ˈsɪkl] *n.* 镰刀

□ scratch □ clip □ clamp □ hew □ rap □ cleanse
□ rend □ cram □ smear □ efface □ remove □ forge
□ tow □ incise □ chop □ harrow □ pick □ shovel
□ sickle

spade [speɪd] *n.* 铲，铁锹 *v.* 铲

bore [bɔːr] *v.* 钻孔

工 作

hectic [ˈhektɪk] *adj.* 忙碌的(busy)

【记】hect(许多)+ic→许多事要做→紧张兴奋的

【例】Being a sales manager, Tom is always so ***hectic*** that his wife can only see him once a week.

officially [əˈfɪʃəli] *adv.* 职务上；正式地(formally)

【例】He was ***officially*** appointed Chairman of the committee.

entry [ˈentri] *n.* 登记；入口

【例】There is a back ***entry*** into the house.

role [roʊl] *n.* 任务

log [lɔːg] *n.* 日志(journal)

draft [dræft] *n.* 草案 *v.* 起草，设计(formulate, draw up)

sketch [sketʃ] *n.* 草图(drawing, chart) *v.* 勾画(compose, outline)

【例】He ***sketched*** out a plan for his inferiors to execute.

assumption [əˈsʌmpʃn] *n.* 就职

【例】The vice president's ***assumption*** of the presidency occurred as the president died.

drudgery [ˈdrʌdʒəri] *n.* 苦差事(tedium)

【例】People want to get away from the ***drudgery*** of their everyday lives.

chore [tʃɔːr] *n.* 零工，杂务

【例】Doing laundry at the laundromat is a real ***chore***.

undertaking [ˌʌndərˈteɪkɪŋ] *n.* 任务，工作(endeavor, enterprise)

【例】Organizing the show has been a massive ***undertaking***.

task [tæsk] *n.* 任务，作业(chore, duty, job)

career [kəˈrɪr] *n.* 生涯，职业(profession, pursuit, vocation)

【例】Bill trained for years for his ***career***.

audition [ɔːˈdɪʃn] *n.* 试听；面试

【记】audi(听)+ion

【例】Jane did so well at her ***audition*** that she was cast in the movie.

vocation [voʊˈkeɪʃn] *n.* 职业，行业(occupation, profession)

【例】His ***vocation*** coincides with his avocation.

charge [tʃɑːrdʒ] *n.* 职责

【例】You are in ***charge*** of making the salad.

major [ˈmeɪdʒər] *n.* 专业

□ spade □ bore □ hectic □ officially □ entry □ role
□ log □ draft □ sketch □ assumption □ drudgery □ chore
□ undertaking □ task □ career □ audition □ vocation □ charge
□ major

resign [rɪˈzaɪn] *n./v.* 辞职(give up)
【例】Being so depressed, he ***resigned*** from a board of directors.

solicit [səˈlɪsɪt] *v.* 拉客
【例】Bob was almost arrested for ***soliciting*** in an apartment building.

register [ˈredʒɪstər] *vt.* 登记(enroll, enlist)
【例】It is for the historian to discover and ***register*** what actually happened.

inaugurate [ɪˈnɔːgjəreɪt] *vt.* 开始(commence, initiate)；使就职
【记】in(进入)＋augur(开始)＋ate
【例】He will be ***inaugurated*** as president in January.

promote [prəˈmoʊt] *vt.* 升职；促进
【记】pro(前)＋mote(动)→促进
【例】You're so happy. Are you *promoted*? / The go-between tried to ***promote*** relationship between the boy and the girl.

officeholding [ˈɔːfɪsˌhoʊldɪŋ] *n.* 任职

供 给

provide [prəˈvaɪd] *vt.* 提供(supply, furnish, give)
【例】She ***provides*** for her family by working in a hospital.

provision [prəˈvɪʒn] *n.* 供应(supply, furnishing)
【例】The department is responsible for the ***provision*** of residential care services.

accommodate [əˈkɑːmədeɪt] *vt.* 供给住宿
【例】This hotel can *accommodate* 600 guests.

furnish [ˈfɜːrnɪʃ] *vt.* 供应，供给(equip, supply, provide)
【例】The room was ***furnished*** with the simplest essentials, a bed, a chair, and a table.

render [ˈrendər] *vt.* 提供(provide)
【例】The passengers are not satisfied with the service ***rendered*** by the driver.

关 系

incompatible [ˌɪnkəmˈpætəbl] *adj.* 不兼容的(inconsistent, incongruous)
【记】in(不)＋compatible(和谐的，融合的)
【例】This made its mini-computers ***incompatible*** with its mainframes.

congruity [kɑːnˈgruːəti] *n.* 一致，协调
【记】con＋gru=agree(同意)＋ity
【例】***Congruity*** is the mother of love.

□ resign □ solicit □ register □ inaugurate □ promote □ officeholding
□ provide □ provision □ accommodate □ furnish □ render □ incompatible
□ congruity

incongruity [ˌɪnkɑːnˈgruːəti] *n.* 不和谐(之物)

incongruous [ɪnˈkɑːŋgruəs] *adj.* 不协调的(inconsistent)

【记】in(不)+congruous(和谐的)

【例】It is ***incongruous*** to insert a dogfood ads into such a serious political report.

respective [rɪˈspektɪv] *adj.* 分别的，各自的(individual)

【例】The applicants received ***respective*** interviews.

close [kloʊz] *adj.* 亲密的 *adv.* 紧密地

【例】Lily is a ***close*** friend of my brother.

mutual [ˈmjuːtʃuəl] *adj.* 相互的；共同的(reciprocal; joint)

【记】mut(变化)+ual→你变我也变→相互的

【例】We signed the contract based on ***mutual*** benefit.

concerted [kənˈsɜːrtɪd] *adj.* 协定的；协调的(unisonous)

【例】The team made a ***concerted*** effort to win the game.

fraternal [frəˈtɜːrnl] *adj.* 兄弟的，兄弟般的；友爱的(brotherly; cordial)

【记】fratern(兄弟)+al

【例】They fought side by side, and developed ***fraternal*** love to each other.

dependent [dɪˈpendənt] *adj.* 依靠的，依赖的

【例】The local economy is overwhelmingly ***dependent*** on oil and gas extraction.

congenial [kənˈdʒiːniəl] *adj.* 意气相投的(compatible, agreeable, pleasant, pleasing)

【例】The Smiths are very ***congenial*** and accepting of others.

relevant [ˈreləvənt] *adj.* 有关的；贴切的(related, pertinent)

【例】What you say is not ***relevant*** with the matter in hand.

bond [bɑːnd] *n.* 联结，联系(tie, link)

【例】Glue acted as a strong ***bond*** between the layers of cardboard.

complement [ˈkɑːmplɪment] *n.* 补足物 *vt.* 补足

【记】比较complete(完整的)

complementary [ˌkɑːmplɪˈmentri] *adj.* 补充的(supplementary, subsidiary)

【例】The green sweater is ***complementary*** to Bill's trousers.

discord [ˈdɪskɔːrd] *n.* 不和谐(disharmony, disagreement)

【记】dis+cord(和谐)

【例】The modern symphony was filled with ***discord*** and strange rhythms.

association [əˌsoʊʃiˈeɪʃn] *n.* 关联(relationship)

【例】The dog made an ***association*** between hearing a bell and receiving food.

associate [əˈsoʊʃieɪt] *v.* 联合(unite, combine) *n.* 伙伴(partner)

【例】I do not ***associate*** with people who use vulgar language.

□ incongruity □ incongruous □ respective □ close □ mutual □ concerted
□ fraternal □ dependent □ congenial □ relevant □ bond □ complement
□ complementary □ discord □ association □ associate

cooperation [kouˌɑːpəˈreɪʃn] *n.* 合作
【记】co＋operation(操作)→一起做→合作
【例】Without everyone's ***cooperation***, we will fail.

fusion [ˈfjuːʒn] *n.* 联合(association)

intimate [ˈɪntɪmət] *adj.* 亲密的 [ˈɪntɪmeɪt] *vt.* 暗示
【例】"***Intimate*** friend" was usually used as written form of "close friend", which is more popular in oral English.

intimacy [ˈɪntɪməsi] *n.* 熟悉；亲近(proximity)
【记】intim(内部)＋acy→内部的→熟悉

substitute [ˈsʌbstɪtjuːt] *n.* 替代品(replacement) *v.* 替代(replace)
【例】Fantasies are more than ***substitutes*** for unpleasant reality.

consensus [kənˈsensəs] *n.* 一致(unanimity)
【例】The school board could not reach a ***consensus*** on the curriculum.

concurrence [kənˈkɜːrəns] *n.* 一致
【例】The ***concurrence*** of their disappearances had to be more than coincidental.

impact [ˈɪmpækt] *n.* 影响，作用(collision, force) *v.* 对…发生影响
【例】The revolution greatly ***impacted*** many families of this country.

link [lɪŋk] *n./v.* 链接(connect)

proximity [prɑːkˈsɪməti] *n.* 接近，邻近 (nearness)
【记】proxim(接近)＋ity
【例】He looked around the ***proximity*** for his lost dog.

band [bænd] *v.* 联合，结合(form，group)
【例】We must ***band*** ourselves against natural calamities despite the disputes on the working plan.

collaborate [kəˈlæbəreɪt] *vi.* 合作(cooperate, work together)
【记】col(共同)＋labor(劳动)+ate→共同劳动→合作
【例】The prisoners ***collaborated*** to plan the escape.

hinge [hɪndʒ] *vi.* 依…而定(depend, rely)
【例】This plan ***hinges*** on her approval.

replenish [rɪˈplenɪʃ] *vt.* 补充(fill up, refill)
【记】re(重新)＋plen=plenty(多)＋ish→重新变多→补充
【例】The music will ***replenish*** my weary soul.

supplant [səˈplænt] *vt.* 排挤；取代(replace)
【例】The ambitious duke plotted to ***supplant*** the king.

implicate [ˈɪmplɪkeɪt] *vt.* 牵连(involve)
【例】The mayor was ***implicated*** in the murder.

□ cooperation □ fusion □ intimate □ intimacy □ substitute □ consensus
□ concurrence □ impact □ link □ proximity □ band □ collaborate
□ hinge □ replenish □ supplant □ implicate

displace [dɪsˈpleɪs] *vt.* 取代(replace, substitute)

【记】dis+place(位置)→取代(位置)

【例】My computer has ***displaced*** my old typewriter.

supersede [ˌsjuːpərˈsiːd] *vt.* 替代(replace, substitute)

【记】super(上面)+sede(坐)→坐上→替代

【例】The use of robots will someday ***supersede*** manual labor.

correlate [ˈkɔːrəleɪt] *vt.* 相关联(associate, relate)

【记】cor+relate(关联)

【例】The scientist could not ***correlate*** the data with his hypothesis.

grant [grænt] *vt.* 赠予(award, give)

【例】He was ***granted*** a pension.

subsidiary [səbˈsɪdieri] *adj.* 辅助的;附属的(supplementary)

【记】sub(下面)+sidi(坐)+ary→坐在下面辅助的

【例】The corporation has many ***subsidiary*** companies.

affinity [əˈfɪnəti] *n.* 密切关系(liking)

【记】af(一再)+fin(范围)+ity→一再能进别人范围→亲密

【例】There is a close ***affinity*** between apes and monkeys. / Mary's ***affinity*** for classical music accounts for her large collection of recordings.

fitting [ˈfɪtɪŋ] *adj.* 适合的,相称的

【记】fit(合适)+ting

【例】It is a ***fitting*** gesture to offer a reward to someone who returns something you have lost.

sway [sweɪ] *v.* 影响(persuade)

【例】His speech ***swayed*** the voters.

affect [əˈfekt] *vt.* 影响;感动(influence, impress)

【记】af(使)+fect(做)→使人做→影响

【例】Did the blunder ***affect*** your promotion?

derivative [dɪˈrɪvətɪv] *n.* 派生的事物

patronage [ˈpætrənɪdʒ] *n.* 保护人的身份,保护;赞助;光顾

unionization [ˌjuːniənəˈzeɪʃn] *n.* 联合,结合

supplementary [ˌsʌplɪˈmentri] *adj.* 补足的,追加的,补充的(auxiliary, subsidiary)

【例】In order to increase the performance of binoculars we recommend ***supplementary*** telescopes.

apparent [əˈpærənt] *adj.* 显然的;表面上的

【例】When the synthetic is contrasted with the natural one, the difference is very ***apparent***.

□ displace □ supersede □ correlate □ grant □ subsidiary □ affinity
□ fitting □ sway □ affect □ derivative □ patronage □ unionization
□ supplementary □ apparent

建 筑

haven [ˈheɪvn] *n.* 港口；避难所（shelter, refuge）

【记】比较heaven（天堂，天空）

refuge [ˈrefjuːdʒ] *n.* 避难所（shelter, protection）

【记】re（回）＋fuge（逃）→逃回去的（地方）→避难所

【例】They took ***refuge*** in a bomb shelter.

depot [ˈdiːpoʊ] *n.* 仓库（house）*vt.* 把…存放在仓库里（contain）

auditorium [ˌɔːdɪˈtɔːriəm] *n.* 大礼堂

【记】audi（听）+t＋orium（名词字尾，表示场所、地点）

【例】The new ***auditorium*** had velvet seats.

vault [vɔːlt] *n.* 拱形圆屋顶；地窖

block [blɑːk] *n.* 街区

【例】We know all the neighbors on our ***block***.

stall [stɔːl] *n.* 厩；摊位（stable, barn）

dormitory [ˈdɔːrmətɔːri] *n.* 宿舍

【例】The prison ***dormitory*** is heavily guarded.

tower [ˈtaʊər] *n.* 塔 *v.* 屹立，高耸

【例】The skyscraper ***towered*** among the city.

dwelling [ˈdwelɪŋ] *n.* 住所（residence, shelter, accommodation）

【例】A dormitory is the typical ***dwelling*** of a college student.

forge [fɔːrdʒ] *n.* 铁匠铺

canopy [ˈkænəpi] *n.* 天篷，遮篷

困 难

laborious [ləˈbɔːriəs] *adj.* 费力的，艰难的（arduous, painstaking）

【记】labor（劳动）＋ious（的）→劳动的，苦的

【例】Anne received a raise for her ***laborious*** efforts.

precipitous [prɪˈsɪpɪtəs] *adj.* 陡峭的（sheer, extremely steep）；急躁的

【例】The town is perched on the edge of a steep, ***precipitous*** cliff.

devious [ˈdiːviəs] *adj.* 曲折的（circuitous）

【例】The teacher gave us a ***devious*** explanation at first which confused us for a long time.

arduous [ˈɑːrdʒuəs] *adj.* 险峻的，困难的（difficult, strenuous, laborious, back-breaking）

【记】ardu（高，险）＋ous

【例】The preparation for GRE is as long and as ***arduous*** work for a normal undergraduate.

□ haven □ refuge □ depot □ auditorium □ vault □ block
□ stall □ dormitory □ tower □ dwelling □ forge □ canopy
□ laborious □ precipitous □ devious □ arduous

strenuous [ˈstrenjuəs] *adj.* 辛苦的(energetic, laborious)

【例】It is really a ***strenuous*** job to get well prepared for a GRE test.

plight [plaɪt] *n.* (恶劣的)情势，困境(predicament, dilemma)

【例】I cried when I heard of the refugees' ***plight***.

strait [streɪt] *n.* 困难

【例】The company's closure has left many small businessmen in desperate financial ***straits***.

painstaking [ˈpeɪnzteɪkɪŋ] *n.* 辛劳 *adj.* 劳苦的(careful, scrupulous)

【记】pains(痛苦)+taking(花，费)→付出痛苦的→劳苦的

【例】You said in your address that "developing excellence is a slow, ***painstaking*** process".

dilemma [dɪˈlemə] *n.* 左右为难，困境

【例】I have the ***dilemma*** of choosing a new car or a new computer.

flounder [ˈflaʊndər] *vi.* 挣扎

【记】另一个意思是"比目鱼"

【例】The economy in southeast Asian continues to ***flounder***.

embarrass [ɪmˈbærəs] *vt.* 使困窘

【例】Anne's older brother tried to ***embarrass*** her in front of her friends.

流 行

fashionable [ˈfæʃnəbl] *adj.* 流行的，时髦的(popular)

【记】fashion(时髦)+able

【例】She wears a ***fashionable*** hair-style prevailing in the city.

prevail [prɪˈveɪl] *vi.* 流行，盛行(dominate)

prevalent [ˈprevələnt] *adj.* 普遍的，流行的(prevailing, widespread, popular)

【例】In each case they found that the maladies have become more ***prevalent*** during the time in which local biodiversity shrank.

tide [taɪd] *n.* 潮流

vogue [voʊg] *n.* 流行(fashion)

【例】Despite the ***vogue*** for so-called health teas, there is no evidence that they are any healthier.

novelty [ˈnɑːvlti] *n.* 新颖；新奇的事物(newness, unusualness)

【记】novel(新)+ty

【例】In the contemporary western world, rapidly changing styles cater to a desire for ***novelty*** and individualism.

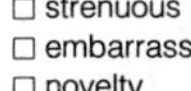

□ strenuous □ plight □ strait □ painstaking □ dilemma □ flounder
□ embarrass □ fashionable □ prevail □ prevalent □ tide □ vogue
□ novelty

名誉

gorgeous [ˈɡɔːrdʒəs] *adj.* 极好的
【记】参考gorge(峡谷)
【例】The flower appears a ***gorgeous*** shape under the sun.

outstanding [aʊtˈstændɪŋ] *adj.* 杰出的
【记】来自stand out(醒目，突出)
【例】The boy who won the scholarship was a quite ***outstanding*** student.

obscure [əbˈskjʊr] *adj.* 无名气的(unknown, inconspicuous)
【例】Jude, the ***obscure***, was not treated as a celebrity in the banquet.

immortal [ɪˈmɔːrtl] *adj.* 不朽的(undying, everlasting)
【记】im(不)+mort(死)+al
【例】Is the soul ***immortal***?

notorious [noʊˈtɔːriəs] *adj.* 臭名昭著的(infamous)
【记】not(知道)+orious(多)→臭名昭著的
【例】Bill is a ***notorious*** loudmouth.

infamous [ˈɪnfəməs] *adj.* 臭名昭著的(notorious, disgraceful)
【记】in(不)+famous(著名的)
【例】My teacher is ***infamous*** for giving a great bulk of assignments.

legendary [ˈledʒənderi] *adj.* 传奇的(renowned, famed)
【记】legend(传奇)+ary
【例】Chinese inventions, knowledge, and culture were all shared with the world via the ***legendary*** "silk road"—known as the route to access wealth and prosperity.

glorious [ˈɡlɔːriəs] *adj.* 光荣的
【例】I have witnessed the most ***glorious*** parts of this pier.

illustrious [ɪˈlʌstriəs] *adj.* 辉煌的；著名的(famous, distinguished)
【记】il(一再)+lustr(光)+ious→一再光明→辉煌的
【例】It is a city whose past is more ***illustrious*** than its present, and there is a relief, an ease in this.

eminent [ˈemɪnənt] *adj.* 杰出的(outstanding, distinguished)
【记】e(出)+min(伸)+ent→伸出的→突出的
【例】The ***eminent*** poet won numerous awards.

deferential [ˌdefəˈrenʃl] *adj.* 充满敬意的(respectful, dutiful)
【例】A teacher should not act too ***deferential*** to the students.

exemplary [ɪɡˈzempləri] *adj.* 模范的，典范的
【例】The principal rewarded Susan for her ***exemplary*** performance in school.

□ gorgeous □ outstanding □ obscure □ immortal □ notorious □ infamous
□ legendary □ glorious □ illustrious □ eminent □ deferential □ exemplary

matchless [ˈmætʃləs] *adj.* 无与伦比的(unbeatable, incomparable)

【记】match(相配的)+less

【例】A timeless comic actor, his simplicity and his apparent ease are ***matchless***.

excel [ɪkˈsel] *v.* 优秀，胜过他人(superior, surpass, exceed)

【例】Being a leader does not mean you should ***excel*** in everything; your talent lies in being able to manage the right persons.

excellent [ˈeksələnt] *adj.* 优秀的，杰出的(outstanding, preeminent)

compliment [ˈkɑːmplɪmənt](praise, commend)*vt.* 赞美，祝贺

【例】The artist received many ***compliments*** on her paintings.

complimentary [ˌkɑːmplɪˈmentri] *adj.* 赞美的(praising)

【例】The professor rarely makes ***complimentary*** remarks to students.

renowned [rɪˈnaʊnd] *adj.* 知名的(acclaimed, distinguished, famous)

【记】re(重新)+nown(名字)+ed→名字一再出现→知名的

【例】The area is ***renowned*** for its Romanesque churches.

laudable [ˈlɔːdəbl] *adj.* 值得赞美的(praiseworthy, commendable)

【例】One of Emma's less ***laudable*** characteristics was her jealousy.

supreme [suːˈpriːm] *adj.* 至高的(highest, greatest)

【例】The ***supreme*** ruler ordered the execution of his enemies.

celebrate [ˈselɪbreɪt] *vt.* 赞扬，表扬(praise)

【例】The names of many heroes are ***celebrated*** by the poets.

celebrated [ˈselɪbreɪtɪd] *adj.* 著名的(distinguished, famous)

【例】He was soon one of the most ***celebrated*** young painters in England.

notable [ˈnoʊtəbl] *adj.* 著名的，显要的(distinguished, celebrated)

【记】not(知道)+able→大家都知道的→著名的

【例】One of our most ***notable*** poets won a Nobel Prize.

noted [ˈnoʊtɪd] *adj.* 著名的，知名的(distinguished, celebrated)

exceptional [ɪkˈsepʃənl] *adj.* 卓越的(extraordinary)

【例】The ***exceptional*** tennis player won the championship.

preeminent [ˌpriːˈemɪnənt] *adj.* 卓越的(prominent, outstanding)

【记】pre(前)+eminent(突出的)→向前突出→杰出的

【例】Sweden cars are extremely prestigious and reliable in the world for its ***preeminent*** safety performance.

prominent [ˈprɑːmɪnənt] *adj.* 卓越的，突出的(conspicuous, protruding)

【记】pro(前)+minent(伸)→突出的

【例】The ***prominent*** politician made an appeal to end the war.

dignify [ˈdɪgnɪfaɪ] *vt.* 使尊荣，使显贵(ennoble, elevate)

【例】The president ***dignified*** the gathering by giving a short speech.

□ matchless □ excel □ excellent □ compliment □ complimentary □ renowned
□ laudable □ supreme □ celebrate □ celebrated □ notable □ noted
□ exceptional □ preeminent □ prominent □ dignify

dignified [ˈdɪɡnɪfaɪd] *adj.* 尊严的；高贵的(noble)
【例】Bob gave a ***dignified*** response to the insult.

dignity [ˈdɪɡnəti] *n.* 尊严
【例】The black robes of a judge give a look of ***dignity***.

lofty [ˈlɔːfti] *adj.* 高尚的
【记】loft(阁楼，顶楼)+y
【例】He has ***lofty*** ideals about life.

odor [ˈoʊdər] *n.* 名声(fame)
【例】The scholar's doctrine is not currently in good ***odor***.

credit [ˈkredɪt] *n.* 信誉(trust, credence)
【例】I could not get a loan from the bank because my ***credit*** was bad.

feat [fiːt] *n.* 功绩，壮举(achievement, accomplishment)
【例】A racing car is an extraordinary ***feat*** of engineering.

homage [ˈhɑːmɪdʒ] *n.* 敬意(respect, reverence)
【记】hom(人)+age→把对方当人看
【例】The friend left these pictures as a ***homage*** to the painter.

deference [ˈdefərəns] *n.* 敬意
【记】defer(服从，敬意)+ence
【例】Mary's ***deference*** to her parents' wishes was expected.

virtue [ˈvɜːrtʃuː] *n.* 美德(morality, goodness)

prestige [preˈstiːʒ] *n.* 威望，声望(fame, reputation)
【例】Our mayor's ***prestige*** is known throughout the state.

grandeur [ˈɡrændʒər] *n.* 庄严，伟大(magnificence)
【例】Venezuela is the ideal starting point to explore the ***grandeur*** and natural beauty of South America.

reverence [ˈrevərəns] *n.* 尊敬(respect, veneration)
【例】We stand together now in mutual support and in ***reverence*** for the dead.

awe [ɔː] *n./vt.* 敬畏(reverence, veneration; dread)
【例】I am always in ***awe*** of people who can cook well.

esteem [ɪˈstiːm] *n./vt.* 尊敬(respect)
【例】I have a great deal of ***esteem*** for my parents.

commend [kəˈmend] *v.* 赞扬(praise)
【记】com+mend(相信)→都信→赞扬
【例】The teacher ***commends*** him upon his good manner.

exalt [ɪɡˈzɔːlt] *vt.* 称赞；提升(extol, laud; promote)
【记】ex+alt(高)→使高出→赞扬
【例】The campaign manager's speech ***exalted*** the candidates.

□ dignified □ dignity □ lofty □ odor □ credit □ feat
□ homage □ deference □ virtue □ prestige □ grandeur □ reverence
□ awe □ esteem □ commend □ exalt

exalted [ɪɡ'zɔːltɪd] *adj.* 尊贵的(noble)

【例】The ***exalted*** prince entered the hall and everyone stood up.

venerate ['venəreɪt] *vt.* 敬拜，崇拜(respect, revere)

【例】He was ***venerated*** as a god.

embalm [ɪm'bɑːm] *vt.* 使不朽

【例】Ancient Egyptians used oils and natural substances to ***embalm*** the dead.

tarnish ['tɑːrnɪʃ] *vt.* 使晦暗，败坏(名誉)(darken, lose luster)

【例】The firm's good name was badly ***tarnished*** by the scandal.

extol [ɪk'stoʊl] *vt.* 颂扬(exalt)

【记】ex+tol(举)→推举出→颂扬

【例】Movie critics ***extolled*** the young performer's acting debut.

laud [lɔːd] *vt.* 赞美(compliment, praise)

【记】比较laurel(桂冠，月桂树)

【例】They ***lauded*** the virtues of the old man.

revere [rɪ'vɪr] *vt.* 尊敬(respect, worship)

【例】The political leader was ***revered*** by the people of his country.

admirable ['ædmərəbl] *adj.* 可敬的，极好的(redoubted, wonderful)

【例】The child's honesty was ***admirable***.

disreputable [dɪs'repjətəbl] *adj.* 声名狼藉的(notorious)

【记】dis+reputable(有声望的)

【例】The newspaper reported about the senator's ***disreputable*** conduct.

classic ['klæsɪk] *adj.* 第一流的

respect [rɪ'spekt] *n./vt.* 尊重，敬重(admire, esteem, honor)

【例】My parents think that the contemporary young people have no ***respect*** for authority.

adore [ə'dɔːr] *vt.* 敬爱，极喜爱(admire, love, esteem)

【记】ad+ore(讲话)→说好听的话

【例】Grandpa ***adored*** Grandma from the day they first met.

admire [əd'maɪr] *vt.* 钦佩(respect)；赞美，夸奖

【记】ad(一再)+mire(高兴)→一再让人惊喜

【例】I have always ***admired*** my mother's charm.

advocate ['ædvəkeɪt] *vt.* 拥护(hold, maintain)

【例】The social activist ***advocated*** change.

气 氛

hilarious [hɪˈleriəs] *adj.* 热闹的

【例】The result was a bunch of highly independent travellers on a coach tour. It was ***hilarious***.

sullen [ˈsʌlən] *adj.* 阴沉的(moody, bad-tempered)

【例】I felt just like a ***sullen*** new mom, not ready for my role.

hilarity [hɪˈlærəti] *n.* 欢闹

aura [ˈɔːrə] *n.* 气氛(atmosphere, mood)

社会活动

formal [ˈfɔːrml] *adj.* 正式的；礼仪上的

【记】informal(非正式的)

session [ˈseʃn] *n.* 会议(meeting)

【例】The traitors went into ***secret session*** before insurgence.

conference [ˈkɑːnfərəns] *n.* 会议，讨论会

【例】Anne had a ***conference*** with her son's teacher to discuss his progress.

reception [rɪˈsepʃn] *n.* 接待；招待会

etiquette [ˈetɪkət] *n.* 礼节

【记】e+tiquette=ticket(票)→凭票入场→礼仪

【例】I consulted a book of ***etiquette*** before I attended the formal dance.

decorum [dɪˈkɔːrəm] *n.* 礼仪(ceremony)

【记】decor(美)+um

【例】Tom found the ***decorum*** at the banquet to be formal and tedious.

banquet [ˈbæŋkwɪt] *n.* 宴会，盛会(feast)

【例】Mary served us a ***banquet*** that was fit for a king.

bidding [ˈbɪdɪŋ] *n.* 邀请

ceremony [ˈserəmoʊni] *n.* 仪式

【例】The wedding ***ceremony*** took place in a garden.

ceremonial [ˌserɪˈmoʊniəl] *n./adj.* 仪式；正式的

ceremonious [ˌserəˈmoʊniəs] *adj.* 隆重的；正式的，恭敬的(formal, solemn)

【例】The symphony conductor took a ***ceremonious*** bow.

unveil [ˌʌnˈveɪl] *v.* 开幕

【记】un(不)+veil(罩面纱)→揭开

【例】Anne ***unveiled*** her painting at the opening of the art exhibit.

□ hilarious □ sullen □ hilarity □ aura □ formal □ session
□ conference □ reception □ etiquette □ decorum □ banquet □ bidding
□ ceremony □ ceremonial □ ceremonious □ unveil

celebrate [ˈselɪbreɪt] *vi.* 庆祝

【例】We ***celebrated*** the New Year with a dance party.

entertain [ˌentərˈteɪn] *vt.* 招待；娱乐(amuse)

【例】Dave is fun to be around. He always finds ways to ***entertain*** us.

sleigh [sleɪ] *v.* 乘/驾雪橇 *n.* 雪橇

【例】It's really nice to ride on your ***sleigh***!

身体动作

glaring [ˈɡlerɪŋ] *adj.* 瞪眼的

【记】参考glare(瞪)

grip [ɡrɪp] *n.* 紧握(grasp, clasp)

posture [ˈpɑːstʃər] *n.* 人体的姿势(pose, bearing)

grasp [ɡræsp] *n./v.* 抓紧

【例】***Grasp*** the rope with both hands.

jerk [dʒɜːrk] *n./v.* 急拉；抽搐

【例】I felt a ***jerk*** when Bill hit the car brakes.

chuckle [ˈtʃʌkl] *n./vi.* 咯咯的/地笑

【例】The comedian couldn't get even a ***chuckle*** out of the audience.

flip [flɪp] *v.* 翻滚(overturn)；(用手指)弹，投

【例】The car ran off the road and ***flipped*** over in the ditch./ They ***flipped*** a coin to decide who would go first.

stagger [ˈstæɡər] *v.*(使)蹒跚

【例】The wounded man ***staggered*** along.

trudge [trʌdʒ] *v.* 跋涉，吃力地走(plod, trek)

【例】The soldiers ***trudged*** through the thick mud.

fasten [ˈfæsn] *v.* 扣牢，抓住(affix, attach)

【例】In Europe even passengers sitting on the back seats need to ***fasten*** their seat belts.

hurl [hɜːrl] *v.* 猛投；猛冲(throw, fling)

【例】He ***hurled*** the brick through the window.

face [feɪs] *v.* 面对(confront)

【例】The audience ***faced*** the speaker.

leap [liːp] *v.* 跳跃(jump)

【记】hop 单脚跳，skip跨步跳，jump双脚跳，leap飞跃（多用于比喻义中的跳）

【例】The dog ***leapt*** over the fence.

□ celebrate □ entertain □ sleigh □ glaring □ grip □ posture
□ grasp □ jerk □ chuckle □ flip □ stagger □ trudge
□ fasten □ hurl □ face □ leap

bow [baʊ] *v.* 弯腰，屈服
【例】Bill ***bowed*** to his parents' wishes and went to law school.

blink [blɪŋk] *v.* 眨眼(wink)
【例】Every time we take John's picture, he ***blinks***.

erect [ɪ'rekt] *v.* 直立(straight)
【记】e+rect(立，竖)
【例】He could ***erect*** a tent in 10 minutes.

trample ['træmpl] *v./n.* 践踏，蹂躏(tread, crush)
【记】tramp(踩踏)+le
【例】The neighbor's dog ***trampled*** my tulips.

tremble ['trembl] *vi.* 发抖；摇晃(shake, shiver)
【例】I ***tremble*** at the very thought of it.

glide [glaɪd] *vi.* 滑动；溜走
【例】The tip of the pen ***glided*** across the sheet of paper.

depart [dɪ'pɑːrt] *vi.* 离开，出发(leave, set off)
【记】de+part(离开)
【例】What time does the train ***depart***?

slump [slʌmp] *vi.* 猛然落下(drop, lapse)
【例】He ***slumped*** down to the floor in a faint.

gaze [geɪz] *vi.* 凝视(stare)
【例】It is impolite to ***gaze*** at a stranger's face.

creep [kriːp] *vi.* 爬，蹑手蹑脚(crawl, move slowly)
【例】We ***crept*** upstairs so as not to wake the baby.

limp [lɪmp] *vi.* 蹒跚；瘸着走
【记】比较limb(四肢)
【例】He ***limped*** off the football field.

sigh [saɪ] *vi./n.* 叹息
【例】"I wish I had finished this work," she said with a ***sigh***.

recoil [rɪ'kɔɪl] *vi./n.* 后退，退缩(retreat, withdraw)
【例】The little girl ***recoiled*** at seeing the dead cat.

uphold [ʌp'hoʊld] *vt.* 举起；支撑(support, sustain)
【记】来自hold up(举起)
【例】The soldier ***upheld*** the flag proudly.

grab [græb] *vt.* 攫取，抓住(snatch, rob)
【例】The poor boy ***grabbed*** his chance to become a millionaire.

stride [straɪd] *vt.* 跨越(step, pace)
【例】He ***strode*** angrily into the classroom.

thrust [θrʌst] *vt.* 力推(push, shove)
【例】We ***thrust*** our way through the mass of people.

□ bow □ blink □ erect □ trample □ tremble □ glide
□ depart □ slump □ gaze □ creep □ limp □ sigh
□ recoil □ uphold □ grab □ stride □ thrust

gnaw [nɔː] *vt.* 啮(bite)

【例】She ***gnawed*** anxiously at her fingernails.

spew [spjuː] *vt.* 呕吐(eject, gush)

【例】She ***spewed*** up the entire meal.

dab [dæb] *vt.* 轻拍

【例】Don't press it, just ***dab*** it gently.

plunge [plʌndʒ] *v.* 投入(dive, sink)

【例】We ***plunged*** into the icy mountain lake.

dart [dɑːrt] *vt.* 投掷(hurl, throw)

【例】She ***darted*** an angry look at him.

shove [ʃʌv] *vt.* 推挤(push, jostle)

【例】***Shove*** over, friend, and make room for me.

drag [dræg] *vt.* 拖动(tow)

【例】Billy ***dragged*** the toy duck behind him.

haul [hɔːl] *vt.* 拖曳；拖运(drag, transport, pull)

【例】They ***hauled*** the boat up onto the shore.

shake [ʃeɪk] *vt.* 摇；震动

【例】She was ***shaking*** with laughter.

jolt [dʒoʊlt] *vt.* 摇动(shake, jar)

【例】The coach stops and starts ***jolting*** the passengers.

embrace [ɪmˈbreɪs] *vt.* 拥抱(hug, cuddle)

【例】The students tearfully ***embraced*** each other on their last day of school.

heave [hiːv] *vt.* 用力举起；拖(lift, fling)

【记】参考heaven(天空)去掉"n"

【例】He ***heaved*** the box of books, onto the table.

slap [slæp] *vt.* 掌击，拍(clap, blow)

【例】He ***slapped*** her for what she has done.

clutch [klʌtʃ] *vt.* 抓住 *vi.* 掌握，攫(grab, grip)

【例】The crying child ***clutched*** her father around the neck.

flush [flʌʃ] *n./v.* 脸红

【记】比较blush(脸红)

【例】He ***flushed*** with anger.

sprawl [sprɔːl] *v.* 伸开手脚(stretch)

【记】比较crawl(爬)

【例】He found her ***sprawled*** out in front of a comfortable chair asleep.

sway [sweɪ] *v.* 摇摆

【例】She ***swayed*** her body in time with the music.

□ gnaw □ spew □ dab □ plunge □ dart □ shove
□ drag □ haul □ shake □ jolt □ embrace □ heave
□ slap □ clutch □ flush □ sprawl □ sway

spring [sprɪŋ] *v.* 跳跃
【例】The waiting tiger ***sprang*** at his prey.

footbeat [ˈfʊtbiːt] *n.* 跺脚

生 产

industrial [ɪnˈdʌstriəl] *adj.* 工业的

practical [ˈpræktɪkl] *adj.* 实践的；实用的(pragmatic)
【例】Although the causes of cancer are being uncovered, we do not yet have any ***practical*** way to prevent it.

instrument [ˈɪnstrəmənt] *n.* 仪器(device)
【例】Flute, piano and violin are all musical ***instruments***.

instrumental [ˌɪnstrəˈmentl] *adj.* 仪器的，器械的

textile [ˈtekstaɪl] *adj.* 纺织的 *n.* 纺织品(fabric, fiber, cloth)
【记】text(编织)+ile

outfit [ˈaʊtfɪt] *n.* 装备；用具(equipment)
【记】来自 fit out(装备)
【例】The ***outfit*** for a cowboy identified him.

mine [maɪn] *n./v.* 采矿

gear [gɪə] *n.* 齿轮

fixture [ˈfɪkstʃər] *n.* 固定设备(apparatus, appliance, device)

monitor [ˈmɑːnɪtər] *v.* 监视，监听
【记】另一个词义是"班长"
【例】The president can ***monitor*** the whole campus through advanced computer system.

device [dɪˈvaɪs] *n.* 器械，装置；设计(equipment; scheme, ploy)
【例】Dave bought a special ***device*** to peel potatoes.

equipment [ɪˈkwɪpmənt] *n.* 设备(facility, fixture)

cement [sɪˈment] *n.* 水泥，黏合物 *vt.* 接合(stick, bond)
【例】Custom was the ***cement*** of society in early days.

pivot [ˈpɪvət] *n.* 轴(axis, axle)

axis [ˈæksɪs] *n.* 轴(shaft)
【例】The earth spins on its ***axis***.

release [rɪˈliːs] *n./vt.* 发行
【例】The republisher ***released*** 500 new books last year.

load [loʊd] *n.* 负荷 *v.* 装载(burden)

□ spring □ footbeat □ industrial □ practical □ instrument □ instrumental
□ textile □ outfit □ mine □ gear □ fixture □ monitor
□ device □ equipment □ cement □ pivot □ axis □ release
□ load

behave [bɪˈheɪv] *v.* 运转

【例】My car has been ***behaving*** well since it was repaired.

erect [ɪˈrekt] *v.* 建设(build, set up, establish)

【记】e+rect(立，竖)

【例】Within the past decade, there were many skyscrapers ***erected*** in this city.

raise [reɪz] *vt.* 养殖(breed)

【例】He ***raised*** horses.

manipulate [məˈnɪpjuleɪt] *vt.* 操作(handle, operate)；操纵

【例】Bob ***manipulates*** his friends to get what he wants.

construct [kənˈstrʌkt] *vt.* 建造，构造

【记】con+struct(结构)

【例】A famous architect ***constructed*** a model of a new cathedral.

convey [kənˈveɪ] *vt.* 运输(transport, deliver)

【例】Trucks ***conveyed*** the goods from the distributor to the buyer.

fabricate [ˈfæbrɪkeɪt] *vt.* 制造(make)

【记】fabric(结构)+ate→使出现结构→制造

【例】Jane ***fabricated*** the story that she was late because she was caught in traffic.

manufacture [ˌmænjuˈfæktʃər] *vt.* 制造

【记】manu(手)+fact(做)+ure→用手做→制造

【例】His books seem to have been ***manufactured*** rather than composed.

conserve [kənˈsɜːrv] *vt.* 贮藏(preserve, store, retain)

【例】Turning off the lights as you leave a room ***conserves*** energy.

hoist [hɔɪst] *n.* 吊车(lift) *v.* 升起，提起

【例】He was ***hoisted*** up to the top of the building by a *hoist*.

concrete [ˈkɑːŋkriːt] *n.* 水泥

mill [mɪl] *n.* 压榨机，磨坊，磨粉机

profitable [ˈprɑːfɪtəbl] *adj.* 有利可图的；赚钱的；有益的

【例】Drug manufacturing is the most ***profitable*** business in the country.

productive [prəˈdʌktɪv] *adj.* 能生产的；生产的，生产性的；多产的；富有成效的

【例】More ***productive*** farmers have been able to provide cheaper food.

生 活

domestic [dəˈmestɪk] *adj.* 家内的(household)

【例】The police called the fight between the husband and wife a ***domestic*** matter.

idyllic [aɪˈdɪlɪk] *adj.* 田园诗的(pastoral, rustic)

【例】Cricket reminds the English of this ***idyllic*** rural scene and leisurely pace of life.

□ behave □ erect □ raise □ manipulate □ construct □ convey
□ fabricate □ manufacture □ conserve □ hoist □ concrete □ mill
□ profitable □ productive □ domestic □ idyllic

scale [skeɪl] *n.* 秤

【例】I'll be glad when I tip the ***scales*** at a few pounds less.

furniture [ˈfɜːrnɪtʃər] *n.* 家具(furnishing)

rubbish [ˈrʌbɪʃ] *n.* 垃圾(refuse, trash, waste)

trash [træʃ] *n.* 垃圾(rubbish, garbage, refuse, waste)

hurdle [ˈhɜːrdl] *n.* 篱笆

sustenance [ˈsʌstənəns] *n.* 生计

【例】For ***sustenance***, the vegetarian ate fruits, nuts, and vegetables.

nostalgia [nəˈstældʒə] *n.* 思乡，怀旧

【记】nost(家)+alg(痛)+ia(病)→思乡

【例】The old man remembered his college days with ***nostalgia***.

singe [sɪndʒ] *n./v.* 微烧；烫焦(burn, scorch)

【例】The fire had begun to ***singe*** the bottoms of his trousers.

baggage [ˈbæɡɪdʒ] *n.* 行李(luggage, packing)

【记】参考luggage(行李)

【例】How much ***baggage*** can we take on the plane?

outing [ˈaʊtɪŋ] *n.* 郊游；远足(trip, excursion)

【例】We can't go without you for this ***outing***.

regimen [ˈredʒɪmən] *n.* 养生法

【记】regi(统治)+men(人)→统治人身的法则→养生之道

【例】Whatever ***regimen*** has been prescribed should be rigorously followed.

slag [slæɡ] *n.* 渣滓(refuse, waste)

sojourn [ˈsoʊdʒɜːrn] *vi.* 逗留；寄居(stay)

【例】The explorers ***sojourned*** at the old castle expecting for a new find.

dwell [dwel] *vi.* 居住(reside, inhabit, live)

【例】Birds normally ***dwell*** on trees.

babysit [ˈbeɪbisɪt] *vi.* 看管(婴孩)(take charge of)

【例】Children aren't invited to the weddings, so we'll need someone to ***babysit***.

tease [tiːz] *vt.* 逗乐，戏弄(taunt, jeer)

【例】The girl was ***teasing*** their mother for more candy.

inhabit [ɪnˈhæbɪt] *vt.* 居住于，栖息于(reside, dwell, occupy, live in)

【记】in(里面)+habit(住)→住里面→居住

【例】They decided to ***inhabit*** the dwelling and live in China.

□ scale □ furniture □ rubbish □ trash □ hurdle □ sustenance
□ nostalgia □ singe □ baggage □ outing □ regimen □ slag
□ sojourn □ dwell □ babysit □ tease □ inhabit

scorch [skɔːrtʃ] *vt.* 烤焦(burn)

【例】Do not leave the iron on that delicate fabric or the heat will ***scorch*** it.

nurture [ˈnɜːrtʃər] *vt.* 养育(feed, nourish)

【例】Born in a rich family, Anne was delicately ***nurtured***.

reside [rɪˈzaɪd] *vi.* 居住(dwell, live)

【例】My boss ***resides*** in a very fancy apartment building.

resident [ˈrezɪdənt] *adj.* 居住的，常驻的(inhabiting)

【例】The population of ***resident*** bacteria in a clean square centimeter on human skin exceeds a million.

土 地

deserted [dɪˈzɜːrtɪd] *adj.* 荒废的

【例】He find no prosperity in town but ***deserted*** street and shabby buildings.

desolate [ˈdesələt] *adj.* 荒凉的(deserted, bleak, barren)

【记】de(加强)＋sol(单独)＋ate

【例】The ***desolate*** mining town was once a booming center of activity.

bleak [bliːk] *adj.* 荒凉的(desolate, gloomy)

【例】High Andes are ***bleak***, treeless regions.

sterile [ˈsterəl] *adj.* 贫瘠的；不育的(barren, arid, infertile)

【例】The "Great American Desert" was once assumed as a ***sterile*** region.

barren [ˈbærən] *adj.* 贫瘠的；不孕的(infertile, arid) *n.* 荒地

【记】bar=bare(空的)＋ren

【例】Many people think of deserts as ***barren*** regions, but many species of plants and animals have adapted to life there.

agrarian [əˈgreriən] *adj.* 有关土地的，耕地的

clay [kleɪ] *n.* 粘土，泥土

clod [klɑːd] *n.* 土块

外 表

stodgy [ˈstɑːdʒi] *adj.* 躯体笨重的

stout [staʊt] *adj.* 矮胖的

【例】A ***stout*** passenger took up two seats on the bus.

obese [oʊˈbiːs] *adj.* 肥胖的，肥大的(overweight)

corpulent [ˈkɔːrpjələnt] *adj.* 肥胖的

【记】corp(身体)＋ulent→体胖的

【例】Overeating has made her ***corpulent***.

□ scorch	□ nurture	□ reside	□ resident	□ deserted	□ desolate
□ bleak	□ sterile	□ barren	□ agrarian	□ clay	□ clod
□ stodgy	□ stout	□ obese	□ corpulent		

shabby [ˈʃæbi] *adj.* 褴褛的，破旧的

【例】The ***shabby*** old man asked me for a dollar.

ragged [ˈrægɪd] *adj.* 褴褛的，破烂的(tattered, scruffy)

【记】rag(破布)+ged→破烂的

【例】The five survivors eventually arrived safely, ***ragged***, half-starved, and exhausted.

bald [bɔːld] *adj.* 秃头的，光秃的(hairless)

【记】参考 bold(大胆的)

【例】The ***bald*** man wore a hat to protect his head from the sun.

aspect [ˈæspekt] *n.* 样子，外表

【记】a+spect(看)→看上去的样子→外观

【例】He was serious of ***aspect*** but wholly undistinguished.

costume [ˈkɑːstjuːm] *n.* 服装(attire, dress)

【记】比较custom(习俗)

【例】The actors in the play had beautiful ***costumes***.

attire [əˈtaɪər] *n.* 服装(clothing, dress)

outfit [ˈaʊtfɪt] *n.* 服装(costume, suit)

【记】来自 fit out(装备)

garb [ɡɑːrb] *n.* 服装，装束(uniform, outfit)

strap [stræp] *n.* 皮带(fastening, band)

guise [ɡaɪz] *n.* 外观；装束(appearance)

【例】The thief robbed houses in the ***guise*** of a mailman.

clothing [ˈkloʊðɪŋ] *n.* 衣服(apparel, attire)

array [əˈreɪ] *vt.* 装扮

【例】The colorful ***array*** of candy made the children's eyes bulge.

cosmetics [kɑːzˈmetɪks] *n.* 化妆品

suit [sjuːt] *n.* 套装

sole [soʊl] *n.* 鞋底(bottom)

休 息

drowsy [ˈdraʊzi] *adj.* 昏昏欲睡的(sleepy)

【例】The heat made us all ***drowsy***.

nap [næp] *n./v.* 小睡，打盹(doze)

recreation [ˌriːkriˈeɪʃn] *n.* 消遣(pastime, amusement)

【例】For ***recreation***, I like to go hiking and camping.

lull [lʌl] *n.* 歇息

【例】There was a ***lull*** in political violence after the election of the current president.

□ shabby □ ragged □ bald □ aspect □ costume □ attire
□ outfit □ garb □ strap □ guise □ clothing □ array
□ cosmetics □ suit □ sole □ drowsy □ nap □ recreation
□ lull

beguile [bɪˈɡaɪl] *vi.* 消遣
【记】be＋guile(欺诈)
【例】Our journey was ***beguiled*** with spirited talk.

doze [doʊz] *vi.* 瞌睡(与off连用)(nap, drowse)
【例】Mary ***dozed*** peacefully after a long day at work.

bask [bæsk] *vt.* 取暖；曝日
【例】Tom enjoys sitting in the garden, ***basking*** in the sunshine.

预 知

fateful [ˈfeɪtfl] *adj.* 预言性的
【例】Gates made a ***fateful*** decision to quit Harvard.

imminent [ˈɪmɪnənt] *adj.* 即将来临的(impending, approaching)
【记】im(进)＋min(伸)＋ent→伸进来→来临的
【例】The ***imminent*** storm gives us a sign that the day is turning bad.

estimable [ˈestɪməbl] *adj.* 可估计的

apt [æpt] *adj.* 有…倾向的(prone, likely)
【例】Bill is ***apt*** to forget half of the groceries if he doesn't take a list.

promising [ˈprɑːmɪsɪŋ] *adj.* 有前途的，有希望的(prospective)
【例】A school has honored one of its brightest and most ***promising*** former students.

provident [ˈprɑːvɪdənt] *adj.* 有远见的(forward-looking)
【记】pro(前)＋vid=vis(看见)＋ent→有远见的

prospect [ˈprɑːspekt] *n.* 前景，期望(outlook, likelihood, possibility)
【记】pro(向前)＋spect(看)→向前看
【例】Older people are always concerned by the ***prospect*** that an unpreceding depression would bring chaos again.

prospective [prəˈspektɪv] *adj.* 预期的(forward-looking, forthcoming)
【例】The story should act as a warning to other ***prospective*** buyers.

perspective [pərˈspektɪv] *n.* 远景(view, outlook)
【记】per(全部)＋spect(看)＋ive→远景
【例】Her ability to use ***perspective*** gives the appearance of depth to her art.

auspice [ˈɔːspɪs] *n.* 前兆
【记】au＋spic(看)＋e→提前看到的→前兆
【例】He took that as an ***auspice*** of happiness.

tendency [ˈtendənsi] *n.* 趋势(inclination, trend)
【例】We should encourage and support such a positive ***tendency***.

□ beguile　□ doze　□ bask　□ fateful　□ imminent　□ estimable
□ apt　□ promising　□ provident　□ prospect　□ prospective　□ perspective
□ auspice　□ tendency

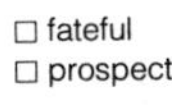
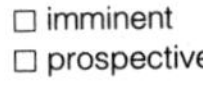

precursor [priː ˈkɜːrsər] *n.* 先兆；先驱(sign; forerunner, pioneer, ancestor)
【记】pre(提前)+curs(跑)+or→先兆
【例】Dark clouds are often treated as ***precursor*** of a storm.

prediction [prɪ ˈdɪkʃn] *n.* 预言，预报(forecast, prophecy)
【例】Without experience, you have no basis for any ***prediction***.

surmise [sər ˈmaɪz] *vt.* 臆测(guess, speculate)
【记】sur(下面)+mise(说)→在下面说出的话→猜测
【例】With no news from the explorers we can only ***surmise*** their present position.

foretell [fɔːr ˈtel] *vt.* 预言(predict)
【记】fore+tell(告诉)
【例】No one could have ***foretold*** such strange events.

foresee [fɔːr ˈsiː] *vt.* 预知(foreshadow, predict)
【记】fore(前)+see(看)→预先看到
【例】Those who can ***foresee*** difficulties on their way to success may keep calm when they really appear.

foresight [ˈfɔːrsaɪt] *n.* 预见，远见
【记】sight(视力)

current [ˈkɜːrənt] *n.* 趋势(trend)
【例】He reads the newspaper every day to know the ***current*** of events.

forecast [ˈfɔːrkæst] *n.* 先见，预见；预测，预报
【例】Sometimes the weather ***forecast*** is accurate, sometimes not.

灾难与不幸

disaster [dɪ ˈzæstər] *n.* 灾难(catastrophe, calamity)
【例】The month-long period of rain was a ***disaster*** for the farmer.

helpless [ˈhelpləs] *adj.* 无助的(powerless)

disastrous [dɪ ˈzæstrəs] *adj.* 灾难性的；悲惨的(catastrophic)
【例】A few ***disastrous*** investments ruined the company.

unfortunately [ʌn ˈfɔːrtʃənətli] *adv.* 不幸地
【记】un(不)+fortunately(幸运地)

calamity [kə ˈlæməti] *n.* 不幸之事，灾难(catastrophe, mishap)
【例】The Red Cross provides relief in case of ***calamities*** such as floods, earthquakes and hurricanes.

holocaust [ˈhɑːləkɔːst] *n.* 大屠杀(slaughter)
【记】holo(全部)+caust(烧)→全部烧死→大屠杀
【例】People fear the danger of a thermo-nuclear ***holocaust***.

□ precursor □ prediction □ surmise □ foretell □ foresee □ foresight
□ current □ forecast □ disaster □ helpless □ disastrous □ unfortunately
□ calamity □ holocaust

carnage [ˈkɑːrnɪdʒ] *n.* 大屠杀，残杀(massacre, slaughter)

【记】carn(肉)+age

【例】We seldom discuss the ***carnage*** because we don't dare puncture the illusion of safety.

cataclysm [ˈkætəklɪzəm] *n.* 洪水，大灾难

【记】cata(下面)+clysm(洗)→洗掉→洪水

【例】The eruption of the volcano was an unexpected ***cataclysm***.

avalanche [ˈævəlæntʃ] *n.* 雪崩

【例】Tons of snow rushed down the mountain in the ***avalanche***.

catastrophe [kəˈtæstrəfi] *n.* 异常的灾祸(disaster)

【例】The crash of the stock market was a financial ***catastrophe***.

plague [pleɪg] *n.* 疫病，灾祸(disease) *v.* 折磨，使苦恼

【例】The ceaseless war posed a big ***plague*** for those innocent. / Runaway inflation further ***plagued*** the salary-earner.

casualty [ˈkæʒuəlti] *n.* 意外伤亡，事故

【例】Jane saw a ***casualty*** on the highway and phoned the police.

mishap [ˈmɪshæp] *n.* 灾祸，不幸(mischance, accident)

【记】mis(坏)+hap(运气)→不幸

【例】The fisherman drowned in a boating ***mishap***.

adversity [ədˈvɜːrsəti] *n.* 不幸，逆境(misfortune)

【记】ad+vers(转)+ity→转错方向→不幸

【例】The ***adversity*** of losing one's job is difficult to bear.

afflict [əˈflɪkt] *vt.* 使痛苦，折磨(torture)

【记】af(一再)+flict(打击)→一再打击→折磨

【例】He was ***afflicted*** with arthritis.

致 命

defunct [dɪˈfʌŋkt] *adj.* 死的(dead, demised)

【记】de(分离)+funct(功能)

【例】Those rules of etiquette have been ***defunct*** for years.

lethal [ˈliːθl] *adj.* 致命的(fatal, deadly)

【记】leth(死)+al

【例】In situation like this, she wishes she have a gun or some ***lethal*** weapon.

deadly [ˈdedli] *adj.* 致命的(fatal, lethal)

【例】Don't be scared; it's not a ***deadly*** wound.

demise [dɪˈmaɪz] *n.* 死亡(death, end)

【例】The country mourned the president's ***demise***.

choke [tʃoʊk] *n.* 窒息 *v.*(使)窒息(suffocate, block)

【例】My lawn mover has a ***choke*** that I have to adjust frequently.

smother [ˈsmʌðər] *v.*(使)窒息，闷死(stifle, suffocate)

【例】The murderer ***smothered*** his victims with a pillow.

expire [ɪkˈspaɪər] *vi.* 断气(perish)

【记】ex(出，离开)＋pire(呼吸)→离开呼吸→断气

【例】John's driver's license ***expired*** last week.

mortal [ˈmɔːrtl] *adj.* 终有一死的 *n.* 凡人

【记】mort(死)＋al

【例】All ***mortals***, however outstanding, are to die one day.

Few things are impossible in themselves; and it is often for want of will, rather than of means, that man fails to succeed.

事情很少有根本做不成的；其所以做不成，与其说是条件不够，不如说是由于决心不够。

——法国作家 罗切福考尔德(La Rocheforcauld, French writer)

连 线 题

左列单词在右列中有一个或多个同义词，请画线连接。

（一）

	amusement
baggage	catastrophe
calamity	death
conserve	fatal
deadly	luggage
demise	mishap
expire	outlook
obese	overweight
perspective	pastime
recreation	perish
sojourn	preserve
	retain
	stay
	view

（二）

embrace	bearing
haul	clap
instrument	cuddle
outfit	device
plunge	dive
posture	equipment
pratical	hug
slap	plod
trample	pragmatic
trudge	transport
	tread

（三）

aura	arduous
decorum	atmosphere
extol	ceremony
fashionable	compliment
grandeur	exalt
laborious	magnificence
laud	popular
legendary	prominent
preeminent	protection
refuge	renowned
	shelter

（四）

affinity	award
chop	beguile
cleanse	collision
consensus	furnish
deceitful	hew
delude	journal
fortunate	liking
grant	lucky
homicide	purify
impact	reciprocal
log	repair
maintain	slaughter
mutual	sly
provide	unanimity

连线题答案

（一）

baggage	luggage
calamity	catastrophe
calamity	mishap
conserve	preserve
conserve	retain
deadly	fatal
demise	death
expire	perish
obese	overweight
perspective	view
perspective	outlook
recreation	pastime
recreation	amusement
sojourn	stay

（二）

embrace	hug
embrace	cuddle
haul	transport
instrument	device
outfit	equipment
plunge	dive
posture	bearing
pratical	pragmatic
slap	clap
trample	tread
trudge	plod

（三）

aura	atmosphere
decorum	ceremony
extol	exalt
fashionable	popular
grandeur	magnificence
laborious	arduous
laud	compliment
legendary	renowned
preeminent	prominent
refuge	shelter
refuge	protection

（四）

affinity	liking
chop	hew
cleanse	purify
consensus	unanimity
deceitful	sly
delude	beguile
fortunate	lucky
grant	award
homicide	slaughter
impact	collision
log	journal
maintain	repair
mutual	reciprocal
provide	furnish

Word List 33

属 性

Property

记忆小贴士：无意识记忆法

无意识记忆并不是无注意力记忆，而是时间分散记忆。首先准备一个袖珍笔记本，将要记忆的单词写在笔记本上。只要有时间就拿出来读读。每读记一遍，就在你的大脑中加深一层印象。

安 静

sedate [sɪˈdeɪt] *adj.* 安静的(calm, composed)

【记】sed=sid(坐)+ate→安静地坐着

【例】Her life was ***sedate***, almost mundane.

tranquil [ˈtræŋkwɪl] *adj.* 安静的(serene, quiet, peaceful)

【例】It is not easy to remain ***tranquil*** when events suddenly change your life.

placid [ˈplæsɪd] *adj.* 安静的(tranquil, serene)

【例】The baby looks so ***placid*** and content after she has been fed.

static [ˈstætɪk] *adj.* 静的，静态的(changeless, stagnant)

【例】***Static*** air pressure indicates that the weather will not change soon.

serene [səˈriːn] *adj.* 平静的；沉静的(calm, tranquil)

【记】seren(安静)+e

【例】Tired of noisy city life, he went to the countryside for a ***serene*** life.

serenity [səˈrenəti] *n.* 安静，从容(calmness, tranquility)

【例】Take the time to go outside and really observe nature, take a deep breath of fresh air, enjoy the ***serenity*** of water and greenery.

still [stɪl] *adj.* 静止的 (motionless, stationary, fixed)

【例】The restaurant was as ***still*** as a library.

lull [lʌl] *vt.* 使平静(calm down, soothe)

【例】The mother ***lulled*** her baby to sleep.

肮 脏

disgraced [dɪsˈgreɪst] *a.* 不光彩的，丢脸的(humiliating)

【记】dis+graced(体面的)→不体面的

【例】The boy felt ***disgraced*** because he knew that he had been wrong to steal.

dingy [ˈdɪndʒi] *adj.* 肮脏的(dirty, shabby)

messy [ˈmesi] *adj.* 肮脏的，凌乱的(untidy, dirty)

【记】mess(凌乱)+y

【例】Don't worry if this first coat of paint looks ***messy***.

slovenly [ˈslʌvnli] *adj.* 不洁的(untidy)

frowzy [ˈfraʊzi] *adj.* 不整洁的；臭的(filthy)

【例】I also think it will match your ***frowzy*** room.

□ sedate □ tranquil □ placid □ static □ serene □ serenity
□ still □ lull □ disgraced □ dingy □ messy □ slovenly
□ frowzy

obscene [əbˈsiːn] *adj.* 猥亵的(indecent, filthy)

【记】ob(不)+scene(场景)→不堪入目的

【例】The ***obscene*** part of the film should be censored.

indecent [ɪnˈdiːsnt] *adj.* 淫猥的(improper, unacceptable)

【记】in(不)+decent(正派的)

【例】However, this year the police have vowed to arrest them for ***indecent*** exposure.

impure [ɪmˈpjʊr] *adj.* 脏的，不纯洁的(adulterated, unrefined)

【记】im(不)+pure(纯洁的)

【例】Fake and ***impure*** honeys have become commonplace in the market today, despite many people's preference for 100% bees' honey.

blemish [ˈblemɪʃ] *n./vt.* 玷污(defect, flaw)

【记】blem(弄伤)+ish

【例】One illness will ***blemish*** your perfect attendance record.

smear [smɪr] *vt.* 弄脏(smudge, stain)

【例】The vast spill ***smeared*** the once beautiful coast.

defile [dɪˈfaɪl] *vt.* 弄污(contaminate)

【记】de+file=vile(卑鄙)

【例】Watching too many violent TV shows ***defiled*** the child's mind.

spot [spɑːt] *vt.* 玷污 *n.* 污点 (stain)

【例】The amateur ***spotted*** the comet before the pros.

不 合 适

incompetent [ɪnˈkɑːmpɪtənt] *adj.* 不称职的

【记】in(不)+competent(能干的)

【例】The employee was dismissed as ***incompetent***.

unbecoming [ˌʌnbɪˈkʌmɪŋ] *adj.* 不配的，不适当的

【例】The careless woman often wore ***unbecoming*** clothes to work.

inept [ɪˈnept] *adj.* 不适宜的(incompetent, inefficient)

【记】in(不)+ept(熟练的)

【例】She says the government's performance in the lead up to the storm shows its leaders are ***inept***.

unseemly [ʌnˈsiːmli] *adj.* 不适宜的(unsuited, incongruous)

【例】Jane was regretful for her ***unseemly*** behavior at the grand party.

ineligible [ɪnˈelɪdʒəbl] *adj.* 无资格的；不适当的(disqualified, unsuitable)

【记】in(无)+eligible(有资格的)

【例】They were ***ineligible*** to remain in the position of government.

impropriety [ˌɪmprəˈpraɪəti] *n.* 不适当
【记】im(不)+propriety(得体)
【例】A lawyer should avoid even the appearance of professional ***impropriety***.

immature [ˌɪməˈtʃʊr] *adj.* 不成熟的；粗糙的
【例】She is emotionally ***immature***.

程 度

fervent [ˈfɜːrvənt] *adj.* 白热的；强烈的(ardent)
【记】ferv(热)+ent
【例】Jenny is a ***fervent*** supporter of the feminist movement.

rough [rʌf] *adj.* 大致的(approximate)
【例】I got a ***rough*** idea that he is a tall man.

roughly [ˈrʌfli] *adv.* 概略地，粗糙地(approximately, nearly, more or less)

intense [ɪnˈtens] *adj.* 强烈的(severe)
【例】Under years of ***intense*** pressure, he finally gave up hope and committed suicide.

intensive [ɪnˈtensɪv] *adj.* 密集的，加强的 (concentrated)
【例】This is an ***intensive*** program that provides technical training and expert advice.

intensely [ɪnˈtensli] *adv.* 激烈地，热情地(extremely)

exorbitant [ɪɡˈzɔːrbɪtənt] *adj.* 过分的，过度的(excessive, unreasonable)
【例】I will not pay such an ***exorbitant*** price for these shoes!

probable [ˈprɑːbəbl] *adj.* 很可能的，大概(likely)

violent [ˈvaɪələnt] *adj.* 激烈的(vehement, radical, sudden)

drastic [ˈdrɑːstɪk] *adj.* 激烈的(violent)
【例】The principal felt that the cheater's punishment should be ***drastic***. / The emergency called for ***drastic*** measure.

dead [ded] *adv.* 完全地(completely)
【例】You are ***dead*** right on this point.

deadly [ˈdedli] *adj.* 极度的(extremey)
【例】They sat in ***deadly*** silence.

sharp [ʃɑːrp] *adj.* 急剧的(sudden)
【例】There is a ***sharp*** rise on crime, as the result of the starvation.

categorical [ˌkætəˈɡɔːrɪkl] *adj.* 绝对的，无条件的 (definite, positive, absolute, unconditional)
【例】The Japanese made a ***categorical*** surrendering to China in 1945 after 14 years of invasion.

□ impropriety □ immature □ fervent □ rough □ roughly □ intense
□ intensive □ intensely □ exorbitant □ probable □ violent □ drastic
□ dead □ deadly □ sharp □ categorical

impetuous [ɪmˈpetʃuəs] *adj.* 猛烈的

【例】He is an ***impetuous*** nationalist who has lately tarnished his democratic credentials.

vehement [ˈviːəmənt] *adj.* 猛烈的，激烈的(passionate, ardent)

【例】She suddenly became very ***vehement*** and agitated, jumping around and shouting.

vehemence [ˈviːəməns] *n.* 热切，激烈(passion, ferocity)

burning [ˈbɜːrnɪŋ] *adj.* 强烈的

【例】I had a ***burning*** ambition to become a journalist.

complete [kəmˈpliːt] *adj.* 完全的 *vt.* 完成

【例】Bill told us the ***complete*** story over coffee.

completely [kəmˈpliːtli] *adv.* 十分，完全地(entirely, wholly)

inordinate [ɪnˈɔːrdɪnət] *adj.* 无节制的，过度的(excessive, immoderate)

【记】in(不)+ordin(正常)+ate→过度的

【例】They spend an ***inordinate*** amount of time talking.

considerable [kənˈsɪdərəbl] *adj.* 相当的(a great deal, large, much, substantial)

【例】It will cost ***considerable*** time to lacquer the old furniture.

substantial [səbˈstænʃl] *adj.* 相当的(plentiful, considerable)

【例】Mary has a ***substantial*** amount of money in the bank.

grossly [ˈgroʊsli] *adv.* 非常(greatly)

【例】This definition is both not representative and ***grossly*** misunderstood.

extremely [ɪkˈstriːmli] *adv.* 极端地，非常地(exceptionally, intensely)

nearly [ˈnɪrli] *adv.* 几乎(almost)

virtually [ˈvɜːrtʃuəli] *adv.* 几乎(almost, practically, actually)

【例】This word has ***virtually*** dropped out of usage today.

hardly [ˈhɑːrdli] *adv.* 几乎不(scarcely, barely)

barely [ˈberli] *adv.* 仅仅(merely)

【例】There was ***barely*** enough food to go around.

profoundly [prəˈfaʊndli] *adv.* 深刻地，深度地(deeply, greatly)

【记】profound(深刻的)+ly

【例】Television programs with written subtitles help those ***profoundly*** deaf people to understand the world.

clean [kliːn] *adv.* 完全地(totally, completely)

【例】I ***clean*** forgot about it.

entirely [ɪnˈtaɪərli] *adv.* 完全地，全然地(totally, solely)

【例】The fire was ***entirely*** caused by their neglect of duty.

□ impetuous □ vehement □ vehemence □ burning □ complete □ completely
□ inordinate □ considerable □ substantial □ grossly □ extremely □ nearly
□ virtually □ hardly □ barely □ profoundly □ clean □ entirely

utterly [ˈʌtərli] *adv.* 完全地，彻底地(completely, absolutely)

【例】The country is ***utterly*** different.

somewhat [ˈsʌmwʌt] *adv.* 有点(rather, to some degree)

【例】He is a clever boy, though ***somewhat*** slow.

fairly [ˈferli] *adv.* 相当地(relatively, somewhat)

【例】The arrangements, if not ideal, are ***fairly*** satisfactory.

absolute [ˈæbsəluːt] *adj.* 绝对的(sheer)

【记】比较solute(化学溶质)

【例】The prime minister had ***absolute*** control of his cabinet.

radical [ˈrædɪkl] *adj.* 根本的，基本的；激进的

【例】The country needs a period of calm without more surges of ***radical*** change.

dramatically [drəˈmætɪkli] *adv.* 戏剧性地；引人注目地

【例】America is a country with ***dramatically*** different landscapes.

exceedingly [ɪkˈsiːdɪŋli] *adv.* 非常，极度，极其(highly, extremely)

【例】He was "***exceedingly*** friendly, mild and wise," his son would recall.

thorough [ˈθɜːroʊ] *adj.* 彻底的；十分的；周密的

【例】We are making a ***thorough*** investigation.

纯

sheer [ʃɪr] *adj.* 纯粹的；全然的(pure, total)

【例】Don't believe him; his words are ***sheer*** nonsense.

pure [pjʊr] *adj.* 纯的，纯洁的(clean, unadulterated)

unblemished [ʌnˈblemɪʃt] *adj.* 洁白的，无瑕的(flawless, perfect)

【例】When we are born, we are ***unblemished***.

innocent [ˈɪnəsnt] *adj.* 清白的(guiltless, faultless)

【记】in(无)+noc(害)+ent→无害的

【例】Anne was found ***innocent*** of the crime.

impeccable [ɪmˈpekəbl] *adj.* 无瑕的(faultless, stainless)

【记】im(无)+pecc(斑点)+able→无瑕的

【例】She had ***impeccable*** taste in clothes.

perfect [ˈpɜːrfɪkt] *adj.* 无瑕的，完好无损的(intact, untouched)

【记】per(全部)+fect(做)→全部做完→完美的

【例】Thousands of years past, still we found those mummies staying ***perfect*** in their coffins.

virtuous [ˈvɜːrtʃuəs] *adj.* 贞洁的；品德好的(moral, righteous)

【例】We become more ***virtuous*** through education.

□ utterly □ somewhat □ fairly □ absolute □ radical □ dramatically
□ exceedingly □ thorough □ sheer □ pure □ unblemished □ innocent
□ impeccable □ perfect □ virtuous

chaste [tʃeɪst] *adj.* 贞洁的；纯正的(pure, virtuous)

【例】The students were advised to remain ***chaste*** until marriage.

大

colossal [kəˈlɑːsl] *adj.* 巨大的(immense, huge)

【记】源自希腊神话中名为Colossus的大力神

【例】Bill made a ***colossal*** mistake when he bought that used car.

spacious [ˈspeɪʃəs] *adj.* 广大的，宽敞的(roomy, capacious)

【记】spac(地方)+ious→地方大的

【例】Working in a ***spacious*** room contributes to one's working efficiency.

expansive [ɪkˈspænsɪv] *adj.* 广阔的；可扩张的，可膨胀的(extensive, large)

【例】The book's ***expansive*** index listed hundreds of important items.

prodigious [prəˈdɪdʒəs] *adj.* 巨大的(colossal, enormous)

【记】prodig(巨大)+ious

【例】I have a ***prodigious*** amount of work to do before I leave.

massive [ˈmæsɪv] *adj.* 巨大的(heavy, huge, enormous)

【例】Doctors prescribe ***massive*** doses of penicillin for patients with pneumonia.

enormous [ɪˈnɔːrməs] *adj.* 巨大的(huge, vast, immense, tremendous)

【记】e(出)+norm(正常)+ous→超出了正常状态→巨大的

【例】We prepared an ***enormous*** dinner because we were very hungry.

mighty [ˈmaɪti] *adj.* 巨大的(powerful, strong)

【记】might(巨大)+y

【例】There was a flash and a ***mighty*** bang.

vast [væst] *adj.* 巨大的，大量的(gigantic, huge, immense, tremendous, broad, enormous)

tremendous [trəˈmendəs] *adj.* 巨大的，惊人的(immense, enormous, huge, great)

【例】I felt a ***tremendous*** pressure on my chest.

immense [ɪˈmens] *adj.* 巨大的；无限的

【记】im(不)+mense(测量)→不能测量→无限的

【例】It's almost impossible to find him in the ***immense*** ocean.

titanic [taɪˈtænɪk] *adj.* 巨大有力的(huge, immense)

【记】美国影片《泰坦尼克号》的英文

【例】The politician tried to reduce the ***titanic*** deficit.

☐ chaste ☐ colossal ☐ spacious ☐ expansive ☐ prodigious ☐ massive
☐ enormous ☐ mighty ☐ vast ☐ tremendous ☐ immense ☐ titanic

commodious [kəˈmoʊdiəs] *adj.* 宽敞的(spacious, capacious, roomy)
【记】com(共同)+mod(范围)+ious→大家都有范围→宽敞的
【例】Who wouldn't want a job with a good salary and ***commodious*** living quarters?

broad [brɔːd] *adj.* 宽的，广泛的(wide, general)

loose [luːs] *adj.* 宽松的
【例】I have a ***loose*** tooth.

bulky [ˈbʌlki] *adj.* 庞大的；笨重的(cumbersome)
【例】The ***bulky*** boxes won't fit in the trunk of the car.

capacious [kəˈpeɪʃəs] *adj.* 容量大的；宽敞的(spacious)
【例】Network teaching lays out a new and ***capacious*** study world to people. It provides study advantages and chances for those who are willingly to adopt knowledge.

ample [ˈæmpl] *adj.* 丰富的；充足的(plentiful, abundant, sufficient)
【例】Agriculture has developed rapidly, thus providing light industry with ***ample*** raw materials.

sensational [senˈseɪʃənl] *adj.* 轰动的；耸人听闻的；非常好的；使人感动的
【例】The ***sensational*** news report didn't have much effect on them.

revolutionary [ˌrevəˈluːʃəneri] *adj.* 革命的；旋转的；大变革的
【例】The ***revolutionary*** war has deteriorated the country.

方 位

forth [fɔːrθ] *adv.* 向前(ahead)

entry [ˈentri] *n.* 入口；进入
【例】There is a back ***entry*** into the house.

exit [ˈeksɪt] *n.* 出口(outlet, way-out)
【记】ex(出)+it(走)→走出→出口
【例】The actress exited secretly from an unseen ***exit***.

outlet [ˈaʊtlet] *n.* 出路，出口(socker, access)
【例】There is no ***outlet*** to the sea in Chong qing.

site [saɪt] *n.* 地点(location, position)

destination [ˌdestɪˈneɪʃn] *n.* 目的地
【例】Our vacation ***destination*** is Phoenix.

veer [vɪr] *v.* 改变方向(turn, swerve)
【例】The car ***veered*** to the left toward ours and we were scared.

spot [spɑːt] *n.* 地点(location)

□ commodious □ broad □ loose □ bulky □ capacious □ ample
□ sensational □ revolutionary □ forth □ entry □ exit □ outlet
□ site □ destination □ veer □ spot

head [hed] *vi.* 向某处走去(set out for, make for)

【例】Where are you ***heading*** for?

divert [daɪˈvɜːrt] *v.* 使转向；转移；使改道；使分心(shift, distract)

【例】A vast output of materials and money was ***diverted*** from other tasks.

periphery [pəˈrɪfəri] *n.* 外围，边缘

【例】This makes the frame ***periphery*** visible again.

lateral [ˈlætərəl] *adj.* 侧面的，横向的

【例】Mr. Dawson walked into the court from a ***lateral*** door.

公 正

valid [ˈvælɪd] *adj.* 正当的

【例】I have the ***valid*** excuse for arriving late at work.

upright [ˈʌpraɪt] *adj.* 正直的

【记】up(上)＋right(正的)

【例】The ***upright*** witness told the truth at the trial.

unfair [ˌʌnˈfer] *adj.* 不公平的(unjust, partial)

【记】un(不)＋fair(公正的)

【例】It seems so ***unfair*** that this should happen to me.

fairly [ˈferli] *adv.* 公正地

guileless [ˈgaɪlləs] *adj.* 不狡猾的，诚实的(frank, honest)

【例】His ***guileless*** smile disarmed us; we began to believe him.

equitable [ˈekwɪtəbl] *adj.* 公平的，公正的(fair, just)

【例】Twenty dollars is an ***equitable*** price for this lamp.

detached [dɪˈtætʃt] *adj.* 公正的；分开的，分离的

【例】He tries to remain emotionally ***detached*** from the prisoners, but fails.

disinterested [dɪsˈɪntrəstɪd] *adj.* 公正的(impartial, unbiased)

【例】Mary is completely ***disinterested*** in the matter and can judge fairly.

unbiased [ʌnˈbaɪəst] *adj.* 公正的(neutral, impartial)

【例】These righteous behaviors and actions reflect the true and ***unbiased*** opinion of the community as a whole.

partially [ˈpɑːrʃəli] *adv.* 不公平地

impartial [ɪmˈpɑːrʃl] *adj.* 公正的，无偏见的(fair, unbiased)

【例】The judge should make his appraisal ***impartial***.

conscience [ˈkɑːnʃəns] *n.* 良心，良知

【例】I have battled with my ***conscience*** over whether I should actually send this letter.

□ head □ divert □ periphery □ lateral □ valid □ upright
□ unfair □ fairly □ guileless □ equitable □ detached □ disinterested
□ unbiased □ partially □ impartial □ conscience

conscientious [ˌkɑːnʃiˈenʃəs] *adj.* 尽职的；正直的(diligent)

【例】We are generally very ***conscientious*** about our work.

incorruptible [ˌɪnkəˈrʌptəbl] *adj.* 廉洁的

【记】in(不)+corruptible(易收买的)

【例】He was a sound businessman, totally reliable and ***incorruptible***.

decent [ˈdiːsnt] *adj.* 正派的；体面的(reasonable, proper)

【例】Don't walk around in your underwear. Go put on some *decent* clothes! / The house was in ***decent*** shape when we bought it.

faithful [ˈfeɪθfl] *adj.* 忠实的(loyal)

【记】faith(忠诚)+ful

【例】In Amish tribe, the ***faithful*** are not allowed to own automobiles.

justly [ˈdʒʌstli] *adv.* 公正地

devotion [dɪˈvoʊʃn] *n.* 献身；忠诚；专心(loyalty, dedication)

【例】Is it true that dogs show strong ***devotion*** to their masters?

integrity [ɪnˈteɡrəti] *n.* 正直(honesty)

【例】They admired his ***integrity*** and his calm bravery.

probity [ˈproʊbəti] *n.* 正直(integrity, honesty)

【例】He asserted his innocence and his financial ***probity***.

fidelity [fɪˈdeləti] *n.* 忠诚(loyalty, faithfulness)

【记】fid(相信)+elity→相信→坚贞

【例】Despite all their differences, men and women place high value on one trait: ***fidelity***.

dedicate [ˈdedɪkeɪt] *vt.* 奉献，致力于

【例】This room is ***dedicated*** to food preparation.

合 适

sober [ˈsoʊbər] *adj.* 适度的

qualified [ˈkwɑːlɪfaɪd] *adj.* 合格的

【例】He is ***qualified*** to teach English.

rational [ˈræʃənl] *adj.* 合理的(reasonable)

【例】He's asking you to look at both sides of the case and come to a ***rational*** decision.

becoming [bɪˈkʌmɪŋ] *adj.* 合适的，相称的(fitting, suitable)

【例】John's new haircut is very ***becoming***.

reliable [rɪˈlaɪəbl] *adj.* 可靠的，可信赖的(dependable)

【记】动词rely(依靠)

【例】The subway is the most ***reliable*** way of getting to the airport during rush hours.

□ conscientious □ incorruptible □ decent □ faithful □ justly □ devotion
□ integrity □ probity □ fidelity □ dedicate □ sober □ qualified
□ rational □ becoming □ reliable

preferable [ˈprefrəbl] *adj.* 可取的(advisable)

【记】prefer(喜欢)+able

【例】A ***preferable*** option is to store the food in a refrigerator rather than throw them away.

available [əˈveɪləbl] *adj.* 可用的(obtainable, accessible)

【例】The hotel is ***available*** for the wedding reception next week.

competent [ˈkɑːmpɪtənt] *adj.* 能胜任的(capable, qualified)

【例】Mike did a ***competent*** job fixing my car.

fit [fɪt] *adj.* 适合的(suitable)

【例】This violent movie is not ***fit*** for children.

fitting [ˈfɪtɪŋ] *adj.* 恰当的，得体的(proper, appropriate)

【记】fit(合适)+ting

【例】It is a ***fitting*** gesture to offer a reward to someone who returns something you have lost.

feasible [ˈfiːzəbl] *adj.* 切实可行的(practical, possible, viable)

【记】feas(做)+ible→能够做的→可行的

【例】Before you carry out the plan, make sure it is ***feasible***.

expedient [ɪkˈspiːdiənt] *adj.* 权宜的；方便的(suitable, convenient)

【例】***Expedient*** solutions rarely solve long-term problems.

pertinent [ˈpɜːrtnənt] *adj.* 适当的；切题的(relevant)

【例】Your remark is not ***pertinent*** to the subject.

temperate [ˈtempərət] *adj.* 适度的，有节制的 (appropriate, reasonable, self-controlled)

【例】A ***temperate*** answer to a rude question is difficult to give.

suitable [ˈsjuːtəbl] *adj.* 适合的

【例】Employers usually decide within five minutes whether someone is ***suitable*** for the job.

plausible [ˈplɔːzəbl] *adj.* 似合理的(reasonable)

【例】Susie's story about how she lost her books sounded ***plausible***, but it wasn't actually true.

methodical [məˈθɑːdɪkl] *adj.* 有条理的(systematic)

【记】method(方法)+ical→有方法的→有条理的

【例】Da Vinci was ***methodical*** in his research, carefully recording his observations and theories.

entitled [ɪnˈtaɪtld] *adj.* 有资格的(eligible, qualified)

【例】She honestly felt that her husband was the only one in the country ***entitled*** to be president.

☐ preferable ☐ available ☐ competent ☐ fit ☐ fitting ☐ feasible
☐ expedient ☐ pertinent ☐ temperate ☐ suitable ☐ plausible ☐ methodical
☐ entitled

correspondence [ˌkɔːrəˈspɑːndəns] *n.* 对应；符合

【记】cor＋respond(反应)＋ence

【例】There is close ***correspondence*** between my handwriting and yours.

propriety [prəˈpraɪəti] *n.* 适当(correctness)

【例】China has always been known as a land of ***propriety*** and righteousness.

tally [ˈtæli] *vi.* 符合(accord, agree)

【例】The report ***tallies*** with your description of the accident.

coincide [ˌkoʊɪnˈsaɪd] *vi.* 相符合，相巧合

【记】co(共同)＋in＋cide(落下)→共同落下→巧合

【例】Our vacations ***coincided***, so we traveled together.

suit [sjuːt] *vt.* 合适，适应(accommodate, fit, adapt)

【例】This candidate does not ***suit*** our qualifications.

advisable [ədˈvaɪzəbl] *adj.* 合理的(rational, sound)

【例】It is ***advisable*** to save part of your paycheck each month.

adapt [əˈdæpt] *v.*(使)适应 (adjust, accommodate)

【例】Jane ***adapted*** quickly to the new procedures.

adaptable [əˈdæptəbl] *adj.* 能适应的

【例】If you are not ***adaptable***, you will feel uncomfortable in college.

adaptation [ˌædæpˈteɪʃn] *n.* 适应(accomodation)

【例】The movie was an ***adaptation*** of a classic novel.

conformity [kənˈfɔːrməti] *n.* 一致，符合

【例】In this country, the prime minister is, in ***conformity*** with their constitution, chosen by the president.

credible [ˈkredəbl] *adj.* 可信的，可靠的 (believable)

【例】At first Clyde's story appears ***credible*** enough.

dependable [dɪˈpendəbl] *adj.* 可靠的，可信赖的，可信任的

【例】He was a good friend, a ***dependable*** companion.

尖刻

incisive [ɪnˈsaɪsɪv] *adj.* 尖锐的

【例】His ***incisive*** criticism gave us a thorough understanding of Dicken's writings.

caustic [ˈkɔːstɪk] *adj.* 刻薄的

【例】The ***caustic*** remark caused the candidate to lose the election.

□ correspondence □ propriety □ tally □ coincide □ suit □ advisable
□ adapt □ adaptable □ adaptation □ conformity □ credible □ dependable
□ incisive □ caustic

acid [ˈæsɪd] *adj.* 尖酸的

【例】The critic's ***acid*** remarks hurt the director's feelings.

acrimonious [ˌækrɪˈmoʊniəs] *adj.* 尖酸的(bitter, spiteful)

【例】The ***acrimonious*** debate resulted in much resentment.

acrid [ˈækrɪd] *adj.* 辛辣的(pungent, bitter, acrimonious, trenchant)

【例】Burning rubber produces an ***acrid*** smoke.

acrimony [ˈækrɪmoʊni] *n.* 刻薄

【记】acri(尖，酸)+mony→尖刻

【例】They were able to reach a decision without ***acrimony***.

精 巧

cunning [ˈkʌnɪŋ] *adj.* 可爱的(cute, clever)

【例】What a ***cunning*** kitten!

elegant [ˈelɪgənt] *adj.*(举止、服饰)雅致的(refined, exquisite, elaborate)

【记】e(出)+leg=lig(选)+ant→选出的→好的

【例】Successful women on political stage often have an ***elegant*** manner.

handy [ˈhændi] *adj.* 方便的；灵巧的(convenient; skilful)

【例】This is a very ***handy*** tool for opening cans.

ingenious [ɪnˈdʒiːniəs] *adj.* 机灵的(clever, intelligent)；精巧制成的

【记】in(内)+geni(产生)+ous→自内心产生→聪明的

【例】By such ***ingenious*** adaptations, orchids can attract insects from afar to fertilize them.

exquisite [ɪkˈskwɪzɪt] *adj.* 精美的(delicate, fine, elaborate)

【记】ex+quisite(要求)→按要求做出来→精美的

【例】Tom was so absorbed by the ***exquisite*** vase at the museum.

delicate [ˈdelɪkət] *adj.* 精巧的(dainty, elegant)

【例】Roses have a ***delicate*** beauty.

refined [rɪˈfaɪnd] *adj.* 精致的；文雅的(elegant, well-mannered)

【例】The reproduction of the masterpiece is less ***refined*** than the original one.

dexterous [ˈdekstrəs] *adj.* 灵巧的(adroit, skillful)

【记】dexter(右边的)+ous

【例】As people grow older they generally become less ***dexterous***.

crafty [ˈkræfti] *adj.* 灵巧的，巧妙的(cunning, sneaky)

【例】The spy thought of a ***crafty*** plan to steal the documents.

elaborate [ɪˈlæbərət] *vt.* 精心制作(或计划) *adj.* 精心构思的(careful)

【例】We ask Mary to ***elaborate*** her trip to Tibet.

□ acid □ acrimonious □ acrid □ acrimony □ cunning □ elegant
□ handy □ ingenious □ exquisite □ delicate □ refined □ dexterous
□ crafty □ elaborate

elaboration [ɪˌlæbəˈreɪʃn] *n.* 精心制作；精巧；详细阐述（intricacy, refinement）
【例】The argument just mentioned deserves ***elaboration***.

ingenuity [ˌɪndʒəˈnjuːəti] *n.* 心灵手巧，独创性；精巧；精巧的装置
【例】Our ***ingenuity*** can certainly devise means of holding down energy consumption and tapping new sources.

sophistication [səˌfɪstɪˈkeɪʃn] *n.* 复杂；诡辩；老于世故；有教养
【例】There are a number of risk assessment methods and techniques, which vary in ***sophistication*** and capabilities.

sophisticated [səˈfɪstɪkeɪtɪd] *adj.* 复杂的；精致的；久经世故的；富有经验的
【例】Honeybees use one of the most ***sophisticated*** communication systems of any insect.

距 离

remote [rɪˈmoʊt] *adj.* 遥远的，远程的（distant, inaccessible）
【例】This allows you to administer your server from ***remote*** computers.

distant [ˈdɪstənt] *adj.* 远的（remote）
【例】My parents live in a ***distant*** state, and I rarely see them.

gap [gæp] *n.* 差距（distance）
【例】A generation ***gap*** lies between parents and children.

proximity [prɑːkˈsɪməti] *n.* 临近（nearness）
【记】proxim（接近）＋ity
【例】He look around the ***proximity*** for his lost dog.

distribute [dɪˈstrɪbjuːt] *vt.* 分布
【例】180 pounds of muscles are well ***distributed*** over his 6-foot frame.

adjacent [əˈdʒeɪsnt] *adj.* 邻近的（adjoining, neighboring）
【例】Tom's house is ***adjacent*** to the park.

access [ˈækses] *vt.* 接近
【记】ac＋cess（走）→走过去→通道
【例】Bill could not ***access*** any information from the computer.

adjoin [əˈdʒɔɪn] *vt.* 贴近，毗连，靠近（abut）
【记】ad（一再）＋join（连）→一再连上→毗连
【例】The living room ***adjoins*** the dining room.

adjoining [əˈdʒɔɪnɪŋ] *adj.* 接近的，邻接的（adjacent, neighboring）
【记】adjoin＋ing
【例】We requested ***adjoining*** rooms at the hotel.

□ elaboration □ ingenuity □ sophistication □ sophisticated □ remote □ distant
□ gap □ proximity □ distribute □ adjacent □ access □ adjoin
□ adjoining

肯 定

infallible [ɪnˈfæləbl] *adj.* 必然的；不会错的

【记】in(无)+fallible(错误的)

【例】These believers say this brand's judgment on the market is nearly ***infallible***.

inevitable [ɪnˈevɪtəbl] *adj.* 不可避免的，必然的(unavoidable, certain)

【例】Death is the ***inevitable*** ending of life.

definite [ˈdefɪnət] *adj.* 明确的，肯定的(specific, straightforward)

【例】She made him no ***definite*** answer.

confident [ˈkɑːnfɪdənt] *adj.* 确信的，自信的

【记】con+fid(相信)+ent

【例】I am ***confident*** that he will pay his bills.

undoubtedly [ʌnˈdaʊtɪdli] *adv.* 毋庸置疑地，的确(unquestionably, surely)

【例】He is ***undoubtedly*** the pride of the country.

ascertain [ˌæsərˈteɪn] *vt.* 确定；探知(determine, make sure)

【记】as+certain(确信)

【例】Did the doctor ***ascertain*** the cause of your sickness?

空

null [nʌl] *adj.* 空的

empty [ˈempti] *adj.* 空的(vacant, void)

【例】The room is ***empty***. All the furniture has been removed.

vacant [ˈveɪkənt] *adj.* 空的；未被占用的(unoccupied, empty)

【记】vac(空)+ant

【例】The position of chairman has been ***vacant*** for some time.

void [vɔɪd] *n.* 空间(space) *adj.* 空的(invalid, null)

【例】His wife's death left a painful ***void*** in his life.

vacuum [ˈvækjuəm] *n.* 真空(gap, void)

evacuate [ɪˈvækjueɪt] *vt.* 使…空，清空(remove)

【记】e+vacu(空)+ate→使空

【例】The Civil Defense ***evacuated*** all inhabitants from the area where the storm was predicted to strike.

bare [ber] *adj.* 空的

【例】***Bare*** words, no bargain.

□ infallible □ inevitable □ definite □ confident □ undoubtedly □ ascertain
□ null □ empty □ vacant □ void □ vacuum □ evacuate
□ bare

明显

sensible ['sensəbl] *adj.* 明显的，感觉得到的（discernible）

【记】sens（感觉）+ible

【例】I am ***sensible*** that a good deal more is still to be done.

imposing [ɪm'poʊzɪŋ] *adj.* 令人难忘的（impressive）

【例】The pyramids of Egypt are ***imposing*** structure.

obvious ['ɑːbviəs] *adj.* 明显的（distinct, evident）

【例】The origins of these cultures are more or less ***obvious***.

pronounced [prə'naʊnst] *adj.* 明显的（notable, prominent）

【记】pronounce（发音）+ed →（人人都能）发的音→著名的

【例】The result will become ***pronounced*** after two weeks' medication.

sharp [ʃɑːrp] *adj.* 明显的，清晰的（clear）

【例】High quality cameras deliver ***sharp*** images.

outstanding [aʊt'stændɪŋ] *adj.* 显著的（notable, remarkable）

【记】来自stand out（醒目，突出）

emphatic [ɪm'fætɪk] *adj.* 显著的；强调的；有力的（powerful）

【例】The supervisor's ***emphatic*** speech on worker productivity produced amazing results.

remarkable [rɪ'mɑːrkəbl] *adj.* 值得注意的（striking, considerable）

【例】I asked her about how she started her ***remarkable*** journey.

impressively [ɪm'presɪvli] *adv.* 令人难忘地

【例】Central banks performed ***impressively*** once the full force of the crisis hit.

markedly ['mɑːrkɪdli] *adv.* 显著地，明显地（significantly, substantially, noticeably）

【例】By driving a cheap car, the billionaire clearly intended not to show his wealth ***markedly***.

especially [ɪ'speʃəli] *adv.* 尤其（notably, particularly）

【例】The sea is very beautiful, ***especially*** when the sunshine over-shines it.

普遍

routine [ruː'tiːn] *adj.* 常规的（regular, conventional, usual）

【例】Anne took a ***routine*** coffee break at 2:30 PM.

extensive [ɪk'stensɪv] *adj.* 大量的；广泛的（comprehensive; thorough）

【例】The editor made ***extensive*** changes in the article.

□ sensible □ imposing □ obvious □ pronounced □ sharp □ outstanding
□ emphatic □ remarkable □ impressively □ markedly □ especially □ routine
□ extensive

mediocre [ˌmiːdiˈoʊkər] *adj.* 平常的，普通的(ordinary, average)
【记】medi(中间)+ocre→平庸的
【例】I got ***mediocre*** grades last semester.

hackneyed [ˈhæknid] *adj.* 平凡的
【记】参考hack(陈腐的)，Internet用语hacker(黑客)
【例】The old professor's ***hackneyed*** style of coaching arouses complaints from among students.

universal [ˌjuːnɪˈvɜːrsl] *adj.* 普遍的(general, absolute)

catholic [ˈkæθlɪk] *adj.* 普遍的，广泛的(universal)
【例】Her musical tastes were ***catholic*** and ranged from classics to jazz.

general [ˈdʒenrəl] *adj.* 普通的(ordinary)
【例】I wish to make this matter known to the ***general*** public.

generally [ˈdʒenrəli] *adv.* 广泛地，一般地(widely, usually, broadly)

exhaustive [ɪɡˈzɔːstɪv] *adj.* 无遗漏的，彻底的，广泛的(comprehensive, thorough)
【例】The real-estate agent gave the prospective buyers an ***exhaustive*** tour of the new house.

average [ˈævərɪdʒ] *adj.* 一般的(normal)
【例】What is the ***average*** temperature in her hometown?

mostly [ˈmoʊstli] *adv.* 多半地；通常
【记】most(主要的)+ly

usually [ˈjuːʒuəli] adv. 通常，大抵(customarily, commonly)

commonplace [ˈkɑːmənpleɪs] *n.* 平凡事，平凡话 *adj.* 平凡的(average, ordinary)

事物属性

tender [ˈtendər] *adj.* 嫩的(soft)

concrete [ˈkɑːŋkriːt] *adj.* 具体的
【例】Bill prefers ***concrete*** facts to abstract ideas.

portable [ˈpɔːrtəbl] *adj.* 可携带的(movable, transportable)
【记】port(拿)+able→可拿的
【例】A ***portable*** PC became necessary in many programs of the company.

sloppy [ˈslɑːpi] *adj.* 泥泞的(muddled, semi-liquid)
【记】slop(溅，弄脏)+py

congested [kənˈdʒestɪd] *adj.* 拥挤的(overcrowded)
【记】con(共同)+gest(管道)+ed→共同在一个管道→拥挤的
【例】The ***congested*** highway made many commuters late for work.

irreversible [ˌɪrɪˈvɜːrsəbl] *adj.* 不可逆的；不能取消的；不能翻转的
【例】She could suffer ***irreversible*** brain damage if she is not treated within seven days.

□ mediocre □ hackneyed □ universal □ catholic □ general □ generally
□ exhaustive □ average □ mostly □ usually □ commonplace □ tender
□ concrete □ portable □ sloppy □ congested □ irreversible

数 量

fraught [frɔːt] *adj.* 充满的(full of)

【记】比较freight(装运的货物)

【例】It was clearly not a job ***fraught*** with hope, but I have to take it for a living.

sole [soʊl] *adj.* 惟一的(only, mere, exclusive)

【例】His ***sole*** purpose when playing cards is to relax.

solitary [ˈsɑːləteri] *adj.* 单一的(lonesome, isolated)

【记】solit(单独)+ary

【例】He has taken a ***solitary*** approach to his pursuit of another basketball gold medal.

quantity [ˈkwɑːntəti] *n.* 量，数量(amount)

【例】Don't strive merely for ***quantity*** of production.

quantitative [ˈkwɑːntəteɪtɪv] *adj.* 定量的

【记】quant(数量)+itative→定量的

【例】A ***quantitative*** analysis showed that he has grown 10 pounds fatter.

excess [ɪkˈses] *n./adj.* 过度(的)(surplus)

【记】ex+cess(走)→走出格→过分

【例】Don't bring any ***excess*** baggage on this trip.

excessive [ɪkˈsesɪv] *adj.* 过多的，极度的(overabundant, inordinate)

【例】You must curb your ***excessive*** spending, or you will become penniless.

redundant [rɪˈdʌndənt] *adj.* 过多的，冗长的(unnecessary, superfluous)

【例】Changes in technology may mean that once-valued skills are now ***redundant***.

sporadic [spəˈrædɪk] *adj.* 零星的(irregular, intermittent)

【例】The gunfire was ***sporadic*** until midnight.

numerous [ˈnjuːmərəs] *adj.* 众多的

【记】numer(数字)+ous

【例】***Numerous*** small contributions soon bulk up into a considerable sum.

innumerable [ɪˈnjuːmərəbl] *adj.* 无数的(countless, numerous)

【记】in(不)+numer(数)+able→数不过来→无数的

【例】He has invented ***innumerable*** excuses and told endless lies.

countless [ˈkaʊntləs] *adj.* 无数的(innumerable, many)

【记】count(数)+less

【例】She brought joy to ***countless*** people through her music.

□ fraught □ sole □ solitary □ quantity □ quantitative □ excess
□ excessive □ redundant □ sporadic □ numerous 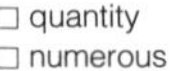 □ innumerable □ countless

sufficient [səˈfɪʃnt] *adj.* 足够的，充分的(enough, adequate)
【记】其动词形式为suffice
【例】"I guess I would agree that we don't have ***sufficient*** detail," he said.

skimpy [ˈskɪmpi] *adj.* 太少的(scant, inadequate)
【例】Women should wear a dress—not too short, not too ***skimpy*** and certainly not white.

sparsely [ˈspɑːrsli] *adv.* 稀少地，稀疏地(thinly, scarcely)
【例】Namibia is one of the most ***sparsely*** populated countries in the world.

bulk [bʌlk] *n.* 大批(mass, volume, most majority)

majority [məˈdʒɔːrəti] *n.* 多数，大多数
【例】After all, the country and society serve the ***majority***.

block [blɑːk] *n.* 一块(木或石等)
【例】The floor was made of wooden ***blocks***.

multitude [ˈmʌltɪtjuːd] *n.* 众多(host, mass)
【记】multi(多)+tude
【例】There are a ***multitude*** of small, quiet roads to cycle along.

sum [sʌm] *n.* 总数

teem [tiːm] *vi.* 充满(abound, be full of)
【例】The stream ***teemed*** with fish.

pervade [pərˈveɪd] *vt.* 遍布；弥漫(permeate)
【记】per(全部，遍)+vade(走)→遍布
【例】The spicy smell ***pervaded*** the kitchen.

suffuse [səˈfjuːz] *vt.* 充满(fill)
【记】suf(到处)+fuse(流)→到处流→充满
【例】His eyes were ***suffused*** with tears.

abundant [əˈbʌndənt] *adj.* 充裕的(sufficient)
【记】a+bun(小圆面包)+d+ant(蚂蚁)→蚂蚁有充裕的小圆面包
【例】The ***abundant*** crops would feed the village throughout the winter.

further [ˈfɜːrðər] *adj.* 更多的(additional)
【例】He wants to receive ***further*** education in China.

adequate [ˈædɪkwət] *adj.* 足够的(sufficient)
【例】What you have given us is not ***adequate***; you must find more.

spare [sper] *adj.* 多余的，剩下的

times [taɪmz] *n.* 时期，次

total [ˈtoʊtl] *n.* 总数，合计

volume [ˈvɑːljuːm] *n.* 量，大量

duplicate [ˈduːplɪkeɪt] *n.* 副本，复制品 *v.* 复制；影印，拷贝；复写；重复(copy, reproduce) *adj.* 双重的；二倍的；完全相同的
【例】A ***duplicate*** background

□ sufficient □ skimpy □ sparsely □ bulk □ majority □ block
□ multitude □ sum □ teem □ pervade □ suffuse □ abundant
□ further □ adequate □ spare □ times □ total □ volume
□ duplicate

plentiful [ˈplentɪfl] *adj.* 丰富的；许多的；丰饶的；众多的
【例】In the Bottom of the Pyramid there is ***plentiful*** labor but often unskilled.

特 殊

original [əˈrɪdʒənl] *adj.* 独创的
【记】origin(起源)+al
【例】His idea is not ***original***; many pioneers had the same thought.

unique [juˈniːk] *adj.* 独一无二的(unrivaled, matchless)
【例】The sales clerk showed me a most ***unique*** necklace.

extraordinary [ɪkˈstrɔːrdəneri] *adj.* 非凡的，特别的(remarkable, outstanding)
【例】The task requires ***extraordinary*** patience and endurance.

erratic [ɪˈrætɪk] *adj.* 古怪的(odd, eccentric)
【例】Bill's ***erratic*** moods upset everyone in our office.

eccentric [ɪkˈsentrɪk] *adj.* 古怪的(odd, erratic, bizarre)
【记】ec+centr(中心)+ic→非中心→异常的
【例】My neighbor's ***eccentric*** behavior is sometimes frightening.

bizarre [bɪˈzɑːr] *adj.* 古怪的(odd, erratic, eccentric)
【例】The game was also notable for the ***bizarre*** behavior of the team's manager.

queer [kwɪr] *adj.* 奇怪的，古怪的(strange, fishy)
【记】比较queen(皇后)
【例】If you ask me, there's something kind of ***queer*** going on.

quaint [kweɪnt] *adj.* 奇异的，不凡的(queer, odd)
【例】Open-outcry trading is supposed to be a ***quaint***, outdated practice, rapidly being replaced by sleeker, cheaper electronic systems.

given [ˈgɪvn] *adj.* 特定的(specified)

particularly [pərˈtɪkjələrli] *adv.* 独特地，显著地(especially)

abnormal [æbˈnɔːrml] *adj.* 异常的(exceptional)
【记】ab(离开)+normal(正常的)→异常的
【例】We think we may have an almost complete understanding of the set of ***abnormal*** genes which drive this cancer.

odd [ɑːd] *adj.* 古怪的

weird [wɪrd] *adj.* 怪异的，超自然的
【例】Why do you decide to marry such a ***weird*** person?

sensitive [ˈsensətɪv] *adj.* 敏感的
【例】Try your best to sidestep for ***sensitive*** issues like this.

idiosyncrasy [ˌɪdiəˈsɪŋkrəsi] *n.* 个人特性
【例】Tom has an ***idiosyncrasy*** of playing football all by himself.

□ plentiful □ original □ unique □ extraordinary □ erratic □ eccentric
□ bizarre □ queer □ quaint □ given □ particularly □ abnormal
□ odd □ weird □ sensitive □ idiosyncrasy

trait [treɪt] *n.* 特点，特性(characteristic, attribute)

character [ˈkærəktər] *n.* 性格

【例】He has a changeable ***character***.

characteristic [ˌkærəktəˈrɪstɪk] *n.* 特性，特征 *adj.* 特有的，典型的(distinctive, distinguishing)

【例】Some animals possess the ***characteristic*** of man.

bear [ber] *vt.* 具有，带有(carry)

【例】The comet will ***bear*** the name of the finder.

distinctive [dɪˈstɪŋktɪv] *adj.* 有特色的，与众不同的

【例】During the festival and celebration, you can appreciate the music and dance with ***distinctive*** features.

peculiar [pɪˈkjuːliər] *adj.* 特殊的；独特的；奇怪的；罕见的

【例】Furthermore, humans have the ability to modify the environment in which they live, thus subjecting all other life forms to their own ***peculiar*** ideas and fancies.

危 险

destructive [dɪˈstrʌktɪv] *adj.* 破坏(性)的，危害的

【记】de(坏)+struct(结构)+ive→破坏结构

【例】The ***destructive*** winds carried away the roof of the house.

critical [ˈkrɪtɪkl] *adj.* 危急的；临界的

【例】You must calm down in this ***critical*** moment.

perilous [ˈperələs] *adj.* 危险的(dangerous, hazardous)

【例】Retreat under fire is the most difficult and ***perilous*** of all military operations.

hazard [ˈhæzərd] *n.* 危险(risk, danger)；公害

hazardous [ˈhæzərdəs] *adj.* 危险的(dangerous, perilous)

【例】People hesitated whether to begin the ***hazardous*** journey to the unknown west or not.

dangerous [ˈdeɪndʒərəs] *adj.* 危险的(hazardous, risky)

【例】The ***dangerous*** road had several sharp turns.

endanger [ɪnˈdeɪndʒər] *vt.* 危害(harm)

【记】en+danger(危险)

【例】The animals that lived in the marsh were ***endangered*** by the drought.

harmful [ˈhɑːrmfl] *adj.* 有害的(dangerous, detrimental)

【例】We ought to reason why it is ***harmful*** to health to eat too much.

□ trait □ character □ characteristic □ bear □ distinctive □ peculiar
□ destructive □ critical □ perilous □ hazard □ hazardous □ dangerous
□ endanger □ harmful

deleterious [ˌdeləˈtɪriəs] *adj.* 有害的(harmful, detrimental)

【例】In fact, there is increasing evidence that excessive intake of certain micronutrients is ***deleterious***.

detriment [ˈdetrɪmənt] *n.* 损害

【记】de＋trim(修剪)＋ent→剪坏→损害

【例】The ***detriment*** caused by your thoughtless remark will never be forgotten.

detrimental [ˌdetrɪˈmentl] *adj.* 有害的，有损的

【例】The ***detrimental*** newspaper article may lead to a lawsuit.

peril [ˈperəl] *n.* 危机；危险的事物

jeopardy [ˈdʒepərdi] *n.* 危险(danger, risk)

【例】A series of setbacks have put the whole project in ***jeopardy***.

injure [ˈɪndʒər] *vt.* 伤害，损害，损伤(hurt, wound)

【例】There were two people ***injured*** in the car accident.

maim [meɪm] *vt.* 使残废(disable, mutilate)；损伤

【记】比较main(主要的)

【例】He was seriously ***maimed*** in a car accident.

impair [ɪmˈper] *vt.* 损害(harm, damage)

【记】im(进入)＋pair(坏)→使…坏→损害

【例】His misdeeds greatly ***impaired*** our friendship.

threaten [ˈθretn] *v.* 威胁(menace, terrify)

【例】They ***threaten*** to kill all the people without receiving the ransom.

味 道

balmy [ˈbɑːmi] *adj.* 芳香的

【记】balm(香气)＋y

delicious [dɪˈlɪʃəs] *adj.* 美味的，怡人的

【例】This fish is very ***delicious***.

palatable [ˈpælətəbl] *adj.* 味美的(savory, flavorous)

【记】palate(上颚)＋able

【例】WHO is therefore calling for more research to develop appropriate, ***palatable*** formulations for children.

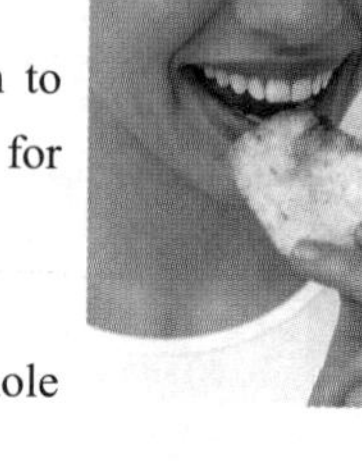

fragrant [ˈfreɪgrənt] *adj.* 香的，芬芳的(aromatic)

【例】The cake baking in the oven made the whole house ***fragrant***.

□ deleterious □ detriment □ detrimental □ peril □ jeopardy □ injure
□ maim □ impair □ threaten □ balmy □ delicious □ palatable
□ fragrant

pungent [ˈpʌndʒənt] *adj.* 辛辣的(acrid, penetrating)

【记】pung(刺)+ent→刺激的

【例】The aged cheese had a ***pungent*** taste.

odor [ˈoʊdər] *n.* 气味，臭气；名誉，声誉(smell, scent; fame)

【例】The ***odor*** of the garbage can irritate the inhabitants.

taste [teɪst] *n.* 味道；品味(flavor, savor; appreciation)

【例】The theatre ceased to cater to the audience's low ***taste*** by showing erotic movies.

aura [ˈɔːrə] *n.* 气味

flavor [ˈfleɪvər] *n.* 味，风味

【例】This yogurt has the ***flavor*** of strawberries.

aroma [əˈroʊmə] *n.* 香气，芬芳，芳香(fragrance, scent, perfume)

【例】The roses gave the room a pleasant ***aroma***.

smell [smel] *v.* 发出气味

【例】The fish ***smells*** bad in three days.

stink [stɪŋk] *vi.* 发出臭味(smell bad)

【例】The garbage ***stinks*** up the yard.

savor [ˈseɪvər] *vt.* 尝味(taste, relish)

【例】I want to ***savor*** this great moment of accomplishment.

acid [ˈæsɪd] *adj.* 酸的(sour, tart) *n.* 酸

【例】Strong ***acid*** corrodes metal.

物理属性

hectic [ˈhektɪk] *adj.* 发热的(feverish)；紧张忙碌的

【记】hect(许多)+ic→许多事要做→紧张兴奋的

【例】Despite his ***hectic*** work schedule, Benny has rarely suffered poor health.

impervious [ɪmˈpɜːrviəs] *adj.* 不能渗透的(impenetrable, impermeable)

【记】im(不)+pervious(渗透的)

【例】Since my watch is ***impervious*** to water, I wear it while I swim.

ponderous [ˈpɑːndərəs] *adj.* 沉重的，笨重的(heavy)

【例】The fat woman's movements were ***ponderous***.

crisp [krɪsp] *adj.* 脆的；卷曲的(crunchy, brittle)

【例】The autumn leaves were dry and ***crisp***.

lofty [ˈlɔːfti] *adj.* 高耸的(high, towering)

【记】loft(阁楼，顶楼)+y

【例】The ***lofty*** mountains towered over the village.

□ pungent □ odor □ taste □ aura □ flavor □ aroma
□ smell □ stink □ savor □ acid □ hectic □ impervious
□ ponderous □ crisp □ lofty

slippery [ˈslɪpəri] *adj.* 滑的，使人摔跤的(slick, smooth)
【例】The frozen snow was so ***slippery*** that it was hard to keep one's feet.

dense [dens] *adj.* 密集的(thick, close)
【例】The airport was closed because of the ***dense*** fog.

crooked [ˈkrʊkɪd] *adj.* 扭曲的(bent, twisted)
【记】crook(弯曲)＋ed→拐弯抹角的
【例】The electrician straightened the ***crooked*** wires.

shallow [ˈʃæloʊ] *adj.* 浅的(superficial)
【例】It is possible to drown even in ***shallow*** water.

ethereal [iˈθɪriəl] *adj.* 轻的，天上的(light, delicate)

lithe [laɪð] *adj.* 柔软的；易弯的(flexible, supple)
【例】He was on his feet in one ***lithe*** movement.

sloppy [ˈslɑːpi] *adj.* 稀薄的
【记】slop(溅，弄脏)＋py

slim [slɪm] *adj.* 细长的，苗条的(slender, thin)

tenuous [ˈtenjuəs] *adj.* 细的；稀薄的(thin, weak)
【记】ten(细，薄)＋uous
【例】The precious jewel is hung only with a ***tenuous*** thread that appeared very fragile.

compact [ˈkɑːmpækt] *adj.* 压缩的；密集的(packed)
【记】com＋pact(打包，压紧)
【例】Jane has a ***compact*** kitchen with room for only one person.

supple [ˈsʌpl] *adj.* 柔软的，易曲的(flexible, lithe)

malleable [ˈmæliəbl] *adj.* 有延展性的(pliable)；可锻的
【记】malle(锤子)＋able→可锻的
【例】Silver is the most ***malleable*** of all metals.

depression [dɪˈpreʃn] *n.* 凹陷

conductive [kənˈdʌktɪv] *adj.* 传导性的，传导的，有传导力的

resilient [rɪˈzɪliənt] *adj.* 弹回的；迅速恢复精力的；有弹力的 (springy, bouncy)
【例】It has emerged as one of America's most ***resilient*** states.

小

faint [feɪnt] *adj.* 微弱的(feeble, unsteady)
【例】I stayed up until I saw ***faint*** rays of light from the rising sun.

ignoble [ɪɡˈnoʊbl] *adj.* 卑微的(despicable, dishonorable)
【记】ig(不)＋noble(高贵)
【例】You can judge what he is like by his ***ignoble*** actions.

□ slippery □ dense □ crooked □ shallow □ ethereal □ lithe
□ sloppy □ slim □ tenuous □ compact □ supple □ malleable
□ depression □ conductive □ resilient □ faint □ ignoble

minuscule [ˈmɪnəskjuːl] *adj.* 极小的(tiny)

【例】They have a ***minuscule*** mass, no electric charge, and pass through almost any material.

negligible [ˈneglɪdʒəbl] *adj.* 可以忽略的，不予重视的(insignificant, minimal)

【例】The cost is so ***negligible*** that I never think to mention it.

slight [slaɪt] *adj.* 轻微的，微小的(tiny, microscopic)

【例】Doctors say he has made a ***slight*** improvement.

trivial [ˈtrɪviəl] *adj.* 微不足道的(unimportant, trifling)

【例】I didn't bother Bob with my ***trivial*** concerns because he was busy.

feeble [ˈfiːbl] *adj.* 微弱的(weak, infirm)

【例】He told them he was old and ***feeble*** and was not able to walk so far.

trifling [ˈtraɪflɪŋ] *adj.* 微小的(insignificant, trivial)

【例】Outside the region these difficulties may seem fairly ***trifling***.

minute [maɪˈnjuːt] *adj.* 微小的(tiny, minuscule)

【记】min(小)+ute

insular [ˈɪnsələr] *adj.* 狭隘的(isolated; narrow-minded)

【记】insul(岛)+ar

【例】The head of the tribe has an ***insular*** prejudice over those strangers.

diminutive [dɪˈmɪnjətɪv] *adj.* 小的(small, tiny)

【例】The child placed the cute, ***diminutive*** furniture in a dollhouse.

tiny [ˈtaɪni] *adj.* 小的，极小的(microscopic, minute, little, minuscule)

fine [faɪn] *adj.* 细微的(thin, small)

虚 幻

mythical [ˈmɪθɪkl] *adj.* 神话的，虚构的(legendary, fictitious)

【例】This article explains how our ***mythical*** hero implemented secure messaging for his vendors and himself.

fictitious [fɪkˈtɪʃəs] *adj.* 虚构的(invented, imaginary)

【记】fict(做，造)+itious→造出的→虚构的

【例】This example is ***fictitious***, but it demonstrates the point.

imaginary [ɪˈmædʒɪneri] *adj.* 虚构的

【例】Though all the characters in the books were ***imaginary***, he liked them so much.

imaginative [ɪˈmædʒɪnətɪv] *adj.* 富于想像的

【例】She would explore this sense of ***imaginative*** and emotional imprisonment in her fiction.

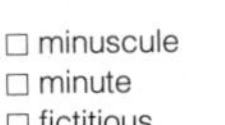

□ minuscule □ negligible □ slight □ trivial □ feeble □ trifling
□ minute □ insular □ diminutive □ tiny □ fine □ mythical
□ fictitious □ imaginary □ imaginative

illusion [ɪˈluːʒn] *n.* 幻觉(hallucination)

【例】His mind could no longer distinguish between ***illusion*** and reality.

fantasy [ˈfæntəsi] *n.* 幻想，空想；怪念头(dream; fancy)

【例】To root up all evils is only a ***fantasy*** for the time being.

superstition [ˌsjuːpərˈstɪʃn] *n.* 迷信

【例】Fear of the number 13 is an old ***superstition***.

panacea [ˌpænəˈsiːə] *n.* 万灵药(cure-all)

【记】pan(全部)+acea(治疗)

figment [ˈfɪgmənt] *n.* 虚构之事

【记】fig(做)+ment→做出的东西→虚构

【例】The attack wasn't just a ***figment*** of my imagination.

conceive [kənˈsiːv] *v.* 想像(devise, visualize)

【例】The inventor ***conceived*** a new gadget.

occult [əˈkʌlt] *adj.* 神秘的，不可思议的(supernatural)

【例】Since his death, various ***occult*** organizations have adopted him as a model figure or even as a powerful deity.

需 要

gratuitous [grəˈtjuːɪtəs] *adj.* 不需要的(unwanted)

【例】Her ***gratuitous*** performance is not expected by the producer.

indispensable [ˌɪndɪˈspensəbl] *adj.* 不可缺少的，绝对必要的(essential, vital)

【例】One of the ***indispensable*** functions of an organization is to promote communication among these individuals.

imperative [ɪmˈperətɪv] *adj.* 急需的(necessary, urgent)

【记】imper(命令)+ative

【例】The man is dying; an immediate operation is ***imperative***.

真 实

tangible [ˈtændʒəbl] *adj.* 可见的，确实的(touchable, substantial)

【记】tang(接触)+ible→确实(存在)的

【例】One ***tangible*** benefit of my new job is a company car.

authentic [ɔːˈθentɪk] *adj.* 可靠，有根据的，真实的(genuine, real)

【记】aut(自己)+hent(得到)+ic→亲自得到→真实的

【例】Is your diamond ring ***authentic***?

genuine [ˈdʒenjuɪn] *adj.* 真实的，真正的(authentic, real)

【例】My necklace is made with ***genuine*** pearls.

truly [ˈtruːli] *adv.* 真实地，不假(genuinely, actually)

□ illusion □ fantasy □ superstition □ panacea □ figment □ conceive
□ occult □ gratuitous □ indispensable □ imperative □ tangible □ authentic
□ genuine □ truly

actual [ˈæktʃuəl] *adj.* 实际的，现行的，真实的(practical, real)
【例】Is this vase an ***actual*** antique or a copy?

authenticity [ˌɔːθenˈtɪsəti] *n.* 可信赖性；诚实；确实(genuineness)
【例】Experts vouch for the painting's ***authenticity***.

重 要

superb [sjuːˈpɜːrb] *adj.* 超级的

pivot [ˈpɪvət] *n.* 转折点，关键

pivotal [ˈpɪvətl] *adj.* 关键的；枢纽的
【例】Chairman of the board is the ***pivotal*** figure among the managing board.

foremost [ˈfɔːrmoʊst] *adj.* 第一流的(prime)
【记】fore(前)+most(最)→最先的
【例】He is one of the ***foremost*** atom scientists in China.

elementary [ˌelɪˈmentri] *adj.* 基本的，初级的
【例】I took a course in ***elementary*** chemistry.

fundamental [ˌfʌndəˈmentl] *adj.* 基础的，基本的(essential, elementary)
【例】The refugees were too poor to meet their ***fundamental*** needs of life.

momentous [moʊˈmentəs] *adj.* 极重要的(important, critical)
【记】moment(时刻)+ous→刻不容缓的→重要的
【例】That was a really ***momentous*** occasion because we were celebrating the 50th Anniversary of the Peace Corps.

vital [ˈvaɪtl] *adj.* 极重要的(important, crucial, essential)
【例】It is absolutely ***vital*** that food supplies should be maintained at any cost.

cardinal [ˈkɑːrdɪnl] *adj.* 首要的，基本的(essential)
【记】cardi(铰链，要点)+nal
【例】To study hard is our ***cardinal*** thing to do.

crucial [ˈkruːʃl] *adj.* 严重的；极重要的(decisive, critical)
【例】Knowing first aid is ***crucial*** for saving lives.

significant [sɪɡˈnɪfɪkənt] *adj.* 有意义的；重要的(important, telling)

dominant [ˈdɑːmɪnənt] *adj.* 占优势的，主导的(predominant, prevalent)
【例】The ***dominant*** color in the design is red.

predominate [prɪˈdɑːmɪneɪt] *vt.* 占优势，支配(prevail)
【记】pre+domin(统治)+ate
【例】Cheap and inferior commodities often ***predominate*** the morning market.

predominantly [prɪˈdɑːmɪnəntli] *adv.* 占主导地位地，显著地(primarily, chiefy, princi-pally)
【例】In this company, employees are ***predominantly*** white, which is a sign of racial discrimination against the colored people.

□ actual □ authenticity □ superb □ pivot □ pivotal □ foremost
□ elementary □ fundamental □ momentous □ vital □ cardinal □ crucial
□ significant □ dominant □ predominate □ predominantly

fateful [ˈfeɪtfl] *adj.* 重大的

【例】Gates made a ***fateful*** decision to quit Harvard.

primary [praɪˈmerəli] *adj.* 重要的(crucial, vital)

【记】prim(最初的)+ary

【例】The project has set "high quality" as one of its ***primary*** goals.

primarily [praɪˈmerəli] *adv.* 首先，主要地(chiefly, mainly, principally)

essential [ɪˈsenʃl] *adj.* 重要的；基本的；必需的 (crucial; fundamental; necessary, vital)

【例】Cells are an ***essential*** structure in living organisms.

key [kiː] *adj.* 主要的，关键的(dominant, primary)

optimum [ˈɑːptɪməm] *adj.* 最优的(best)

【记】optim(最好)+um

【例】Under ***optimum*** conditions, these cultivated grass grow best.

leading [ˈliːdɪŋ] *adj.* 最主要的(principal, chief)

【例】He was asked to take a ***leading*** position in the factory.

chiefly [ˈtʃiːfli] *adv.* 主要地，多半地(mainly, principally)

【记】chief(主要)+ly

largely [ˈlɑːrdʒli] *adv.* 主要地，很大程度上(mainly, for the most part)

sum [sʌm] *n.* 要点

preference [ˈprefrəns] *n.* 优先；优先权(inclination, privilege)

【记】prefer(喜欢)+ence

【例】The king showed ***preference*** to his eldest son.

forte [fɔːrt] *n.* 长处(strong point)

【记】fort(强)+e→强大→长处

elite [eɪˈliːt] *n.* 精华，中坚(best)

【记】e(出)+lite=lig(选)→选出的(人物)→精英人物

【例】The movie star felt like one of the ***elite***.

gist [dʒɪst] *n.* 要旨(theme)

【例】 He related the ***gist*** of his conversation to Sam.

merit [ˈmerɪt] *n.* 优点(advantage)

【记】比较demerit(缺点)

motif [moʊˈtiːf] *n.* 主题(theme, subject)；主旨

【例】The composer's symphony had an obvious waltz ***motif***.

tenor [ˈtenər] *n.* 要旨，要义(nature)

【例】The ***tenor*** of this speech is to pursue a noble life.

principal [ˈprɪnsəpl] *adj.* 重要的(main, chief, central)

【例】This was the ***principal*** criterion by which all design decisions were evaluated.

□ fateful □ primary □ primarily □ essential □ key □ optimum
□ leading □ chiefly □ largely □ sum □ preference □ forte
□ elite □ gist □ merit □ motif □ tenor □ principal

major [ˈmeɪdʒər] *adj.* 主要的

sole [soʊl] *adj.* 惟一的

【例】His ***sole*** purpose when playing cards is to relax.

critical [ˈkrɪtɪkl] *adj.* 批评的；危险的；决定性的；临界的（decisive, crucial）

【例】a ***critical*** point in the campaign

monumental [ˌmɑːnjuˈmentl] *adj.* 纪念碑的；不朽的；作为纪念的（extraordinary, memorable, remarkable）

【例】By any measure, it was a ***monumental*** achievement.

inventive [ɪnˈventɪv] *adj.* 发明的；有发明才能的；别出心裁的

【例】It inspired me to be more ***inventive*** with my own cooking.

壮 丽

glorious [ˈglɔːriəs] *adj.* 壮丽的

【例】The ***glorious*** palace dazzled her.

splendid [ˈsplendɪd] *adj.* 灿烂的，辉煌的(magnificent)

【记】splend(明亮)＋id→灿烂的

【例】Thank you for cooking a most ***splendid*** meal tonight!

splendor [ˈsplendər] *n.* 光彩，壮丽(grandeur, magnificence)

【例】The author tried to depict the ***splendor*** of the sunset.

grand [grænd] *adj.* 盛大的，壮丽的(splendid, magnificent)

【例】We held a ***grand*** celebration party for her success.

gorgeous [ˈgɔːrdʒəs] *adj.* 绚丽的(beautiful, admirable, very colorful)

【记】参考gorge(峡谷)

【例】The flower appears a ***gorgeous*** shape under the sun.

radiant [ˈreɪdiənt] *adj.* 绚丽的；容光焕发的(joyous, beaming)

【记】radi(光，线)＋ant→绚丽的

【例】Dozens of ***radiant*** candle flames lit the room.

spectacular [spekˈtækjələr] *adj.* 引人入胜的，壮观的（breathtaking, impressive, striking）

【例】The most ***spectacular*** thing that ever happened this century would be the introduction of computer.

solemn [ˈsɑːləm] *adj.* 庄严的；隆重的(grave, somber)

【例】The ceremony proceeded in a ***solemn*** atmosphere.

superb [sjuːˈpɜːrb] *adj.* 壮丽的(excellent, first-rate)

【例】People gasped with admiration at the ***superb*** skill of the gymnasts.

□ major □ sole □ critical □ monumental □ inventive □ glorious
□ splendid □ splendor □ grand □ gorgeous □ radiant □ spectacular
□ solemn □ superb

magnificent [mæg'nɪfɪsnt] *n.* 壮丽的，华丽的(gallant, splendid)

【记】magni(大)+ficent→壮丽的

【例】These ***magnificent*** ancient buildings demonstrate the great intelligence of the laboring people.

My fellow Americans, ask not what your country can do for you, ask what you can do for your country. My fellow citizens of the world: ask not what American will do for you, but what together we can do for the freedom of man.

美国同胞们，不要问国家能为你们做些什么，而要问你们能为国家做些什么。全世界的公民们，不要问美国将为你们做些什么，而要问我们共同能为人类的自由做些什么。

——美国总统 肯尼迪(John Kennedy, American president)

连 线 题

左列单词在右列中有一个或多个同义词，请画线连接。

（一）

endanger	acrid
gist	feverish
hectic	gallant
magnificent	harm
malleable	important
momentous	microscopic
predominate	minute
pungent	penetrating
tangible	pliable
tiny	prevail
	splendid
	substantial
	theme
	touchable

（二）

adjacent	additional
cunning	adjoining
erratic	attribute
extensive	characteristic
fit	clever
further	comprehensive
multitude	cute
portable	eccentric
trait	empty
vacant	host
	mass
	movable
	neighboring
	odd
	suitable
	thorough
	transportable
	unoccupied

（三）

becoming	accord
chaste	agree
congested	almost
emphatic	excessive
entirely	fitting
fraught	full of
inordinate	immoderate
nearly	incongruous
tally	overcrowded
unseemly	powerful
	pure
	solely
	suitable
	totally
	unsuited
	virtuous

（四）

bulky	ardent
extremely	cumbersome
fidelity	enormous
innocent	exceptionally
massive	faithfulness
obscene	faultless
tranquil	filthy
unbiased	guiltless
vehement	impartial
	indecent
	intensely
	loyalty
	neutral
	passionate
	peaceful
	quiet
	serene

连线题答案

（一）

endanger	harm
gist	theme
hectic	feverish
magnificent	gallant
magnificent	splendid
malleable	pliable
momentous	important
predominate	prevail
pungent	acrid
pungent	penetrating
tangible	touchable
tangible	substantial
tiny	microscopic
tiny	minute

（二）

adjacent	adjoining
adjacent	neighboring
cunning	cute
cunning	clever
erratic	odd
erratic	eccentric
extensive	comprehensive
extensive	thorough
fit	suitable
further	additional
multitude	host
multitude	mass
portable	movable
portable	transportable
trait	characteristic
trait	attribute
vacant	unoccupied
vacant	empty

（三）

becoming	fitting
becoming	suitable
chaste	pure
chaste	virtuous
congested	overcrowded
emphatic	powerful
entirely	totally
entirely	solely
fraught	full of
inordinate	excessive
inordinate	immoderate
nearly	almost
tally	accord
tally	agree
unseemly	unsuited
unseemly	incongruous

（四）

bulky	cumbersome
extremely	exceptionally
extremely	intensely
fidelity	loyalty
fidelity	faithfulness
innocent	guiltless
innocent	faultless
massive	enormous
obscene	indecent
obscene	filthy
tranquil	serene
tranquil	quiet
tranquil	peaceful
unbiased	neutral
unbiased	impartial
vehement	passionate
vehement	ardent

Word List 34

语言
Language

记忆小贴士：循环记忆法

人脑有一个特点，对某个信息要反复刺激才能记住。循环记忆法，就是基于此点。它的诀窍是在不断的快速循环记忆中记牢单词。

诽 谤

injurious [ɪn'dʒʊrəriəs] *adj.* 侮辱，诽谤的；有害的(harmful, deleterious)
【记】injury+ous
【例】Smoking is ***injurious*** to my health.

asperse [əs'pɜːrs] *vt.* 诽谤(slander)
【记】a+sperse(散开)→散布坏东西→诽谤
【例】Don't ***asperse*** my reputation.

aspersion [əs'pɜːrʒn] *n.* 诽谤
【例】I resent your casting ***aspersions*** on my brother and his ability.

indignity [ɪn'dɪgnəti] *n.* 侮辱
【例】Later, he suffered the ***indignity*** of having to flee angry protesters.

malign [mə'laɪn] *vt.* 诋毁，诽谤(defame, slander)
【例】"Have I not taken your part when you were ***maligned***?"

defame [dɪ'feɪm] *vt.* 诽谤，损毁名誉(slander, malign)
【记】de+fame(名声)
【例】The politician ***defamed*** his opponent in his speech.

disparage [dɪ'spærɪdʒ] *vt.* 轻视；毁谤(denigrate, depreciate)
【记】dis+par(平等)+age→不平等→贬低
【例】Before you ***disparage*** this idea, give us a better one.

humiliate [hjuː'mɪlieɪt] *vt.* 屈辱；贬抑(shame, humble, insult)
【记】hum(地)+iliate→使人想找地缝→羞辱别人
【例】Dave's cruel jokes ***humiliated*** me.

slander ['slændər] *n./vt.* 造谣，诽谤(defame, malign)
【例】To utter or spread ***slander*** is against the law.

insult [ɪn'sʌlt] *n./vt.* 侮辱，凌辱
【例】He ***insulted*** her by calling her a stupid fool.

讽 刺

satirical [sə'tɪrɪkl] *adj.* 讽刺的(acid, sardonic)
【例】It was ***satirical*** that though the war has made a great destroy, the modern medical has got a great improvement during the war.

sardonic [sɑːr'dɑːnɪk] *adj.* 讽刺的，嘲笑的(sarcastic, derisive)
【例】Bill's ***sardonic*** sense of humor is often misunderstood.

sarcastic [sɑːr'kæstɪk] *adj.* 讽刺的，挖苦的
【例】I was being ***sarcastic*** when I said this movie was thrilling. It's really bad.

□ injurious □ asperse □ aspersion □ indignity □ malign □ defame
□ disparage □ humiliate □ slander □ insult □ satirical □ sardonic
□ sarcastic

sarcasm [ˈsɑːrkæzəm] *n.* 讽刺，挖苦(irony, scorn)

cynical [ˈsɪnɪkl] *adj.* 讥讽的，冷嘲热讽的(contemptuous, sarcastic)

【例】His ***cynical*** remarks simply show how uninformed he is.

mock [mɑːk] *n.* 嘲弄 *vt.* 嘲弄，挖苦(mimic, ridicule)

【例】Those who ***mock*** history will be mocked by history.

taunt [tɔːnt] *n./vt.* 嘲笑(tease, insult)

【记】比较daunt(恐吓)

【例】They ***taunted*** Tom into losing his temper.

jeer [dʒɪr] *vi.* 揶揄，嘲笑(deride, gibe)

【例】Don't ***jeer*** at the person who came last in the race—it's very unkind.

flout [flaʊt] *vt.* 嘲弄(scoff, despise)

【例】He ***flouted*** his mother's advice.

sneer [snɪr] *vt.* 嘲笑(scoff, scorn)

【例】James ***sneered*** at my old bicycle. He has a new one.

deride [dɪˈraɪd] *vt.* 嘲笑，愚弄(ridicule, mock, gibe)

【记】de(坏)+ride(笑)

【例】The politician ***derided*** his opponents at every opportunity.

gibe [dʒaɪb] *n./vt.* 讥笑(deride, ridicule, mock, make fun of)

【例】Don't make ***gibes*** about her behavior.

呼 喊

clamor [ˈklæmər] *n.* 叫嚣(uproar, hubbub)

【记】clam(喊)+or

【例】The ***clamor*** from the backyard drew us out of the house.

exclaim [ɪkˈskleɪm] *v.* 呼喊，惊叫(shout, ejaculate)

【例】Mary ***exclaimed*** that someone forgot to turn the water off in the bathroom.

exhale [eksˈheɪl] *vt.* 呼出(breathe out, respire)；发出；散发

【记】ex+hale(气)→呼出气

【例】Bill inhaled the cigarette smoke and then ***exhaled*** deeply.

howl [haʊl] *vt.* 咆哮(wail, bawl)

【例】The wolf ***howled*** in the moonless night.

acclaim [əˈkleɪm] *v.* 喝彩，欢呼；称赞(applaud, approve, praise)

【记】ac+claim(喊)

【例】The crowd ***acclaimed*** the hero as he rode through the town. /The ballerina was ***acclaimed*** for her wonderful performances.

□ sarcasm □ cynical □ mock □ taunt □ jeer □ flout
□ sneer □ deride □ gibe □ clamor □ exclaim □ exhale
□ howl □ acclaim

建 议

counsel [ˈkaʊnsl] *v.* 劝告(advise) *n.* 商议，忠告

【例】Mary ***counseled*** her daughter about good study habits.

propose [prəˈpoʊz] *v.* 提出，提议(advance, suggest)

【例】Man ***proposes***, God disposes.

proposal [prəˈpoʊzl] *n.* 提案；建议(advice)

【例】I disapproved strongly of his ***proposal***.

offer [ˈɔːfər] *n.* 提议(proposal) *vt.* 提出，提议(suggest, propose)

【记】of(一再)＋fer(带来)→一再带来→提供

recommend [ˌrekəˈmend] *vt.* 劝告；推荐(suggest)

【例】She ***recommended*** the book to her students.

remind [rɪˈmaɪnd] *vt.* 提醒(awake)

【记】re(再次)＋mind=ment(思考)→提醒(自己)

【例】Satire tends to ***remind*** people that what they see, read and hear is partially true.

suggest [səˈdʒest] *vt.* 提议；暗示(hint, insinuate)

【例】I ***suggested*** that it would be quicker to travel by train.

mention [ˈmenʃn] *vt.* 主张；提及

【记】ment(思考)＋ion→思考想到→提到

【例】I hope you didn't ***mention*** my name to her.

advice [ədˈvaɪs] *n.* 建议，忠告(suggestion)

【例】In times of trouble, people ask friends for ***advice***.

advise [ədˈvaɪz] *vt.* 告知；劝告(suggest)

【例】The weather report ***advised*** carrying an umbrella today.

advance [ədˈvæns] *vt.* 提出

【例】Tom ***advanced*** his idea at the beginning of the meeting.

submit [səbˈmɪt] *vt.* 提交(propose)

【例】Christians ***submit*** themselves to God's will.

交 流

reciprocal [rɪˈsɪprəkl] *adj.* 相互的；交往的(mutual, exchanged)

【例】The treaty should be signed on the basis of ***reciprocal*** benefits.

correspondence [ˌkɔːrəˈspɑːndəns] *n.* 通信

【记】cor＋respond(反应)＋ence

【例】Jane saved all of her grandmother's ***correspondence***.

☐ counsel ☐ propose ☐ proposal ☐ offer ☐ recommend ☐ remind
☐ suggest ☐ mention ☐ advice ☐ advise ☐ advance ☐ submit
☐ reciprocal ☐ correspondence

liaison [li'eɪzɑːn] *n.* 联络(contact, connection)

【例】***Liaison*** between police forces and the art world is vital to combat art crime.

propagate ['prɑːpəgeɪt] *vt.* 宣传

【例】Missionaries went far afield to ***propagate*** their faith.

communicate [kə'mjuːnɪkeɪt] *vt.* 传达 *vi.* 通信；交流

【记】commune（交谈）+ic+ate→大家交谈→交流

【例】Mary ***communicated*** the news as tactfully as she could.

impart [ɪm'pɑːrt] *vt.* 给予；传递；告诉(disseminate, inform)

【记】im(进入)+part(部分)→成为(信息的)一部分→传递

【例】A teacher's job is mainly ***imparting*** knowledge to students.

remit [rɪː'mɪt] *vt.* 汇寄

【记】re(再)+mit(送)→再送出去→汇款

【例】Please kindly ***remit*** us the money without delay.

consort [kən'sɔːrt] *vt.* 结交(associate, connect)

【例】The father is annoyed that his daughter ***consorts*** with all kinds of strange people.

disseminate [dɪ'semɪneɪt] *vt.* 散布，传播(disperse, distribute, spread, impart)

【记】dis+semin(种子)+ate→散布(种子)

【例】The Public Relations Department ***disseminates*** information.

tip [tɪp] *vt.* 接触(contact)

夸 大

bombastic [bɑːm'bæstɪk] *adj.* 夸大的(boastful)

【记】比较bomb(炸弹)

pretentious [prɪ'tenʃəs] *adj.* 装腔作势的(showy, ostentatious)，自命不凡的

【例】He is a talented but ***pretentious*** writer.

boast [boʊst] *vi.* 自夸 *vt.* 吹嘘(brag, self-praise)

【例】He ***boasted*** about the big fish he had caught.

boastful ['boʊstfl] *adj.* 自夸的(bragging, conceited)

【例】When telling of her success, Mary tried not to be ***boastful***.

vanity ['vænəti] *n.* 虚荣心(self-conceit, pride)

【记】van(空)+ity→虚荣心

【例】She did that out of ***vanity***.

□ liaison □ propagate □ communicate □ impart □ remit □ consort
□ disseminate □ tip □ bombastic □ pretentious □ boast □ boastful
□ vanity

conceit [kən'siːt] *n.* 自负，自高自大(vanity, arrogance)

【例】The popular athlete was known for ***conceit*** and arrogance.

exaggerate [ɪɡ'zædʒəreɪt] *v.* 夸大，夸张(overstate, overemphasize)

【例】Bill ***exaggerates*** every story he tells his friends.

brag [bræɡ] *vt.* 夸张(boast, talk big)

【例】Sue ***bragged*** that she could eat an entire pie in two minutes.

命 令

imperative [ɪm'perətɪv] *adj.* 命令的

【记】imper(命令)+ative

【例】Don't talk in an ***imperative*** tone of voice.

bidding ['bɪdɪŋ] *n.* 命令，要求

【例】The servant grumbled but did his employer's ***bidding***.

prescription [prɪ'skrɪpʃn] *n.* 指示(instruction, direction)

【例】The general demanded that his men act strictly to his ***prescription***.

rally ['ræli] *n./v.* 召集(gathering, assemblage)

【记】比较ally(联盟)

【例】We ***rallied*** together to save our leader from prison.

disband [dɪs'bænd] *v.* 解散(dismiss, split up)

【记】dis+band(队)

【例】The rock group ***disbanded*** after its first concert.

distribute [dɪ'strɪbjuːt] *vt.* 分发，分送(allocate, allot)

【例】Someone dressed in a rabbit costume ***distributed*** leaflets to passersby.

assign [ə'saɪn] *vt.* 分配，指派(allot, distribute)

【例】The manager ***assigned*** Bill to the Jones project.

instruct [ɪn'strʌkt] *vt.* 命令(direct, inculcate)；指示

【例】A doctor will often ***instruct*** patients to exercise.

dispatch [dɪ'spætʃ] *vt.* 派遣 (send)；分配(allocate, allot)

【例】The teacher ***dispatched*** the student to the principal's office.

nominate ['nɑːmɪneɪt] *vt.* 任命(appoint, name)

【记】nomin(名称)+ate→任命

【例】I ***nominate*** Mary for the office of treasurer.

evacuate [ɪ'vækjueɪt] *vt.* 疏散

【记】e+vacu(空)+ate→使空→疏散

【例】The Civil Defense ***evacuated*** all inhabitants from the area where the storm was predicted to strike.

□ conceit □ exaggerate □ brag □ imperative □ bidding □ prescription
□ rally □ disband □ distribute □ assign □ instruct □ dispatch
□ nominate □ evacuate

summon [ˈsʌmən] *vt.* 召唤(call)

【记】sum(下面)+mon→从下面把人命令上来→召唤

【例】The shareholders are ***summoned*** to hold a general meeting.

destine [ˈdestɪn] *vt.* 指定(designate)

【例】Lisa is ***destined*** for the presidency.

designate [ˈdezɪgneɪt] *vt.* 指定;指派(assign, nominate, specify)

【例】The team ***designated*** Sally as the captain.

monitor [ˈmɑːnɪtər] *v.* 监控(inspect, control)

【记】另一个词义是"班长"

【例】The president can ***monitor*** the whole campus through advanced computer system.

accredit [əˈkredɪt] *v.* 委任;任命

【例】The president will ***accredit*** you as his assistant.

批 评

culpable [ˈkʌlpəbl] *adj.* 该受谴责的(guilty, blameworthy)

【记】culp(罪行)+able

【例】Their decision to do nothing makes them ***culpable***.

critical [ˈkrɪtɪkl] *adj.* 评论的,批评的

【例】The movie review was ***critical*** of the director's casting choices.

censure [ˈsenʃər] *n./vt.* 责难(disapproval)

【例】Bill received a ***censure*** from his boss for the failure of the project.

The warden ***censured*** the guard for letting the prisoner escape.

reproach [rɪˈproʊtʃ] *v.* 责备

【记】比较approach(接近)

【例】Do not ***reproach*** yourself. It was not your fault.

chide [tʃaɪd] *vt.* 斥责(blame, rebuke)

【例】My mother ***chided*** me for eating junk food.

decry [dɪˈkraɪ] *vt.* 非难,谴责(condemn, denounce)

【记】de+cry(喊)

【例】A staunch materialist, he ***decries*** economy.

deprecate [ˈdeprəkeɪt] *vt.* 抗议,抨击(fustigate, attack)

【例】Lovers of peace ***deprecate*** war.

castigate [ˈkæstɪgeɪt] *vt.* 谴责(condemn, denounce)

【例】It is not good to ***castigate*** children too harshly.

denounce [dɪˈnaʊns] *vt.* 谴责,声讨(censure, condemn)

【记】de(坏)+nounce(讲话)→讲坏话→抨击

【例】Jane loudly ***denounces*** anyone who litters.

condemn [kən ˈdem] *vt.* 谴责
【记】联想damn(咒骂)
【例】The newspaper editorial ***condemned*** the court's decision.

berate [bɪ ˈreɪt] *vt.* 痛骂(scold, reproach)
【记】be+rate(骂)
【例】Don't congratulate yourself too much, or ***berate*** yourself either.

rap [ræp] *vt.* 责难
【例】Water industry chiefs were ***rapped*** yesterday for failing their customers.

rebuke [rɪ ˈbjuːk] *vt./n.* 斥责(censure, reprove)
【记】re(反)+buke(打)→反打→斥责
【例】My efforts were met with ***rebukes*** and insults!

blame [bleɪm] *vt./n.* 谴责
【例】Who took the ***blame*** for the failure of the project?

repudiate [rɪ ˈpjuːdieɪt] *vt.* 批判(reject, renounce)
【例】The scientist ***repudiated*** the results of the shoddy experiment.

说 话

hoarse [hɔːrs] *adj.*(声音)嘶哑的(husky, rough)
【例】Bob's ***hoarse*** voice sounded as if his throat really hurt.

colloquial [kə ˈloʊkwiəl] *adj.* 会话的，口语的(oral)
【记】col(共同)+loqu(说)+ial
【例】Bob deletes ***colloquial*** expressions from his formal writing.

dumb [dʌm] *adj.* 哑的，无言的
【例】Mike keeps ***dumb*** when he doesn't know the answer.

hubbub [ˈhʌbʌb] *n.* 嘈杂(uproar)
【例】There was a ***hubbub*** of excited conversation from over a thousand people.

dialogue [ˈdaɪəlɑːg] *n.* 对话(conversation)
【记】dia(对着)+logue(说)→对着说
【例】The entire play consisted of ***dialogue*** and no movement.

nonsense [ˈnɑːnsens] *n.* 胡说，废话

excuse [ɪk ˈskjuːs] *n.* 借口(reason)

compliment [ˈkɑːmplɪmənt] *n.* 问候
【例】Carry my ***compliments*** to your kinsmen.

gossip [ˈgɑːsɪp] *n.* 闲话

oration [ɔː ˈreɪʃn] *n.* 演说(speech, address)
【例】The audience at Gettysburg probably responded very enthusiastically to Lincoln's short speech because they had just sat through a two-hour ***oration***!

□ condemn □ berate □ rap □ rebuke □ blame □ repudiate
□ hoarse □ colloquial □ dumb □ hubbub □ dialogue □ nonsense
□ excuse □ compliment □ gossip □ oration

hearsay [ˈhɪrseɪ] *n.* 谣传，风闻(rumor, gossip)

【记】hear(听)+say(说)→道听途说

【例】It's just ***hearsay***, but it's rumored that John is going to quit.

interrupt [ˌɪntəˈrʌpt] *v.* 打断，插嘴(intermit, halt)

【例】It's impolite to ***interrupt*** while others are talking.

rumble [ˈrʌmbl] *v.* 低沉地说

【例】He ***rumbled*** a command to the soldiers.

gabble [ˈgæbl] v. 急促而不清楚地说出

【记】比较gobble(贪婪地大吃)

【例】"Articulate your words, don't ***gabble***." said the mother.

solicit [səˈlɪsɪt] *v.* 恳求(request, demand)

【例】Bob was almost arrested for ***soliciting*** for money in an apartment building.

declaim [dɪˈkleɪm] *v.* 朗诵；演讲

【记】de+claim(宣称)

【例】A preacher stood ***declaiming*** in the town center.

confide [kənˈfaɪd] *v.* 倾诉(confess, disclose)

【记】con(全部)+fide(相信)→吐露(真情)

【例】Mary ***confided*** in John that she had lost her job.

refer [rɪˈfɜːr] *v.* 言及，提到(mention)

【记】re(再次)+fer(带来)→再次带来→提到

【例】The president ***refered*** several times to the Paris Treaty during his address at the summit meeting.

chat [tʃæt] *v./n.* 闲谈

【例】Dave ***chatted*** on the telephone all evening.

grumble [ˈgrʌmbl] *vi.* 喃喃诉苦(complain, grunt)

【例】That student is discourteous; he ***grumbles*** no matter how one tries to please him.

equivocate [ɪˈkwɪvəkeɪt] *vi.* 说模棱两可的话，支吾

【例】If you ***equivocate*** on the witness stand, you might be charged with perjury.

coax [koʊks] *vt.* 哄

【例】Jane ***coaxed*** her little baby to sleep.

outwit [ˌaʊtˈwɪt] *vt.* 哄骗

【记】out(出)+wit(机智)→用计谋去→哄骗

【例】The fox ***outwitted*** the farmer and stole a chicken.

effuse [ɪˈfjuːs] *vt.* 流出；散布

【记】ef(出)+fuse(流)

【例】I can't believe that kind of words ***effuse*** from her mouth.

□ hearsay □ interrupt □ rumble □ gabble □ solicit □ declaim
□ confide □ refer □ chat □ grumble □ equivocate □ coax
□ outwit □ effuse

accost [əˈkɔːst] *vt.* 向人搭话(address, speak to)
【例】She was often ***accosted*** by complete strangers.

说明

account [əˈkaʊnt] *n.* 描述
【例】When you return, please give an ***account*** of your trip.

exposition [ˌekspəˈzɪʃn] *n.* 展览(exhibition)；说明，阐明(description)
【例】Aristotle was valued because of his clear ***exposition*** of rational thought.

enunciate [ɪˈnʌnsieɪt] *v.* 阐明；清晰发音(articulate)
【记】e(出)+nunci(清楚)+ate→讲出来→清楚表达
【例】You must ***enunciate*** your lines, or the audience will never understand you.

narrate [nəˈreɪt] *v.* 叙述(describe, recount)
【例】The story is ***narrated*** by its hero.

insinuate [ɪnˈsɪnjueɪt] *vt.* 暗示(allude, hint, imply)
【记】in(进入)+sinu(弯曲)+ate→绕着弯进入→迂回进入
【例】Are you ***insinuating*** that I am responsible for the accident?

cover [ˈkʌvər] *vt.* 报道
【例】Channel 4 is ***covering*** the match.

convey [kənˈveɪ] *vt.* 表达(communicate)
【例】If you leave a message, I'll ***convey*** it to him.

illuminate [ɪˈluːmɪneɪt] *vt.* 说明(clarify)
【例】Cleverly-made attacks can often serve to ***illuminate*** important differences between candidates, as well as entertain the voters.

render [ˈrendər] *vt.* 表达(deliver, perform, express)
【例】The jury's finding amounted to the clearest verdict yet ***rendered*** upon the scandal.

elucidate [iˈluːsɪdeɪt] *vt.* 阐明，说明(clarify, explain)
【记】e(出)+lucid(清楚)+ate→弄清楚→阐明
【例】Lisea cannot simply ***elucidate*** her ideas well enough to carry on a reasonable conversation!

clarify [ˈklærəfaɪ] *vt.* 澄清，阐明
【记】clar(清楚)+ify
【例】The explanation ***clarified*** the details of the plan.

expound [ɪkˈspaʊnd] *vt.* 解释(explain, interpret)
【例】The priest ***expounded*** his religion.

□ accost □ account □ exposition □ enunciate □ narrate □ insinuate
□ cover □ convey □ illuminate □ render □ elucidate □ clarify
□ expound

construue [kənˈstruː] *vt.* 解释；翻译(expound; translate, interpret)
【例】The offended customer had ***construed*** my words to mean something I didn't mean at all!

delineate [dɪˈlɪnieɪt] *vt.* 刻画；记述(depict, portray)
【记】de(加强)＋line(线)＋ate→用力画线→描画
【例】He ***delineated*** his plan in this notebook.

exemplify [ɪgˈzemplɪfaɪ] *vt.* 例证，例示(illustrate)
【例】Your diligence ***exemplifies*** the characteristics of a good employee.

depict [dɪˈpɪkt] *vt.* 描写，叙述(delineate, describe, portray)
【例】The poet tried to ***depict*** the splendor of the setting sun in his poem.

emphasize [ˈemfəsaɪz] *vt.* 强调，着重 (underscore, underline, highlight, stress, accentuate)
【例】The speaker will ***emphasize*** team work and patience in her speech.

illustrate [ˈɪləstreɪt] *vt.* 说明(exemplify, explain)
【记】il(不断)＋lustr(光明)＋ate→不断给光明→说明
【例】I ***illustrated*** my point about politics with examples from a book.

highlight [ˈhaɪlaɪt] *vt.* 突出显示，强调(climax, underline, underscore, stress)
【例】A beam of light was cast onto the dancer, ***highlighting*** her vivid imitation action of a peacock.

specify [ˈspesɪfaɪ] *vt.* 详述(define)
【例】The student ***specified*** several reasons for his being late.

elaborate [ɪˈlæbəreɪt] *vt.* 详细阐述(explain, embellish)
【例】We ask Mary to ***elaborate*** her trip to Tibet.

divulge [daɪˈvʌldʒ] *vt.* 宣布(reveal)
【例】The president asked the managers not to ***divulge*** the news of the merger.

proclaim [prəˈkleɪm] *vt.* 宣布，声明(announce, declare)
【记】pro(前)＋claim(喊)→宣布
【例】The ringing bells ***proclaimed*** the news of the birth of the prince.

cite [saɪt] *vt.* 引用；举例(mention, quote, refer to)
【例】When writing research papers, writers must ***cite*** the sources they use. / The critic ***cited*** Mary's outstanding performance.

reiterate [riˈɪtəreɪt] *vt.* 重述(restate)
【记】re(反复)＋iterate(重申)
【例】The spokesman ***reiterated*** the policy of the government.

accentuate [əkˈsentʃueɪt] *vt.* 重读；强调(emphasize, underline, highlight)
【记】ac＋cent=cant(唱，说)＋uate→不断说→强调
【例】The tall girl wore short skirts that ***accentuated*** her height, making her look even taller.

□ construe □ delineate □ exemplify □ depict □ emphasize □ illustrate
□ highlight □ specify □ elaborate □ divulge □ proclaim □ cite
□ reiterate □ accentuate

协 商

uniform [ˈjuːnɪfɔːrm] *adj.* 统一的，一致的(alike, consistent)

【例】She won by running like a robot, with ***uniform*** speed through the entire course.

unanimity [ˌjuːnəˈnɪməti] *n.* 全体一致(harmony, accord)

【例】"There is a degree of ***unanimity*** that there must be swift and effective action taken against the crime," he said.

unanimous [juˈnænɪməs] *adj.* 意见一致的(uniform)

【例】My friends and I made a ***unanimous*** decision to order pizza.

reconcile [ˈrekənsaɪl] *vt.* 和解(conform, harmonize)

【例】Anne ***reconciled*** her disagreement with Mary.

reconciliation [ˌrekənsɪliˈeɪʃn] *n.* 和解(compromise, pacification)

【例】The crisis trends toward a ***reconciliation***.

convention [kənˈvenʃən] *n.* 协定；会议 (conference)

【例】Any country who fails to conform to international ***convention*** will be condemned.

pact [pækt] *n.* 协定(treaty, agreement)

consult [kənˈsʌlt] *v.* 商量；请教(ask for)

【例】I ***consulted*** the weather report before planning the picnic.

negotiate [nɪˈɡoʊʃieɪt] *v.* 谈判，交涉(discuss)；议定

【例】The two parties are ***negotiating*** about the contract.

confer [kənˈfɜːr] *v.* 协商(discuss)

【记】con(共同)+fer→共同带来观点→协商

【例】I ***conferred*** with my friends about what we should eat for dinner.

争 论

eloquent [ˈeləkwənt] *adj.* 雄辩的，有口才的(persuasive, fluent)

【例】The ***eloquent*** lecture was interesting to listen to.

eloquence [ˈeləkwəns] *n.* 雄辩

【记】e(出)+loqu(说)+ence→总能说出→雄辩

【例】Because of her ***eloquence***, Anne made an excellent lobbyist.

debate [dɪˈbeɪt] *n./v.* 争论，辩论(discussion, argument)

【例】An intense ***debate*** is going on within the government.

debatable [dɪˈbeɪtəbl] *adj.* 争论中的，未决定的(controversial, unsettled)

【记】来自debate(争论)

【例】It is ***debatable*** as to which football team is the best.

□ uniform □ unanimity □ unanimous □ reconcile □ reconciliation □ convention
□ pact □ consult □ negotiate □ confer □ eloquent □ eloquence
□ debate □ debatable

squabble [ˈskwɑːbl] *n.* 口角，争论(quarrel, argument)

【例】The children had ***squabbles*** over the remote-control for the television.

dispute [dɪˈspjuːt] *n./v.* 争论，辩论(disagreement, argument, question)

【例】A territorial ***dispute*** between the two countries occurred.

retort [rɪˈtɔːrt] *v.* 反驳(refute, reply)

【记】re(反)+tort(歪曲)→反驳

【例】"It was no business of yours", he ***retorted***.

brawl [brɔːl] *n./vi.* 争吵(bicker, quarrel)

【例】The disagreement soon erupted into a ***brawl***.

bicker [ˈbɪkər] *vi.* 争吵(brawl, quarrel)

【例】The couple ***bickered*** over little things.

haggle [ˈhæɡl] *vi.* 争论(argue, bargain)

【例】The housewife ***haggled*** about the price with the vendor for half an hour.

refute [rɪˈfjuːt] *vt.* 驳斥，反驳，驳倒(disprove, rebut)

【记】re(反)+fute=fuse(流)→反流→反驳

【例】I ***refuted*** him easily.

disprove [ˌdɪsˈpruːv] *vt.* 反驳，证明…有误

【记】dis+prove(证明)

【例】The research ***disproved*** information I had taken for granted.

controvert [ˈkɑːntrəvɜːrt] *vt.* 反驳；辩论(deny, contradict)

【记】contro(反)+vert(转)

【例】What he said is a fact that can't be ***controverted***.

controversy [ˈkɑːntrəvɜːrsɪ] *n.* 争论

【例】I am really tired of public ***controversy*** concerning the morals of the president.

controversial [ˌkɑːntrəˈvɜːrʃl] *adj.* 引起争论的

【例】Mike wrote a very ***controversial*** book about the weakness of political leaders.

contradict [ˌkɑːntrəˈdɪkt] *vt.* 反驳；抵触(counteract, oppose)

【记】contra(相反)+dic(言)→相反之言

【例】I hate to ***contradict*** your statement, but there are many snakes in Australia.

contradictory [ˌkɑːntrəˈdɪktəri] *adj.* 矛盾的，反驳的(opposing)

【例】Customs officials have made a series of ***contradictory*** statements about the equipment.

□ squabble □ dispute □ retort □ brawl □ bicker □ haggle
□ refute □ disprove □ controvert □ controversy □ controversial □ contradict
□ contradictory

contravene [ˌkɑːntrəˈviːn] *vt.* 反对；违反(contradict, oppose)
【记】contra(相反)+vene(走)→违背
【例】Don't do whatever may ***contravene*** the law of the country.

contention [kənˈtenʃn] *n.* 争论；所持的论点，争辩(debate, argument)
【例】He admitted without ***contention***.

The ideals which have lighted my way, and time after time have given me new courage to face life cheerfully have been kindness, beauty and truth.
有些理想曾为我指引过道路，并不断给我新的勇气以欣然面对人生，那些理想就是——真、善、美。
——美国科学家 爱因斯坦(Albert Einstein, American scientist)

连 线 题

左列单词在右列中有一个或多个同义词，请画线连接。

（一）

	accord
confer	allocate
	allot
contravene	clarify
	complain
decry	condemn
dialogue	contradict
dispatch	conversation
	denounce
elucidate	discuss
grumble	explain
	grunt
reiterate	harmony
retort	oppose
	refute
unanimity	reply
	restate

（二）

	advise
	connection
	contact
asperse	deleterious
counsel	derisive
exclaim	designate
impart	direction
injurious	disseminate
liaison	ejaculate
mock	harmful
prescription	inform
sardonic	instruction
specify	mimic
	ridicule
	sarcastic
	shout
	slander

连线题答案

（一）

confer	discuss
contravene	contradict
contravene	oppose
decry	condemn
decry	denounce
dialogue	conversation
dispatch	allocate
dispatch	allot
elucidate	clarify
elucidate	explain
grumble	complain
grumble	grunt
reiterate	restate
retort	refute
retort	reply
unanimity	harmony
unanimity	accord

（二）

asperse	slander
counsel	advise
exclaim	shout
exclaim	ejaculate
impart	inform
impart	disseminate
injurious	harmful
injurious	deleterious
liaison	contact
liaison	connection
mock	mimic
mock	ridicule
prescription	instruction
prescription	direction
sardonic	sarcastic
sardonic	derisive
specify	designate

Word List 35

事 物

Things

记忆小贴士：挂钩记忆法

将一组熟悉的地点，房间摆设等与要记的东西之间挂钩，主要利用视觉表象，以地点位置作为以后的提取线索。

食 品

cabbage [ˈkæbɪdʒ] *n.* 甘蓝，卷心菜

carrot [ˈkærət] *n.* 胡萝卜

celery [ˈseləri] *n.* 旱芹，芹菜

cereal [ˈsɪriəl] *n.* 谷类食品，谷类

corn [kɔːrn] *n.* <美>玉米，<英>谷物，五谷

cucumber [ˈkjuːkʌmbər] *n.* 黄瓜

grain [greɪn] *n.* 谷物，谷类，谷粒，细粒，颗粒，粮食

leek [liːk] *n.* 韭葱

lettuce [ˈletɪs] *n.* 莴苣，生菜

millet [ˈmɪlɪt] *n.* 稷，粟

mustard [ˈmʌstərd] *n.* 芥菜，芥末

oats [oʊts] *n.* 燕麦，燕麦片

onion [ˈʌnjən] *n.* 洋葱

pea [piː] *n.* 豌豆

peanut [ˈpiːnʌt] *n.* 花生

pepper [ˈpepər] *n.* 胡椒粉

potato [pəˈteɪtoʊ] *n.* 马铃薯

pumpkin [ˈpʌmpkɪn] *n.* 南瓜

radish [ˈrædɪʃ] *n.* 萝卜

rice [raɪs] *n.* 稻，米

rye [raɪ] *n.* 裸麦，黑麦

sesame [ˈsesəmi] *n.* 芝麻

soybean [ˈsɔɪbiːn] *n.* 大豆

spinach [ˈspɪnɪtʃ] *n.* 菠菜

tomato [təˈmeɪtoʊ] *n.* 番茄，西红柿

wheat [wiːt] *n.* 小麦；小麦色

edible [ˈedəbl] *adj.* 可食的(eatable, comestible)

【记】ed(吃)＋ible

【例】The cake was garnished with ***edible*** decorations.

bland [blænd] *adj.* (食物等)无刺激性的(mild, gentle)

【例】Mary added spices to the ***bland*** dishes.

seasoning [ˈsiːzənɪŋ] *n.* 调味品，佐料(flavoring, spice)

condiment [ˈkɑːndɪmənt] *n.* 调味品

【例】The only ***condiments*** I like on my hamburger are ketchup and mustard.

☐ cabbage ☐ carrot ☐ celery ☐ cereal ☐ corn ☐ cucumber
☐ grain ☐ leek ☐ lettuce ☐ millet ☐ mustard ☐ oats
☐ onion ☐ pea ☐ peanut ☐ pepper ☐ potato ☐ pumpkin
☐ radish ☐ rice ☐ rye ☐ sesame ☐ soybean ☐ spinach
☐ tomato ☐ wheat ☐ edible ☐ bland ☐ seasoning ☐ condiment

butter [ˈbʌtər] *n.* 奶油

chop [tʃɑːp] *n.* 排骨

cuisine [kwɪˈziːn] *n.* 烹调

【例】The restaurant served ***cuisine*** from Thailand.

dessert [dɪˈzɜːrt] *n.* 甜点

【例】***Dessert*** is the last course of a meal.

beverage [ˈbevərɪdʒ] *n.* 饮料

【记】bever(喝)+age

【例】What sort of ***beverages*** should we serve at the party?

diet [ˈdaɪət] *n.* 饮食，食物 *v.* 节食

【例】Pizza was the staple of the college students' ***diet***.

nutriment [ˈnjutrəmənt] *n.* 营养品

nibble [ˈnɪbl] *vt.* 细咬；细食(bite; eat)

【记】nib(小)+ble

【例】The fish were ***nibbling*** at the bait.

imbibe [ɪmˈbaɪb] *vt.* 饮(absorb, assimilate)

【记】im(进入)+bibe(喝)

【例】Grandpa ***imbibed*** a bit of wine each night.

scoop [skuːp] *n.* 勺子 *v.* 舀

【例】He used his bare hands to ***scoop*** up water from the river.

barley [ˈbɑːrli] *n.* 大麦

beet [biːt] *n.* 甜菜，甜菜根

broccoli [ˈbrɑːkəli] *n.* 椰菜

本 质

indigenous [ɪnˈdɪdʒənəs] *adj.* 固有的(aboriginal, native)；本土的

【记】indi(内部)+gen(产生)+ous→内部产生→土产的

【例】The ***indigenous*** people of the area know which plants are safe to eat and which are poisonous.

intrinsic [ɪnˈtrɪnzɪk] *adj.* 本质的(substantive)；本身的

【例】Paying careful attention and responding quickly are ***intrinsic*** parts of good driving.

radical [ˈrædɪkl] *adj.* 根本的

【例】The American Revolution is not a ***radical*** one, but a gradual evolution.

radically [ˈrædɪkli] *adv.* 根本上(basically)

rudimentary [ˌruːdɪˈmentri] *adj.* 根本的，低级的(undeveloped, elementary, primitive, unsophisticated)

□ butter □ chop □ cuisine □ dessert □ beverage □ diet
□ nutriment □ nibble □ imbibe □ scoop □ barley □ beet
□ broccoli □ indigenous □ intrinsic □ radical □ radically □ rudimentary

【记】rudi(无知的)＋ment＋ary→无知的→最初的

【例】I took a ***rudimentary*** cooking class in high school.

inherent [ɪnˈhɪrənt] *adj.* 固有的(innate, intrinsic)

【记】in(里面)＋her(连)＋ent→天生(与身体内)连着→天赋的

【例】However, the use of these materials does involve some ***inherent*** questions.

inherently [ɪnˈhɪrəntli] *adv.* 天性地，固有地(intrinsically, fundamentally, basically)

objective [əbˈdʒektɪv] *adj.* 客观的

【记】object(客观)＋ive

【例】I believe that a journalist should be completely ***objective***.

internal [ɪnˈtɜːrnl] *adj.* 内在的(inside, interior)

【记】比较external(外在的)

【例】The doctor said the ***internal*** bleeding had been massive.

incisive [ɪnˈsaɪsɪv] *adj.* 深刻的(profound)

【例】His ***incisive*** criticism gave us a thorough understanding of Dicksen's writings.

substantive [səbˈstæntɪv] *adj.* 实质性的(actual)

【例】An accident is just the appearance; a malicious murder is actually ***substantive***.

innate [ɪˈneɪt] *adj.* 天生的(inborn, inherent)

【记】in(进)＋nate(生)→与出生一起来→天生的

【例】The singer had an ***innate*** talent for music.

inborn [ˌɪnˈbɔːrn] *adj.* 天生的(innate)

【记】in(内)＋born(出生)→与生俱来的

【例】Man's ability to compute is far from ***inborn*** and has to be acquired after birth.

instinctive [ɪnˈstɪŋktɪv] *adj.* 天生的，本能的(impulsive, spontaneous)

【记】instinct(本能)＋ive

【例】It is probably an ***instinctive*** reaction to force you to carefully examine what you're going to eat before you swallow.

crude [kruːd] *adj.* 未提炼的；生的(raw, unpolished, unprocessed)

【例】Primitive man hunted wild animals with ***crude*** stone implements.

spontaneous [spɑːnˈteɪniəs] *adj.* 自发的；本能的(impulsive, involuntary)

【记】spont(自然)＋aneous→自然的→自发的

【例】There was the ***spontaneous*** applause at the end of Mary's speech.

interior [ɪnˈtɪriər] *n.* 内部(inside, inner)

【记】比较exterior(外部)

□ inherent □ inherently □ objective □ internal □ incisive □ substantive
□ innate □ inborn □ instinctive □ crude □ spontaneous □ interior

【例】The building's ***interior*** needed to be repaired.

attribute [æˈtrɪbjuːt] *n.* 性质(characteristic, quality, trait)

【例】As a great leader, generosity is his first ***attribute***.

abstruse [əbˈstruːs] *adj.* 深奥的(complicated, profound)

【记】abs+trus(走)+e→走不进去的→难懂的

【例】I've been working on this ***abstruse*** problem ever since last year.

analogous [əˈnæləgəs] *adj.* 类似的；可比拟的；相似的(similar)

【例】In physics, conservation laws are ***analogous*** to linguistic rules.

intrinsically [ɪnˈtrɪnzɪkli] *adv.* 从本质上(fundamentally)

【例】Human nature is not ***intrinsically*** corrupt.

phenomenon [fəˈnɑːmɪnən] *n.* 现象；奇迹

【例】How do you explain this ***phenomenon***?

比较概念

comparative [kəmˈpærətɪv] *adj.* 比较的

【例】Bill is a ***comparative*** stranger in town. He has just moved here.

comparable [ˈkɑːmpərəbl] *adj.* 可比的；类似的(similar)

【例】I suggested two ***comparable*** solutions to the problem.

similar [ˈsɪmələr] *adj.* 相似的，类似的(comparable)

【例】The accident was ***similar*** to one that happened in 1973.

dissimilar [dɪˈsɪmɪlər] *adj.* 不相似的，不同的(different)

【记】dis+similar(相似的)

【例】Your children are so ***dissimilar***; it is hard to believe they are related.

subordinate [səˈbɔːrdɪnət] *adj.* 次要的，附属的(inferior, secondary)

【记】sub(下面)+ordin(顺序)+ate→下面的顺序→附属的

【例】Pleasure should be ***subordinate*** to duty.

monotonous [məˈnɑːtənəs] *adj.* 单调的(boring, dull)

【记】mono(单个)+ton(声音)+ous

【例】She has a very ***monotonous*** voice; she should have it modulated.

typical [ˈtɪpɪkl] *adj.* 典型的，代表性的(ordinary)

【例】My aunt just moved to Beijing; she is not a ***typical*** Beijing local.

invert [ɪnˈvɜːrt] *vt.* 倒转(overturn, reverse)

【例】I ***inverted*** the glasses so the water would drain out of them.

inverse [ˌɪnˈvɜːrs] *adj.* 反的(contrary, opposite)

【记】in(反)+verse(转)→反转的→相反的

【例】If the supply and demand condition is stable, then gold and US dollar have an ***inverse*** relationship.

□ attribute □ abstruse □ analogous □ intrinsically □ phenomenon □ comparative
□ comparable □ similar □ dissimilar □ subordinate □ monotonous □ typical
□ invert □ inverse

preferable [ˈprefrəbl] *adj.* 更好的

【记】prefer(喜欢)＋able

【例】A ***preferable*** option is to store the food in a refrigerator rather than throw it away.

approximate [əˈprɑːksɪmət] *adj.* 近似的(proximate)

【记】ap＋proxim(接近)＋ate→ 接近的，近似的

【例】What is the ***approximate*** travel time from your house to your job?

coordinate [koʊˈɔːrdineɪt] *adj.* 同等的，并列的(equal, juxtaposed)

【例】John only speaks to those who are ***coordinate*** with him in ranks.

homogeneous [ˌhoʊməˈdʒiːniəs] *adj.* 同类的；相似的(uniform, same)

【记】homo(同)＋gen(产生)＋ous→产生相同的

【例】The population of the small town was ***homogeneous***, mostly merchants and laborers.

identical [aɪˈdentɪkl] *adj.* 同一的(tantamount, same)

【记】iden(相同)＋tical

【例】Bill and John have ***identical*** briefcases, and sometimes Bill picks up John's briefcase by mistake.

peerless [ˈpɪrləs] *adj.* 无与伦比的(matchless, unparalleled)

【记】peer(同等)＋less→无相提并论者→无与伦比的

【例】Visitors can cruise down the Yangtze River and marvel at its ***peerless*** size and breadth.

equal [ˈiːkwəl] *adj.* 相等的，同样的(equivalent)

【记】equ(平)＋al

【例】Put an ***equal*** amount of sugar into both bowls.

equate [iˈkweɪt] *vt.* 使相等，视为同等

【例】It's a mistake to ***equate*** wealth with happiness.

equivalent [ɪˈkwɪvələnt] *adj.* 相等的 *n.* 等同品(counterpart, match)

【例】Both of them expressed their agreement with ***equivalent*** statements. / I lost the necklace borrowed from Jenny, and I didn't have any ***equivalent*** to return to her.

intermediate [ˌɪntərˈmiːdiət] *adj.* 中级的

neutral [ˈnjuːtrəl] *adj.* 中性的；中立的(nonaligned)

【记】neutr(中)＋al

【例】That country remained ***neutral*** in the war.

backward [ˈbækwərd] *adj./adv.* 退步的；相反的

【记】back(背，后)＋ward(方向)

【例】The senator's ***backward*** views were very uneducated.

□ preferable □ approximate □ coordinate □ homogeneous □ identical □ peerless
□ equal □ equate □ equivalent □ intermediate □ neutral □ backward

relatively [ˈrelətɪvli] *adv.* 相关地，相对地(comparatively)

【例】The SMART car has an engine ***relatively*** powerful to its weight.

shade [ʃeɪd] *n.* 差别(difference)

【例】If you want to write well, frequently distinguish the fine ***shades*** between words.

reproduction [ˌriːprəˈdʌkʃn] *n.* 复制品(copy)

【记】re(重新)+production(生产)→复制

【例】Don't get yourself cheated; the vase is only a ***reproduction***.

inferior [ɪnˈfɪriər] *n.* 次品 *adj.* 自卑的，劣等的

【记】infer(低)+ior；比较superior(高级的)

【例】No ***inferior*** products should be allowed to pass.

sample [ˈsæmpl] *n.* 范例，样品(specimen)

medium [ˈmiːdiəm] *n.* 媒介；中间 *adj.* 中等的

【记】medi(中间)+um→中间物，媒介

【例】Money is a ***medium*** for buying and selling.

counterpart [ˈkaʊntərpɑːrt] *n.* 相对物；极相似之物(equivalent, correspondent)

【例】In London, the ***counterpart*** of the New York subway is called the "tube".

midst [mɪdst] *n.* 中间 *prep.* 在…之间(during, undergoing)

contrast [ˈkɑːntræst] *n.* 对比(着重于相异处)

【例】Today's rain is a sharp ***contrast*** to yesterday's sunshine.

compare [kəmˈper] *vt.* 比较(着重于相似处)；比喻

【例】If you ***compare*** this book with that one, you will find that one is larger. / Bob ***compared*** Mary's messy hair to a bird's nest.

copy [ˈkɑːpi] *vt.* 复制，模仿(imitate)

【例】Bill ***copied*** the original article for his personal use.

imitate [ˈɪmɪteɪt] *vt.* 模仿(copy, mimic)

【例】Anne ***imitated*** the famous artist's style in her own paintings.

resemble [rɪˈzembl] *vt.* 像，类似

【例】Mary ***resembles*** her mother in many ways.

affinity [əˈfɪnəti] *n.* 类似处(similarity)

【记】af(一再)+fin(范围)+ity→一再能进入别人的范围→亲密

【例】There is a close ***affinity*** between apes and monkeys.

distinguish [dɪˈstɪŋgwɪʃ] *v.* 区别；辨认出；识别；把...区别分类(detect)

【例】A dictionary helps one to ***distinguish*** correct and incorrect usages.

likewise [ˈlaɪkwaɪz] *adv.* 同样地，也(similarly, also)

【例】He is our friend and ***likewise*** our leader.

☐ relatively ☐ shade ☐ reproduction ☐ inferior ☐ sample ☐ medium
☐ counterpart ☐ midst ☐ contrast ☐ compare ☐ copy ☐ imitate
☐ resemble ☐ affinity ☐ distinguish ☐ likewise

heterogeneous [ˌhetərəˈdʒiːniəs] *adj.* 异种的，异质的；非均匀的(varied)

【记】hetero-(异，杂)+geneous

【例】Americans are ***heterogeneous*** in their origins, constantly striving to rediscover what they have in common.

merely [ˈmɪrli] *adv.* 只是，不过，仅仅(barely, purely, only)

【例】To be fond of knowledge is better than ***merely*** to acquire it; to take delight in it is still better than merely to be fond of it.

范 围

exception [ɪkˈsepʃn] *n.* 例外

【记】ex＋cept(拿)＋ion→拿出去→例外

【例】Everyone passed the math test, with the ***exception*** of Tom.

exceptional [ɪkˈsepʃənl] *adj.* 例外的

【例】The ***exceptional*** tennis player won the championship.

relieved [rɪˈliːvd] *adj.* 免除的(exempted)

【记】名词relief(宽慰)

【例】The general was ***relieved*** of his office as a supreme commander.

extra [ˈekstrə] *adj.* 额外的(additional, surplus)

extraneous [ɪkˈstreɪniəs] *adj.* 无关的(irrelevant, unrelated); 外来的

【记】extra(外)＋neous

【例】The editor cut the ***extraneous*** material from the first chapter.

irrelevant [iˈreləvənt] *adj.* 离题的；无关的(impertinent, extraneous)

【记】ir(无)＋relevant(有关的)

【例】Bob's comments about religion were ***irrelevant*** to our discussion about politics.

exclude [ɪkˈskluːd] *vt.* 把…排除在外(rule out)

【记】ex＋clude(关闭)→关出去→排除在外

【例】Please don't ***exclude*** grains from your diet.

exclusive [ɪkˈskluːsɪv] *adj.* 排外的；独占的(prohibitive; restrictive)

【例】The CNN covered this moving story ***exclusively***.

exclusion [ɪkˈskluːʒn] *n.* 除外(omission)

【例】The contract covers everything with no ***exclusions*** stated.

unconventional [ˌʌnkənˈvenʃənl] *adj.* 破例的

external [ɪkˈstɜːrnl] *adj.* 外部的(exterior)

【例】The crab's ***external*** shell must be removed before you eat the meat inside.

impertinent [ɪmˈpɜːrtnənt] *adj.* 无关的(unrelated)

【例】Don't talk anything ***impertinent*** to the main issue.

☐ heterogeneous ☐ merely ☐ exception ☐ exceptional ☐ relieved ☐ extra
☐ extraneous ☐ irrelevant ☐ exclude ☐ exclusive ☐ exclusion ☐ unconventional
☐ external ☐ impertinent

besides [bɪˈsaɪdz] *adv.* 除了(还有)

【例】***Besides*** hot dogs, we had potato salad.

scope [skoʊp] *n.* 范围；余地(range, extent)

【例】There is not much ***scope*** for imagination in his tedious job.

span [spæn] *n.* 跨度 *vt.* 跨越(cover, reach across)

content [ˈkɑːntent] *n.* 内容(matter)

save [seɪv] *prep.* 除了(except)

【例】For money, the selfish gangster would kill anyone ***save*** himself.

deviate [ˈdiːvieɪt] *v.* 出轨；离题(deflect, diverge)

【记】de+via(路)+te→离正路→出轨

【例】I do not like to ***deviate*** from the set schedule.

digress [daɪˈgres] *vi.* 离开本题(deviate, turn away)

【记】di(偏离)+gress(走)→走偏离→离题

【例】Mary ***digressed*** and forgot what she was originally talking about.

embrace [ɪmˈbreɪs] *vt.* 包含，拥抱(hug, cuddle)

【例】Computer software develops like this: the new version should ***embrace*** the former ones. / The students tearfully ***embraced*** each other on their last day of school.

cover [ˈkʌvər] *vt.* 包括

【例】His lecture ***covers*** all aspects of that language.

comprise [kəmˈpraɪz] *vt.* 包括(constitute, contain, consist of, be made up of)

【例】The committee ***comprises*** seven persons.

bias [ˈbaɪəs] *vt.* 使…偏离

【例】The government used newspapers and the radio to ***bias*** the opinions of the people.

deflect [dɪˈflekt] *vt.* 使偏离(divert, deviate)

【记】de(偏离)+flect(做)→偏斜

【例】The ball hit a wall and was ***deflected*** from its course.

embody [ɪmˈbɑːdi] *vt.* 体现；包含(include, incorporate)

【记】em+body(身体，主体)

【例】The monitor ***embodied*** his idea in a short speech.

accommodate [əˈkɑːmədeɪt] *vt.* 容纳(contain, load)

【例】This elevator ***accommodates*** twelve people.

preclude [prɪˈkluːd] *vt.* 排除；防止(prevent, prohibit)

【记】pre(提前)+clude(关闭)→防止

【例】Modesty ***precludes*** me from accepting the honor.

□ besides □ scope □ span □ content □ save □ deviate
□ digress □ embrace □ cover □ comprise □ bias □ deflect
□ embody □ accommodate □ preclude

方 法

forthright [ˈfɔːrθraɪt] *adv.* 直接地(frank, direct)

【例】The brave soldiers marched ***forthright*** with a knowledge that there would not be any enemy ahead.

shortcut [ˈʃɔːrtkʌt] *n.* 捷径(direct route)

tip [tɪp] *n.* 窍门(cleverness)

【例】He learned a lot of ***tips*** on cooking through the book.

means [miːnz] *n.* 手段，方法(way)

【例】Try every ***means*** to achieve the ends.

via [ˈvaɪə] *prep.* 经过，经由(by way of)

【例】She started her self-study ***via*** radio.

direct [də ˈrekt] *adj.* 直接的(straightforward)

access [ˈækses] *n.* 通路，入门(outlet)

【记】ac+cess(走)→走过去→通道

【例】The strikers blocked the ***access*** to the factory.

光

faint [feɪnt] *adj.* 模糊的

【例】I stayed up until I saw ***faint*** rays of light from the rising sun.

gloom [gluːm] *n.* 黑暗

gloomy [ˈgluːmi] *adj.* 暗的(dark, dim)

【例】It's looking ***gloomy*** outside. You'd better take an umbrella.

luminous [ˈluːmɪnəs] *adj.* 发光的；光亮的(glowing; bright)

【记】lumin(光)+ous

【例】The astronomer gazed at the ***luminous*** star.

illuminate [ɪ ˈluːmɪneɪt] *vt.* 照明，照亮

【记】il(一再)+lumin(光明)+ate→给予光明→照亮

【例】Could you please ***illuminate*** your theory with a little more explanation? / Cleverly-made attacks can often serve to ***illuminate*** important differences between candidates, as well as entertain the voters.

dingy [ˈdɪndʒi] *adj.* 昏暗的

dim [dɪm] *adj.* 昏暗的；朦胧的(faint, vague)

【例】Mike's eyes adjusted to the ***dim*** room.

obscure [əb ˈskjʊr] *adj.* 模糊的(unclear)

【记】ob(离开)+scure(跑)→跑开→模糊的

【例】Alchemists made these symbols purposely ***obscure***. They don't want people to know all this.

□ forthright □ shortcut □ tip □ means □ via □ direct
□ access □ faint □ gloom □ gloomy □ luminous □ illuminate
□ dingy □ dim □ obscure

vague [veɪɡ] *adj.* 模糊的，含糊的(imprecise, elementary, obscure, ambiguous)
【例】Tom evaded Jane's question by giving her a ***vague*** answer.

dusky [ˈdʌski] *adj.* 微暗的，肤色黑的(dim, dark)
【例】The ***dusky*** light makes the old house look horrible.

extinct [ɪkˈstɪŋkt] *adj.* 熄灭的；灭绝的
【记】ex+tinct(促使)→促使出去→灭绝
【例】These animals have a distinct instinct of protecting themselves from being ***extinct***.

glaring [ˈɡlerɪŋ] *adj.* 耀眼的(dazzling)
【记】参考glare(瞪)

dazzling [ˈdæzlɪŋ] *adj.* 耀眼的
【例】The ***dazzling*** dress looked stunning on the mannequin.

dismal [ˈdɪzməl] *adj.* 阴暗的
【例】Mary cried during the ***dismal*** movie.

glossy [ˈɡlɑːsi] *adj.* 有光泽的(smooth, lustrous)
【例】I polished the silver until it was ***glossy*** again.

luster [ˈlʌstər] *n.* 光彩，光泽(brightness, distinction, radiance)
【记】lust(光亮)+er

glaze [ɡleɪz] *v.*(使)光滑
【例】Sue ***glazed*** the pottery and waited for it to dry.

flare [fler] *v.* 闪耀(glare, shine)
【记】比较flame(火焰)
【例】A match ***flares*** in the darkness.

burnish [ˈbɜːrnɪʃ] *vt.* 磨光，使光滑(polish)
【例】The craftsman ***burnished*** the brass plates until they glowed.

flicker [ˈflɪkər] *vt.* 闪烁(flutter, waver)
【例】The candle ***flickered*** in the wind.

brighten [ˈbraɪtn] *vt.* 使发光
【记】bright(光亮)+en
【例】A little furniture polish will ***brighten*** that old table.

gleam [ɡliːm] *vt.* 使闪光；闪烁(glimmer; flash)
【例】It shone with gold and ***gleamed*** with ivory.

extinguish [ɪkˈstɪŋɡwɪʃ] *vt.* 熄灭
【例】John ***extinguished*** the campfire with water.

ablaze [əˈbleɪz] *adj.* 闪耀的(gleaming, glowing)
【记】a(加强)+blaze(火焰)→闪耀的
【例】The chamber was ***ablaze*** with light.

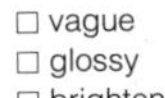

□ vague □ dusky □ extinct □ glaring □ dazzling □ dismal
□ glossy □ luster □ glaze □ flare □ burnish □ flicker
□ brighten □ gleam □ extinguish □ ablaze

twinkle [ˈtwɪŋkl] *v.* 闪烁，闪耀，(使)闪光
【例】The stars ***twinkled*** in the sky.

科 学

tentative [ˈtentətɪv] *adj.* 试验性的(trial)
【记】tent=test(测试)+ative
【例】***Tentative*** measures have been taken to settle these refugees.

mechanical [məˈkænɪkl] *adj.* 机械的

exact [ɪɡˈzækt] *adj.* 精确的，严格的(accurate, precise)
【例】By asking the student to repeat the ***exact*** words he had just said, the teacher proved himself an exact person.

theoretical [ˌθiːəˈretɪkl] *adj.* 理论的(academic)

precise [prɪˈsaɪs] *adj.* 周密的，精确的(accurate, exact)
【例】Links have to be ***precise*** and lead to the destination they describe.

trial [ˈtraɪəl] *adj.* 实验性的

specimen [ˈspesɪmən] *n.* 标本，样品(sample, instance)

symbol [ˈsɪmbl] *n.* 符号(emblem, token)

symbolic [sɪmˈbɑːlɪk] *adj.* 象征的，符号的

precision [prɪˈsɪʒn] *n.* 精确，精密度(accuracy, exactness)

doctrine [ˈdɑːktrɪn] *n.* 学说(theory)
【例】How are the ***doctrines*** of the two churches different?

threshold [ˈθreʃhoʊld] *n.* 阈值；门槛(doorsill)
【例】He stopped at the ***threshold*** of the bedroom.

expertise [ˌekspɜːrˈtiːz] *n.* 专门知识(know-how, special skill)
【记】expert(专家)+ise→专家的知识
【例】Do you have the ***expertise*** required to tune the piano?

institute [ˈɪnstɪtjuːt] *n.*(研究)所

invent [ɪnˈvent] *v.* 发明(create, originate)
【例】The inventor wanted to ***invent*** something that no one had thought of before.

dissect [daɪˈsekt] *vt.* 详细研究(analyze)
【例】Bill ***dissected*** a small shark in anatomy class.

contrive [kənˈtraɪv] *vt.* 发明(invent)
【例】A group of scientists ***contrived*** a new synthetic plastic.

launch [lɔːntʃ] *vt.* 发射，投射(send off)；推出
【例】My company ***launched*** a new insurance plan.

devise [dɪˈvaɪz] *vt.* 计划；发明(create, invent)
【例】The student ***devised*** an excuse to skip class without being caught.

□ twinkle □ tentative □ mechanical □ exact □ theoretical □ precise
□ trial □ specimen □ symbol □ symbolic □ precision □ doctrine
□ threshold □ expertise □ institute □ invent □ dissect □ contrive
□ launch □ devise

gauge [geɪdʒ] *vt.* 精确计量(calculate, measure)

【例】Tom ***gauged*** the distance to the river to be about a mile.

accurate [ˈækjərət] *adj.* 准确的，正确的(exact, correct)

【例】Your statements about the cost of the house were not ***accurate***.

scale [skeɪl] *n.* 规模；尺度；天平

【例】I'll be glad when I tip the ***scales*** at a few pounds less.

逻 辑

logical [ˈlɑːdʒɪkl] *adj.* 合逻辑的(reasonable)

therefore [ˈðerfɔːr] *adv.* 因此(thus, consequently, in result)

hence [hens] *adv.* 因此，从此(as a result)

framework [ˈfreɪmwɜːrk] *n.* 构架，框架(structure, skeleton)

【例】The erection of this ***framework*** took only a few minutes.

hypothesis [haɪˈpɑːθəsɪs] *n.* 假设(assumption)

【记】hypo(下，次)+thesis(论点)→次论点→非正式论点→假设

assumption [əˈsʌmpʃn] *n.* 假设(supposition; hypothesis)

【例】a valid ***assumption***

presume [prɪˈzuːm] *vt.* 假定，假设(suppose, imagine, assume)

【例】We cannot ***presume*** the existence of life on other planets.

presumption [prɪˈzʌmpʃn] *n.* 推定；猜想(assumption, presupposition)

clue [kluː] *n.* 线索(information)

【例】The police found a ***clue*** which will help them catch the robber.

generalize [ˈdʒenərəlaɪz] *v.* 归纳，概括(summarize, outline)

【例】He ***generalized*** from the president's speech that the nation is not going to involve in the war.

incur [ɪnˈkɜːr] *vt.* 承担；遭遇；招致(arouse, provoke)

【记】in(进入)+cur(跑)→跑进来→招致

【例】His arrogant attitude has ***incurred*** many people's discontent.

suppose [səˈpoʊz] *vt.* 假想，推测(think, speculate, imagine)

【例】Scientists ***supposed*** that large dinosaurs lived in swamps.

premise [ˈpremɪs] *vt.* 提出前提 *n.* 前提(assumption, hypothesis)

【例】We must act on the ***premise*** that the worst can happen.

infer [ɪnˈfɜːr] *vt.* 推知(deduce, imply)

【记】in(进入)+fer→带进(意义)→推断

【例】We can ***infer*** that his motive in publishing the diary was less than honorable.

□ gauge □ accurate □ scale □ logical □ therefore □ hence
□ framework □ hypothesis □ assumption □ presume □ presumption □ clue
□ generalize □ incur □ suppose □ premise □ infer

demonstrate [ˈdemənstreɪt] *vt.* 演示；论证
【例】The mechanic ***demonstrated*** how to change the car's oil.

furthermore [ˌfɜːrðərˈmɔːr] *adv.* 此外；而且(besides, addition)
【例】***Furthermore***, a number of significant new topics have come to the fore in recent years.

paradoxically [ˌpærəˈdɑːksɪkli] *adv.* 似非而是地；反常地；悖理地
【例】***Paradoxically***, Africa's food problems are often ascribed to an overemphasis on nonfood drops.

postulate [ˈpɑːstʃələt] *n.* 假定，基本条件 [ˈpɑːstʃəleɪt] *v.* 要求；假定(hypothesize)
【例】Our new ***postulate*** asserts that this is precisely what we cannot say.

metaphor [ˈmetəfər] *n.* 暗喻，隐喻
【例】This is a ***metaphor*** for how much we need love and how much we need to be needed.

时 间

due [djuː] *adj.* 到期的；预定的，约定的
【例】This bill was ***due*** two weeks ago, but I forgot to pay it. / Their plane is ***due*** in 15 minutes.

cursory [ˈkɜːrsəri] *adj.* 仓促的(hurried)
【记】curs(跑)＋ory
【例】The reviewer gave a ***cursory*** report about the uninteresting book.

perennial [pəˈreniəl] *adj.* 长久的，永远的(permanent, long-lasting, year-round)
【记】per(全部)＋enn(年)＋ial

chronic [ˈkrɑːnɪk] *adj.* 长期的；慢性的(recurring, periodic)
【记】chron(时间)＋ic→长时间的
【例】Mike said a ***chronic*** disease troubled John in his whole life.

lasting [ˈlæstɪŋ] *adj.* 持久的(enduring, long-term, continuing)
【记】last(持久)＋ing
【例】When will there be ***lasting*** peace in the world?

everlasting [ˌevərˈlæstɪŋ] *adj.* 永恒的，持久的

hasty [ˈheɪsti] *adj.* 匆忙的(rushed)

transitory [ˈtrænsətɔːri] *adj.* 短暂的(temporary, momentary)
【记】trans(交换)＋it(走)＋ory→交换走，你走他来→短暂的
【例】Most teenage romances are ***transitory***.

transient [ˈtrænʃnt] *adj.* 短暂的；过路的(temporary, short-term)
【例】He made a ***transient*** stay at the hotel.

obsolete [ˌɑːbsəˈliːt] *adj.* 过时的；废弃的(disused, outmoded)
【记】ob(不)＋solete(使用)→过时的
【例】This new computer rendered my old one ***obsolete***.

□ demonstrate □ furthermore □ paradoxically □ postulate □ metaphor □ due
□ cursory □ perennial □ chronic □ lasting □ everlasting □ hasty
□ transitory □ transient □ obsolete

extemporaneous [ɪkˌstempəˈreɪniəs] *adj.* 即席的(impromptu, improvised)
【记】ex+tempor(时间)+aneous→在安排时间之外→即席的
【例】I gave an ***extemporaneous*** lecture because the invited speaker was late.

urgent [ˈɜːrdʒənt] *adj.* 紧急的，迫切的(imperative)
【例】It is ***urgent*** that food and clothing be sent to the refugees.

pressing [ˈpresɪŋ] *adj.* 紧迫的(urgent)
【例】It is one of the most ***pressing*** problems facing this country.

immediate [ɪˈmiːdiət] *adj.* 立即的(instant)
【记】im(无)+medi(中间)+ate→无中间休息→立刻的

forthright [ˈfɔːrθraɪt] *adj.* 立即的
【例】The critic gave the ***forthright*** criticism to the director of the film.

offhand [ˌɔːfˈhænd] *adj.* 临时的
【例】I gave an ***offhand*** guess that it's about three o'clock.

temporal [ˈtempərəl] *adj.* 一时的；暂时的(transient, momentary)
【记】tempor(时间)+al

temporary [ˈtempəreri] *adj.* 临时的(momentary, make-do)
【例】He found a ***temporary*** lodgment in Paris.

contemporary [kənˈtempəreri] *adj.* 当代的，同时代的

impromptu [ɪmˈprɑːmptjuː] *adj.* 临时的；即兴的(extempore, improvised)
【记】im(不)+promptu(时间)→不在时间表内→临时的
【例】The pianist gave an ***impromptu*** performance at the party.

occasional [əˈkeɪʒənl] *adj.* 临时的；偶然的
【例】The silence was broken by an ***occasional*** scream.

punctual [ˈpʌŋktʃuəl] *adj.* 守时的
【记】punct(点)+ual→卡着点的→守时的
【例】Mary is ***punctual***; she would never be late for an appointment.

instantaneous [ˌɪnstənˈteɪniəs] *adj.* 瞬间的，即刻的(ephemeral)
【记】instant(马上)+aneous→瞬间
【例】Death was not ***instantaneous*** because none of the bullets hit the heart.

subsequent [ˈsʌbsɪkwənt] *adj.* 随后的，后来的(following, later)
【记】sub(下面)+sequent(随着的)
【例】***Subsequent*** events proved the man to be right.

current [ˈkɜːrənt] *adj.* 现今的(present)
【例】Recent reports will give the most ***current*** news about the accident. / He reads the newspaper every day to know the ***current*** events.

concurrent [kənˈkɜːrənt] *adj.* 同时发生的(simultaneous)
【记】con+current(发生)→同时发生
【例】There were several ***concurrent*** attempts to climb the mountain.

☐ extemporaneous ☐ urgent ☐ pressing ☐ immediate ☐ forthright ☐ offhand
☐ temporal ☐ temporary ☐ contemporary ☐ impromptu ☐ occasional ☐ punctual
☐ instantaneous ☐ subsequent ☐ current ☐ concurrent

extant [ekˈstænt] *adj.* 现存的(existing)

【例】Two fourteenth-century manuscripts of this text are still ***extant***.

nocturnal [nɑːkˈtɜːrnl] *adj.* 夜间的(nighttime, nightly)

【记】noct(夜)+urnal；比较diurnal(白天的)

【例】An owl is an ***nocturnal*** bird, while a sparrow is diurnal.

former [ˈfɔːrmər] *adj.* 以前的(ago, previous)

【例】My ***former*** students still kept in touch with me through e-mails.

formerly [ˈfɔːrmərli] *adv.* 从前，原来(previously)

previous [ˈpriːviəs] *adj.* 以前的(preceding, foregoing)

【记】pre(预先)+vious

【例】He revoked his ***previous*** decision.

previously [ˈpriːviəsli] *adv.* 先前，以前(earlier, formerly)

eternal [ɪˈtɜːrnl] *adj.* 永恒的(everlasting, perpetual)

【例】The bride and groom pledged their ***eternal*** love to each other.

permanent [ˈpɜːrmənənt] *adj.* 永久的(constant, continuous)

【例】Anne took a ***permanent*** position with the law firm.

abiding [əˈbaɪdɪŋ] *adj.* 永久的，永恒的(enduring, lasting)

【例】He has a genuine and ***abiding*** love of the craft.

dated [ˈdeɪtɪd] *adj.* 有年头的，陈旧的

【记】date(时间，日子)+d

【例】The ***dated*** movie was still quite entertaining.

overdue [ˌoʊvərˈdjuː] *adj.* 逾期的(tardy, late)

【记】over(过)+due(到期)→逾期

beforehand [bɪˈfɔːrhænd] *adv.* 事先地(in advance)

【例】Please make a reservation at the restaurant ***beforehand*** so we don't have to wait.

simultaneously [ˌsaɪmlˈteɪniəsli] *adv.* 同时地(at the same time, concurrently)

【例】The two balls, big and small, hit the ground ***simultaneously***.

recently [ˈriːsntli] *adv.* 最近地(lately, currently)

lately [ˈleɪtli] *adv.* 最近

duration [duˈreɪʃn] *n.* 持续时间，期间(length)

epoch [ˈepək] *n.* 纪元；时代(age, era)

interlude [ˈɪntərluːd] *n.* 间隔；插曲(interval; episode)

【记】inter(在…中间)+lude(玩)→在中间玩→中间休息

era [ˈɪrə] *n.* 时代，时期(period, age)

schedule [ˈskedʒuːl] *n.* 时间表；计划表(calendar, timetable)

【例】He has been forced to adjust his ***schedule***.

juncture [ˈdʒʌŋktʃər] *n.* 时刻

□ extant □ nocturnal □ former □ formerly □ previous □ previously
□ eternal □ permanent □ abiding □ dated □ overdue □ beforehand
□ simultaneously □ recently □ lately □ duration □ epoch □ interlude
□ era □ schedule □ juncture

session [ˈseʃn] *n.* 一段时间；一次

【例】A very dehydrated man can not drink too much water at one ***session***, or he will get himself killed through water intoxication.

elapse [ɪˈlæps] *vi.*（时间）消逝(go by, pass)

【记】e(出)+lapse(滑)→滑出去→时光流去

【例】Time ***elapsed*** slowly while I waited for the bus.

concur [kənˈkɜːr] *vi.* 同意，一致

【例】After hearing my point, Bill ***concurred*** with me.

improvise [ˈɪmprəvaɪz] *vt.* 即席而作(extemporize)

【记】im(不)+pro(前)+vise(看)→没有预先看过→即席而作

【例】The actors ***improvised*** a scene based on an audience's suggestion.

synchronize [ˈsɪŋkrənaɪz] *vt.* 同时发生(concur)

【记】syn(共同)+chron(时间)+ize→同时

【例】They ***synchronized*** their steps.

abruptly [əˈbrʌptli] *adv.* 突然地，唐突地(suddenly)

【例】The ground rises ***abruptly***.

periodically [ˌpɪriˈɑːdɪkli] *adv.* 周期性地；偶尔；定期地(regularly)

【例】From that time he became ***periodically*** ill.

priority [praɪˈɔːrəti] *n.* 先，优先，前(antecedence, precedence)

【例】They insist that the right to live should take ***priority*** over all other considerations.

pristine [ˈprɪstiːn] *adj.* 原来的，原始的，古时的(primitive)

【例】The ground was covered in a ***pristine*** layer of snow.

sequentially [sɪˈkwenʃəli] *adv.* 相继地；结果地；连续地

【例】Accessing data ***sequentially*** involves little more than counting.

periodically [ˌpɪriˈɑːdɪkli] *adv.* 定期地；周期性地；偶尔；间歇

【例】I hope that you can use these simple tools and techniques to create your own scripts to ***periodically*** test the security stance of your systems.

水相关动作

itinerant [aɪˈtɪnərənt] *adj.* 巡回的(travelling)；流动的

【记】itiner(走)+ant→走来走去的→巡回的

【例】The ***itinerant*** preacher has been travelling around Europe for decades.

flow [floʊ] *n.* 流程，流动(circulation) *v.* 流动(travel)

□ session □ elapse □ concur □ improvise □ synchronize □ abruptly
□ periodically □ priority □ pristine □ sequentially □ periodically □ itinerant
□ flow

influx [ˈɪnflʌks] *n.* 流入；灌输
【记】in(进入)+flux(流入)→涌入
【例】It faces an ***influx*** of refugees.

spray [spreɪ] *n./v.* 喷雾(sprinkle, shower)
【例】John ***sprayed*** insecticide on the plants.

drift [drɪft] *n./v.* 漂流(move aimlessly)
【例】The piece of wood was ***drifting*** down the river.

fluctuate [ˈflʌktʃueɪt] *v.* 波动(waver, alternate, move up and down)
【记】fluct=flu(流动)+uate
【例】The stock prices ***fluctuated*** wildly.

splash [splæʃ] *v.* 溅，泼(sprinkle)
【例】The ***splashing*** turbulence when glaciers broke into the ocean constitutes a spectacle.

dip [dɪp] *v.* 浸，蘸，沾(immerse in)
【例】She ***dipped*** her finger into the liquid and tasted it.

spurt [spɜːrt] *v.* 喷出，涌出(burst, squirt)
【例】The sea cucumber can ***spurt*** out its internal organ when in seeds.

spout [spaʊt] *v.* 喷出，涌出(gush, spurt)
【例】Blood ***spouted*** out from the wound.

meander [miˈændər] *v.* 蜿蜒而流(wind, zigzag)
【例】The river ***meanders*** through the mountain to the east.

gush [gʌʃ] *vi.* 涌出(effuse)
【例】Blood ***gushed*** out from his deep cut.

immerse [ɪˈmɜːrs] *vt.* 沉浸
【记】im(进)+merse(沉)→沉进去→沉浸
【例】I ***immersed*** myself in the hot bath and relaxed.

overflow [ˌoʊvərˈfloʊ] *vt.* 从…中溢出(surplus, excess)
【记】over(过)+flow(流)→流出
【例】The lake ***overflowed*** till all the villages in the neighbourhood were awash.

infuse [ɪnˈfjuːz] *vt.* 灌输(imbue, instill)；浸渍
【记】in(进入)+fuse(流)→注入
【例】The leader's speech ***infused*** new energy into the workers.

submerge [səbˈmɜːrdʒ] *vt.* 浸没，淹没 *vi.* 潜水
【记】sub(下面)+merge(沉)→沉到下面→淹没
【例】I ***submerged*** my head in the water completely. / The submarine ***submerged*** to avoid enemy ships.

□ influx □ spray □ drift □ fluctuate □ splash □ dip
□ spurt □ spout □ meander □ gush □ immerse □ overflow
□ infuse □ submerge

imbue [ɪmˈbjuː] *vt.* 浸染；灌输(permeate)
【例】The child was ***imbued*** with heroism since his father was a retired war hero.

saturate [ˈsætʃəreɪt] *vt.* 浸透(soak, imbue)
【例】His shoes were ***saturated*** after the rain.

exude [ɪɡˈzuːd] *vt.* 渗出；流出(discharge)
【记】ex+(s)ude(出汗)→渗出
【例】The runner ***exuded*** sweat.

permeate [ˈpɜːrmieɪt] *vt.* 渗透，弥漫(penetrate, pervade)
【记】per(全部)+mea(通过)+te→渗透
【例】Nasty water from the flood ***permeated*** our carpeting.

dampen [ˈdæmpən] *vt.* 使潮湿，给…泼冷水(wet)
【例】*Dampen* a cloth for your forehead to make your headache go away.
I don't want to ***dampen*** your enthusiasm, but take it easy!

moisten [ˈmɔɪsn] *vt.* 使湿润
【例】The dew ***moistened*** the meadows.

物 体

article [ˈɑːrtɪkl] *n.* 物品
【例】***article*** reserves 物品储存

craft [kræft] *n.* 船(单复数相同)(vessel)
【记】craftsman(手艺人)
【例】***Craft*** of all kinds come to this seaport.

vessel [ˈvesl] *n.* 器皿；导管；船(ship)

girdle [ˈɡɜːrdl] *n.* 带状物；带，腰带(waistband)
【记】gird(束腰)+le

canvas [ˈkænvəs] *n.* 帆布
【例】The tent was made of waterproof ***canvas***.

stick [stɪk] *n.* 棍，棒
【例】a walking ***stick***

souvenir [ˌsuːvəˈnɪr] *n.* 纪念品(reminder)
【例】The couple bought a ***souvenir*** of their honeymoon in Florida.

board [bɔːrd] *n.* 木板

screen [skriːn] *n.* 屏幕
【例】Security guards formed a ***screen*** around the President.

□ imbue □ saturate □ exude □ permeate □ dampen □ moisten
□ article □ craft □ vessel □ girdle □ canvas □ stick
□ souvenir □ board □ screen

container [kən'teɪnər] *n.* 容器(receptacle, vessel)

【例】The perfume was in a beautiful glass ***container***.

entity ['entəti] *n.* 实体

【例】Your company and my company are separate business ***entities***.

spur [spɜːr] *n.* 踢马刺

leash [liːʃ] *n.* 牵狗的皮带；控制

【例】I managed to hold my anger in ***leash***.

strip [strɪp] *n.* 条，带

【例】a *strip* of paper; ***strips*** of beef

band [bænd] *n.* 条；带(stripe)

hinge [hɪndʒ] *n.* 铰链(joint, pivot)

ledge [ledʒ] *n.* 突出物；壁架

【记】联想"l"加edge(边)

bulk [bʌlk] *n.* 物体

【例】Dave placed his great ***bulk*** on the tiny chair, and it broke.

varnish ['vɑːrnɪʃ] *n.* 油漆(gloss, polish)

【例】The floor is coated with ***varnish***.

tug [tʌg] *n.* 拖船

效 果

null [nʌl] *adj.* 无效的(invalid, void)

valid ['vælɪd] *adj.* 有效的(soundly based, acceptable)

【例】A traveler's passport is ***valid*** within 6 months.

invalid [ɪn'vælɪd] *adj.* 无效的(void)

【记】in(不)+valid(有效的)

effect [ɪ'fekt] *n.* 效果；印象(result; impression)

【记】ef(出)+fect(做)→做出来→生效，效果

【例】What will the ***effect*** be on the twins if they are separated?

effective [ɪ'fektɪv] *adj.* 有效的；有影响的(valid, resultful)

【记】effect(效果)+ive

【例】The ***effective*** politician cut waste from the budget.

efficient [ɪ'fɪʃnt] *adj.* 有效率的(effective, competent)

【记】ef(出)+fic(做)+ient→能做出事来→有效率的

【例】The financial analyst found ***efficient*** ways for the company to save money.

□ container □ entity □ spur □ leash □ strip □ band
□ hinge □ ledge □ bulk □ varnish □ tug □ null
□ valid □ invalid □ effect □ effective □ efficient

outcome [ˈaʊtkʌm] *n.* 后果；成果(result, consequence)
【记】来自come out(结果是)
【例】The settling way will hang on the ***outcome*** of our discussion.

impotence [ˈɪmpətəns] *n.* 无效
【记】im(无)+potence(能力)→无能
【例】You can blame the ***impotence*** of commercial culture.

trigger [ˈtrɪgər] *n.* 起动装置；触发器；扳柄；计算机启动某程序的信号（计算机用语）*v.* 引发，触发，引起（cause, kindle）
【例】a hair-***trigger*** temper

continuous [kənˈtɪnjuəs] *adj.* 连续的，持续的；连绵不断的
【例】Residents report that they heard ***continuous*** gunfire.

viable [ˈvaɪəbl] *adj.* 可行的；能养活的；能生育的
【例】In all the years of debate, the government failed to consider other ***viable*** proposals.

原 因

gratuitous [grəˈtjuːɪtəs] *adj.* 无理由的，不必要的
【例】"The lies in novels are not ***gratuitous***—they fill in the insufficiencies of life," he wrote.

source [sɔːrs] *n.* 来源，源头(beginning, origin)

account [əˈkaʊnt] *n.* 原因
【例】On no ***account*** can we ignore the value of knowledge.

reason [ˈriːzn] *n.* 原因 *v.* 推论(deduce)

sake [seɪk] *n.* 缘故，原因(reason)
【例】He would do anything for money's ***sake***.

cause [kɔːz] *vt.* 导致 *n.* 原因(reason)
【例】The heavy rain was the ***cause*** of the flood.

impute [ɪmˈpjuːt] *vt.* 归咎于(ascribe, attribute)
【记】比较put(放，归于)
【例】I ***impute*** his failure to laziness.

attribute [əˈtrɪbjuːt] *vt.* 归因于(accredit, ascribe)
【例】The discovery of electricity is ***attributed*** to Benjamin Franklin.

整体与局部

superficial [ˌsuːpərˈfɪʃl] *adj.* 表面的，肤浅的(seeming, apparent)
【记】super(上面)+fic(做)+ial→表面的
【例】Susan prefers deep thinkers to people who are ***superficial***.

□ outcome □ impotence □ trigger □ continuous □ viable □ gratuitous
□ source □ account □ reason □ sake □ cause □ impute
□ attribute □ superficial

partial [ˈpɑːrʃl] *adj.* 部分的(fractional, part)
【记】part(部分)+ial

partially [ˈpɑːrʃəli] *adv.* 部分地

overall [ˌoʊvərˈɔːl] *adj.* 全部的，全面的(general)

integral [ˈɪntɪɡrəl] *adj.* 组成的；完整的(complete, full)
【记】integr(完整)+al
【例】As an ***integral*** part of the contract, the inspection of goods has special importance.

integrate [ˈɪntɪɡreɪt] *vt.* 使结合，使并入(combine, join)
【例】Quality training was ***integrated*** into your basic courses through newcomers.

integrity [ɪnˈteɡrəti] *n.* 完整性(congruity)
【例】Separatist movements are a threat to the ***integrity*** of the nation.

seemingly [ˈsiːmɪŋli] *adv.* 表面上，似乎(apparently)
【例】The ***seemingly*** occasional accident is actually purposely designed.

portion [ˈpɔːrʃn] *n.* 一部分(part, fraction)
【例】Mary decorated her ***portion*** of the office.

proportion [prəˈpɔːrʃn] *n.* 比例；部分(percentage, ration)
【记】比较portion(部分)
【例】Which countries have the highest ***proportion*** of female graduates?

segment [ˈseɡmənt] *n.* 部分；片段(part, section, portion, sector)
【例】The revolution in fact affected every ***segment*** of the nation.

facet [ˈfæsɪt] *n.* 方面(aspect)
【例】The teacher carefully explained each ***facet*** of the theory.

aspect [ˈæspekt] *n.* 方面(facet)
【记】a+spect(看)→看上去的样子→外观
【例】I asked my lawyer to explain the legal ***aspects*** of the problem.

juncture [ˈdʒʌŋktʃər] *n.* 结合点(junction, joining)

junction [ˈdʒʌŋkʃn] *n.* 连接，汇合处
【记】junct(连接)+ion
【例】We meet at the ***junction*** of U. S. and Canada.

fraction [ˈfrækʃn] *n.* 片断(part, bit)
【记】fract(碎裂)+ion

respect [rɪˈspekt] *n.* 着眼点，方面(aspect)
【例】David is an excellent teacher in all ***respects***.

component [kəmˈpoʊnənt] *n.* 组成部分(constituent, ingredient)
【例】An essay question is one ***component*** of the test.

□ partial □ partially □ overall □ integral □ integrate □ integrity
□ seemingly □ portion □ proportion □ segment □ facet □ aspect
□ juncture □ junction □ fraction □ respect □ component

system [ˈsɪstəm] *n.* 系统，体系

fringe [frɪndʒ] *n.* 边缘；流苏；端 *v.* 加饰边于 (border, brim)

【例】A ***fringe*** of trees stood round the pool.

Histories make men wise; poems witty; the mathematics subtle; natural philosophy deep; moral grave; logic and rhetoric able to contend.

历史使人明智；诗词使人灵秀；数学使人周密；自然哲学使人深刻；伦理使人庄重；逻辑修辞学使人善辩。

——英国哲学家 培根(Francis Bacon, British philosopher)

连 线 题

左列单词在右列中有一个或多个同义词，请画线连接。

（一）

integrity	aspect
facet	congruity
reason	deduce
effective	imbue
container	move aimlessly
girdle	receptacle
craft	resultful
overflow	surplus
infuse	valid
drift	vessel
	waistband

（二）

doctrine	circulation
flow	emblem
formerly	extempore
impromptu	extemporize
improvise	momentary
logical	permanent
overdue	previously
perennial	reasonable
symbol	tardy
temporary	theory

（三）

direct	absorb
edible	brightness
exclusion	cleverness
identical	comestible
imbibe	comparable
incisive	exempted
invert	impertinent
irrelevant	nonaligned
luster	omission
neutral	overturn
relieved	profound
similar	radiance
tip	reverse
	straightforward
	tantamount

连线题答案

（一）

integrity	congruity
facet	aspect
reason	deduce
effective	valid
effective	resultful
container	receptacle
girdle	waistband
craft	vessel
overflow	surplus
infuse	imbue
drift	move aimlessly

（二）

doctrine	theory
flow	circulation
formerly	previously
impromptу	extempore
improvise	extemporize
logical	reasonable
overdue	tardy
perennial	permanent
symbol	emblem
temporary	momentary

（三）

direct	straightforward
edible	comestible
exclusion	omission
identical	tantamount
imbibe	absorb
incisive	profound
invert	overturn
invert	reverse
irrelevant	impertinent
luster	brightness
luster	radiance
neutral	nonaligned
relieved	exempted
similar	comparable
tip	cleverness

附录一　索引

附录二　阅读必备重要词组

此附录收录了历届TOEFL考试阅读部分出现的重要词组，第一部分的词组对于理解文章非常重要，第二部分的词组常出现于TOEFL考试和国外模考试题的词汇题中。这两部分词组都应该熟练掌握。

第一部分　TOEFL阅读文章必备词组

against the grain	逆潮流，格格不入
accuse sb. of doing	控告某人做某事
all but	1. (后接动词) *adv.* 几乎(almost)
	2. (后接名词) *prep.* 除了…都(all except)
as...go	像普通的…一样；如…所言
at large	一般的
	【例】the public at large社会大众
attach to...	把…放在；对…赋予
	【例】attach importance to the matter
be accustomed to	习惯于…
be applied to	被用于…
be at home in	熟悉
be committed to	致力于
by no means	决不
by one's own right	by oneself
can't help but	不得不，不能不
cast off	抛弃
cater to	满足…的需要；迎合
cling to	遵守；坚持
cope with	处理(take care of, deal with, handle)
correspond to	与…相应

dedicate oneself to	致力于
deprive of	剥夺
dispose of	处理，处置
every walk of life	各行各业
fall into	陷入，进入
first rank	一流的
follow one's lead	听某人的话，效法某人
from one's standpoint	从某人的立场看
from one's point of view	以某人的观点看
get rid of	消除
get...in tune	使…和谐
give way to	让步于
graze on	(牛羊等)吃(草)
have...in common	有共性，有共同点
hold back	阻止
in addition to	除…外
in advance	预先
in favor of	倾向于
in harmony with	与…协调一致
in high gear	高速地
in one's own right	by oneself
in significant measure	在很大程度上
in so far as	在…的范围内；就…而言
in the strictest sense	在最严格的意义上
jibe with	与…一致
keep abreast with	跟上(keep up with)
make a tribute to	对…做贡献，对…有意义
make an impact on	对…产生影响
make one's way to	转向
make way for	让步于
notwithstanding	虽然，尽管(however)
on the whole	总体上
only that...	因为(because)
per capita	人均

pick up	拣起；沿着…
play a part in	在…中扮演角色；在…中起作用
preside over	管理，监控
prior to	在…之前
provided with	提供…
put an end to	结束
regardless of	不管，不顾
short of	1. 差点，几乎　2. *prep.* 除了(except)
shoot up	迅速成长，增长
subject to	取决于…；受…控制
subsist on	依靠
take advantage of	利用
take on	呈现【例】The city takes on a new look.
	承担【例】He has to take on extra work.
take sth.for granted	想当然认为…
tip the scale at	称重…，体重…
to the extreme	达到极点
to the point of	到…的程度
to the extent of	到…的程度
up to	达到(as many as)
usher in	带来，开始
wipe out	消除
with respect to	考虑到

第二部分　TOEFL 阅读部分常考词组

account for	explain
ahead of	in front of, preceding
as a result of	because of
as a substitute for	in place of
as well as	in addition of
attribute to	testify as
be fraught with	full of, charge with
break apart	split
break out	begin
break up	separate
bring about	produce, cause, introduce
by-product	derivative
call for	require
call off	cancel
cling to	hold fast to, stick to
come down with	contract
come through	be written(特定上下文中有此含义)
come to	regain consciousness
come up with	propose
count on	rely on, trust
couple with	in addition to
deal with	concern, cope
devote to	dedicate, specialize in
dispose of	get rid of
dissent from	disagree with
do away with	get rid of
draw from	take from
drive out of	force out of
dwindle away	eventually disappear
easily moved	portable
excel in	be outstanding in
extract from	remove from

feed up	disgust; eat
figure out	solve
from time to time	occasionally
get along	manage
get over	recover from
get rid of	discard, eliminate
give in	yield to
give out	announce
hand in	submit
hand out	distribute
hold up	withstand
look after	care for
look over	inspect
make do with	replace(特定上下文中有此含义)
make up	constitute
make up for	compensate for
on the outskirts	at the edges
on the wane	dwindling
on the whole	generally
outlet for	release from
pertain to	associate with, relate to
plague with	afflict by
put up with	tolerate
rather than	instead of
put off	postpone
put up	supply
run out	become depleted
set off	begin
set up	arrange, establish
sit on	serve on
stand against	defiance of
stretch across	span
subterranean	underground
take down	record

take after	resemble
take for	confuse sb with
take in	deceive
take into account	consider
take off	depart
take on	assume
turn down	reject
turn into	become
up to	a maximum of, as many as
wear away	erode
wear out	no longer usable
with respect to	with regard to

附录三　托福经典 400 题

1. Honey guides, or indicator birds, collaborate with honey badgers in seeking out bee colonies.
(A) work together　(B) travel north　(C) live　(D) compete
2. Diffusion is the spontaneous spreading of matter caused by the random movement of molecules.
(A) patternless　(B) whirling　(C) constant　(D) rampant
3. The attack on Fort Sumter near Charleston provoked a sharp response from the North, which led to the American Civil War.
(A) demanded　(B) elicited　(C) expedited　(D) defied
4. The amenities of civilization are left behind when an individual embarks on a camping trip in a remote area.
(A) activities　(B) rules　(C) comforts　(D) signs
5. Parsley is cultivated throughout much of the world.
(A) seen　(B) grown　(C) dried　(D) cooked
6. A ford is a place where it is possible to cross a creek or river.
(A) trench　(B) gorge　(C) ravine　(D) stream
7. Grandma Moses, a popular painter, spent her life in a tranquil little farming community.
(A) lovely　(B) serene　(C) isolated　(D) snobbish
8. The works of novelist Joyce Carol Oates are moving chronicles of contemporary life in the United States.
(A) simultaneous　(B) controversial　(C) modern　(D) temperate
9. The tendency of the human body to reject foreign matter is the main obstacle to successful tissue transplantation.
(A) factor in　(B) impediment to　(C) occurrence in　(D) phenomenon of
10. Hypnotized individuals can be induced to act bizarrely.
(A) in harmful ways　(B) against their wills
(C) oddly　(D) emotionally
11. When telephone calls are tansmitted by satellite, a dim echo can often be heard on the line.
(A) weak　(B) static　(C) harsh　(D) deep
12. In North America, the first canoes were constructed from logs and propelled by means of wooden paddles.
(A) carved　(B) docked　(C) driven forward　(D) carried upright

13. W.C. Handy, the renowned composer and musician, was known as the "father of the blues."
(A) kindly (B) noble (C) famous (D) dashing
14. It is now common for physically disabled individuals to receive the bulk of their education in regular school programs.
(A) majority (B) assignments (C) texts (D) rest
15. The nests of most finches are constructed sloppily.
(A) elaborately (B) messily (C) characteristically (D) annually
16. Large areas of Alaskan land remain desolate due to harsh climate.
(A) inaccessible (B) immature (C) parched (D) barren
17. The comic routines of Stan Laurel and Oliver Hardy involved pantomime and a novel use of props.
(A) an original (B) an appropriate (C) a literal (D) a funny
18. Subterranean streams have cut through limestone to form miles of passage and caves, such as Kentucky's Mammoth Cave.
(A) Secondary (B) Underground (C) Unharnessed (D) Miniscule
19. Salesmanship is the ability to sway people to willingly buy products or support new ideas.
(A) educate (B) expect (C) allow (D) persuade
20. The fire dance is the climax of the ceremony of the Navajo night chants.
(A) addition to (B) high point in (C) substitute for (D) beginning of
21. A fossil is a remnant of a once-living organism.
(A) bone (B) solvent (C) picture (D) vestige
22. If stored while wet, hay may build up heat and ignite spontaneously.
(A) sprout (B) catch fire (C) release gases (D) spoil
23. It was not poverty, but rather a concern for simplicity that kept Puritan churches unadorned.
(A) theology (B) hunger for power
(C) frontier conditions (D) lack of money
24. Strict sanitary procedures help to forestall outbreaks of disease.
(A) prevent (B) control (C) minimize (D) preview
25. Deceptive labeling of certain types of merchandise is not all owed under the Pure Food and Drug Act of 1906.
(A) Alarming (B) Misleading (C) Extravagant (D) Tasteless
26. When planting shrubbery, it is advisable to tamp the dirt around the roots after covering them.
(A) water (B) fertilize (C) pack down (D) tamper with
27. Alexander Woollcott's flamboyant personality combined sharpness of wit with sentimentality.
(A) devious (B) humorous (C) singular (D) showy
28. In terms of precipitation, ten inches of snow is the equivalent of an inch of rain.
(A) the symbol of (B) the same as
(C) the product of (D) as thick as

29. After many years of unsuccessfully endeavoring to form his own orchestra, Glenn Miller finally achieved world fame in 1939 as a big band leader.

(A) requesting (B) trying (C) offering (D) deciding

30. The manic-depressive usually fluctuates between great excitement and deep depression.

(A) recovers (B) falls (C) improves (D) alternates

31. In the Navejob household, grandparents and other relatives play indispensable roles in raising children.

(A) dominant (B) exemplary (C) essential (D) demanding

32. Laser beams can be used to bore metals and other hard materials.

(A) trim (B) melt (C) drill (D) slice

33. The concept of upward social mobility has been an abiding feature of American life.

(A) enduring (B) unaffected (C) intriguing (D) observable

34. When squashed the stem and leaves of the jewelweed exude a juice that will soothe some skin irritations.

(A) boiled (B) aged (C) crushed (D) chopped

35. The Coriolis force causes all moving projectiles on Earth to be deflected from a straight line.

(A) sprung (B) deviated (C) be retracted (D) be conceived

36. The legislative filibuster is a parliamentary tactic designed to delay or prevent action by the majority.

(A) tradition (B) rule (C) observance (D) maneuver

37. Because of its old mannerisms, the praying mantis has always intrigued human beings.

(A) fascinated (B) aggravated (C) offended (D) terrified

38. Hundreds of years ago cloves were used to remedy headaches.

(A) disrupt (B) diagnose (C) evaporate (D) cure

39. Ocean waves can cut imposing cliffs along coastlines.

(A) immobile (B) impermeable

(C) impressive (D) imaginative

40. Neon light is utilized in airport beacons because it can permeate fog.

(A) pass through (B) transmit (C) suspend (D) break up

41. A computer will always follow the same sequence when solving a problem,no matter how complicated that problem may be.

(A) imprint (B) definition (C) progression (D) ordinance

42. Weight lifting is the gymnastic sport of lifting weights in a prescribed manner.

(A) vigorous (B) popular (C) certain (D) careful

43. A number of the Mikasuki Indians still reside on their reservation in northern Florida.

(A) work on (B) visit (C) live on (D) protect

44. The lilac flower has a unique odor.
 (A) scent (B) tint (C) shape (D) size
45. An allergy is an adverse reaction of the body to certain substances.
 (A) a natural (B) a negative (C) a routine (D) a selective
46. Tax rebates can have far reaching effects on the economy.
 (A) accountants (B) laws (C) refunds (D) credits
47. Arizona's rapid population growth and wealth spurred the movement for statehood at the end of the nineteenth century.
 (A) stimulated (B) financed (C) spanned (D) disrupted
48. Mergers may be effected to revive or rejuvenate failing businesses by the infusion of new management and personnel.
 (A) inspection (B) introduction (C) evaluation (D) concentration
49. A fable is a didactic tale focused on a single character trait.
 (A) an authentic (B) a muddled (C) an instructive (D) an old-fashioned
50. Biologists have ascertained that specialized cells convert chemical energy into mechanical energy.
 (A) determined (B) argued (C) pretended (D) hypothesized
51. In mathematics the term "solid" describes a geometric figure with three dimensions.
 (A) angle (B) shape (C) triangle (D) equation
52. Shellac varnish is purified lac that is secreted by scale insects.
 (A) refined (B) starchy (C) resilient (D) virtuous
53. The role of the performing artist is to interpret, not alter, the notes on a printed sheet of music.
 (A) omit (B) reproduce (C) compose (D) change
54. Modern printing equipment quickly turns out duplicate copies of textual and pictorial matter.
 (A) identical (B) excessive (C) illustrated (D) legible
55. After reading Philip Morrison's paper on gamma-ray astronomy in 1959, a fellow physicist was prompted to ask, "Wouldn't using gamma rays be a good way to communicate across the galaxy?"
 (A) petitioned (B) cautioned (C) motivated (D) requested
56. During the rainy season the Mississippi River may carry away hundreds of acres of valuable topsoil from one area and arbitrarily deposit it in another.
 (A) subsequently (B) lawfully (C) mercilessly (D) randomly
57. Teachers of young children should scrupulously avoid ridicule and sarcasm.
 (A) theoretically (B) naively (C) diligently (D) confidently
58. Ice can be used to keep food from spoiling.
 (A) rotting (B) aging (C) toughening (D) evaporating
59. An expert in any field may be defined as a person who possesses specialized skills and is capable of rendering very competent services.
 (A) obtaining (B) mastering (C) providing (D) financing

60. Plays that <u>entail</u> direct interaction between actor and audience present no unusual difficulties for actors.

(A) advocate　(B) involve　(C) elicit　(D) exaggerate

61. The issue of loose construction versus strict construction of the United States Constitution contributed to the <u>emergence</u> of political parties.

(A) joining　(B) urgency　(C) appearance　(D) activity

62. Some critics have praised James Michener's epic novels for their facts but <u>deplored</u> their characterization.

(A) emulated　(B) ridiculed　(C) complimented　(D) lamented

63. Materials such as clay, wax, glass, and rubber are widely used in industry today because they are <u>malleable</u>.

(A) easy to manufacture　(B) readily available

(C) pliable　(D) buoyant

64. Starfish, five-armed sea creatures, <u>creep</u> across coral reefs by using suckers on the bottom of their arms.

(A) dig deeply　(B) move slowly　(C) dive　(D) jump

65. Repeated burning of any vegetation cover alters its composition and <u>hence</u> its contribution to soil development.

(A) in conclusion　(B) as a result　(C) otherwise　(D) by comparison

66. Woodrow Wilson <u>endeavored</u> to preserve world peace by supporting the establishment of an organization to settle international disputes.

(A) tried　(B) needed　(C) decided　(D) neglected

67. The Group of Seven, a clique of Canadian artists painting at the turn of the century, has been credited with <u>arousing</u> a widespread awareness of Canada's rugged landscape.

(A) stimulating　(B) prolonging　(C) glorifying　(D) politicizing

68. Comets are still regarded with <u>awe</u> by some people.

(A) wonder　(B) concern　(C) resentment　(D) detachment

69. The Badlands National Park was established in South Dakota to preserve this <u>weirdly</u> beautiful region.

(A) truly　(B) strangely　(C) exceedingly　(D) impressively

70. In 1925 Clarence Darrow <u>competently</u> opposed William Jennings Bryan at the renowned Scopes "Monkey Trial."

(A) adeptly　(B) maliciously　(C) privately　(D) rashly

71. In the book Autobiography of Values, the aviation hero Charles Lindbergh reveals his <u>paradoxical</u> and often sobering thoughts on life.

(A) contradictory　(B) poignant　(C) mystic　(D) paramount

72. Proteins are composed of more than twenty amino acids that are liberated during digestion.
(A) congregated (B) multiplied (C) freed (D) conscripted
73. An electric arc is a luminous current of electricity that leaps from one electrode to another.
(A) ludicrous (B) glowing (C) magnetic (D) flickering
74. After its founding, the United States government followed a policy explicitly designed to aid national shipping.
(A) prematurely (B) economically (C) specifically (D) proudly
75. In many societies the person who fails to conform to conventional behavior is likely to be shunned by others.
(A) preserved (B) instructed (C) avoided (D) selected
76. Accountants record all information pertaining to the economic aspects of an organization's activities.
(A) submitted to (B) associated with (C) limiting (D) taxing
77. Willa Cather procured the inspiration for her fictional characters from the Nebraskan farmers among whom she was raised.
(A) endorsed (B) deposed (C) elevated (D) obtained
78. The compact dictionaries published in recent years are not as unwieldy as some of the older editions.
(A) complete (B) tiresome (C) reliable (D) cumbersome
79. Molly Brown was labeled "unsinkable" after she helped to evacuate passengers from the ill-fated ship the Titanic.
(A) anticipate (B) comfort (C) remove (D) shelter
80. It is seldom acceptable to abbreviate words in formal writing.
(A) omit (B) explain (C) invent (D) shorten
81. Ella Grasso, elected governor of Connecticut in 1974, supported the enactment of a freedom-of-information law.
(A) passing (B) advocates (C) drafting (D) circulation
82. Eyespots, the most rudimentary eyes, are found in protozoan flagellates, flatworms, and segmented worms.
(A) hostile-looking (B) perceptive (C) primitive (D) strangely formed
83. Some children display an unquenchable curiosity about every new thing they encounter.
(A) insatiable (B) inherent (C) indiscriminate (D) incredible
84. In autumn chipmunks fill their expansive cheek pouches with food that they carry away to store for the harsh winter ahead.
(A) cozy (B) severe (C) lonely (D) dry
85. Ocean-going vessels have often used flags to indicate their national allegiance.
(A) loyalty (B) destination (C) cargo (D) allowance

86. The action in James Baldwin's novel Go Tell It on the Mountain spans two days in the lives of several members of a strict religious sect.

(A) comments on (B) predicts (C) begins with (D) covers

87. Although many people had long regarded the "Star-Spangled Banner" as the national anthem, it was not officially designated as such until 1916.

(A) symbol (B) hero (C) motto (D) song

88. Amrlia Earhart was the first woman to make a solo flight across the Atlantic.

(A) a noteworthy (B) a speedy
(C) an unaccompanied (D) an uninterrupted

89. The city of Winston-Salem, North Carolina, received its name in 1913, when the adjoining towns of Winston and Salem were combined.

(A) separate (B) neighboring (C) colonial (D) competing

90. The metric system did not develop haphazardly, but was deliberately constructed.

(A) readily (B) purposely (C) correctly (D) wholly

91. Because it symbolized strength, the oak was traditionally worshiped and had numerous mythological associations.

(A) bought (B) transported (C) engraved (D) revered

92. Modern nursing practices not only hasten the recovery of the sick but also promote better health through preventive medicine.

(A) permit (B) determine (C) accelerate (D) accompany

93. Ships passing on the high seas exchange salutes by lowering and raising their flags once.

(A) information (B) ceremonies (C) greetings (D) privileges

94. Diamonds that are flawed or are too small for jewelry are used to cut very hard metals.

(A) tiny (B) imperfect (C) lustrous (D) crude

95. Leaves are not distributed haphazardly on a plant stem, but are arranged in a very precise way that assures them the maximum light.

(A) dangerously (B) densely (C) randomly (D) linearly

96. In the United States, the provisions of the constitution of any state may not conflict with those of the federal Constitution.

(A) stipulations (B) interrelations
(C) jurisdictions (D) interpretations

97. James Polk, the eleventh President of the United States, resolutely refused to be nominated for a second term.

(A) surprisingly (B) firmly (C) regrettably (D) angrily

98. When menaced by a predator in close proximity, a snake may suddenly alter its behavior.

(A) threatened (B) bitten (C) wounded (D) trapped

99. In 1963 Maria Mayer was awarded the Nobel Prize in physics of her findings on the constituents of the atomic nucleus.
(A) discovery (B) dimensions (C) components (D) connotations
100. One of the responsibilities of the Coast Guard is to make sure that all ships obediently follow traffic rules in busy harbors.
(A) skillfully (B) safely (C) dutifully (D) currently
101. Spearmint oil is distilled for flavoring chewing gum and candy and used as a disguise for disagreeable tastes in medicines.
(A) unfortunate (B) distinctive (C) unpleasant (D) multiple
102. Ravaged by pollution and war, many famous monuments have become eroded and stained.
(A) discolored (B) dismembered (C) discredited (D) displaced
103. When the United States stock market fell in 1929, many stockholders were forced to sell their shares at ludicrously low prices.
(A) predictably (B) relatively (C) suspiciously (D) ridiculously
104. Plants without leaves, such as algae and fungi, are the first forms of life to grow back after a natural catastrophe.
(A) disaster (B) event (C) phenomenon (D) explosion
105. North American fur trade waned in the early 1800's mainly due to the diminishing number of fur-bearing animals.
(A) staggered (B) ceased (C) declined (D) collapsed
106. When required by their parents to eat spinach and other green vegetables, many children only do so reluctantly.
(A) imitatively (B) impatiently (C) unwillingly (D) unknowingly
107. A goose hisses when it charges its adversaries.
(A) comes across (B) communicates with
(C) attacks (D) eats
108. Certain colors when incorporated into the decor of a room can produce a cozy atmosphere.
(A) light (B) roomy (C) cluttered (D) comfortable
109. Apple trees need moisture in order to thrive.
(A) flower (B) flourish (C) pollinate (D) bend
110. The first important exposition in the United States was held in Philadelphia in 1876.
(A) exhibition (B) excursion (C) concert (D) contest
111. In Washington Irving's tale "Rip Van Winkle," the main character encounters some odd-looking people dwelling in the caves of the Catskill Mountains.
(A) living (B) working (C) dancing (D) sleeping

112. While Billie Holiday did not invent the music called "the blues", she most assuredly helped popularize it.

(A) finally (B) certainly

(C) earnestly (D) enthusiastically

113. In the northeastern United States, it rains intermittently throughout the spring.

(A) steadily (B) abundantly (C) periodically (D) daily

114. One-room schoolhouses can still be found in isolated areas of North America where there are no other school for many miles.

(A) bare (B) deprived (C) remote (D) developed

115. The use of barbed-wire fencing by farmers in the nineteenth century infuriated cattle ranchers, whose herds were often injured after becoming entangled in the sharp spikes.

(A) puzzled (B) enraged (C) concerned (D) amazed

116. Most plants depend upon their roots to anchor themselves in the soil and to absorb water and inorganic chemicals.

(A) secure (B) reproduce (C) moisten (D) distribute

117. In the United States there are more people who are obese today than twenty years ago.

(A) gainfully employed (B) upwardly mobile

(C) excessively overweight (D) privately educated

118. Anthropologist Barbara Myerhoff furthered her reputation as an authority on Native American culture with her study of the symbols, myths, and rituals of the Huichols.

(A) deserved (B) retained (C) renewed (D) advanced

119. In 1795 John Jay resigned his position as the first chief justice of the United States and became a state governor.

(A) advertised (B) gave up (C) took over (D) rearranged

120. Most tachometers measure the speed of rotation of a spinning shaft or wheel in terms of revolutions per minute.

(A) pumping (B) wavering (C) floating (D) whirling

121. Almost insolvable in water, quinine dissolves readily in alcohol.

(A) easily (B) partly (C) frequently (D) violently

122. The American Medical Association has called for the sport of boxing to be banned.

(A) forbidden (B) regulated (C) studied (D) reorganized

123. Before the advent of synthetic fibers, people had to rely entirely on natural products for making fabrics.

(A) modern (B) flexible (C) colored (D) artificial

124. The difference between the polar and equatorial diameters of Mars has not been unequivocally determined.

(A) easily (B) definitely (C) conventionally (D) arithmetically

125. The western slopes of the mountains of the Sierra Nevada Range are deeply incised by numerous streams.

(A) fed (B) cut (C) flooded (D) distended

126. As a result of his pioneering work with Louis Armstrong in the late 1920's Earl Hines has been called the father of modern jazz piano.

(A) professional (B) artistic (C) excellent (D) original

127. The significance of magazines among contemporary media is sometimes grossly underestimated because of television's seeming dominance.

(A) greatly (B) easily (C) possibly (D) graphically

128. A former state senator who preached judicial restraint, Sandra Day O'Connor was expected to align herself with conservative when she was appointed to the United States Supreme Court.

(A) advocated (B) questioned (C) practiced (D) admired

129. Important features of dehydrated foods are their lightness in weight and their compactness.

(A) frozen (B) dried (C) organic (D) healthful

130. Niagara Falls is a great tourist attractions, luring millions of visitors each year.

(A) serving (B) attracting (C) entertaining (D) receiving

131. For many adolescents, participation in sports is one way that they can feel true self esteem.

(A) loyalty (B) liberty (C) selfishness (D) pride

132. In Mississippi many individuals of Acadian descent, called Cajuns, still maintain a separate folk culture.

(A) doctrine (B) language (C) ancestry (D) citizenship

133. Automatons are mechanical objects that become relatively self-operating once they have been actuated.

(A) timed (B) constructed (C) cleaned up (D) set in motion

134. South Carolina's mineral resources are abundant, but not all of them can be lucratively mined.

(A) profitably (B) safely (C) easily (D) extensively

135. Within the bounds of given data, the biographer seeks to illuminate factual information about a person and transform it into insight.

(A) constraints (B) archives (C) networks (D) goals

136. The most important crop in Alberta Canada is winter wheat which is planted in late summer and is ripe for harvesting by late spring.

(A) ready (B) intended (C) selected (D) sold

137. Records indicate that the tortoise can live longer than any other animal with a spine.

(A) tail (B) mouth (C) shell (D) backbone

138. Tennessee possesses many caverns with gorgeous rock formations.

(A) beautiful (B) large (C) significant (D) flat

139. Fossils are the traces of plants and animals of past geological ages that have been preserved in the Earth's crust.
(A) registers (B) residue (C) profusion (D) precursors
140. Louisa May Alcott's novel Little Women, which recounts the experiences of the four March sisters during the American Civil War, is largely autobiographical.
(A) praises (B) narrates (C) exaggerates (D) classifies
141. The Weddell seal of Antarctica can dive to a depth of about 1,000 feet and remain submerged for as long as an hour and ten minutes.
(A) underwater (B) fearless (C) unconscious (D) breathless
142. The disappearance of lichens from an area gives warning of an endangered environment.
(A) an unusual (B) a threatened (C) a crowded (D) an infertile
143. Bladder wrack, a tough, leathery brown seaweed, clings to rocks tenaciously.
(A) grows under (B) hides under (C) sticks to (D) yields to
144. In Ship of Fools, the vices and follies of a group of passengers are ruthlessly exposed as the narrative and the ship flow to their destination.
(A) mercilessly (B) clearly (C) artfully (D) gradually
145. Light from the Sun and distant stars traverses a vacuum in space.
(A) fills (B) creates (C) surrounds (D) crosses
146. Seminal contributions to science are those that change the tenor of the questions asked by succeeding generations.
(A) nature (B) results (C) intonation (D) punctuation
147. When natural gas burns, the hydrocarbon molecules break up into atoms of carbon and hydrogen.
(A) contract (B) vaporize (C) collide (D) separate
148. For one to two years before Election Day, a candidate for the presidency of the United States travels extensively around the country debating national and international issues.
(A) widely (B) energetically (C) rapidly (D) progressively
149. The initial appearance of the silver three-cent piece coincided with the first issue of three-cent stamps in 1851.
(A) occurred at the same time as (B) collided with
(C) was necessitated by (D) was similar to
150. Abrasives are sharp, hard materials used to wear away the surface of softer, less resistant materials.
(A) add roughness to (B) fortify
(C) erode (D) provide a gloss on
151. In Silent Spring, Rachel Carson forcefully decried the indiscriminate use of pesticides.
(A) haphazard (B) unpleasant (C) regional (D) periodic.

152. Myths have inspired many of the world's greatest poets, artists, musicians, and scientists.

(A) contradicted the ideas of (B) fired the imagination of
(C) overwhelmed (D) comforted

153. Many farms in the southern United States yield hay and tobacco.

(A) store (B) fertilize (C) sow (D) produce

154. John Adams, one of the American Revolution's most devoted patriots, was the lawyer who successfully defended the British soldiers charged with murder after the Boston Massacre.

(A) daring (B) puzzling (C) dedicated (D) persuasive

155. The ruby is the hardest of all gems save the diamond.

(A) connected to (B) like (C) superior to (D) except

156. Some cells, such as epithelia, proliferate more rapidly when the body is asleep than when it is awake.

(A) cluster (B) multiply (C) adapt (D) heal

157. According to a United States law passed in 1986, states participating in daylight saving time simultaneously advance their clocks one hour in the last Sunday in April.

(A) conceptually (B) systematically
(C) at the same time (D) for a brief period

158. The octopus has three hearts that pump blood through its body.

(A) drive (B) filter (C) dilute (D) aerate

159. The inhabitants of Jamestown, the first permanent English colony in America, nearly starved because they had squandered their provisions.

(A) buried (B) wasted (C) lost (D) sold

160. For some animals, locomotion is accomplished by changes in body shape.

(A) evolution (B) movement
(C) survival (D) escape

161. Social reformer Jacob Riis's efforts to improve the rundown neighborhoods of New York City were aided by his intimate friend, Theodore Roosevelt.

(A) close (B) wealthy (C) influential (D) charismatic

162. The skunk protects itself from enemies by spraying them with a substance that stinks.

(A) stings the eyes (B) smells bad
(C) causes itching (D) discolors the skin

163. Although plagued with injuries, Sabrina Mar won the All-Around Championship in Gymnastics at the 1987 Pan-American Games.

(A) recovering from (B) afflicted by
(C) fighting off (D) frightened of

164. The first water mill was horizontal and resembled a <u>rudimentary</u> turbine.

(A) a flat　(B) a rusty

(C) an unconventional　(D) an unsophisticated

165. The best olive oil is obtained from olives that are <u>harvested</u> just after they ripen and before they turn black.

(A) preserved　(B) squeezed　(C) gathered　(D) sorted

166. In astronomy, a scale of magnitude from one to six <u>denotes</u> brightness of a star.

(A) signifies　(B) predicts　(C) contrasts　(D) examines

167. Many people who want warm coats can buy <u>fake</u> furs.

(A) costly　(B) soft　(C) heavy　(D) imitation

168. Humus is <u>decayed</u> organic matter that is an important type of fertile soil.

(A) derived　(B) compacted　(C) decomposed　(D) liquefied

169. Forests are <u>delicate</u> systems that, if disturbed, can be permanently destroyed.

(A) fragile　(B) expansive　(C) complex　(D) unusual

170. In modern writing, the destination between literary expression and colloquial expression is often <u>blurred</u>.

(A) exaggerated　(B) reversed　(C) indistinct　(D) unintentional

171. Recent discoveries in Montana indicate that some dinosaurs may have <u>resided</u> in colonies.

(A) lived　(B) died　(C) hunted　(D) fed

172. Asbestos is a mineral fiber that can cause cancer if <u>inhaled</u>.

(A) picked up　(B) taken indoors　(C) breathed in　(D) eaten up

173. Logrolling is a sport in which contestants perform various <u>maneuvers</u> while treading on a floating log.

(A) speeches　(B) duties　(C) marches　(D) moves

174. H. L. Mencken's sardonic prose left <u>an indelible</u> mark on the English Language.

(A) an unrivaled　(B) an unmistakable (C) a pretentious　(D) a permanent

175. The school of Abstract Expressionism, developed during the mid-1940's represented a <u>distinct</u> departure from artistic realism.

(A) definite　(B) brief　(C) logical　(D) dangerous

176. By providing legal representations, the American Civil Liberties Union works to defend citizens against <u>breaches</u> of their civil rights.

(A) branches　(B) exercises　(C) perusals　(D) violations

177. Colonists brought the game of bowling to North America and it became so popular that several towns still <u>bear</u> the name of Bowling Green.

(A) suggest　(B) desire　(C) honor　(D) carry

178. The most typical feature of the Moon's surface is its profusion of craters the largest of which are more than one hundred miles in diameter.

(A) abundance (B) type (C) tolerance (D) circle

179. In the street portraits of photographer Diane Arbus, a seemingly straightforward investigation of the art became an intense, introspective analysis of both subject and viewer.

(A) an apparently (B) an obviously (C) a relatively (D) a mostly

180. The Mandan Indians lived beside the Missouri River where they cultivated fields of beans, corn, squash, sunflowers, and tobacco.

(A) surveyed (B) farmed (C) irrigated (D) discovered

181. George Gershwin was the first American musician whose jazz compositions were seriously appreciated by concert audiences.

(A) heard (B) sought (C) admired (D) reviewed

182. In his novella The Old Man and The Sea, Ernest Hemingway celebrates the indomitable courage of an elderly fisherman.

(A) discusses (B) investigates (C) praises (D) analyzes

183. New England town meetings, in their most highly developed form, are assemblies of the voters.

(A) protests (B) gatherings (C) responsibilities (D) liabilities

184. Less successful artists are often obliged to turn to engraving, stonecutting, sign painting, and other artist's tasks to earn a living.

(A) inspired (B) asked (C) forced (D) tempted

185. Midway through its first century as a nation, the United States had expanded its population to roughly five times its initial size.

(A) actually (B) approximately (C) periodically (D) at least

186. Because it is so small and so close to the Sun, the planet Mercury has been extremely difficult to observe.

(A) watch (B) identify (C) contact (D) approach

187. To conceal itself, an octopus sensing danger will squirt a black fluid through an opening under its head.

(A) strain (B) swallow (C) soak up (D) spurt out

188. The Smithsonian institution possesses a player pipe organ that features a drum and triangle in addition to its 183 pipes.

(A) runs (B) has (C) manufactures (D) displays

189. More than 89 of the buildings in Annapolis, Maryland, were erected before the Revolutionary War.

(A) planned (B) leveled (C) enlarged (D) constructed

190. San Francisco, one of the most appealing cities in the United States, is built on many hills.
(A) progressive (B) attractive (C) photographed (D) lively

191. Companies in the United States usually reimburse employees's travel expenses incurred on business trips.
(A) share (B) pay back (C) ask for (D) charge

192. Long-horned grasshoppers have auditory organs on their forelegs.
(A) jumping (B) digestive (C) hearing (D) tactile

193. In the days leading up to the American Revolution, both the colonies and the British Crown were reluctant to take the final irrevocable step.
(A) irrational (B) irreversible (C) irresponsible (D) irresistible

194. The quality and number of a city's public roads offer an excellent means of gauging its prosperity.
(A) protecting (B) enriching (C) tracing (D) judging

195. Although it is commonly believed that an ostrich hides its head when confronted by danger, it actually runs away swiftly.
(A) rapidly (B) forcefully (C) hysterically (D) comically

196. The demolition of so many of Toronto's fine nineteenth-century buildings has meant an irreparable cultural loss.
(A) destruction (B) sale (C) renovation (D) demarcation

197. Youth hostels provide inexpensive lodging for young people throughout the United States and in other countries.
(A) clothes (B) entertainment (C) transportation (D) accommodations

198. When submerged, the duckbill platypus keeps its eyes and ears closed, using its bill to locate food.
(A) undernourished (B) under water
(C) moving quickly (D) feeding

199. Arna Wendell Bon temp's novel *God Sends Sunday* was adapted for the stage in 1946 as a musical play entitled St. Louis Woman.
(A) named (B) chosen for (C) including (D) starring

200. By the 1880's, living conditions in the congested Eastern Seaboard cities of the United States had become local scandals.
(A) developing (B) diverse (C) crowded (D) wealthy

201. With respect to maneuverability, few birds can equal the capabilities of the hummingbird, which hovers for long periods and even flies backward.
(A) With regard to (B) With fondness for
(C) In appreciation of (D) In favor of

202. After launching itself into flight, the flying squirrel is supported by a membrane of skin stretched tautly between its front and back legs.
(A) tightly (B) carefully (C) tidily (D) comfortably

203. Early twentieth-century journalist H.L.Menchkin cheerfully mocked all that conventional people in the United States held dear.

(A) observed (B) described (C) accepted (D) ridiculed

204. The Passamaquoddy and Penobscot people were confederates of the colonist in Maine at the time of the Revolutionary War.

(A) guardians (B) teacher (C) allies (D) observers

205. The American painter Mary Cassatt lived mainly in France, where she embraced the study of impressionism.

(A) took up (B) figured out (C) came across (D) ran into

206. The use of penicillin is limited by its tendency to induce allergic reactions.

(A) bring about (B) stop (C) interact with (D) increase

207. Robert Frost's poetry is noted for its plain language, conventional poetic forms, and graceful style.

(A) unique (B) traditional (C) natural (D) complex

208. Congressman Sam Rayburn's 25 consecutive terms in the House of representatives marked one of the longest tenures of any representative in United States history.

(A) successive (B) prolonged

(C) elected (D) limited

209. By 1930 two million women office workers, secretaries, typists, and flies clerks comprised one fifth of the female labor force.

(A) opposed (B) made up (C) took in (D) followed

210. Fertilizer applied to soil can replace depleted nutrients.

(A) organic (B) acidic (C) exhausted (D) desirable

211. Hailed as the "Queen of Soul", Aretha Franklin imparts a gospel sound to most of her music.

(A) Inaugurated (B) Categorized (C) Acclaimed (D) Promoted

212. People have harnessed the Sun's energy since ancient times.

(A) acknowledged (B) worshiped (C) utilized (D) polluted

213. Quebec's status as defined in the Canadian Constitution has been a recurring subject of debate in that province.

(A) realistic (B) repeated (C) renowned (D) recent

214. In Arizona a small reduction in rainfall or temperature can drastically influence the growth of trees.

(A) virtually (B) radically (C) primarily (D) conveniently

215. Scientists routinely deal with concepts such as uncertainty, probability, and hypothesis.

(A) reluctantly (B) carefully (C) commonly (D) occasionally

216. Before the development of movable metal type in the mid-fifteenth century, news was disseminated by word of mouth, by letter, or by public notice.

(A) organized (B) requested (C) distributed (D) limited

217. Although the study of politics dates back to Aristotle and Plato, political science only emerged as a separate discipline toward the end of the nineteenth century.
(A) law　　(B) field　　(C) belief　　(D) reason

218. Lorraine Hansberry acquired a deep affection for Africa and its people from her Uncle William, a professor of African history at Howard University.
(A) respect　　(B) concern　　(C) longing　　(D) fondness

219. The Sun Dance is considered by many to be the most spectacular ritual of the North American Plains Indians.
(A) ceremony　　(B) ancestor　　(C) scene　　(D) costume

220. Choreographer Twyla Tharp uses familiar dance movements in original ways to create works filled with clever gestures and abrupt changes in motion and mood.
(A) graceful　　(B) creative
(C) sudden　　(D) dramatic

221. Under the rules of the International Olympic Committee, Jim Thorpe forfeited his amateur status when he played semiprofessional baseball in 1911.
(A) tested　　(B) exploited　　(C) announce　　(D) lost

222. In her compositions *Musical Theater*, Agnes De Mile uses many specifically American motifs.
(A) steps　　(B) themes　　(C) instruments　　(D) tunes

223. The sparsely populated northern region of the Canadian province of Manitoba is rich in copper, gold, nickel, and zinc.
(A) evenly　　(B) thinly　　(C) diversely　　(D) recently

224. The five classic foot positions in ballet are the basis for the ethereal grace of the ballet dancer's art.
(A) balance　　(B) traditional　　(C) disciplined　　(D) delicate

225. Even a stern judge will seldom impose maximum penalties on young offenders.
(A) strict　　(B) ruthless　　(C) biased　　(D) conservative

226. The witch hazel plants tolerate poor soil, dust and limited sun.
(A) suffer from　　(B) survive in　　(C) thrive in　　(D) die from

227. It is not easy for him to bear the drudgery of living in the woods.
(A) violence　　(B) interest　　(C) training　　(D) tedium

228. In chemical factories, employees sometimes receive extra pay for doing hazardous work.
(A) unusual　　(B) difficult　　(C) dangerous　　(D) unpleasant

229. Many news organizations feel a responsibility to safeguard the rights of citizens.
(A) define　　(B) protect　　(C) examine　　(D) challenge

230. Galena, the chief ore of lead, is a brittle, leadgray mineral with a metallic luster.
(A) petrified　　(B) dense　　(C) breakable　　(D) sparkling

231. Boy's Clubs do not deprive poor children of the opportunity to participate in sports.
(A) deny (B) retract (C) improvise (D) dilute

232. As a result of the accident, the police revoked his driver's license.
(A) reconsidered (B) exorcised
(C) canceled (D) investigated

233. While serving in the Senate in the early 1970's, Barbara Jordan supported legislation to ban discrimination and to deal with environmental problems.
(A) list (B) forbid (C) handle (D) investigate

234. In a bullfight, it is the movement, not the color, of objects that arouses the bull.
(A) confuses (B) excites (C) scares (D) diverts

235. By today's standards, early farmers were imprudent because they planted the same crop repeatedly, exhausting the soil after a few harvests.
(A) unwise (B) stubborn (C) tiresome (D) unscientific

236. If wool is submerged in hot water, it tends to shrink.
(A) smell fade (B) fade (C) unravel (D) contract

237. After 1850, various states in the United States began to pass compulsory school attendance laws.
(A) harsh (B) diversified (C) mandatory (D) complicated

238. Poor writing often confounds the reader.
(A) convinces (B) embarrasses (C) bewilders (D) insults

239. The geographical ranges of the apes have dwindled.
(A) disappeared (B) diminished
(C) become overcrowded (D) lost foliage

240. The rosemary plant is an emblem of fidelity and remembrance.
(A) thoughtfulness (B) tenderness
(C) faithfulness (D) happiness

241. There is always excitement at the Olympic Games when a previous record of performance is surpassed.
(A) exceeded (B) matched (C) maintained (D) announced

242. The number of United States citizens who are eligible to vote continues to increase.
(A) encouraged (B) enforced (C) expected (D) entitled

243. But not all animal parents, even those that tend their offspring to the point of hatching or birth, feed their young.
(A) sit on (B) move (C) notice (D) care for

244. Animals add it to their reproductive strategies to give them an edge in their lifelong quest for descendants.
(A) opportunity (B) advantage (C) purpose (D) rest

245. And in the meantime those young are shielded against the vagaries of fluctuating of difficult-to-find supplies.

(A) raised (B) protected (C) hatched (D) valued

246. Printmaking is the generic term for a number of processes, of which woodcut and engraving are two prime examples.

(A) principal (B) complex (C) general (D) recent

247. Both woodcut and engraving have distinctive characteristics.

(A) unique (B) accurate (C) irregular (D) similar

248. Its peoples became great traders, bartering jewellery, pottery, animal pelts, tools, and other goods along extensive trading networks that stretched up and down eastern North America and as far west as the Rocky Mountains.

(A) producing (B) exchanging (C) transporting (D) loading

249. Over the next centuries, it was supplanted by another culture, the Mississippian, named after the river along which many of its earliest villages were located.

(A) conquered (B) preceded (C) replaced (D) imitated

250. Only priests and those charged with guarding the flame could enter the temples.

(A) passed on (B) experienced at (C) interested in (D) assigned to

251. Overland transport in the United States was still extremely primitive in 1790.

(A) unsafe (B) unknown (C) inexpensive (D) undeveloped

252. The company built a gravel road within two years, and the success of the Lancaster Pike encouraged imitation.

(A) investment (B) suggestion (C) increasing (D) copying

253. Like tree roots breaking up a sidewalk, the growing crystals exert pressure on the rock and eventually pry the rock apart along planes of weakness, such as banding in metamorphic rocks, bedding in sedimentary rocks, or preexisting or incipient fractions, and along boundaries between individual mineral crystals or grains.

(A) put (B) reduce (C) replace (D) control

254. A rock durable enough to have withstood natural conditions for a very long time in other areas could probably be shattered into small pieces by salt weathering within a few generations.

(A) large (B) strong (C) flexible (D) pressured

255. A rock durable enough to have withstood natural conditions for a very long time in other areas could probably be shattered into small pieces by salt weathering within a few generations.

(A) arranged (B) dissolved (C) broken apart (D) gathered together

256. The dominant salt in Death Valley is halite, or sodium chloride, but other salts, mostly carbonates and sulfates, also cause prying and wedging, as does ordinary ice.

(A) most recent (B) most common

(C) least available (D) least damaging

257. As Philadelphia grew from a small town into a city in the first half of the eighteenth century, it became an increasingly important marketing center for a vast and growing agricultural hinterland.

(A) tradition (B) association (C) produce (D) region

258. Along with market days, the institution of twice-yearly fairs persisted in Philadelphia even after similar trading days had been discontinued in other colonial cities.

(A) returned (B) started (C) declined (D) continued

259. Although governmental attempts to eradicate fairs and auctions were less than successful, the ordinary course of economic development was on the merchants' side, as increasing business specialization became the order of the day.

(A) eliminate (B) exploit (C) organize (D) operate

260. One of the reasons Philadelphia's merchants generally prospered was because the surrounding area was undergoing tremendous economic and demographic growth.

(A) requesting (B) experiencing (C) repeating (D) including

261. When incubators are not used, aviculturists sometimes suspend wooden boxes outdoors to use as nests in which to place eggs.

(A) build (B) paint (C) hang (D) move

262. Similarly, these boxes should be protected from direct sunlight to avoid high temperatures that are also fatal to the growing embryo.

(A) close (B) deadly (C) natural (D) hot

263. Nesting material should be added in sufficient amounts to avoid both extreme temperature situations mentioned above and assure that the eggs have a soft, secure place to rest.

(A) fresh (B) dry (C) safe (D) warm

264. To measure soil texture, the sand, silt, and clay particles are sorted out by size and weight.

(A) mixed (B) replaced (C) carried (D) separated

265. Clay particles are highly cohesive, and when dampened, behave as a plastic.

(A) damaged (B) stretched (C) moistened (D) examined

266. In addition, an interviewer can go beyond written questions and probe for a subject's underlying feelings and reasons.

(A) explore (B) influence (C) analyze (D) apply

267. Emotional health is evidenced in the voice by free and melodic sounds of the happy, by constricted and harsh sound of the angry, and by dull and lethargic qualities of the depressed.

(A) questioned (B) repeated (C) indicated (D) exaggerated

268. Increasingly, too, schools were viewed as the most important means of integrating immigrants into American society.

(A) advantages (B) probability (C) method (D) qualifications

269. Unlike those available for painting, the opportunities to exhibit sculpture in the United-States around the turn of the twentieth century were quite scarce.

(A) exciting (B) expensive (C) uncommon (D) popular

270. As late as 1905, the Monumental News, a journal dedicated to the promotion of sculpture, lamented, "Exhibitions of sculptors' works are so comparatively rare."

(A) declared (B) complained (C) revealed (D) described

271. He was a champion of the City Beautiful Movement- an effort to increase the presence of urban art-and defended the central role that sculpture played in its national program.

(A) critic (B) founder (C) creator (D) supporter

272. Constructing the town, Pullman hoped to produce an ideal environment that would help attract workers of a superior type to the railway car industry and retain them.

(A) house (B) train (C) keep (D)reward

273. However, after 1885, with the high gloss of the experiment dulled, it became clear that the residents of Pullman had honest grievances about the overcharging of rent and other services.

(A) stories (B) opinions (C) findings (D) complaints

274. We now have some evidence that the symbolism used in masks is often universal.

(A) concern (B) interest (C) roof (D) reference

275. Coding schemes were developed to enable researchers to compare the detailed facial positions of individual portions of die face (eyebrows, mouth, etc.) for different emotions.

(A) systems (B) presentations (C) proposals (D) investigations

276. As suspected, the two sets of masks had significant differences in certain facial elements.

(A) excellent (B) important (C) continuous (D) genuine

277. Natural selection has acted in a variety of ways in different species to enhance the efficacy of the behaviors, known as "flight behaviors" or escape behaviors that are used by prey in fleeing predators: Perhaps the most direct adaptation is enhanced flight speed and agility.

(A) encourage (B) resist (C) increase (D) reveal

278. Many species, like ptarmigans, snipes, and various antelopes and gazelles, flee from predators in a characteristic zigzag fashion.

(A) reliable (B) fast (C) constant (D) unpredictable

279. Here, the alarmed prey flees for a short distance and then "freezes."

(A) moving (B) selected (C) frightened (D) exhausted

280. "Flash" behavior is used in particular by frogs and orthopteran insects, which make conspicuous jumps and then sit immobile.

(A) especially (B) with difficulty (C) expertly (D) frequently

281. For example, James Reonell provided the first accurate map of the currents in the Atlantic Ocean, and the United Slates Coast Survey made extensive studies of the Gulf Stream.

(A) correct (B) published (C) detailed (D) accepted

282. The HMS Challenger expedition provided valuable information about the seabed, including the discovery of manganese nodules that are now being seen as a potentially valuable source of minerals.

(A) boat (B) evidence (C) voyage (D) route

283. He devised new techniques for measuring ocean depths, and his work proved of great value in laying the first transatlantic telegraph cables.

(A) tested (B) understood (C) popularized (D) developed

284. It was in the mining regions where engineers, who needed a better system for organizing the various types of rock scattered across Earth's surface, first grappled with scientific approaches to understanding the age of various rocks-and the age of Earth.

(A) competed (B) struggled (C) agreed (D) searched

285. Rock type, hardness, and size thus established mountain type, and rock type also became a proxy for age.

(A) substitute (B) preparation (C) product (D) choice

286. Organic fanning essentially refers to farming that does not depend on chemical fertilizers; rather, soils are invigorated by applying manure and by plowing in crop wastes, such as corn stalks and bean vines, and compost.

(A) probably (B) biologically (C) basically (D) automatically

287. Any variety of plant will make the full complement of vitamins it needs, regardless of species.

(A) demand (B) effect (C) replacement (D) range

288. The frame buffer is nothing more than a giant image memory for viewing a single frame.

(A) increasingly (B) simply (C) particularly (D) instantly

289. The computer computes the positions and colors for the figures in the picture, and sends this information to the recorder, which captures it on film.

(A) separates (B) registers (C) describes (D) numbers

290. Once this process is completed, it is repeated for the next frame.

(A) before (B) since (C) after (D) while

291. Often, computer-animation companies first do motion tests with simple computer-generated line drawings before selling their computers to the task of calculating the high-resolution, realistic-looking images.

(A) possibility (B) position (C) time (D) job

292. They came to the short-lived colony known as New Sweden, founded in 1638, loose organization and local autonomy fostered a cultural line fusion between native and settler cultures that proved one of the most notable-and least understood- developments of early North American history.

(A) encouraged (B) predated (C) predicted (D) rejected

293. They came to the short-lived colony known as New Sweden, founded in 1638, loose organization and local autonomy fostered a cultural line fusion between native and settler cultures that proved one of the most notable-and least understood- developments of early North American history.
(A) social (B) predictable (C) remarkable (D) early

294. But Scandinavian men were familiar with hunting and receptive to learning the hunting methods of the local Native Americans.
(A) suspicious of (B) ready for (C) dependent on (D) new to

295. The most common symbol of pioneer North America, the log cabin, emerged in the Delaware Valley, and ought to serve as a symbol of this composite culture.
(A) enlarged (B) disappeared
(C) remained (D) developed

296. Horse-drawn coaches were neither a competitive nor a comfortable alternative given the deplorable slate of the nation's highways; and though bicycles were popular in both town and country, they, too, were hampered by poor road surfaces.
(A) unusable (B) worn (C) awful (D) difficult

297. Horse-drawn coaches were neither a competitive nor a comfortable alternative given the deplorable slate of the nation's highways; and though bicycles were popular in both town and country, they, too, were hampered by poor road surfaces.
(A) restrained (B) supported (C) favored (D) damaged

298. However, yellow dyes—whether from weld or some other plant source such as saffron or turmeric, invariably fade or disappear.
(A) without exception (B) steadily
(C) after some time (D) noticeably

299. The range of natural colors was hugely expanded and, indeed, superseded by the chemical dyes developed during the eighteen hundreds.
(A) strengthened (B) improved (C) replaced (D) complemented

300. Only the relatively small Florida gar, seldom longer than two feet, lives in the Everglades.
(A) slightly (B) similarly (C) rarely (D) apparently

301. As with all gars, the Florida gar is predatory and is adept at catching smaller fish from schools by using a fast sideways snap of the jaws.
(A) skilled (B) unusual (C) alone (D) observed

302. They also have the dual ability to breathe air and water and can be observed regularly rising to the surface of the water to renew the air in their swim bladders.
(A) complex (B) useful (C) deep (D) double

303. In rougher parts of the inland valleys area and in eastern Oregon prior to the arrival of the horse (first introduced to the area some 300 years ago), it was the principal mode of long-distance travel.
(A) original (B) simple (C) main (D) ordinary

304. In winter, snowshoes were used for hunting expeditions, ID the Klamath area, where lakes were well stocked with waterfowl and plant products, Native Americans used mudshoes (built similarly to snowshoes) to keep from sinking in the mud.

(A) utilized (B) endangered (C) supplied (D) hunted

305. The canoes were expertly carved in a variety of shapes and sizes to ensure a smooth and quiet voyage even in rough waters.

(A) guarantee (B) decrease (C) convince (D) continue

306. Throughout Earth's history, carbon dioxide on Earth has mixed with rain to dissolve rocks; the dissolved rock and carbon dioxide eventually flow into the oceans, where they precipitate to form new terrestrial rocks, often with the help of life-forms.

(A) in the past (B) first (C) ultimately (D) occasionally

307. If this carbon dioxide were released from the Earth's rocks, along with other carbon dioxide trapped in seawater, our atmosphere would become as dense and have as high a pressure as that of Venus.

(A) caught (B) transported (C) lacking (D) involved

308. Sulfuric acid may sound strange as a cloud constituent, but the Earth too has a significant layer of sulfuric acid droplets in its stratosphere.

(A) type (B) alternative
(C) product (D) component

309. In an era when the United States was shifting from an agricultural to an industrially based economy, artists turned to the vitality of the city for their themes, sometimes documenting the lives of the nation's urban inhabitants with a literalness that shocked viewers accustomed to the bland generalizations of academic art.

(A) thoughtless (B) regulated (C) false (D) dull

310. The developments toward realism and new pictorial subject matter introduced by this revolution are explained in part by the fact that the academic spirit had become anathema to many young painters by the beginning of the twentieth century, when the professional survival of an artist was largely contingent on membership in the National Academy of Design, the American equivalent of the French Academy of Arts.

(A) unrelated to (B) separate from (C) expanded on (D)dependent on

311. The National Academy of Design perpetuated the Traditions of the French Academy, such as annual juried exhibitions.

(A) started (B) influenced (C) continued (D) changed

312. Also a fertile period for American photography, the era before the Second World War witnessed the development of photojournalism, as well as social documentary and advertising photography.

(A) opposed (B) observed (C) influenced (D) resulted in

313. Fulfillment in life-as opposed to concern about an afterlife-became a desirable goal, and expressing the entire range of human emotions and enjoying the pleasures of the senses were no longer frowned on.

(A) given up (B) forgotten about (C) argued about (D) disapproved of

314. These changes in outlook deeply affected the musical culture of the Renaissance period—how people thought about music as well as the way music was composed, experienced, discussed, and disseminated.

(A) played (B) documented (C) spread (D) analyzed

315. The thick, woolly fleece of the domestic sheep is its distinguishing feature and the source of much of its economic importance.

(A) quantity (B) result (C) basis (D) cost

316. Much of the selective breeding that led to the fleece types known today took place in prehistory, and even the later developments went largely unchronicled.

(A) unquestioned (B) unexplained (C) unnoticed (D) unrecorded

317. Antique depictions of sheep in sculpture, relief, and painting give even earlier clues to the character of ancient fleeces.

(A) proofs (B) indications (C) colors (D) variations

318. They retain the characteristics of ancient sheep, providing living snapshots of the process that gave rise to modern fleeces.

(A) replaced by (B) favored over (C) brought about (D) found out

319. The strikingly new forms of architecture that appeared in the late nineteenth and twentieth centuries were built to meet the needs of industry and of commerce based on industry, in a society whose essential character and internal relationships had been sharply transformed by the Industrial Revolution.

(A) aggressively (B) specifically (C) noticeably (D)occasionally

320. About the middle of the nineteenth century, mechanized industrial production began to demand large, well-lighted interiors in which manufacturing could be carried on.

(A) conducted (B) supervised (C) moved about (D) improved

321. The marketing of industrial products necessitated large-scale storage spaces, and enormous shops selling under one roof a wide variety of items.

(A) identified (B) replaced (C) required (D) supplied

322. Hence, the characteristic new architectural forms of the late nineteenth and twentieth centuries have been the factory, the multistory office building, the warehouse, the department store, the apartment house, the railway station, the large theater, and the gigantic sports stadium.

(A) moreover (B) nevertheless (C) in contrast (D) for these reasons

323. Famed for their high-elevation forests, the Appalachian Mountains sweep south from Quebec to Alabama.

(A) brush (B) extend (C) clear (D) hurry

324. The Blue Ridge technically includes among its major spurs the Great Smoky Mountains and the Black Mountains; Mount Mitchell, in the latter range, is at 6,684 feet the highest peak east of the Mississippi River.

(A) partially (B) similarly (C) likely (D) officially

325. A rapidly advancing contemporary science that is highly dependent on new tools is Earth system science.

(A) little-known (B) informative (C) current (D) exciting

326. Important new tools that facilitate Earth system science include satellite remote sensing, small deep-sea submarines, and geographic information systems.

(A) enable (B) require (C) organize (D) examine

327. Earth system science was born from the realization of that interdependence.

(A) observation (B) assumption
(C) explanation (D) recognition

328. New tools for exploring previously inaccessible areas of the Earth have also added greatly to our knowledge of the Earth system.

(A) unreachable (B) undiscovered (C) unexplored (D) unpredictable

329. There they have discovered new species and ecosystems thriving near deep-sea vents that emit heat, sasses, and mineral-rich water.

(A) surviving (B) flourishing (C) feeding (D) competing

330. Often working with no staff at all, these editors wrote copy, set type, delivered papers, oversaw billing, and sold advertising.

(A) estimated (B) supervised (C) collected (D) provided

331. Often working with no staff at all, these editors wrote copy, set type, delivered papers, oversaw billing, and sold advertising.

(A) confirmed (B) compared (C) questioned (D) presented

332. By 1900, Washington boasted 19 daily and 176 weekly papers.

(A) planned (B) financed
(C) was forced to close (D) took pride in having

333. Then came the close-up images obtained by the exploratory spacecraft Voyager 2, and within days, Europa was transformed—in our perception, at least—into one of the solar system's most intriguing worlds.

(A) changing (B) perfect (C) visible (D) fascinating

334. The tides on Europa pull and relax in an endless cycle.

(A) new (B) final (C) temporary (D) continuous

335. A print may exist in several versions.
(A) ideas (B) numbers (C) functions (D) forms

336. Prints made from linoleum, which wears readily, will be fewer than those made from a metal plate, which is capable of striking fine-quality prints in the thousands. It is customary to number prints as they come off the press, the earlier impressions being the finest and therefore the most desirable.
(A) necessary (B) attractive (C) legal (D) usual

337. Line, shape, or texture may be the predominant element according to the printing technique used.
(A) in addition to (B) in order to (C) regardless of (D) depending on

338. Two of these laws, the Tennessee Valley Authority Act of 1933 and the National Recovery Act of 1933 (NIRA), had particular significance for water resource development.
(A) difference (B) disturbance (C) importance (D) excellence

339. To counter these natural obstacles, the Tennessee Valley Authority Act of 1933 created the Tennessee Valley Authority (TVA), a public agency with broad powers to promote development in the region, including the authority to build dams and reservoirs and to generate and sell hydroelectric power.
(A) explain (B) measure (C) exploit (D) overcome

340. The TVA used its authority to transform the Tennessee River into one of the most highly regulated rivers in the world within about two decades.
(A) clean (B) change (C) control (D) widen

341. The NIRA also gave the United States President unprecedented powers to initiate public works, including water projects.
(A) not extensive (B) not used often
(C) not existing before (D) not needing money

342. Stones suitable for use as anvils are not easy to find, and often a chimpanzee may carry a haul of nuts more than 40 meters to find a suitable anvil.
(A) diet (B) type (C) load (D) branch

343. To make a twig more effective for digging out termites, for example, a chimp may first strip it of its leaves.
(A) search (B) eat (C) carry (D) remove

344. This development radically changed the types of sediments that accumulated on the seafloor, because, while the organic parts of the plankton decayed after the organisms died, their mineralized skeletons often survived and sank to the bottom.
(A) depended (B) matured (C) dissolved (D) collected

345. Newbery notwithstanding, Americans still looked on children's books as vehicles for instruction, not amusement, though they would accept a moderate amount of fictional entertainment for the sake of more successful instruction.
(A) in spite of (B) in addition to (C) as a result of (D) as a part o

346. As the children's book market expanded, then, what both public and publishers wanted was the kind of fiction Maria Edgeworth wrote: stories interesting enough to attract children and morally instructive enough to allay adult distrust of fiction.
(A) clarify (B) attack (C) reduce (D) confirm
347. A wave of nationalism permeated everything,and the self-conscious new nation found foreign writings (particularly those from the British monarchy) unsuitable for the children of a democratic republic, a state of self-governing, equal citizens.
(A) opposed (B) improved
(C) competed with (D) spread through
348. The characters of children in this fiction were serious, conscientious, self-reflective, and independent testimony to the continuing influence of the earlier American moralistic tradition in children's books.
(A) inspiration for (B) evidence of (C) requirement for (D) development of
349. The framework of a lichen is usually a network of minute hairlike fungus that anchors the plant.
(A) structure (B) fragment (C) condition (D)environment
350. Lichens, probably the hardiest of all plants, live where virtually nothing else can—not just on rugged mountain peaks but also on sunbaked desert rocks.
(A) most unusual (B) most basic (C) most abundant (D) most vigorous
351. When water is scarce (as is often the case on a mountain), lichens may become dormant and remain in that condition for prolonged periods of time.
(A)precise (B) extended (C) approximate (D) regular
352. For decades, scientists wondered how the offspring of an alga and a fungus got together to form a new lichen, it seemed unlikely that they would just happen to encounter one another.
(A) lose (B) support (C) meet (D) create
353. Scholars have deciphered other ancient languages, such as Sumerian, Akkadian, and Babylonian, which used the cuneiform script, because of the fortuitous discovery of bilingual inscriptions.
(A) important (B) sudden (C) early (D) lucky
354. The Rosetta stone thwarted scholars' efforts for several decades until the early nineteenth century when several key hieroglyphic phrases were decoded using the Greek inscriptions.
(A) continued (B) influenced (C) encouraged (D) frustrated
355. Over 25,000 islands are scattered across the surface of the Pacific, more than in all the other oceans combined, but their land area adds up to little more than 125,000 square kilometers, about the size of New York State, and their inhabitants total less than two million people, about a quarter of the number that live in New York City.
(A) widely known (B) usually estimated
(C) rarely inhabited (D) irregularly distributed

356. Many are uninhabitable, by virtue of their small size and particular characteristics, but even the most favored are very isolated fragments of land, strictly circumscribed by the ocean, strictly limited in terms of the numbers of people they can support.

(A) regarding (B) because of

(C) taking advantage of (D) in place of

357. Many are uninhabitable, by virtue of their small size and particular characteristics, but even the most favored are very isolated fragments of land, strictly circumscribed by the ocean, strictly limited in terms of the numbers of people they can support.

(A) located (B) flooded (C) restricted (D) pushed

358. Simply surviving those ocean crossings of indeterminate length, in open canoes, to arrive on the shores of uninhabited and hitherto unknown islands, was a formidable achievement.

(A) undecided (B) uncertain (C) unacceptable (D) increasing

359. With much of the water vapor already condensed into water and the concentration of carbon dioxide dwindling, the atmosphere gradually became rich nitrogen.

(A) accidentally (B) quickly (C) in the end (D) by degrees

360. A second, more dense atmosphere, however, gradually enveloped Earth as gasses from molten rocks within its hot interior escaped through volcanoes and steam vents.

(A) surrounded (B) changed (C) escaped (D) characterized

361. At any rate, plant growth greatly enriched our atmosphere with oxygen.

(A) regardless (B) in addition

(C) although unlikely (D) fortunately

362. The tides on Europa pull and relax in an endless cycle.

(A) new (B) final (C) temporary (D) continuous

363. Although population and sedentary living were increasing at the time, there is little evidence that people lacked adequate wild food resources; the newly domesticated foods supplemented a continuing mixed subsistence of hunting, fishing, and gathering wild plants.

(A) sufficient (B) healthful (C) varied (D) dependable

364. It has been suggested that some early cultivation was for medicinal and ceremonial plants rather than for food.

(A) in addition to (B) instead of

(C) as a replacement (D) such as

365. Many ants forage across the countryside in large numbers and undertake mass migrations; these activities proceed because one ant lays a trail on the ground for the others to follow.

(A) look up (B) walk toward

(C) revolve around (D) search for food

366. As a worker ant returns home after finding a source of food, it marks the route by <u>intermittently</u> touching its stinger to the ground and depositing a tiny amount of trail pheromone—a mixture of chemicals that delivers diverse messages as the context changes.

(A) periodically (B) incorrectly (C) rapidly (D) roughly

367. A trail pheromone will evaporate to <u>furnish</u> the highest concentration of vapor right over the trail, in what is called a vapor space.

(A) include (B) provide (C) cover (D) select

368. In following the trail, the ant moves to the right and left, <u>oscillating</u> from side to side across the line of the trail itself, bringing first one and then the other antenna into the vapor space.

(A) falling (B) depositing (C) swinging (D) starting

369. <u>Ultimately</u>, literature is aesthetically valued, regardless of language, culture, or mode of presentation, because some significant verbal achievement results from the struggle in words between tradition and talent.

(A) frequently (B) normally
(C) whenever possible (D) in the end

370. Verbal art has the ability to shape out a <u>compelling</u> inner vision in some skillfully crafted public verbal form.

(A) joyous (B) intricate (C) competing (D) forceful

371. They have shown <u>exceptional</u> imagination in applying the diverse forms of contemporary art to a wide variety of purposes.

(A) remarkable (B) fearless (C) expert (D) visible

372. The specialized requirements of particular urban situations have further expanded the use of art in public places: in Memphis, sculptor Richard Hunt has created a monument to Martin Luther King, Jr., who was slain there; in New York, Dan Flavin and Bill Brand have contributed neon and animation works to the <u>enhancement</u> of mass transit facilities.

(A) replacement (B) design (C) improvement (D) decoration

373. And in numerous cities, art is being raised as a symbol of the commitment to <u>revitalize</u> urban areas.

(A) show the importance of (B) promise to enlarge
(C) bring new life to (D) provide artworks for

374. Artists are recognizing the distinction between public and private spaces, and taking that into account when <u>executing</u> their public commissions.

(A) judging (B) selling
(C) explaining (D) producing

375. When the putrefied material is examined microscopically, it is found to be <u>teeming with</u> bacteria.

(A) full of (B) developing into (C) resistant to (D) hurt by

376. Pasteur showed that structures present in air closely resemble the microorganisms seen in putrefying materials.

(A) benefit from (B) appear similar to
(C) join together with (D) grow from

377. He postulated that these bodies are constantly being deposited on all objects.

(A) analyzed (B) doubted (C) persuaded (D) suggested

378. In the minds of agrarian thinkers and writers, the farmer was a person on whose well-being the health of the new country depended.

(A) improved (B) relied (C) demanded (D) explained

379. And virtually all policy makers, whether they subscribed to the tenets of the philosophy held by Jefferson or not, recognized agriculture as the key component of the American economy.

(A) contributed to (B) agreed with (C) thought about (D) expanded on

380. Farmers streamed to the West, filling frontier lands with stunning rapidity.

(A) predictable (B) impressive (C) famous (D) gradual

381. The wide variety of climates in North America has helped spawn a complex pattern of soil regions.

(A) distinguish (B) eliminate (C) protect (D) create

382. In general, the realm's soils also reflect the broad environmental partitioning into "humid America" and "arid America."

(A) division (B) modification (C) opening (D) circulating

383. Glaciation also enhanced the rich legacy of fertile soils in the central United States, both from the deposition of mineral-rich glacial debris left by meltwater and from thick layers of fine wind-blown glacial material, called loess, in and around the middle Mississippi Valley.

(A) implied (B) increased (C) indicated (D) informed

384. The forests of North America tend to make a broad transition by latitude.

(A) elevation (B) change (C) advantage (D) condition

385. When the bag was ignited, the metal burned with an intense flash.

(A) set on fire (B) cut into (C) opened (D) shaken

386. The evolution of the photoflash was slow, flashbulbs, containing fine wire made of a metal, such as magnesium or aluminum, capable of being ignited in an atmosphere of pure oxygen at low pressure, were introduced only in the 1920's.

(A) publicity (B) adoption (C) development (D) manufacture

387. In each case enough energy is given out to heat the oxidizable metal momentarily to a white-hot emission of visible light.

(A) effortlessly (B) briefly (C) electronically (D) gradually

388. The Impressionists wanted to depict what they saw in nature, but they were inspired to portray fragmentary moments by the increasingly fast pace of modern life.
(A) reorganize (B) deform (C) represent (D) justify

389. For example, the shift from the studio to the open air was made possible in part by the advent of cheap rail travel, which permitted easy and quick access to the countryside or seashore, as well as by newly developed chemical dyes and oils that led to collapsible paint tubes, which enabled artists to finish their paintings on the spot.
(A) achievement (B) acceptance (C) arrival (D) advantage

390. Among the 165 paintings exhibited was one called Impression: Sunrise, by Claude Monet (1840-1926),Viewed through hostile eyes, Monet's painting of a rising sun over a misty, watery scene seemed messy, slapdash, and an affront to good taste.
(A) insult (B) encouragement (C) return (D) credit

391. By far the most important United States export product in the eighteenth and nineteenth centuries was cotton, favored by the European textile industry over flax or wool because it was easy to process and soft to tile touch.
(A) preferred (B) recommended (C) imported (D) included

392. Cotton could be grown throughout the South, but separating the fiber—or lint—from the seed was a laborious process.
(A) unfamiliar (B) primitive (C) skilled (D) difficult

393. The interaction of improved processing and high demand led to the rapid spread of the cultivation of cotton and to a surge in production.
(A) sharp increase (B) sudden stop
(C) important change (D) excess amount

394. The growing market for cotton and other American agricultural products led to an unprecedented expansion of agricultural settlement, mostly in the eastern half of the United States—west of the Appalachian Mountains and east of the Mississippi River.
(A) slow (B) profitable (C) not seen before (D) never explained

395. The origins of nest-building remain obscure, but current observation of nest-building activities provide evidence of their evolution.
(A) interesting (B) unclear (C) imperfect (D) complex

396. Birds also display remarkable behavior in collecting building materials.
(A) communicate (B) imitate (C) initiate (D) exhibit

397. The carrying capacity of the eagles, however, is only relative to their size and most birds are able to carry an extra load of just over twenty percent of their body weight.
(A) weight (B) number (C) section (D) level

398. A survey must be based on a <u>precise</u>, representative sampling if it is to genuinely reflect a broad range of the population.

(A) planned (B) rational (C) required (D) accurate

399. In preparing to conduct a survey, sociologists must <u>exercise</u> great care in the wording of questions.

(A) utilize (B) consider (C) design (D) defend

400. Even questions that are less structured must be carefully phrased in order to <u>elicit</u> the type of information desired.

(A) compose (B) rule out (C) predict (D) bring out

答案

1~10	AABCB DBCBC	201~210	AADCA ABABC
11~20	ACCAB DABDB	211~220	CCBBC CBDAC
21~30	DBDAB CDBBD	221~230	DBBDA ADCBC
31~40	CCACB DADCA	231~240	BCCBA DCCBC
41~50	CCCAB CABCA	241~250	ADDBB AABCD
51~60	BADAC DCACB	251~260	DDABC BDDAB
61~70	CDCBB AAABA	261~270	CBCDC ACCCB
71~80	ACBCC BDDCD	271~280	DCDDA BCDCA
81~90	ACABA DDCBB	281~290	ACDBA CDBBC
91~100	DCCBC ABACC	291~300	DACBD CAACC
101~110	CADAC CCDBA	301~310	ADCCA CADDD
111~120	ABCCB ACDBD	311~320	CBDCC DACCA
121~130	AADBB DAABB	321~330	CDBDC ADABB
131~140	DCDAA ADABB	331~340	DDDDD DDCDB
141~150	ABCAD ADAAC	341~350	CCDDA CDBAD
151~160	ABDCD BCABB	351~360	BCDDD BCBDA
161~170	ABBDC ADCAC	361~370	ADABD ABCDD
171~180	ACDDA DDAAB	371~380	ACCDA BDBBB
181~190	CCBCB ADBDB	381~390	DABBA CBCCA
191~200	BCBDA ADBAC	391~400	ADACB DADAD

Made in the USA
Coppell, TX
18 October 2022